中國語文教學策略與實踐新探

何志恒　陳曙光　施仲謀　主編

U0063585

三聯書店（香港）有限公司

責任編輯	席若菲	
書籍設計	吳冠曼	
書籍排版	楊　錄	

中國語文教學策略與實踐新探

主　　編	何志恒　陳曙光　施仲謀
出　　版	三聯書店（香港）有限公司
	香港北角英皇道 499 號北角工業大廈 20 樓
	Joint Publishing (H.K.) Co., Ltd.
	20/F., North Point Industrial Building,
	499 King's Road, North Point, Hong Kong
香港發行	香港聯合書刊物流有限公司
	香港新界荃灣德士古道 220-248 號 16 樓
印　　刷	美雅印刷製本有限公司
	香港九龍觀塘榮業街 6 號 4 樓 A 室
版　　次	2023 年 4 月香港第一版第一次印刷
規　　格	16 開（187mm×260mm）328 面
國際書號	ISBN 978-962-04-5008-2

編輯委員會

目　錄
Contents

前 言
Preface

　　語文是思想的載體，也是生活的載體。語文新課程強調應用和實踐，語文教師要為學生提供多元化學習經歷，透過適切的學與教活動和策略，讓學生發展及應用共通能力，培養正面的價值觀和積極的態度、建構新知。

　　隨著社會的發展，語文教育面對不少挑戰，例如智能手機、電子學習平台等的普及，改變了語文學與教的方式。網上學習在疫情時代，成為教育新常態。而隨著後疫情時代的到來，教育逐步進入以混合教學為主要教學模式的另一個新常態。

　　近年，各地的語文教育都在進行不斷地改革，無論在課程設置、教材和教學法，還是語文評估和教師發展等範疇，不同形式的語文教育研究，促進了語文課程的多元發展，亦提高了語文教師的專業知識和技能。有見及此，香港教育大學中國語言學系出版《中國語文教學策略與實踐新探》，共收錄了21 篇各地學者的論文，展示不同地區的中國語文教育發展、教學策略與實踐研究的成果，例如周清海探討華語區語言教育的需要，以及華語文相互融合的問題；田小琳、施仲謀、李黃萍、蔡一聰論述香港回歸中國前後的語文教育政策變遷；何文勝分析 20 世紀 50 年代以來香港初中中國語文教科書編選體系建設與發展；施仲謀、申正楠以香港地區為例，探究漢語拼音的定位和功用。

　　本書不少論文探究語文教學策略的實施成效，其中孟慧玲、廖先通過中學生多文本閱讀策略的使用，分析不同組織關係的影響；黎必信以高中寫作教學為例，討論邏輯思維與中國語文教學的關係；周小蓬、彭軼關注高中語文「大單元教學」的特點及模式；林暉、鄧婉雯探析高考作文題的文化素養導向；金夢瑤研究「後疫情時代」高校混合教學模式的實踐及可行性；楊蘭、梁源、高鳳展、楊若曉解說評估反饋導向量表在中文教育碩士生中的心理測量特性。

　　本書涵蓋二語教學策略與實踐研究，例如肖文利介紹香港國際學校主題式漢語教學，范笛探究巴拿馬中文教學資源發展研究，袁方研究不同母語的

教師對自媒體國際中文教學視頻的影響。

　　本書所有稿件，均經匿名評審。學者關注重點各有不同，灼見紛陳，為研究學者和前線教師提供有價值的參考，對於推動中國語文教學策略與實踐，均有裨益。

　　本書得以順利付梓，有賴各方協助。承蒙陳國球教授、古川裕教授、劉樂寧教授、孟柱億教授、陶紅印教授、謝錫金教授、信世昌教授、袁博平教授、張洪明教授、鄭國民教授，以及本校李子建教授、鄭吉雄教授及朱慶之教授諸位國際知名學者支持，擔任學術顧問；何志恒博士、陳曙光博士、施仲謀教授擔任主編；並獲梁佩雲教授、梁源博士、廖先博士、羅燕玲博士、文英玲博士、謝家浩博士、張連航博士、張壽洪博士諸位同仁評審文稿；李敬邦先生擔任編務助理，負責排版校對等工作，謹此一併致謝。

語言融合與國際化下的華語文教育

周清海

摘要

華語不僅是中國的，也是世界華人的，更是全人類的。隨著華人在世界上的影響力越來越大，華語文教育的作用也會越來越大。

現階段，我們得注意華語的語言和諧，尊重各華語區的語言與文化。語言教育更應考慮廣大華語區的需要以及華語文相互融合的問題。

站在華語文國際化和華語文融合的立場上，我集中討論四個問題：一、華語文和語文教育融合與發展必須注意的事；二、語言、文化課程設計與師資的培訓；三、應該怎樣處理各地華語詞彙的差距？四、古今漢語的融合，需要注意什麼？

關鍵詞：語言差異　語言在地化　語言融合　語言國際化　華語文教育

中國穩定的發展，將帶動東南亞的發展，促進東南亞人員的交流。二三十年後，東南亞的中英雙語應用，將比現在更加普遍，華語文也將更加國際化。在東南亞以及其他華語區裏，華語文和語文教育將面對**國際化**和**華語文融合**的局面。

討論華語文和語文教育的國際化以及語言融合的問題，必須從華語文的發展談起。

新中國建國到改革開放之前（1949 年到 1978 年），是華語的**分離時期**。在這一段近三十年的分離時期裏，中國內地跟海外很少交往，整個海外的大

周清海，香港教育大學、華僑大學，聯絡電郵：chewchenghai@gmail.com。

華語區是「國語」的天下。華語區的華語與普通話在語法與詞彙方面，有相當大的差距。

中國改革開放（1978 年）之後，國門逐漸打開，現代漢語和海外華語就開始了交流、接觸、相互影響，並且逐漸融合。

交流初期，現代漢語從華語區的華語裏，吸收了大量的詞語，以解決改革開放時期表達的需要。中國出版的漢語新詞詞典，如王均熙等編的《現代漢語新詞詞典》（1987，齊魯書社）；黃麗麗等編的《港台語詞詞典》（1990，黃山書社）；劉文義編的《現代漢語新詞典》（1992，中國婦女出版社）；王均熙編的《漢語新詞詞典》（1993，漢語大詞典出版社）；李達仁等編的《漢語新詞語詞典》（1993，商務印書館）；周薦主編的《2006 漢語新詞語》（2007，商務印書館）⋯⋯ 這些詞典都反映了新詞的吸收狀況。這些新詞，有不少後來也被《現代漢語詞典》收錄了。[1]

目前，現代漢語從華語區大量輸入詞彙的局面，已經逐漸轉變為向華語區輸出。但是，促進華語區之間語言和諧與順暢的溝通，仍舊是中國和華語區應該注意的事。

各華語區的華語文存在差異，是必然的。因為不同的社會環境有不同的表達需要；再加上有些區域為了創造自己的語言身份，故意讓自己的語文表達跟中國大陸不同。無論是自覺的或者不自覺的，各地華語的趨異都是難以避免的。

過分強調自己的語言特色，就會妨礙交流，也會使自己陷於孤立。**如何在順暢的交流和自主之間保持平衡，是應該慎重考慮的。**

語言差異，集中表現在詞彙和語法上。為了讓華語文和諧地融合，做到交際時不會產生誤解，在李宇明先生的領導下，編輯和出版了《全球華語詞典》（2010）、《全球華語大詞典》（2016）；在邢福義先生的主持下，進行了全球華語語法研究，將陸續出版六卷本的《全球華語語法》[2]。中國的語言學界也接受了「大華語」的觀念（普通話是大華語的北京體）（郭熙，2012；李宇明，

---

[1] 可參考《〈現代漢語詞典〉學術研討會論文集》，商務印書館，1996。以及《〈現代漢語詞典〉學術研討論文集（二）》，商務印書館，2009。

[2] 《全球華語語法》馬來西亞卷（2022）和香港卷已經出版（2021），其他四卷將由北京商務印書館陸續出版。

2018；陸儉明，2019）[3]。這些都是多年努力的成果，但那只是在語言本體的相互瞭解方面做的事。

華語區之間頻繁的交往，促進了華語文的逐漸國際化，也使華語文進入了大融合的局面。**今後，華語區還應該思考如何密切合作，推廣語文，進行語文教育。**

在華語文的應用和教學上，我主張向普通話傾斜；但也應鼓勵各華語區在自己語文應用的基礎上，發展自己的華語文，積極參與華語文的推廣。如果不適當地強調以普通話為唯一標準，將使交際變得不自然。

站在華語文國際化和華語文融合的立場上，我將集中討論四個問題：一、華語文和語文教育融合與發展必須注意的事；二、語言、文化教材的處理與師資的培訓；三、應該怎樣處理各地華語詞彙的差距？四、古今漢語的融合，需要注意什麼？

一、華語文和語文教育融合與發展必須注意的事

在「大華語」的概念下，普通話是大華語的北京體。基於這個立場，考慮語文和語文教育必須注意下列的事：

第一，尊重不同地區的語言差異，不唯我獨尊，不以自己的標準為唯一的標準。

在《「大華語」的研究和發展趨勢》一文裏，我說：「中國改革開放之前，很少和海外華語區交流。在經過了無數次的政治運動之後，現代漢語出現了自己顯著的特點，……中國現代漢語和各地的『華語』『華文』的差距相當明顯，尤其是詞彙方面。這是漢語的分裂時期。」（周清海，2016a）

面對漢語的分裂，我和邢福義、陸儉明、李宇明等人提出了「大華語」的概念，要讓語言和諧地融合（陸儉明，2019；周清海，2022）。在「大華語」概念的引導下，各地區根據自己的語言特點進行華語文教學，推廣地區「華語」是各華語區自己的責任。因此，我們應該樹立語言推廣的**多中心觀念**。我們應該尊重各地區的語言標準、交際習慣，強調華語向普通話傾斜，但不

---

[3] 以上三本書對「大華語」的重要性，都有論述。

能以普通話為唯一的標準。

第二，不同的華語區有不同的歷史背景，有不同的社會需要。編輯語言教科書和讀物，就必須注意在地化。如果抓不住不同區域的需要，就會帶來或製造很多語文和語文教育上的矛盾。由中國編寫語言教科書再向國際推廣，不能符合各地語言應用與教學的需要，會遇到許多困難。我主張調動和組織各個華語區的語文人才，參與為當地編輯教材和讀物，這將能使推廣的工作更順利。

在研究中，我們建立了「大華語」的概念。李宇明先生說：「這種新華語觀，不再忽視對海外華語和唐人街華語的關注，不再把普通話作為教學的唯一規範標準，不再人為強化普通話與台灣『國語』之間的差異與對立（包括簡繁漢字之間的差異與對立），而是把各種華語變體都看作是華人的語言智慧而珍重它，而是更加關注各華語社區的交流與溝通，在交流與溝通中相互理解、借鑒和吸收，進而使各華語變體趨近趨同。同時，各華語社區也利用自己的資源，協力向世界傳播華語和中華文化。這種新華語觀，無疑會理性推進華語社區的語言互動，加大華語變體間的相互影響。」[4] 友人向平說：「讓更多的人先用起來，滿足各華語區交際需求，構建和諧語言生活，這是當務之急。」[5]

以東南亞為例，泰國、新馬、印尼、菲律賓的華語有不同的表達習慣，不同的詞彙應用要求，沒有必要，也不可能用普通話的表達標準來限制。華語區的朋友到新加坡來，就得瞭解新加坡華語，尊重新加坡華語的表達習慣。要求當地的語言學習者說標準的普通話，必然出現「忽然間改變，聽起來不舒服，不習慣」的心理。[6] 但是，我們也知道，華語的發展與應用前景，不是由我們決定的，所以我們要求新加坡的華語和普通話保持密切的關係。[7]

中國培養和訓練教學人員到不同的華語區服務，就得訓練他們聽得懂當

[4] 李宇明：大華語：全球華人的共同語，見《語言文字應用》，第一期，頁 2—13。

[5] 加拿大孔子學院前院長向平從微信上給我的意見。

[6] 周清海：漢語融合時期的語言與語言教學研究，《變遷中的馬來西亞與華人社會》（人文與文學卷），馬來西亞：華社研究中心，2014。又見《漢語融合與華文教學》（賈益民主編），華文教育研究叢書，社會科學文獻出版社，2020。

[7] 2010 年我在人民大會堂舉行的《全球華語詞典》出版座談會的發言。見《中國語言資源動態》2010 年第 3 期，商務印書館。

地的華語，尊重當地的華語。我們做不到讓普通話遍地開花。

第三，在**語文評鑒方面**，對書面語和口語可以有不同的評鑒要求。書面語更強調華語文的共同核心，而口語應該接受各地某些固定下來的用法，因為口語本身具有即時性和不完善、不規範的特性（徐峰，2015）。如果要更大地調動華語區教學人員的積極性，也應該進一步做到漢語水平考試的國別化，設立漢語水平考試的地區分卷。這份考卷的核心部分，由中國負責；地區分卷則由各華語區參與設題。

第四，在**社會的語文應用方面**，大眾傳媒與語文教學方面儘量「從嚴」，儘量向普通話靠攏；一般的語言應用和語文教學裏的語文評鑒則應該「從寬」，接受、容納一些地區性的語音、詞彙和語法現象。同時應該讓人們感覺到「在實際有需要的時候，在討論任何課題時，在任何場合，自己的華語都用得上。」[8]

參與語言推廣和教學的人員，必須以具有本地背景的本地人為主幹。中國外派的教學人員，或者來自其他華語區的教學人員，只是輔助性的。教學與研究人員，應該從全球化的立場探討和看待華文與華文研究的問題。**只有當教華語文的教學人員、編教材的人員，以及研究者不全是中國人，華語文才真正達到國際化。**

二、語言、文化教材的處理與師資的培訓

語言教材做到區域化、地方化；語言教學人員也必須在地化。這將形成多中心的語言推廣局面。

中國必須注意培養當地的教學人員。如果沒有足夠的在地教學人員，所有的語言應用者和學習者，將面對語言教師「忽然間改變，聽起來不舒服，不習慣」的困難。

在文化方面，應以介紹中國文化為主；對華人的語言教材，不應該將華人和華僑混為一談，特別強調「原鄉化」。「華人／華僑」，是儼然有別的。對華人強調「原鄉化」，容易引起不必要的誤解，也提供了讓有心人挑剔的空間。

---

[8] 周清海：1988 年講華語運動座談會上的發言，《聯合早報》專題報導。

語言教學應該模糊語言、文化和族群的關係，才有助於漢語成為國際語言。教材裏的文化成分必須根據教學對象，分別處理。語言教材重實用，注意在地化，根據職場的需要加以編輯；文化教材則注重普及性的文化知識，沒有必要特別強調民族性。教學和編寫教材的人，儘量做到不全是中國人。

　　在教學法的培訓方面，也不應該過分地強調一種方法。應該尊重教師的專業判斷，提供不同的教學方法，讓教師選擇。

　　現在華語區的有關教育和語言教育的學科裏，介紹了太多外來的教育理論，而忽視自己的教育傳統，是很不好的傾向。語文教學裏，重視閱讀與寫作，是中國的傳統。如果現在的語文教育課程裏，沒有介紹自己的傳統，只談論西方的教育理論、閱讀理論，就是缺失。新加坡、香港、台灣等地的師資培訓課程，就有這個傾向。因為在雙語教育下，精通英語的新馬、港台的師資培訓人員，多數是接受西方教育的，不瞭解自己的教育傳統，也沒有充分的信心利用華文的資料。[9]

　　同時，我們也應該知道，語言教育涉及到的各種問題，不是單靠教學法就能解決的。過分誇大教學法的作用，尤其是單一教學法的作用，對華語文教學的發展與推廣是不利的。

　　培訓華語教學人員，也應該**利用不同的華語區作為培訓的地點，讓有條件的華語區的教學與研究人員參與培訓的活動。**這樣做，有助於培養教學人員的國際觀，瞭解不同華語區的社會現況，同時也能提高這些地區參與語言推廣的積極性。

　　中國大專院校所提供的語言培訓，以及在海外所建立的孔子學院／學堂等語言學校，也應該協助海外華人之間建立人際關係。比如，泰國和其他區域，如中國香港等地，語言課程如果只培養華人瞭解中國，卻不注意其他華語區，就不能配合華語文國際化的發展趨勢。

　　協助華語區的教材與讀物走向其他華語區，走向國際，是調動語言推廣積極性所不可或缺的。在研究出版方面，應該考慮編輯一套《大華語研究叢書》。廈門大學馬來西亞分校的王曉梅積極從事馬來西亞的華語研究，她考慮出版《全球華語視角下的馬來西亞華語研究》。其他華語區的學者，如田小

---

[9]　周清海：文化交流是不可避免的，2001 年 11 月 4 日《聯合早報‧論壇》。

琳、鄧思穎、張連航、施仲謀、邱克威、林萬菁、徐峰、邵敬敏、刁彥斌、汪惠迪、陸儉明、邢福義、李宇明、汪國勝、匡鵬飛、郭熙等人也都關心大華語的問題，發表了不少的著作。邱克威的《馬來西亞華語研究論集》，郭熙的《華語研究錄》，陸儉明的《話說漢語走向世界》，新加坡的華文研究會也出版過《華文教學叢書》，林萬菁的《語文研究論集》，胡月寶的《華語文教學實證研究》，徐峰的《海外漢語詞彙語法教學與研究》，以及陳之權、陳志銳、吳英成等人都談及大華語、語言教學與研究等問題。**在這些著作的基礎上，有條件編輯一套《大華語研究叢書》。**

新加坡學校不同程度的華語課程所用的教材、讀物等，在華語文國際化的新局面下，應該考慮將這些教材和讀物向國際推廣，讓新加坡的華文教材、讀物走出去。菲律賓、馬來西亞等地區，也有好的教材與讀物，也都應該推廣。北京的商務印書館是現代漢語的出版中心，應該關注這個問題：配合國際化的要求，收集和推廣華語區出版的教材與讀物，增進華語區之間的瞭解。

語言學校的聽說教材，尤其是中高年級的教材，也必須包括其他華語區的語料。在華語區訓練聽說的能力，也必須包括中國不同省份的人說的普通話。這些都是為配合華語文國際化應該做的事。

我們也應該考慮**建立語料網站**，提供不同華語區的閱讀材料，報章資料，以及不同區域的聽說材料，新聞廣播、報導等。這對華語的推廣是有好處的。中國的大專院校可以考慮聯合華語區的教育機構，共同建立這樣的網站，以訓練學習者的聽說能力；讓學習者有機會閱讀各華語區的報章材料。

除了多中心這個重點之外，也必須注意語言教材的實用性和在地化；文化教材則注重普及性，沒有必要特別突出民族性的特點。我曾說：「西方殖民地遍佈世界，而中國卻從未佔領任何地方，這恐怕也跟文化上的獨尊心態，以及『接受朝貢』的心理有關。」[10] 在漢語逐漸走向國際的時期，「文化上的獨尊心態」「接受朝貢」的心理，把自己的語言作為唯一的標準，是必須揚棄的。

各華語區的語言教學與研究機構應該加強聯繫，有計劃地讓中華語言文

---

[10] 周清海：1988 年講華語運動座談會上的發言，《聯合早報》專題報導。

化的學習者，語言教學者與研究者，在不同的華語區裏進行交流，促進華語文的學習與研究的跨區域趨向。從事華文教學與研究也必須有國際視野，不應各自為政，要往優勢互補，人才與資源分享的方向努力。我們更可以借用與調動華語區的語文人才。

中國台灣、中國香港、新馬等地區都有條件發展成為東南亞甚至是世界的華文教學與研究中心。只有向這個方向發展，才能找到新馬港台華文教學與研究的發展出路。[11]

汪惠迪先生對我過去在這方面所做過的事，有敏銳的觀察。他說：「1994年，新加坡南洋理工大學國立教育學院中文系主任周清海教授受命在南大成立中華語言文化中心。中心成立後，周教授策劃設置與中國、中華文化有關的課程，同時制定學術研究與交流規劃，以便展開與海外學者的交流與合作，藉以帶動新加坡的華語研究，以期提升到一個新的台階。

與此同時，周教授放眼未來，擬定專項計劃，協助中國（包括港澳特區和台灣地區）與馬來西亞著名學府修讀或研究中文的優秀學生到新加坡攻讀碩士或博士學位，使他們有機會走出國門，來到新加坡，瞭解新加坡，熟悉新加坡，融入新加坡，並與新加坡本土學生或教研人員建立友好關係，以期進行長遠的合作。」（汪惠迪，2021）

我希望 1994 年開始所做的交流工作，新加坡的華語學術界能夠繼續下去，不要固步自封。香港作為特區，與世界各華語區都有聯繫，也非常適合做這方面的工作。

三、怎樣處理各地華語詞彙的差距？

我們必須瞭解各地華語的語情，才有可能協調和解決華語區裏的語言差距，才能讓華語的融合過程更加順利。1994 年開始，我就注意華語區的語言問題，並且和不同的學者合作，進行了語法和詞彙的研究。各地華語的差距主要在詞彙，其次是語法。

汪惠迪先生的《時代新加坡特有詞語詞典》（1999）是華語區特有詞彙的

---

[11] 周清海：《台灣世界華文教育學會 50 週年──賀詞與寄望》，待刊。

第一本詞典，也是研究華語詞彙差異的第一部詞典。汪先生（1999）說：「在周教授的鼓勵和推動下，筆者才下決心整理所搜集的資料，撰寫論文，並編寫這本小詞典。」詞典共收了新加坡特有詞語 1,555 條。

馬來西亞的華語，也有許多特殊的用語，例如：

1. 燕屋：專門建造的用來吸引燕子前來築窩、生產燕窩的房屋。

2. 獨中：「華文獨立中學」的縮略。由華人籌款興辦並管理，以華語為主要教學語言的私立中學。

3. 大耳窿：指代非法進行高利貸活動的人。簡稱「阿窿」。

4. 固本：coupon 的音譯，票證，贈券或者優惠券。新加坡也用。

5. 甲必丹：Captain 的音譯，殖民地時期，負責管理華僑事務的華僑領袖的一種頭銜；東馬授予華僑領袖的一種勛銜。（王曉梅、莊曉齡、湯志祥，2022）這些詞語的意思，不是所有華語區都能瞭解的。但是，如果你到馬來西亞，生活在馬來西亞，就一定需要瞭解。

我們發現馬來西亞華語深具特色，是海外華語中值得深入研究的變體。我們以「特有詞語」來統領馬來西亞華語這種多元特色，主要是因為這些詞彙並非「一時一地」之集合，而是融合古今南北、跨越區域範圍的，體現了全球華語的跨區交流與融合（王曉梅、周清海，2022）。

在華語擴大用途時，對於各地區的語言標準，交際習慣，特殊用語，必須加以尊重。編撰不同華語區的語言課本，必須讓不同華語區的教學人員參與，不能由中國大陸編撰，而後向各華語區推廣。在華語的國際化局面下，多中心的語言推廣就是必要的。

以新加坡為例，我們認為，華語的發展與應用的前景，不是由我們決定的，所以，新加坡華語必須和普通話保持密切的關係。在語文教育（包括語文教科書的編撰、師資的培訓），以及大眾傳媒等方面，我們一貫強調趨同，讓華語保留共同的核心，避免出現不必要的差異。也就是說具有大面積影響的，我們都嚴格把關。我們認為，過分地強調自己的語文特點，是沒有必要的。這不只增加了交流的困難，走不出去，而且會使自己陷於孤立。

在華語大融合的特殊時代裏，華語文的推廣者和研究者，應該充滿信心地關注自己，也關注華語的國際發展。我積極地鼓勵各華語區編纂自己的華語特殊用語詞典。在給《馬來西亞華語特有詞語詞典》的序文裏，我說：「這

部詞典的出版，能帶動馬來西亞華語研究者對自己語言的研究興趣，擺脫一路來搖擺在國語和普通話之間的窘境。」（王曉梅、莊曉齡、湯志祥，2022）這些詞語的資料，就是編纂和修訂《全球華語大詞典》的依據。

瞭解自己，尊重差異，是基本的精神。《全球華語詞典》《全球華語大詞典》的編輯就表現了這種精神。《全球華語大詞典》是世界華人的詞典，它能起溝通的橋樑作用，和中國一帶一路的發展是相配合的。

李宇明先生說：「編纂華語詞典的設想，起源於上世紀末本世紀初，由新加坡周清海教授所提倡。具有百年出版歷史的商務印書館，知早行快，醞釀謀定，即於 2004 年組建編纂團隊，艱辛六載，纂成《全球華語詞典》。……《全球華語大詞典》是《全球華語詞典》的升級版。《全球華語詞典》主要收錄具有各華語社區特色的語文詞，視點在異，錄異以求通。《全球華語大詞典》進一步搜羅特色詞並再行甄別；擴大了華語社區的地理範圍……。並收錄華人社會的共用詞，還酌收一些文化詞。……既顯示華語詞彙的真實面貌，也讓讀者知同察異，擴大詞典在語文生活中的功能。」

「……新老華語相互接觸，相互借鑒、相互吸收，逐漸形成現在覆蓋全球的『大華語』。……就華人『尚統一』的傳統意識看，就漢字對各華語社區語音分歧的包容度看，就當前華人社會的頻繁交流、各社區的華語相互借鑒吸收的情況看，華語內部在向著『求同縮異』的方向發展，大華語在向著『整合優化』的方向發展。」（李宇明，2016）

《全球華語詞典》和《全球華語大詞典》的價值和影響還沒有完全被認識。希望各地在編輯了自己的地區詞典的基礎上，能補充修訂《全球華語大詞典》，使它真正成為當代的世界性的華語大詞典。

四、古今漢語的融合教學，需要注意什麼？

在古漢語的教學上，我主張古今融合。我認為：作為母語教學的現代漢語和古代漢語，應該儘可能融合起來，並且結合國際化與現代化的需要進行

教學。[12] 在漢語作為外語的課程裏，也應該注意古今融合的問題。現在將文言文單篇獨立教學，和現代選文的教學完全沒有關係，不是一個好的辦法。

對一般的語言學習者，學習古漢語（文言文），除了文化傳承的需要之外，也能加深對語言古今聯繫的認識。「多讀、熟讀，是提高古文能力的一種傳統的，行之有效的方法。」（鮑善淳，1982，頁 139）但這樣的要求，只能是對中文系或者是對中國歷史有興趣的學習與研究者，而不是對所有華語區中小學的語言學習者和外語學習者。

在華語區，古漢語的學習，恐怕更應注重的是文化的傳承。面對全球化，兩岸四地的中小學語文課程是否可能通過現有的語言教材與課程組織，提高古文的閱讀能力？是值得繼續關注和討論的。

從文化和語言傳承的角度看，我提議以內容為綱，結合古今中外的資料，對教材重新進行安排。例如以交友為主題，可以選讀現代討論交友的文章，再結合文言的選文（包括文言詩歌）閱讀，就能將古今結合起來。

我們既然不培養學生書寫文言文，文言選文的教材就不必限於《古文觀止》。不是古文的精華，**不是盡善盡美的文章，只要有現代意義，有閱讀的價值，就可以選用。**例如《論語》：

> 司馬牛問君子。子曰：「君子不憂不懼。」曰：「不憂不懼，斯謂之君子已乎？」子曰：「內省不疚，夫何憂何懼？」
>
> 子貢問為仁。子曰：「工欲善其事，必先利其器。居是邦也，事其大夫之賢者，友其士之仁者。」

這兩則，談及做人、做事和交友，文字困難並不大。所出現的文言詞，都成為現代漢語書面語的語素，保留在現代漢語裏，如**「憂**慮、**懼**怕、反**省、內疚、事奉、交友」**。通過這兩則的選讀，同時提供了《論語》的成書等文史知識，這些知識對一個有中文興趣的學習者，是必要的。

只有把文言的閱讀教學和現代的需要接合起來，才能讓文言教學更有意

[12] 周清海：全球化環境下的古漢語教學問題——古漢語教學的改革思考，刊於《文言文教與學論壇——場刊》總結座談（2018 年 5 月 26 日），頁 35，香港教育大學中國語言學系主辦。收於《大華語與語文教學》，商務印書館，2022。

義。過去以《古文觀止》為藍本的文言選材方式，恐怕不符合現代的需要。**我們應該擴大文言選材的範圍，不限於《古文觀止》的傳統選文，才能讓文**言教材，更具有現代意義。選取文言篇章作為語文教材，當然也應該注意內容和語言障礙的問題。比如《新序·雜事》的一段，對現代的人事管理非常有啟示意義。

> 趙簡子上羊腸之阪，群臣皆偏袒推車，而虎會獨擔戟行歌，不推車。簡子曰：「寡人上阪，群臣皆推車，會獨擔戟行歌不推車，是會為人臣侮其主，為人臣侮其主，其罪何若？」虎會曰：「為人臣而侮其主者，死而又死。」簡子曰：「何謂死而又死？」虎會曰：「身死，妻子又死，若是謂死而又死。君既已聞為人臣而侮其主之罪矣，君亦聞為人君而侮其臣者乎？」簡子曰：「為人君而侮其臣者何若？」虎會對曰：「為人君而侮其臣者，智者不為謀，辯者不為使，勇者不為鬥。智者不為謀，則社稷危；辯者不為使，則使不通；勇者不為鬥，則邊境侵。」簡子曰：「善。」乃罷群臣不推車，為士大夫置酒，與群臣飲，以虎會為上客。

選讀這一段，就能將人事管理與文化相結合。現在談論人事管理的論文，大部分忽視自己文化傳統裏早已存在的人事管理因素，這是因為談論者不瞭解自己的文化傳統。

《燕昭王招賢》，也涉及招攬人才的問題：

> 燕昭王收破燕後即位，卑身厚幣，以招賢者，欲將以報仇。故往見郭隗先生。謂郭隗曰：「齊因孤國之亂而襲破燕。孤極知燕小力少，不足以報。然誠得賢士以共國，以雪先王之恥，孤之願也。先生視可者，得身事之。」郭隗曰：「王必欲致士，先從隗始。隗且見事，況賢於隗者，豈遠千里哉！」於是昭王為隗築宮而師事之。樂毅自魏往，鄒衍自齊往，劇辛自趙往，士爭湊燕。燕王吊死問孤，與百姓同甘苦。
>
> 二十八年，燕國殷富，士卒樂軼輕戰，於是遂以樂毅為上將軍，與秦、楚、三晉合謀以伐齊。齊兵敗，湣王出亡於外。燕兵獨追北，入至臨淄，盡取齊寶，燒其宮室宗廟。《戰國策·燕策一》

對於人事的安排，中國文獻裏也記載了、表達了不少的看法。《史記·高祖本紀》裏說：

> 高祖置酒洛陽南宮。高祖曰：「列侯諸將無敢隱朕，皆言其情。吾所以有天下者何？項氏之所以失天下者何？」高起、王陵對曰：「陛下慢而侮人，項羽仁而愛人，然陛下使人攻城掠地，所降下者因以予之，與天下同利也，項羽妒賢嫉能，有功者害之，賢者疑之，戰勝而不予人功，得地而不予人利，此所以失天下也。」高祖曰：「公知其一，未知其二。夫運籌策帷幄之中，決勝於千里之外，吾不如子房。鎮國家，撫百姓，給饋餉，不絕糧道，吾不如蕭何。連百萬之軍，戰必勝，攻必取，吾不如韓信。**此三者，皆人傑也，吾能用之，此吾所以取天下也。**項羽有一范增而不能用，此其所以為我擒也。」

文獻裏也記載了不少對人的行為的看法。司馬光在《資治通鑒·周紀一》裏就有一段非常精彩、深入的論述：

> 是故才德全盡謂之「聖人」，才德兼亡謂之「愚人」；德勝才謂之「君子」，才勝德謂之「小人」。凡取人之術，苟不得聖人、君子而與之，與其得小人，不若得愚人。何則？君子挾才以為善，小人挾才以為惡。挾才以為善者，善無不至；挾才以為惡者，惡亦無不至矣。愚者雖欲為不善，智不能周，力不能勝，譬如乳犬搏人，人得而制之。小人智足以遂其奸，勇足以決其暴，是虎而翼者也，其為害豈不多哉！夫德者人之所嚴，而才者人之所愛；愛者易親，嚴者易疏，是以察者多蔽於才而遺於德。自古昔以來，國之亂臣，家之敗子，才有餘而德不足，以至於顛覆者多矣……故為國為家者苟能審於才德之分而知所先後，又何失人之足患哉！

這些精闢的論述，在現代討論用人和人事管理的論文裏，卻不見引用，彷彿人事管理，人才安排完全是從西方輸入的觀念。出現這種現象，就是因為不瞭解自己的文化。對於用人和做事，還有不少非常精闢的論述，值得我

們深入研究，並融入語文教材裏。

陳嘉庚的《南僑回憶錄》有一些篇章，也可以作為教材。以《倡辦廈門大學》為例：

> 民國八年夏余回梓，念鄰省如廣東江浙公私大學林立，醫學校亦不少，閩省千余萬人，公私立大學未有一所，不但專門人才短少，而中等教師亦無處可造就，乃決意倡辦廈門大學，認捐開辦費一百萬元，作兩年開銷，復認捐經常費三百萬元，作十二年支出……校址當以廈門為最宜，而廈門地方尤以演武場附近山麓最佳……。廈門雖居閩省南方，然與南洋關係密切，……。

這樣的短文，作為中學低年級的語文教材，或補充教材，是合適的。在語文學習上，讓學習者尤其是讓廈門或南洋的學子瞭解過去，作為將來與南洋華人之間建立人際關係的認知基礎。(當然，對「梓」，必須用「梓里」或者「梓鄉」(故鄉) 注釋。)

傳統的文言教材也**不必全篇選用**，如《諫逐客書》就沒有必要閱讀全文，可以只閱讀最後的一段，並結合現代的移民問題來討論。

我們應該脫離從《古文觀止》選取文言文的做法，這樣能擴大語文教學的內容，讓語文教學更符合時代的需求。當然，為了照顧各華語區文化認同的需要，也應該適當地保留一些共同的選文。

當今的文化發展，必定是「全球意識」和「民族意識」的相互結合。因此，應該以自己的文化為本，客觀地審視古代文化，接受古代文化裏有益於現代的成分。為了減輕學習者的語文負擔，應該放棄文言範文選讀[13]，結合文化需要，重新安排教材，恐怕是我們在面對全球化、現代化的情況下，保留民族認同、語言認同、文化認同的唯一出路。

---

[13] 上世紀四十年代，朱自清、葉聖陶和呂叔湘合編的《文言讀本》(上海教育出版社，1980) 就已經率先放棄提供模範文給讀者模仿的做法。

參考文獻

1. 鮑善淳（1982）：《怎樣閱讀古文》，頁 139，上海古籍出版社。

2. 刁晏斌（2006）：《現代漢語史概論》，北京大學出版社。

3. 刁晏斌（2007）：《漢語語法研究》（修訂本），遼海出版社。

4. 刁晏斌（2022）：論華語詞彙運用中的「捨小取大」現象，《通化師範學院學報》，第 1 期。

5. 郭熙（2012）：《華語研究錄》，商務印書館。

6. 李宇明主編（2010）：《全球華語詞典》，商務印書館。

7. 李宇明主編（2016）：《全球華語大詞典》，商務印書館。

8. 李宇明（2018）：《語言傳播與規劃文集》，北京語言大學出版社。

9. 林任君（2020）：基督城、亞細安和南中國海，《怡和世紀》，第 47 期。

10. 陸儉明（2019）：《話說漢語走向世界》，商務印書館。

11. 汪惠迪（1999）：《時代新加坡特有詞語詞典》，聯邦出版社。

12. 汪惠迪（2021 年 12 月 6 日）：異彩紛呈學術路，南國之梅吐芬芳——讀「馬來西亞華人社會語言研究」，《源》雙月刊，新加坡宗鄉會館聯合總會。

13. 王曉梅、周清海（2022）：馬來西亞華語特有詞語考察——以「馬來西亞華語特有詞語詞典」為例，《全球華語》，第 1 期。

14. 王曉梅、莊曉齡、湯志祥（2022）：《馬來西亞華語特有詞語詞典》，聯營出版（馬）有限公司。

15. 徐峰（2015）：新加坡小學華文教材中的新加坡元素，《海外漢語詞彙語法教學與研究》，頁 37，復旦大學出版社。

16. 周清海（2003）：多語環境裏語言規劃所思考的重點與面對的難題，《全球化環境下的華文與華語文教學》，泛太平洋出版社，頁 105—114。

17. 周清海（2016）：「大華語」的研究和發展趨勢，《漢語學報》，第 1 期，頁 13—19。

18. 周清海（2016）：語言與語言教育的戰略觀察，沈陽、徐大明主編《中國語言戰略》，頁 1—9。

19. 周清海（2020）：從全球華語的發展趨勢看華語區的語言問題，香港中文大學《中國語文通訊》，第 9 卷，第 2 期。

20. 周清海（2020）：全球化環境下的古漢語教學問題——古漢語教學的改革思考，刊於《文言文教與學論壇——場刊》總結座談（2018 年 5 月 26 日），頁 35，香港教育大學中國語言學系主辦。又收於《大華語與語文教學》，商務印書館。

21. 周清海（2022）：《大華語與語文教育》序文，商務印書館。

Chinese Language Education in the Background of Integration and Internationalization of the Chinese Language

CHEW, Cheng Hai

Abstract

The Chinese language belongs not only to China, but also to all ethnic Chinese people around the world, and by extension, humanity at large. With the growing influences of the Chinese communities in global affairs, Chinese language education is assuming an increasingly greater role in the internationalization of the Chinese language and the integration of its varieties.

Against such a backdrop, attention and respect have to be paid to the language and cultural variations of the ethnic Chinese communities living in different parts of the world.

In terms of Chinese language education, we have to keep in the mind the needs of different Chinese communities. In addition to dealing with the core language features, we have to consider the issues of integrating the language features of the different varieties of the Chinese language.

From the perspectives of the internationalization and integration of Chineses language, the paper focuses on the following issues concerning Chinese language education: 1) The integration of the different varieties of the Chinese language for the development of Chinese language education, 2) The curriculum design of Chinese language and cultural programmes and Chinese language teacher education, 3) Principles in dealing with the lexical variations among global Chinese, 4) The integration of the ancient and modern Chinese languages.

Keywords: *language varieties; language localization; language integration; language international-ization; Chinese language education*

CHEW, Cheng Hai, The Education University of Hong Kong, HK.; Huaqiao University, China.

回歸前後香港語文教育政策變遷 *

田小琳　　施仲謀　　李黃萍　　蔡一聰

摘要

　　香港回歸前是英語獨尊，祖國對香港恢復行使主權之後，特區政府推行了「兩文三語」語文政策。為了維持港人在國際上的競爭優勢，香港特區政府行政長官在第一份施政報告中，對學生的語文能力提出了兩文三語的願景。「兩文」是指中文和英文兩種書面語，「三語」是指普通話、粵語和英語三種口頭語。這些語文政策是符合香港多元語言社會的實際情況的。

　　關於教學語言的定位問題，比如母語教學政策，用普通話教中文等，也引起了各種爭議。2000 年，香港教育當局定下了用普通話教中文這一遠程目標，但一直沒有訂定具體的時間表，因此二十年後的今天仍未達成目標。本文通過對香港近三十年語文教育政策的客觀梳理，釐清香港語文教育政策存在的問題，並進行相應探討。

關鍵詞：語文教育政策　中國語文教育　兩文三語　普教中

前言

回顧香港語文教育政策，由於歷史的原因，香港三十年前是英語獨尊。

* 本研究獲國家語委「十三五」科研規劃 2019 年度重點項目資助 (項目批號：ZDI135-84)；獲廈門大學人文社科 2019 年度重點培育項目支持 (編號：20720191075)。

田小琳，嶺南大學中國語文教學與測試中心（退休），聯絡電郵：tinsiulam@yahoo.com.hk。

施仲謀，香港教育大學中國語言學系，聯絡電郵：cmsi@eduhk.hk。

李黃萍，香港教育大學語文教育中心，聯絡電郵：pinglee@eduhk.hk。（本文通訊作者）

蔡一聰，香港特別行政區政府教育局，聯絡電郵：yctsoi@edb.gov.hk。

儘管在 1974 年，香港政府立法通過了中文與英文享有同等法律地位的法定語文條例，但實際上，英文在書面文字上仍具有優勢地位。政府內部的文件仍然是以英文為主，若具有法律效用的文件會有兩個版本（中文版和英文版），而且會加上兩者產生歧異時以英文為準的字句（楊聰榮，2002）。1981 年香港政府教育司邀請國際顧問團對香港教育制度進行全面檢討，顧問團報告書建議香港政府頒令以廣州話作為基礎教育階段的教育語言（呂衛倫，1982）。但該建議並未獲得立法局[1]通過，結果香港政府把選擇教學語言的權利交給各學校自行決定，依然重英輕中（何景安，2006）。自中英聯合聲明簽署後，翌年新當選的立法局議員打破常例，以粵語宣誓，中文的地位才逐漸提升。

香港主權回歸祖國之後，特區政府推行了兩大語文教育政策，其一是母語[2]教學政策；其二是「兩文三語」語文政策。特區政府行政長官在第一份施政報告中的教育方面強調積極推行母語教學，以提高學生的學習能力。值得注意的是，這裏所提到的母語教學是指用粵語教授除了英文科以外的其他學科（包括中文科）。與此同時，為了維持港人在國際上的競爭優勢，對學生的語文能力提出了兩文三語的願景（董建華，1997）。「兩文」是指中文和英文兩種書面語，「三語」是指普通話、粵語和英語三種口頭語。中文和普通話的提法，符合「一國」的要求；英文、粵語和英語的提法，則體現著「兩制」的特點（田小琳，2001）。下文主要概述香港近三十年中國語文教育政策，以及探討存在的問題。

一、「兩文三語」政策

「兩文三語」這項語文政策在香港回歸之前已經有相關的籌劃了，1994 年 3 月語文基金成立，目的就是資助相關措施，以提高香港市民的中文（包括普通話）及英文能力。在 1994 年 2 月至 2017 年 2 月這 23 年期間，立法會財務委員會已先後 7 次批准向語文基金注資合共 80 億元（孫德基，2017），藉以提供相對穩定的資金，促進語文教育較長遠的策略性規劃和發展。

---

[1] 1997 年 7 月 1 日，香港主權移交，立法局改名為立法會。

[2] 母語一詞在一般的情況下是指民族的標準語，但在香港地區指的是粵方言。

1996 年 3 月香港教育統籌委員會（簡稱「教統會」）關於提高語文能力整體策略第六號報告書諮詢文件建議在「教統會」之下設立語文教育及研究常務委員會（簡稱「語常會」），研究香港的語文教育需要，然後制定適當的、有針對性的相關政策，並有系統地協調、監察政策的實施和評估成效。諮詢文件亦建議「語常會」與語文基金諮詢委員會建立正式的聯繫（教育統籌委員會，1996）。

「語常會」於 1996 年正式成立，目的是就一般語文教育事宜和語文基金的運用，向政府提供意見。截至 2019 年 8 月 31 日，「語常會」公佈已完成的中文項目 158 個；已完成的普通話項目 115 個。

二、教師資歷要求

（一）普通話教師

1997 年行政長官的施政報告對教師的語文能力也有了明確的規定，2000 年所有新入職的教師必須符合規定的語文基準；在職的語文教師，於語文基準訂定後的五年內須全部符合基準。事實上，語文基準（現為「教師語文能力評核」）只是針對英文老師和普通話老師的要求，而對中文老師則沒有相關的要求。換言之，任教中文科的老師，即使用普通話上課，也非必須達到教師語文能力評核（普通話）的要求。但目前學校聘請中文老師時，一般會要求應聘者提供「教師語文能力評核（普通話）證書」作為參考。

教師語文能力評核由 2001 年開始，香港考試局 [3] 及教育署 [4] 於每年 3 月舉辦教師語文能力評核，旨在提供一個客觀的機制，以衡量中小學普通話科教師教授該科的語文能力。香港考試局同時推出《教師語文能力等級說明及評核綱要（普通話）》（香港考試局，2000）。

（二）中文教師

「語常會」2003 年 6 月發表了語文教育檢討總結報告，即《提升香港語文

---

[3] 香港考試局於 2002 年 7 月正式易名為香港考試及評核局，簡稱考評局。

[4] 2003 年 1 月教育署及教育統籌局合併為教育統籌局，2007 年 7 月 1 日，教育統籌局改稱教育局。

水平行動方案》（語常會，2003），提出語文教師須具備良好的語文能力，熟悉本科知識，並掌握有效的教學方法。「語常會」同時建議，自 2004/2005 學年起，新入職的中小學中文及英文科教師，均須具備相關的師資培訓和資歷。

教育統籌局於 2004 年 3 月通函各中、小學校長，要求實施「語常會」關於語文教師培訓和資歷的建議。自 2004/2005 學年起，新入職的中小學中文科及英文科教師，須持有主修相關語文科目的教育學士學位，或持有一個主修相關語文科目的學士 / 高等學位和一個主修相關語文科目的認可師資培訓資歷（教育統籌局，2004）。

三、中國語文教育領域課程的發展

回顧香港的中文教育發展的歷史，大致可以分為四個時期（施仲謀，1997），分別是：唐文時期（1840 — 1900）、漢文時期（1901 — 1921）、中文時期（1922 — 1969）和中國語文時期（1970 年以後）。1970 年，香港教育司署 [5] 將小學中文科改稱為中國語文科。

香港中小學中國語文教育課程規劃一般是以政府教育部門頒佈的課程文件為依據的。所有課程文件均由香港課程發展議會 [6] 編訂。縱觀過去 30 年，香港中國語文基礎教育課程（包括普通話），主要經歷兩大時期，即「綱要」期和「指引」期。如下表：

表 1 「綱要」期和「指引」期政府課程文件

時期		主要課程文件
綱要	1990 綱要	• 小學中國語文科（小一至小六）課程綱要（1990） • 中國語文科（中一至中五）課程綱要（1990）
	目標為本	• 目標為本課程中國語文科學習綱要：第一學習階段（小一至小三）1995 • 目標為本課程中國語文科學習綱要：第二學習階段（小四至小六）1995

[5] 教育司署是教育局的前身，於 1865 年成立。1980 年教育司署改組為教育科及教育署；1983 年教育科亦改名為教育統籌科；1997 年教育統籌科更名為教育統籌局。

[6] 課程發展議會是一個諮詢組織，就幼稚園至高中階段的學校課程發展事宜，向香港特別行政區政府提供意見。議會成員包括校長、教師、家長、僱主、大專院校學者、相關界別及團體的專業人士、香港考試及評核局代表及教育局人員。

時期		主要課程文件
指引	2002 指引	• 中國語文教育學習領域課程指引（小一至中三）2002 • 小學中國語文建議學習重點（試用）2004/2008 修訂
	2017 指引	• 中國語文教育學習領域課程指引（小一至中六）2017

（一）中國語文教育領域課程文件

在香港教育局網頁上查詢中國語文教育昔日課程文件，可追溯到最早的中國語文科課程綱要，是上世紀九十年代初由香港課程發展議會編訂的《小學中國語文科（小一至小六）課程綱要（1990）》和《中國語文科（中一至中五課程綱要）（1990）》（香港課程發展議會，1990），香港教育署建議學校採用。中小學中國語文科課程綱要課程目標大致如下：

表 2　1990 中小學中國語文科課程綱要課程目標

項目	中國語文科（小一至小六） 課程綱要（1990）	中國語文科（中一至中五） 課程綱要（1990）
課程 目標	- 培養學生讀、寫、聽、說，以及寫字的能力。 - 培養學生的想像力和思考能力。 - 培養學生的自學能力。 - 培養學生的道德觀念，讓學生對中華文化有所認識。	- 培養學生讀、寫、聽、說和思維能力。 - 培養學生自學能力。 - 啟發學生的思想，培養學生的品德，增進學生對中華文化的認識。 - 加強學生對社會的責任感。

1992 年教育署根據《教育統籌委員會第四號報告書》（教育統籌委員會，1990）的建議，推行《目標為本課程》。由於「目標為本課程」爭議很大，有學者甚至認為「目標為本課程」的理念很難實際操作，是一個遙不可及的理想（林智中，1996）。故在新世紀教育改革的浪潮下，《目標為本課程》逐漸淡出舞台。

1997 年香港回歸，中國語文教育學習領域增加了中小學普通話科課程綱要，包括《小學課程綱要：普通話科（小一至小六）》和《中學課程綱要：普通話科（中一至中五）》（課程發展議會，1997）。

2000 年的教育統籌委員會教育改革報告書《終身學習·全人發展》及

2001 年的課程發展議會報告書《學會學習——課程發展路向》，為香港課程的發展定下未來十年的發展方向。為落實這兩份報告書所提出的各項建議，教育署建議中學採用《中國語文課程指引（初中及高中）2001》。課程發展議會編訂的《基礎教育課程指引——各盡所能‧發揮所長（小一至中三）》也於 2002 年出版，教育署建議學校採用課程發展議會 2002 年編訂的《中國語文教育學習領域課程指引（小一至中三）》，2004 年課程發展議會又編訂了《中國語文課程指引（小一至小六）》和《小學中國語文建議學習重點（試用）》，供學校配合「中國語文教育學習領域課程指引」使用。香港基礎教育中國語文教育學習領域課程指引（小一至中三）的課程目標大致如下：

表 3　中國語文教育學習領域課程指引（小一至中三）2002 課程目標

項目	主要內容
課程 目標	- 課程宗旨 ➢ 提高讀寫聽說能力、思維能力、審美能力和自學能力。 ➢ 培養語文學習的興趣、良好的語文學習態度和習慣。 ➢ 培養品德，加強對社群的責任感。 ➢ 體認中華文化，培養對國家、民族的感情。 - 基礎教育階段學習目標 ➢ 培養讀寫聽說的基本能力，增進語文基礎知識及其他生活知識。 ➢ 培養創新思考和自學能力。 ➢ 培養審美情趣，陶冶性情；培養品德及對社群的責任感。 ➢ 培養主動學習和積極的態度，建立正面價值觀。 -「用普通話教中文」為遠程目標。

課程發展議會於 2008 修訂了《小學中國語文建議學習重點（試用）》，修訂版強調除了重視學生語文能力的培養外，還要著重加強文學、中華文化的學習和品德情意、思維及語文自學能力的培養。

課程改革的十年間，教育局曾進行多項不同類型的調查研究，發現學校對《基礎教育課程指引》(2002) 所倡議的中央課程，包括學習宗旨及課程框架，有很高的認同。十年後，課程發展議會對基礎教育課程的十年計劃進行了全面檢視，以「學會學習」為主題的課程改革為出發點，從不同渠道廣泛吸納各方意見，並借鑒國際及本地教育研究成果，把《基礎教育課程指引——

各盡所能，發揮所長（小一至中三）》（2002）中與小學課程相關的內容加以更新和增益，以切合社會最新的發展和學生的需要。2014 年課程發展議會更新了基礎教育小學課程指引，詳閱《基礎教育課程指引——聚焦·深化·持續（小一至小六）》。2017 年教育局也更新了課程領域的指引，中國語文教育方面指引的更新，可詳閱《中國語文教育學習領域課程指引（小一至中六）》。普通話方面，課程發展議會在 1997 年公佈的中小學普通話科課程綱要的基礎上編訂了《中國語文教育學習領域普通話科課程指引（小一至中三）》。

2017 年的《中國語文教育學習領域課程指引（小一至中六）》並沒有什麼大的變動，只是更新了一些內容，科目方面（中國語文科和普通話科）雖然沒有新的指引，但課程領域上的調整必然會牽涉到學校的教學，諸如 2017 年新指引的課程發展方向不再強調能力導向，而提出提升語文素養的概念；新指引提出要增加閱讀量，拓寬閱讀面，提升閱讀深度，這些都是教學方面要關注的。2017 年新的《中國語文教育學習領域課程指引（小一至中六）》基礎教育階段主要的調整內容包括：

（1）中國語文教育方面，要提高運用語言的能力，能說流利的粵語和能以普通話溝通。

（2）中國語文教育的課程發展方向強調提升語文素養，重視經典閱讀，提升閱讀深度，按校本需要及條件推動「用普通話教中文」，提供更多實踐普通話的機會，加強自學。

（3）中國語文教育的課程發展依據的基本理念方面，增加了養成良好的國民素質，承傳民族文化的要求。

（4）課程架構方面，關於中國語文教育學習領域課程的聯繫和銜接。提及中國語文科在不同階段的銜接，以及普通話科與中國語文科的關係。

由上述（1）可見，對學生普通話口語能力要求似乎放寬了，因為 2002 年的課程指引要求學生能「說流利的口語（包括粵語和普通話）」，而 2017 年的只是要求「能說流利的粵語和能以普通話溝通」。從（2）可以看出，《中國語文教育學習領域課程指引》（2002）所提出的以「用普通話教中文」為遠程目標，在 15 年後不僅仍未實現，而且在 2017 年新的課程指引中，也不再提及該目標了。只是要求學校提供更多實踐普通話的機會，加強自學。另外（3）「養成良好的國民素質」是 2002 年課程指引未提及的，當時只是要求學生深

入認識及認同中華文化。此外，2017 年的課程指引還強調要承傳民族文化。這是要求培養學生在認識、認同中華文化基礎上的一種文化自信，可以增強民族的歸屬感和凝聚力。而（4）課程架構方面，提及的普通話科與中國語文科的關係，基礎教育階段關注的是「避免學習內容和學習材料的不必要重複」（課程指引，2017，頁 19），並沒有推動普通話科與中國語文科的融合。

（二）香港中國語文教育領域學科之間的關係

香港基礎教育中國語文教育學習領域的學科包括：中國語文和普通話。語文教育方面，普通話是標準中文的口語形式，它和標準中文的書面語是相輔相成的兩個方面，二者是一致的（田小琳，1997）。所有的主權國家，基本上是用標準的口語教標準的書面語，普通話本身就是標準中文，理應用普通話教中文（田小琳，2017）。但由於歷史和政治的原因，香港的中文科一般是用廣州方言來教授的，簡稱「廣教中」或「粵教中」，而國家標準語——普通話則單獨設科。

1999 年 10 月香港特別行政區課程發展議會就在香港學校課程的整體檢視報告中，建議「在整體的中國語文課程中加入普通話的學習元素，並以用普通話教中文為遠程目標」（課程發展議會，1999）。隨後，香港課程發展議會在中國語文教育諮詢文件中正式提出用普通話教授中國語文（簡稱「普教中」）是香港中小學的長遠目標（課程發展議會，2000）。

2002 年課程發展議會編訂的中國語文教育學習領域課程指引（小一至中三）為中國語文課程訂定了明確的發展策略，就是在中國語文課程中，逐步加入普通話學習元素或嘗試用普通話作為教學語言；2003 年香港語文教育及研究常務委員會發表了《提升香港語文水平行動方案》，表示非常贊成課程發展議會使用普通話教授中國語文科的長遠目標，鼓勵有條件的學校嘗試使用普通話教授中文科。可時至今日，已經二十年了，「普教中」這一目標仍遙遙無期。

（三）中國語文教育狀況

香港中學中國語文科課程改革於二十世紀九十年代中後期開始醞釀，隨著世紀之交的教育改革譜寫新曲。2001 年課程發展議會推出《中國語文課程

指引（初中及高中）》；2004 年推出《中國語文課程指引（小一至小六）》，這兩份課程指引沿用至今。中國語文教育學習領域課程改革的基本脈絡如下：

圖 1　中國語文科課程改革的基本脈絡

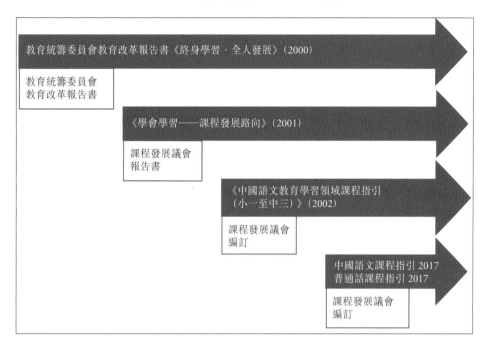

香港回歸前後，探討用普通話教中文的學者逐漸增多，而且成為焦點。何國祥在 1997 年預言，2010 年後，香港的中國語文科會用普通話教授（何國祥，1997）。施仲謀也認為，中文科用普通話作為教學語言，從長遠來看，對學生的普通話水平，以及其語文能力的提高，會大有裨益（施仲謀，2008）。

香港特區政府在 2005 年九至十月以問卷形式訪問了 824 所中小學，當中 209 所學校（約四分之一）表示已轉用普通話教中文科（星島日報，2005）。小學方面，遞交問卷的 446 所學校中，有 125 所學校（28%）表示現已推行用普通話教中文科（小學中國語文教育研究學會，2005）。香港天主教區 2005 年 8 月宣佈，屬下 60 多所小學從 2005 年 9 月起，由小一開始，全面推行普通話教授中國語文（何國祥，2008）。林建平估計，2007/2008 年度約 20% 的中、小學試行「普教中」（包括全面實施和部分班級實施的學校）（林建平，2008）。

於 2015/2016 學年，「語常會」也進行了香港中、小學推行以普通話教授

中國語文科概況調查，結果顯示，2015/2016 學年只有 16.4% 的小學及 2.5% 的中學全面普教中（香港特區政府新聞公報，2018）。

香港中文大學 2016 年的一次調查顯示，受訪者有八成多贊成在中小學教授普通話，但當焦點集中在用普通話為授課語言教授中文科上，只有五成受訪者贊成，可見兩者意見分歧明顯（梁慧敏，2017）。

香港中、小學中國語文教育教學語言現狀，大致有以下幾種模式：全面用普通話教中文；部分用普通話教中文；全面用粵語教中文。到底學校是採用「普教中」，還是「粵教中」，又或者是中文科和普通話科融合，目前是由學校自主。

（四）普通話教育狀況

教育署於 1986 年 9 月正式推出普通話課程，列為小學四至六年級的可供選擇科目，每週教學時間為一至兩教節（何國祥，1997）。1997 年香港教育局（前教育署）分別推出《小學課程綱要：普通話科（小一至小六）》及《中學課程綱要：普通話科（中一至中五）》。新的課程綱要把修讀普通話的年級延伸，由原來的小四至中三伸展至小一至中五，並提出通過普通話科的學習，增強學生對中國文化的歸屬感和認同感（課程發展議會，1997）。1998 年普通話科成為香港中小學核心課程，2000 年普通話成為中學會考科目。2012 年開始，因教育制度改革，取消了中學會考，新高中文憑試刪除了普通話科。風采中學校長曹啟樂認為，教育局的做法令學生進修普通話的機會減少，僅少數普通話優異的學生能挑戰難度較高的國家普通話水平測試（曹啟樂，2011）。

四、語文政策問題探討

普通話是中國各民族的共同語，以普通話作為教學語言，應該能夠減低香港人對回歸祖國的疑慮抗拒心理，產生「融為一體」的效果，真正體現「回歸」的意義（鄧城鋒，2008）。的確，基本法規定中文為正式語文，但沒有限定口語形式，這樣從國家層面來講，就造成說寫不一，言文不一的現象。語和文的錯配，也會導致港人身份認同的困擾，成為與內地融為一體的障礙。

在中國內地、台灣、澳門特區及新加坡、馬來西亞等東南亞國家的教育體制中，普通話（國語／華語）都不單獨設科，是在中文（國文／華文）課上的教學語言。可是香港分科教學，二者不但不能互補，反而是中文課拆了普通話課的台（汪惠迪，2020）。香港用了整整二十年的時間探討哪一種語言教授中文可以提升學生的語文水平，也沒有結果。是否應該從宏觀的角度再思考？

(一) 語言定位問題

在中國語文教學語言的問題上，香港學校校長的立場起決定作用，因為校長不僅是學校教學語言政策的制定者之一，而且是實施者。2004 年，張本楠以「香港中學教學語言政策與實施」為研究課題，用問卷的方式對香港400 所中學的校長進行了一次調查，結果顯示，雖然香港中學校長普遍認為普通話對於香港中學生來說愈來愈重要，學好普通話可以提高學生將來的競爭力，但是，與英文和廣州話相比，校長們仍然認為，英文最為重要，其次為廣州話，最後才是普通話（張本楠，2013）。事實上，無論是政府文件，還是學校文件，三語同時出現時，普通話通常都是排在最後。

有人認為，粵語可被視為「兩制」在「一國」中的體現（Tsui, A.B.M.，2004），也有人認為，既然五十年不變，那麼香港就應該保持英文第一，中文第二的現狀。但是田小琳認為，基於國家和民族的尊嚴問題，「五十年不變」，應該主要是指香港實行資本主義制度不變，而不是語言定位不變。《中華人民共和國香港特別行政區基本法》規定：「香港特別行政區的行政機關、立法機關和司法機關，除使用中文外，還可以使用英文，英文也是正式語文。」這包含了兩層意思，一是中文是首要的正式語文，二是英文也是正式語文，體現了一國兩制的政策（田小琳，1996）。關於普通話和粵方言的地位問題，普通話已進入了《中華人民共和國憲法》，港人須要認同普通話是現代漢民族的共同語，而不是和粵方言並列的一種方言（田小琳，1997）。

(二) 用普通話教中文的推行問題

儘管 2000 年的課程文件提出「用普通話教中文」為長遠目標，但這個「長遠」並不明確，沒有具體的時間表。課程文件也似有搖擺現象，2017 年的《中

國語文教育學習領域課程指引（小一至中六）》，不再提「用普通話教中文」這個長遠目標了。

另一方面，「語常會」在落實「普教中」這一長遠目標過程中，也進行了相關的研究，對在香港推行「普教中」的條件和限制進行了深入探討。2008年《在香港中、小學以普通話教授中國語文科所需之條件研究報告》中，歸納出學校推行「普教中」所具備的有利條件，按學校提出的重要性排序為：(1)師資；(2) 學校管理層的態度及策略；(3) 語言環境；(4) 學生的學習能力；(5) 課程、教學及教材安排；以及 (6) 教與學的支援（語常會，2008）。換言之，香港難以推出「普教中」的關鍵問題是上述 6 個條件不足。有學者認為，如果香港語文教師普通話能力達標，教育教學理念正確，加上又有學校行政和學生學習意願等因素支持，我們的確不太容易再找到反對用普通話教中文的理由（張國松，2015）。2015 年語文教育及研究常務委員會的《探討香港中、小學如何推行「以普通話教授中國語文科」研究計劃終期報告》提出 10 項建議（語常會，2015）。然而，這些研究都沒有為在香港落實「普教中」定下明確的時間表和路線圖。

可見，香港語言政策表面上看起來明確，實際上存在模糊性，語文政策發展過程複雜而又微妙。從歷史的角度看，上世紀二十、三十年代以來，中國就是以國語來教授中國語文的；從現實角度看，內地各方言區包括粵方言區也都是用普通話教授中國語文的，台灣省一直也是用國語教授中國語文的（田小琳，2008）。放眼世界，各國教授中文時大都是以普通話作為教學語言的；再看香港，也有很多「普教中」的成功示例[7]。總而言之，若語文政策模糊不清，學校就會採取觀望的態度。香港特區政府教育局須要有一套明確的語文政策，訂定推行「普教中」的具體時間表，以及採取必要的配套措施，否則「普教中」這一長遠目標仍會遙遙無期。

（三）教師語文能力要求政策問題

教師語文能力要求政策自 2000 年開始實施，目的在於確保所有語文教師

---

[7]　如：香港蘇浙小學、普通話研習社科技創意小學、景嶺書院均為創校即以普通話教授中國語文科，以及港九街坊婦女會孫方中書院（香港首間以普通話為教學語言的津貼中學），這些都是使用普通話教授中國語文成功經驗的實證。

（英文、普通話）達到最基本的語文能力要求，從而提高教育質素[8]。但值得注意的是這項要求是不包括中文科教師的。到目前為止，教育局對中文科教師是沒有普通話能力要求的。也就是説，即使中文科教師是用普通話教中文，其普通話水平也非必須達到教師語文能力評核（普通話）的要求。若要推行「普教中」，教育局應該盡早制定相關的政策，採取相應的措施。

（四）教師資源錯配問題

香港學制改革以來，香港教育大學中國語文教育榮譽學士課程，已培訓出大批具備中學及小學中國語文科教學需要的合格教師。這個課程的畢業生均經過語言、文學、文化、語文教學四方面的知識學習和能力訓練，包括普通話教學及「普教中」的訓練（施仲謀、王聰，2020）。但礙於目前香港大部分學校是「粵教中」，「普教中」的學校並不多，故很多畢業生走上工作崗位，仍然是用粵語教中文。田小琳曾指出：「《基本法》規定，香港的教學語言由特區政府決定」（田小琳，2012）。她在文章中，從不同視角、不同時序分析「普教中」的重要性及可行性，呼籲香港中文教育正面臨著重要抉擇，不容遲緩。她認為香港社會制訂語言政策需要遵守和參考《中華人民共和國憲法》《香港特別行政區基本法》等 。學校應該把握各種機會培養學生國家觀念和愛國意識（田小琳，2021）。希望教育部門加大支援「普教中」的力度，減少新入職教師資源錯配的現象。

參考文獻

1. 曹啟樂（2011）：文憑試刪普通話科 校長狠批，《香港東方日報》港聞版，9 月 22 日。
2. 鄧城鋒（2008）：關於「普教中」討論的反思，《香港中文大學基礎教育學報》，17(2)，1—13。
3. 董建華（1997）：《香港特別行政區行政長官施政報告（1997）》，檢自 https://www.policyaddress.gov.hk/pa97/chinese/cpaindex.htm，檢索日期：2021.8.9。
4. 何國祥（1997）：獨立科目，跨越九七──香港普通話教學的發展，《語言文字應用》，22(2)，23—36。
5. 何國祥（2008）：香港用普通話教中文之何去何從，刊於何文勝、張中原：《新時期中國語文教育改革

[8] 資料來源：教育局網頁 https://www.edb.gov.hk/tc/teacher/qualification-training-development/qualification/language-proficiency-requirement/details.html

的理論與實踐》，香港，文思出版社。

6. 何景安（2006）：對香港語文教育政策的歷史回顧和提升語文教育水平的幾點看法，《香港教師中心學報》，5，48—58。

7. 教育統籌委員會（1996）：《教育統籌委員會第六號報告書》，香港，政府印務局。

8. 梁慧敏（2017）：香港普通話使用的實證研究——兼論推普工作的發展，《語言文字應用》，3，79—90。

9. 林建平（2008）：普通話教中文現況，《星島日報》F04 版，5 月 12 日。

10. 林智中（1996）：《目標為本課程：一個遙不可及的理想》，香港中文大學香港教育研究所。

11. 呂衛倫（Llewllyn）（1982）：《香港教育透視：國際顧問團報告書》，香港，香港政府教育司。

12. 施仲謀（1997）：香港漢語言文字教學的現狀與展望，《語言文字應用》，22(2)，37—42。

13. 施仲謀（2008）：漢語教學在香港，《雲南師範大學學報（對外漢語教學與研究版）》，2，43—49。

14. 施仲謀、王聰（2020）：如何迎接大灣區的中文發展機遇——以香港教育大學為例，刊於馬毛朋、李斐：《博學近思 知行兼舉——田小琳先生八秩榮慶文集》，香港，和平圖書有限公司，236—246。

15. 孫德基（2017）：《審計署署長第六十八號報告書》，香港特別行政區審計署的刊物及新聞公報，第 8 章，第 1 頁。

16. 田小琳（1996）：試論 1997 與香港中國語文政策，《中國人民大學學報》，4。

17. 田小琳（1997）：《香港中文教學和普通話教學論集》，北京，人民教育出版社，31。

18. 田小琳（1997）：21 世紀香港中文教育展望，《課程·教材·教法》，06，54—57。

19. 田小琳（2001）：試論香港回歸中國後的語文教育政策，《語言文字應用》，1，73—81。

20. 田小琳（2008）：香港中文教育政策述評，《雲南師範大學學報（對外漢語教學與研究版）》，6(2)，17—24。

21. 田小琳（2012）：香港中文教育面臨的重要抉擇，《雲南師範大學學報（哲學社會科學版）》，2，14—21。

22. 田小琳（2017）：香港回歸二十年普通話教育面面觀，發表於「回歸二十年香港普通話教育的回顧與前瞻」研討會，香港理工大學。

23. 田小琳（2021）：三論香港地區的語言文字規範問題，《中國語文通訊》，1，1—12。

24. 汪惠迪（2020）：香港中文「再出發」的路向，《聯合早報》，5 月 30 日。

25. 香港教育統籌局（2004）：《實施語文教育及研究常務委員會有關語文教師培訓和資歷的建議》，教育統籌局通函第 54/2004 號。

26. 香港教育統籌委員會（1990）：《教育統籌委員會第四號報告書》，香港，政府印務局。

27. 香港教育統籌委員會（2000）：《終身學習全人發展：香港教育制度改革建議》，香港特別行政區教育統籌委員會出版，檢自 https://www.e-c.edu.hk/tc/publications_and_related_documents/rf1.html，檢索日期：2021.8.9。

28. 香港教育統籌委員會（2001）：《學會學習——課程發展路向》，檢自 https://www.edb.gov.hk/tc/curriculum-development/cs-curriculum-doc-report/wf-in-cur/index.html，檢索日期：2021.8.9。

29. 香港教育學院課程與教學學系「探討香港中、小學如何推行『以普通話教授中國語文科』研究計劃」小組（2015）：《探討香港中、小學如何推行「以普通話教授中國語文科」研究計劃》終期報告（刪節版）。

30. 香港考試局（2000）：《教師語文能力等級說明及評核綱要（普通話）》，香港，政府印務局。

31. 香港課程發展議會（1990）：《小學中國語文科（小一至小六）課程綱要》，香港，政府印務局。

32. 香港課程發展議會（1990）：《中國語文科（中一至中五）課程綱要》，香港，政府印務局。

33. 香港課程發展議會（1995）：《目標為本課程中國語文科學習綱要：第一學習階段（小一至小三）》，檢自 https://www.edb.gov.hk/tc/curriculum-development/kla/chi-edu/curriculum-documents/toc-ks1.html，檢索日期：2021.8.9。

34. 香港課程發展議會（1995）：《目標為本課程中國語文科學習綱要：第二學習階段（小四至小六）》（1995），檢自 https://www.edb.gov.hk/tc/curriculum-development/kla/chi-edu/curriculum-documents/toc-ks2.html，檢索日期：2021.8.9。

35. 香港課程發展議會（1996）：《目標為本課程中國語文科學習綱要補編：第一及第二學習階段（小學一至六年級）》（1996），檢自 https://www.edb.gov.hk/tc/curriculum-development/kla/chi-edu/curriculum-documents/primary/toc-supplement1996.html，檢索日期：2021.8.9。

36. 香港課程發展議會（1998）：《目標為本課程中國語文科學習評估指引：第一及第二學習階段（小一至小六）》（1998），檢自 https://www.edb.gov.hk/tc/curriculum-development/kla/chi-edu/curriculum-documents/toc1998.html，檢索日期：2021.8.9。

37. 香港課程發展議會（1997）：《小學課程綱要：普通話科（小一至小六）》，檢自 https://www.edb.gov.hk/tc/curriculum-development/kla/chi-edu/curriculum-documents/primary/pth.html，檢索日期：2021.8.9。

38. 香港課程發展議會（1997）：《中學課程綱要：普通話科（中一至中五）》，香港教育統籌局出版。

39. 香港課程發展議會（1999）《香港學校課程的整體檢視報告》（改革建議），香港特別行政區政府印務局。

40. 香港課程發展議會（2000）：《學會學習‧學習領域：中國語文教育（諮詢文件）》，香港特別行政區課程發展議會。

41. 香港課程發展議會（2001）：《中國語文課程指引（初中及高中）》，檢自 https://www.edb.gov.hk/tc/curriculum-development/kla/chi-edu/curriculum-documents/secondary-edu2011.html，檢索日期：2021.8.9。

42. 香港課程發展議會（2002）：《中國語文教育學習領域課程指引（小一至中三）》，香港特別行政區教育統籌局。

43. 香港課程發展議會（2004）：《中國語文課程指引（小一至小六）》，香港特別行政區教育統籌局。

44. 香港課程發展議會（2004）：《小學中國語文建議學習重點（試用）》，香港特別行政區教育統籌局。

45. 香港課程發展議會（2008）：《小學中國語文建議學習重點（試用）》，香港特別行政區教育統籌局。

46. 香港課程發展議會（2014）：《基礎教育課程指引——聚焦‧深化‧持續（小一至小六）》，香港特別行政區教育局。

47. 香港課程發展議會（2017）：《中國語文教育學習領域課程指引（小一至中六）》，香港，香港特別行政區教育局。

48. 香港課程發展議會（2017）：《中國語文教育學習領域普通話科課程指引（小一至中三)》，香港，香港特別行政區教育局。

49. 香港特別行政區政府新聞公報（2018）：立法會二十一題：採用普通話作為中小學中國語文科的教學語言，2月7日。

50. 小學中國語文教育研究學會（2005）：全港中小學推行普通話教授中國語文科概況問卷調查報告，《小學中文教師》，22。

51. 星島日報（2005）：留二億提升普通話教學，《星島日報》（要聞版），12月6日。

52. 楊聰榮（2002）：香港的語言問題與語言政策——兼談香港語言政策對客語族群的影響，刊於施正鋒《各國語言政策‧多元文化與族群平等》，台北，前衛出版社，609—648。

53. 語文教育及研究常務委員會（2003）：《提升香港語文水平行動方案》，香港，政府印務局。

54. 語文教育及研究常務委員會（2008）：《「在香港中、小學以普通話教授中國語文科所需之條件」研究報告》。

55. 張本楠（2013）：普通話是否可以成為教學語言？——香港中學校長調查，刊於張本楠主編：《經驗與挑戰：香港普通話教中文論文集》，香港大學教育學院 香港普通話培訓測試中心，197—206。

56. 張國松（2015）：香港語文教師用普通話教中文的機遇與挑戰——分清語言頻道轉換和教學理念更新的主次關係，《現代語文（語言研究版）》，11，95—97。

57. Amy B. M. Tsui. (2004). Medium of Instruction in Hong Kong: One Country, Two Systems, Whose Language?.

James W. Tollefson & Amy B. M. Tsui (eds), *Medium of instruction policies: which agenda? whose agenda?* Mahwah, N.J. : L. Erlbaum Publishers, 2004: 97-106.

The Change of Chinese Language Education Policy in Hong Kong before and after the Handover of Hong Kong [*]

TIN, Siu Lam　　SI, Chung Mou　　LEE WONG, Ping　　TSOI, Yat Chung

Abstract

English was widely used in Hong Kong in the period of colonial rule. After Hong Kong's return to China, the Hong Kong government has vigorously pursued the "biliterate and trilingual" policy, in order to maintain the competitiveness of the people. The government has set a vision to make students biliterate and trilingual. Biliterate refers to written English and Chinese while trilingual refers to spoken English, Cantonese and Putonghua. The policy is based on the actual needs and has served the multilingual city well.

However, due to the unclear positioning of the policy, various disputes have been caused, such as mother-tongue education, using Putonghua as the medium of instruction for teaching the Chinese Language Subject, etc. The long-term goal of using Putonghua to teach Chinese Language Subject, which was set 20 years ago, has not been achieved because the government did not set a specific timetable. Based on the objective analysis of Hong Kong's language education policies in the past 30 years, this paper aims to clarify and to discuss the problems of the language education policies in Hong Kong.

Keywords: language education policy, Chinese language education, biliteracy and trilingualism, use Putonghua to teach Chinese language subject

TIN, Siu Lam, Chinese Language Education and Assessment Centre, (Retired) Lingnan University, HK.

SI, Chung Mou, Department of Chinese Language Studies, The Education University of Hong Kong, HK.

LEE WONG, Ping, Centre for Language in Education, The Education University of Hong Kong, HK. (corresponding author)

TSOI, Yat Chung, Education Bureau, H.K.

---

[*] The study was funded by the State Language Commission for the major research project of the "13th Five-Year Plan" in 2019 (Project Number: ZDI135-84); It was also supported by the major projects of the School of Humanities of the Xiamen University in 2019 (Project Number: 20720191075).

20 世紀 50 年代以來香港初中中國語文教科書編選體系建設與發展的反思

何文勝

摘要

20 世紀 50 年代以來香港頒佈多個初中中國語文課程文件，出版社據此編寫相應的教科書。本研究——

目的：透過梳理、反思這些教科書編選體系的建設與發展，並提出建議，供語文教科書編選者參考。

方法：先根據系統、學科、能力結構、認知及課程等理論來建構科學的語文教科書編選體系，再以此作為評論及反思的依據。

發現：一綱多本符合學生的實際需要。單元組織及編選體系，由單篇範文、文體、多元到道文合一，雖有不足，但在進步。

建議：以單元為點，單元間的縱向銜接為線，單元內的橫向聯繫為面來建構語文教科書的編選體系；三個課型應得到確立；現行道文結合的編選體系應修正為文道合一，並以文為經、道為緯；規劃十二年的中國語文編選體系；培訓教師具備開發校本教科書的能力。

關鍵詞：香港初中　中國語文教科書　編選體系　建設與發展　反思

一、緒論

語文在 1902 年設科後，清政府先後頒佈「學堂章程」「課程綱要」和多個

何文勝，香港教育大學文學及文化系，聯絡電郵：msho@eduhk.hk。

「課程標準」。1949 年新中國成立，香港政府在 20 世紀 50—60 年代頒佈中文中學的教材篇目；70 年代至今頒佈多個語文「課程綱要」和「課程指引」，出版社根據課程文件出版相應的教科書。本研究的對象是 20 世紀 50 年代以來，香港初中中國語文教科書的建設及其編選體系的發展。目的是透過這個研究，讓語文教育工作者關注與反思有關問題，並根據科學的語文教科書編選體系做好語文教科書編選的工作，落實課改的精神，提高教學成效。

方法是先根據系統、學科、能力結構、認知及課程等理論來建構一個科學的語文教科書編選體系；然後從這個時期各套教科書的編輯說明及課文目錄中，歸納它們的組織單元方法和編選體系；最後根據理論來討論、反思這些教科書編選體系的問題，並提出可行的建議。

二、理論依據

怎樣做才是科學？簡單來說，科學就是合理，合理就是有序。規劃有序的語文教科書涉及單元組織、編選體系與體例三個概念，而本文只探討單元及體系兩個問題。

系統論認為整體並非部分之和，系統內的元素相同，而結構有異，其所產生的功能也有不同。換言之，教科書中學習的課文篇目數量相同，但單元組織的元素、結構與序列有異，它的教學效果也有不同（何文勝，1999，頁235），說明教科書需要規劃才能發揮最大的教學成效。至於怎樣規劃，學科論、認知論、能力結構論和課程論可以提供理據。

單元是一種有效的課程組織（香港特別行政區課程發展議會，2001，頁39）。它既不是單篇範文，也不是將幾篇課文簡單地組合在一起，而是組成單元的文章，在能力及知識結構上要有內在的聯繫，使學生獲得有系統的知識與技能（周南山，1989）。這些單元有利於克服教學中的盲目性、隨意性，加強教學的計劃性，體現教學過程的階段性、連續性和循環性，做到從整體上來規劃，安排能力的訓練、知識的學習和情意的培養等序列。不過，問題是以什麼元素來組織單元才是一個科學的組元方法。在組元的歷史發展上，內地曾有以生活主題、品德情意、語文知識、文體、能力、人文性及「語文素養和人文精神」雙線的內容來組織單元（何文勝，2021）。但根據學科和課程

的要求，單元的組成除符合「工具性（文）與人文性（道）的統一」外，還要先解構要學的語文能力（文）元素與序列，然後考慮它的思想內容（道），做到以「文為經、道為緯」的組元原則，才是單元組織的最優化組合。

　　編選體系就是把每個學段中單元與單元間排列成便於教學的「序」。這是教材的組織，用現在的話來說，有人稱之為系統，有人稱之為體系（葉立群，1992，頁 32）。它強調「教材內容安排的序列、各部分的組成搭配以及內在聯繫」（王賀玲，1998，頁 134）。基於系統論觀點，「教科書的編選體系」是指教科書中教材的組織，按學科、認知、能力結構及課程等理論，排列成一個合理的教學序列。換言之，建構科學的編選體系，就是按上述理論，處理好教材中單元間縱向銜接的線性邏輯發展，與單元內單位（課文）間橫向聯繫的圓形心理關係。具體的方法就是前者要做到上一單元所學，為下一單元所用，從而有效地學習以後的有關單元（見圖 1）；後者是透過精讀、導讀及自讀三個課型（見圖 2），讓學生做到精讀學能力，導讀在教師指導下用能力，自讀是運用所學來自學、自評。三個課型的設計體現在訓練過程中，注重培養學生的自學能力（顧黃初、顧振彪，2001）。這是由扶到放的學習過程，由於目標清晰，學以致用，學生自然產生內在的學習動機，培養自學能力，保證學好這個單元。

　　至於具體的規劃方法，根據語文科內涵、性質與任務等學科論的觀點，按文道合一，以文為經、道為緯的原則來組織單元，作為編選體系的指導思想。再按能力結構論，解構語文能力的元素，並建構能力的結構和序列，作為單元間縱向銜接的理據。又根據認知論的心理發展和認知模式（何文勝，1999，頁 85），這個編選體系需要做到由已知到未知、由淺入深、由簡單到複雜的原則。這都是評鑒教科書編選體系中每個單元的能力訓練元素是否全面，序列是否清晰等單元縱向銜接的理據。最後，根據布魯納課程論的倒螺旋上升課程結構，有效處理教材中單元間的縱向銜接和單元內橫向聯繫的方法（陶明遠等，1992，頁 17）。這樣建構出來的教科書編選體系應該是科學的。以下是語文教科書編選體系的結構圖：

图 1　編選體系

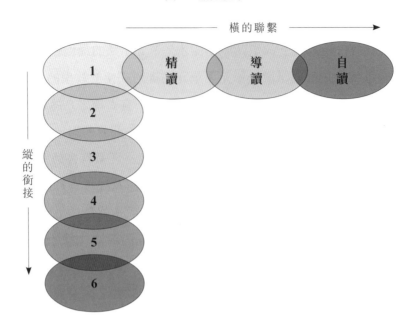

图 2　三個課型

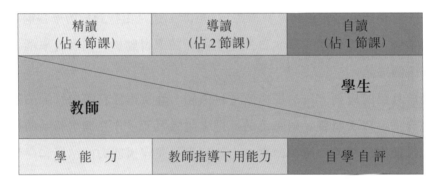

　　總的來說，建構科學的語文教科書編選體系各元素結構的關係為：單元是序列中的點（學科論），單元與單元的縱向銜接是序列中的線（認知論與能力結構論），單元內單位與單位的橫向聯繫是序列中的面（認知論）。點線面的運動就形成一個體，這就是布魯納所説的倒螺旋上升的課程結構（課程論）。這個概念應用到語文教科書的編選就是語文教科書編選體系（系統論）。因此，本研究以這個點線面體為序列的編選體系，作為評論香港初中中國語文教科書的編選是否有序、合理、科學的主要理論依據。

三、20世紀50年代以來香港初中中國語文教科書編選體系的建設與發展

（一）設科以來晚清、民國及香港初中中國語文科課程文件頒佈的發展概況表

時　　　段		課程標準 / 課程綱要 / 課程指引	
晚清課程	20世紀初	1902年欽定學堂章程 ↓ 1904年奏定學堂章程	
民 國 課 程	20世紀10年代	1912年中學校令施行規則 ↓	
	20世紀20年代	1923年新學制課程標準初級中學國語課程綱要 ↓ 1929年初級中學國文暫行課程標準 ↓	
	20世紀30年代	1932年初級中學國文課程標準 ↓ 1936年初級中學國文課程標準 ↓	
	20世紀40年代	1941年六年制中學國文課程標準草案 ↓ 1948年修訂初級中學國文課程標準 ↓	
過 去 課 程		香港初中國文教材篇目 / 中國語文科課程綱要 / 課程指引	
		中文中學 [a]	英文中學 [b]
	20世紀50年代	1956年教材篇目 [c]	1956年教材篇目 [c]
	20世紀60年代	1961年教材篇目 [c]	1967年教材篇目 [c] ↓ 1971年課程綱要
	20世紀70年代	↓ 1975年中國語文科暫定課程綱要 [d] ↓ 1978年中國語文科課程綱要 ↓	
	20世紀90年代	1990年課程綱要 ↓	
	21世紀初	2002年中國語文教育學習領域課程指引（小一至中三）↓	
現行課程	21世紀10年代	2017年中國語文教育學習領域課程指引（小一至中六）	

說明：

a. 中文中學：這類學校除英文科外，其餘各科都採用中文編寫的教材，並以粵語授課。

b. 英文中學：這類學校除中文、中國文學及中國歷史外，其餘各科都採用英文編寫的教材。

c.「1956 中中教材」「1956 英中教材」「1961 中中教材」及「1967 英中教材」都只是教材篇目，不是課程綱要。

d.《1975 中國語文科暫定課程綱要》把以前中文中學與英文中學不同的課程文件和教材篇目統一起來。

（二）相應教科書的研究

研究的教科書是根據香港初中中國國文教材篇目／中國語文科課程綱要／課程指引等文件來編寫，可供研究參考的相應通用教科書計有（何文勝，2005a）：

1. 20 世紀 50 年代中、英文中學初中國文；2 套。

2. 20 世紀 60 年代中、英文中學初中國文；7 套。

3. 20 世紀 70—80 年代中、英文中學初中國文或中國語文；6 套，修訂 12 套。

4. 20 世紀 90 年代初中中國語文；15 套。

5. 21 世紀初初中中國語文；7 套。

6. 現行初中中國語文；1 套為例。

（三）研究發現

總的來說，香港初中語文教科書在組元方面：50 及 60 年代無論中、英文中學的教科書都是以單篇範文為主。70 至 90 年代的綱要在教材組織上雖然沒有單元的要求，但大都以文體歸類的組元方式呈現。到了 21 世紀，各套教科書都採用課程指引的建議，以單元來組織教材。它們的組元元素除文體外，還有能力、知識、文學、文化、思維、品德情意及自學等範疇（香港特別行政區課程發展議會，2001），可說是多元化的組元方式。最新修訂的啟思本教科書則以「道文結合」的方法組元。

在編選體系方面：50 及 60 年代以單篇範文為主，當時還沒有編選體系的意識，但開始注意課文與課文的縱向銜接問題。70 至 90 年代就在文體組元的基礎上，開始以文體這條線作為單元與單元間的縱向銜接線索，但還沒有關注到單位間不同課型的橫向聯繫。不過，以文體來組織單元並以此作為編

選體系，可說是一大進步。同時有些編者開始關注到學生的認知心理因素，在縱向銜接方面希望做到由淺入深、由簡單到複雜的教材編選原則。21 世紀，初中語文教科書大都根據教育局提供的單元架構示例（香港教育署中文組，2001；課程發展議會，2002），把九個學習範疇作為編選體系的縱向銜接元素，研究者把它稱為多元化的編選體系。雖有不足，但比前進步。編者也注意到體系中學科線性邏輯的縱向銜接和學習心理中橫向聯繫的規劃。可以說，單元組織與編選體系已成為教科書編選者規劃教材的基本原則，而且體系也日趨完善。道文合一的現行啟思本是其中一個經過不斷修訂的例子。

四、反思與建議

（一）一綱多本的教科書

香港的語文教科書編寫除 50 及 60 年代的無綱多本外，其餘都是一綱多本 [1]。從語文科內涵、性質及教學目標的多元性來看，一綱多本在教與學上應是教科書編寫發展的主流。根據學習心理及語文多元的特性，它更符合學生的學習心理，教學的成效會更顯著。相信這個多本策略不會隨便放棄。研究者在多年來的研究中發現：香港的一綱多本政策，在汰弱留強的市場競爭機制中，令語文教科書的編寫質量不斷提升。

（二）單元組織

單元教學方式在 20 世紀 20 年代傳入中國，30 年代運用到語文教材的組織上（饒傑騰，1992）。香港在 20 世紀 50 年代中到 70 年代中是以單篇範文為主。70 年代中到世紀末以文體組織單元。21 世紀初香港開展課改，由最初以能力、文學、品德情意、文化、思維、自學等多種元素來組元到現在以「道

---

[1] 大陸由 20 世紀 50 年代到 80 年代初中期的一綱一本，改為 80 年代中到 2000 年初的一綱多本或兩綱多本，直至 2017 年起才由教育部統一編寫一綱一本。台灣由 50 年代的一綱多本，改為 60 年代初到 90 年代初的一綱一本，90 年代中至今改為一綱多本。

文合一」組元 [2]。其實，在語文的內涵與性質上，「道」包括生活、思想、品德、情意、文化等人文性的範疇；「文」包括能力與思維等工具性的範疇。至今由於香港在確定語文的多元性（定性），以訓練語文能力為導向（定向）後，一直未有做好學多少能力 [3]（定量）與能力學習的先後次序（定序），影響了以能力組元的發展。可以說，香港以單元組織語文教材雖在 21 世紀初才正式開始，但有不少改善的空間，仍在不斷進步。

可以說，香港初中語文教科書以單篇範文和單元方式來組織教材。單篇範文主要以獨立選文的方式來組織教材，從學理來看，很明顯它在教學上未能發揮舉一反三的作用。然而，以什麼元素來組元才是最優化的組合？如果組元的元素處理不好，將會出現教科書編不好、教師教不好、學生學不好、評估評不好的後遺症。

歸納內地、台灣與香港的語文教材單元組織 [4] 可分為「文與道」「工具性與人文性」或「能力與內容」兩個範疇。以生活、文化、品德等內容，道或人文性來組元，若從語文的某項性質去看還說得過去，但誰也不能否認這種組元的方法難以理出單元的全面合理內容，以及邏輯與認知心理的序列。若以形式、能力或工具性來組元，學科的線性邏輯是明確的，但這只是語文教學的主要目標，而不是它的全部目標。很明顯，只有道或只有文都是不符合學科論中的多元性和文道合一的原則。不過，根據語文科的內涵，它雖然有多元的性質，但並不是各元素間孤立個體之和，還要處理好各元素間的關係。因此，就算是「文道合一」，單元的組織也要做到以「文為經、道為緯」的原則，才符合語文能力的線性邏輯發展。香港較有代表的現行啟思本以「道文合

---

[2] 內地除在 50 年代初的單篇範文外，其餘都以單元組織教材：50 年代後期以生活組織單元，60 年代初到 90 年代初主要以文體組織單元。80 年代初的一綱多本政策，出現了十多套實驗教科書，分別以四種語文能力組織單元，文體已不再是教材組織的主流。90 年代中到 2000 年，人教本初中語文教科書以「生活‧文體‧文學」組織單元。2000 年根據課標編寫的幾套教科書，鑒於 80 年代以來語文教學過於強調工具性，改用人文性組織單元。2017 年的統編本採用語文素養和人文精神雙線的方式組織單元。

[3] 80 年代後期，大陸各地的實驗教科書主要以能力組織單元。1992 年的《九年義務教育初中語文教學大綱》把初中語文能力的訓練內容量化為 48 項。台灣可能因把語文能力解構為三百多項子能力，造成煩瑣，難以操作，而未能善用課程綱要所提的能力指標，以致一直未能以能力組織單元。大陸後來把 48 項能力歸納為 12 項。

[4] 歸納三地曾以生活、思想內容，語文知識、文體、文學，語文能力、思維，多元語文，語文素養和人文精神雙線等元素來組織單元。

一」組元是有不足的。因為語文的內涵與性質制約它的教學目標與任務。語文教學是在能力訓練的過程中去學一些「道」,而不是在學「道」的過程中學一些語文能力。因此,道文合一的組元方法是本末倒置的(何文勝,2021)。兩者的學習目標不同,方法和結果也不一樣。很明顯,前者的主要目標在於生活等內容的學習,而不是語文能力的訓練,它應是常識科、德育科、文化科的教學目標。語文教學的目標是訓練學生的語文能力,在訓練能力的過程中學習它的內容,這就是透過「文」來學「道」,做到「文」「道」合一的課程指引要求。這也是以「文為經、道為緯」的理據所在。

(三)編選體系

以什麼元素組元,制約著教科書編選體系中學科能力的縱向線性邏輯的銜接和學習心理的橫向圓形的聯繫。在體系的縱向銜接歷史發展上,除單篇範文外,香港中國語文教科書的編選體系由思想內容、文體、多元到道文合一等元素組元[5]。從單元點線面體的體系結構來看,上述哪種體系才是語文教科書編選的最優化組合?

單篇範文的編選在課文與課文間的縱向發展,大都按時代先後排列。課文間的關係序列與學習心理無多大關係,隨意性高。因此,單篇範文間難以組成科學的序列,因為在所選的中外古今文章中,很難找出一個合理的「序」。編輯教材只有由淺入深、由易到難這一條。但這一條在文章編排上,無一定的嚴格標準(程力夫,1989,頁 70)。在教學中,教師無法從課文本身掌握明確的教學目的,也無法從編排上理解各課文之間的邏輯關係,整個教學不易做到循序漸進的原則(陳必祥,1987,頁 263)。有些教科書在「編者的話」雖提及注意到學生的學習心理和文章的深淺等認知問題,但未有注意到學科、能力結構和課程等理論的編選原則。所以,香港初中語文教科書的編選體系在 50 年代到 70 年代後期的單篇範文教學是不科學的。

文體型編選體系得以確立,主要是把文體歸類組織,然後就單元間的文體和單元內各單位的內容,按由易到難的教學原則編排。它基本符合學生從

---

[5] 語文教科書的編選體系:大陸由生活思想內容、文體、能力、人文性到雙線組元;台灣由生活思想內容、文體到人文性組元。

形象思維逐漸過渡到邏輯思維的心理發展歷程。大陸從 60 年代中開始，尤其是在 80 年代初就確立了以「記敘、說明、議論」的組元方法，並以此作為單元間縱向銜接的體系。直到 90 年代中後期，這個體系雖不斷在完善，但經十多二十年來的實踐證明，以「記敘、說明、議論」的順序為主線來確定各年級的閱讀教學訓練序列，並按照這個線索編選語文教材，但由於文體本質的限制，這種編選體系未能全面有效地培養學生實際運用語言文字的能力（張傳宗，1993）。同時，在 80 年代初大陸的一綱多本政策下，民間出現一批以語文能力組元的編選體系實驗教科書。但香港在 70 至 90 年代，主要還是以內地 60 年代的文體作為組元的元素和編選體系。面對 21 世紀，文體型教科書編選體系未能滿足課程改革的要求。

以生活、思想內容、品德情意等道的元素組元，並以此作為單元縱向銜接的編選體系。可以說，不論編者如何去界定品德、生活等道或人文性等內涵的元素、結構和序列，都很難給人一個完滿的答案。就算把這些元素解構出來，但這些元素所組成的單元之間並沒有必然的邏輯關係，它們只是一些孤立割裂的單元，上下單元之間難作有機的組合。在體系中找不到合理的縱向銜接，造成單元間的隨意性高，不符系統論與學科論的要求，所以它不是體系的優化組合。

多元的編選體系符合語文科內涵與性質的多元特性，內容包括閱讀、寫作、聆聽、說話、文學、中華文化、品德、情意思維和自學等九個元素的學習範疇（香港特別行政區課程發展議會，2001，頁 39）。它雖基本符合學科論的要求，但根據系統論的觀點，體系內上述元素間的關係應不是各孤立元素的總和。它們之間有並列的關係，也有從屬的關係；有信息的輸入，也有信息的輸出。體系中各元素之間的關係結構必須符合理論要求。如果根據九個範疇獨立組元，體系中上下單元無必然的邏輯關係，造成單元間序列不清，銜接不來。難以符合認知論與能力結構論的要求（何文勝，2003）。所以它也不是教科書優化的編選體系。

至於九個學習範疇的元素關係結構要做到科學合理有序，可先處理好四種能力由哪種能力來帶動最為有效。這方面的做法，內地在 80、90 年代的經驗值得香港參考，他們根據不同的假設和理據編寫：以閱讀訓練為主線，以寫作訓練為主線，以讀寫結合為主線，及四種能力並重的編選體系教科書（何

文勝，2005）。然後才處理其餘的學習範疇：文學可在閱讀的賞析中來學習；透過體例中練習系統的課後練習及課堂提問來訓練學生的思維能力；中華文化可有計劃地在每篇選取的課文中安排；自學可在三個課型和體例的預習中落實；語文知識則隨課文學習（何文勝，2003）。這才是編選體系中的有機組合。

「道文合一」編選體系的組元考慮到道與文的元素，做到兩者的統一，符合學科論的要求。但兩者的關係如以道作線索，就難以找出單元間的合理先後順序，同樣會像以思想、生活及品德情意等道的內容來組元一樣，難以找到單元間序列的困境，影響體系的科學性。如以文的縱向線性邏輯發展作為序列，除符合學科論外，也符合認知心理和能力結構的發展順序。因此，如果在先處理好文的能力元素這條主要線索後，再考慮教材中道的品德情意等價值取向。因此，以「文為經、道為緯」的「文道合一」體系才是語文教科書編選的最優化組合（何文勝，2021）。

總的來說，在改善教科書編選體系的問題上不應再以隨意性高、序列不強的人文性來組元，而應以能力組織單元，並配合人文性的內容，來建構優化的編選體系，以符合課程的定位。否則，因教科書編選體系處理不當而引起的問題將會不斷出現，影響教學的成效。

（四）課型

課型是處理單元內單位與單位間橫向聯繫的有效機制。在編選體系中，課型是應用學習心理以發揮刺激、強化與鞏固的作用。香港在 90 年代後 [6]，不同時期與不同教科書都有不同課型的概念和規劃設計，以不同課型來處理單元內單位間的橫向聯繫。儘管初期的課型名稱各有不同，主要能明確發揮不同課型的功能，達到教學的目的就可以了。

20 世紀香港語文教科書的課型只是一種形式，語文課程綱要的教學建議雖有精讀與略讀兩個課型，但功能不清，只著重課時的長短，也未成定制。21 世紀起才重視不同課型的功能。課改初中期香港出版的幾套教科書，除新亞洲本及現代本外，大都有課型的設計，只是名稱及數目各有不同：例如，

---

[6] 台灣與大陸先後在 20 世紀 50 年代中及 60 年代初已有課型的概念。

啟思一本及二本設「講讀」「導讀」及「自習」；朗文本設「精讀」「略讀」及「自習」；教圖本設「講讀」「導讀」及「自讀」等三個課型。商務本設「講讀」及「自讀」兩個課型。每個課型的選文有一至四篇。同時，在編選體例中，各課型之間的區分度普遍不明顯，未能全面發揮三種課型的應有功能（何文勝，2005a）。

現行啟思本以「講讀」「導讀」與「閱讀理解」作為單元內單位間橫向聯繫的三個課型是合理的，且有一定的區分度。本來不管用什麼詞彙來表述，主要能發揮課型的功能就可以了。但如果以「閱讀理解」取代「自讀」是值得商榷的，因為這個課型不獨是訓練單元內「自學自評」的閱讀能力外，它還要有寫作、聆聽及說話等能力訓練。因此，把「閱讀理解」作為「自讀」課是不適合的。反而在過去，啟思一本及二本的「講讀」「導讀」及「自習」三課型更為合理（何文勝，2021）。

在選文的數量上都很不規則。過去每個課型選文的數量普遍有一到四篇，現行啟思本則改為一到兩篇，作為例子，如能達標一篇已足夠了。不過，現行啟思本的編者有意識地改變之前課型功能不分的情況，提高三種課型的區分度，發揮不同課型的效能，這個做法比過去有很大的進步。

（五）十二年語文教科書編選體系的規劃

在體系的縱向銜接方面，除做好教科書單元及體系的銜接外，還要全盤規劃小學、初中與高中各學段的銜接，方法可先解構語文能力的元素，再按能力的結構順序組織單元，並配合由個人、家庭、社會、國家、民族到世界（何文勝，2011a）等相對序列的價值取向來編選課文，做到以「文為經、道為緯」的原則，保證在十二年所學的能力元素及品德情意的內容全面，序列清晰。這樣定性、定向、定量與定序的工作都做好後，十二年語文教科書編選體系可作如下規劃（何文勝，2011b）：

階段	年級	閱讀範疇	寫作範疇	聆聽範疇	説話範疇	備註	組元
初小	1	認讀能力（文）[字、詞、句] ＋（道）	寫字寫詞 寫句子 寫簡單段落	聆聽故事 聆聽對話 聽話理解能力	看圖說話 看圖說故事 故事講述、複述	聽說帶動讀寫 聽說過渡讀寫 綜合語文能力	以「文」（工具性／能力）組元 「文道合一」，做到以「文為經道、為緯」的編選體系
初小	2						
初小	3						
高小	4	閱讀能力（文）[段、篇、章] ＋（道）	寫段落 寫簡單篇章 寫篇章	聆聽報告 聆聽討論 聆聽演講 聽出重點	日常生活對話、報告、討論、演講		
高小	5						
高小	6						
初中	7	銜接認讀及理解。視學生水平可：中一認讀，初二理解，初三賞析				讀寫帶動聽說	
初中	8	賞析能力（文）[文學] ＋（道）	應用文及文體寫作	聽出言外之意	報告、討論、辯論、邊想邊說等		
初中	9						
高中	10	用能力 學知識	運用能力 綜合練習	運用能力 綜合練習	運用能力 綜合練習		以人文性組元
高中	11						
高中	12						

（六）校本語文教科書的開發

　　若要落實以學生為本的課程理念，專業的教師就要有開發校本語文教科書的能力。所謂「校本語文教科書的開發」就是指教師能因應教學的實際情況，微調所用的語文教科書，以照顧不同學習水平的學生。因為教科書的編寫大都是面向一般水平的學生，往往未能全面照顧優生與差生；加上如果教科書中能力訓練、品德情意培養和語文知識學習的元素不全面，序列不清晰的話，教師可運用開發校本語文教科書的能力，微調所用的教科書以提高教學效能，這也是課改對教師的專業要求。

五、總結

　　根據理論「文道合一」、「以文為經、道為緯」與「三個課型」的教科書編選體系是科學的。20 世紀 50 年代以來香港的語文教科書一直採用一綱多本政策。初中中國語文教科書編選體系的發展在單元及體系方面，由單篇範

文、文體、多元到道文合一；由沒有課型到三個課型，且有一定的區分度。總的來說，這些體系的發展雖有不足，但不斷在進步。

若要提高教學效能，除規劃好十二年語文教科書的編選體系外，還要培訓教師具備開發校本語文教科書的能力。

參考文獻

1. 陳必祥（1987）：《中國現代語文教育發展史》，雲南，雲南教育出版社。
2. 程力夫（1989）：語文教材編法新設想，《中文科課程教材教法研討集》，頁 70，香港，文化教育出版社。
3. 顧黃初、顧振彪著（2001）：《語文課程與語文教材》，北京，社會科學文獻出版社。
4. 何文勝（1999）：《從能力訓練角度論中國語文課程教材教法》，香港，文化教育出版社。
5. 何文勝（2003）：多元化的語文教學——教材編選體系的角度，《多元化中文教學》，頁 3—18，香港，香港中文大學教育學院。
6. 何文勝（2005a）：《世紀之交香港中國語文教育改革評議》，香港，文思出版社。
7. 何文勝（2005b）：《中國初中語文教科書編選體系的比較研究》，香港，文思出版社。
8. 何文勝（2011a）：兩岸三地初中語文教科書的價值取向研究，《課程研究》，4，頁 11—21。
9. 何文勝（2011b）：新加坡華文教育定位與課程規劃及教材建設的對策，《行動與反思——華文作為第二語言之教與學》，頁 82—102，南京，南京大學出版社。
10. 何文勝（2021）：香港一套初中中國語文教科書編選體系與體例的評議，《教科書評論 2020》，頁 169—187，北京，首都師範大學出版社。
11. 饒傑騰（1992）：《中學語文單元教學模式》，北京，開明出版社。
12. 陶明遠等（1992）：試論螺旋型課程結構論，《課程·教材·教法》，4，頁 17。
13. 王賀玲（1998）：在比較中探討小學語文教材的科學體系，《課程教材研究 15 年》，頁 134，北京，人民教育出版社。
14. 香港教育署中文組編（2001）：《中學中國語文學習單元設計示例》，頁 1，香港政府印務局。
15. 香港課程發展議會編訂（2002）：《中國語文教育學習領域課程指引（小一至中三）》，頁 81，香港政府印務局。
16. 香港特別行政區課程發展議會（2001）：《中國語文教育學習領域·中國語文課程指引（小一至中三）》，香港，政府印務局。
17. 葉立群（1992）：回顧與思考——中小學教材建設 40 年（1949—1989）管窺，《華東師範大學學報（教育科學版）》，2，頁 32。
18. 張傳宗（1993）：《中學閱讀教學概論》，北京，人民教育出版社。
19. 周南山（1989）：新時期中學語文單元教學研究綜述，《語文教學通訊》，10，頁 42—44。

Reflections on the Construction and Development of the Compilation and Selection System of Chinese Language Textbooks for Hong Kong Junior Secondary Schools Since the 1950s

HO, Man Sing

Abstract

Since the 1950s, Hong Kong has promulgated a number of secondary school Chinese language curriculum documents, and publishers have compiled related textbooks accordingly. This study –

Objective: To sort out and reflect on the construction and development of these Chinese language textbook compilation systems, and to put forward suggestions for the reference of Chinese language textbook editors.

Methods: First, construct a scientific Chinese language textbook compilation system based on theories of system, discipline, ability structure, cognition and curriculum, and then use it as a basis for comment and reflection.

Findings: One multiple sets of textbooks for one syllabus meet the actual needs of students. The unit organization and compilation system, from a single model essay, article genre, and pluralism to the integration of text and ability, are making progress despite their shortcomings.

Suggestions: take the units as points, the vertical connection between units as the line, and the horizontal connection of units within the unit as the surface to construct the compilation system of Chinese language textbooks; the three types lesson should be established; the current compilation system of text and ability combination should be revised as "ability – text" and the ability is the longitude and the text is the weft; a twelve-year Chinese language textbooks compilation system is planned; train teachers to develop school-based textbooks.

Keywords: *Hong Kong junior secondary school; Chinese language textbook; compilation system; construction and development; reflection*

HO, Man Sing, Department of Literature and Cultural Studies,
The Education University of Hong Kong, HK.

漢語拼音的定位和功用
——以香港地區為例

施仲謀　　申正楠

摘要

　　漢語拼音是學習普通話的工具，它是一種手段，不是目的，其理至明。學普通話離不開漢語拼音，對於方言地區的普通話教學而言，漢語拼音的拐棍作用尤其彰顯。《漢語拼音方案》頒佈已逾六十年，本文首先綜述漢語拼音制訂的經過和原則，然後立足香港地區普通話的學與教，從記音工具、正音工具、拼寫人名地名的標準、中文電腦輸入、方便排序檢索，以及注音識字、提前讀寫等方面入手，分析漢語拼音的功能，並探討它這些年來在普及普通話方面所發揮的作用。

關鍵詞：漢語拼音　定位　功用　普通話　香港

　　《漢語拼音方案》是以北京話的語音為標準音，採用拉丁字母，將音節「音素化」；專門為學習普通話而設計，為漢字注音的一種工具。最初是為了在本國推動掃盲工作，幫助本國人民識字和統一讀音、推廣普通話之用；發展到現在，《漢語拼音方案》在字典排序、圖書編目、中文電腦輸入、提前讀寫、國際中文教學等方面也發揮著重要的作用。

施仲謀，香港教育大學中國語言學系，聯絡電郵：cmsi@eduhk.hk。
申正楠，坎特伯雷大學孔子學院，聯絡電郵：zhengnan.shen@canterbury.ac.nz。（本文通訊作者）

一、漢語拼音方案的制訂

（一）漢語拼音方案制訂的經過

　　1954 年 12 月，國務院設立中國文字改革委員會，對漢語拼音方案進行了全面而系統的研究工作。1956 年 2 月，中國文字改革委員會發表《漢語拼音方案〈草案〉》，提請政協全國委員會和政協各省、市、自治區委員會討論，並公開向全國各方面徵求意見。1957 年 10 月，國務院設立漢語拼音方案審定委員會加以審議，提出「漢語拼音修正草案」。11 月 1 日，這個修正草案由國務院全體會議第六十次會議通過，提請全國人民代表大會討論決定。1958 年 2 月 11 日，第一屆全國人民代表大會第五次會議通過了「關於《漢語拼音方案》的決議」（中華人民共和國教育部，1958），指出「漢語拼音方案作為幫助學習漢字和推廣普通話的工具，應該首先在師範、中、小學校進行教學，積累教學經驗，同時在出版等方面逐步推行，並且在實踐過程中繼續求得方案的進一步完善」。

　　《漢語拼音方案》包含五個部分，分別是：字母表、聲母表、韻母表、聲調符號、隔音符號。1958 年秋季，全國小學的語文課開始教學漢語拼音。1982 年國際標準化組織採用《漢語拼音方案》作為世界文獻工作中拼寫有關中國的專門名詞和詞語的國際標準。2015 年 12 月 15 日，國際標準組織正式出版了《ISO 7098 信息與文獻 —— 中文羅馬字母拼寫法》（aka: ISO 7098 Information and Documentation — Romanization of Chinese）2015 年修訂本。

（二）漢語拼音方案制訂的原則

　　《漢語拼音方案》主要是根據以下三個基本原則（宋欣橋、王均、劉照熊，1993）制訂的：

1. 語音標準——拼寫以北京語音為標準音的普通話

　　拼音方案必須要以一個地方的現實存在的語音系統作為語音標準。約一千年來，北京一直是全國政治、經濟和文化的中心。從元代的「中原之音」、明代的「中原雅音」、清代的「官音」、辛亥革命以來所推廣的「國音」，大體上是北京話系統，所以以北京語音為標準音是漢語歷史發展的必然結

果。但這其中並不包括北京話裏的土語成分。

2. 音節結構——採用「音素化」的音節結構

音節採用「音素化」的拼寫法，是指將音節切分成最小的語音單位元——音素，使字母數量減少到最小限度而拼寫的靈活性提高到最大限度。漢語普通話的語音系統可以分析出 32 個典型音素，用 26 個音素化的拉丁字母就可以拼寫出普通話 400 多個音節。例如：b、i、e、這三個字母就可以拼寫出 e、ei、ie、bie、bei 等音節。

3. 字母形式——採用國際通用的拉丁字母

拉丁字母由來已久，作為記錄拉丁文的文字元號，它是現在世界上最通用的字母，使用的國家和地區已經超過 100 多個。它不是哪個國家的專有字母，而是國際通用的字母符號。其筆畫簡單，構形清楚，在閱讀和書寫上都比較方便。用它來給漢字注音已經有近四百年的歷史，而《漢語拼音方案》採用拉丁字母是總結了從 19 世紀末期以來創制拼音字母的成果。

（三）漢語拼音方案制訂的必要性和重要性

中國幅員遼闊，方言眾多，為了民族的團結和交流的方便，推廣民族共同語——普通話可謂十分必要。但是光憑口耳相授，不免會受到時間上和空間上的限制，在讀音方面難免存在疏漏與分歧，所以教授普通話必須與《漢語拼音方案》的教學相結合，以這一有效的注音工具來教授和學習普通話，有助於普通話的發音、正音、辨音，避免遺忘，更便於自修和複習（梁猷剛，1982）。教師在教授普通話時，也必須認識到漢語拼音對於學習普通話的重要性，這樣自己才有可能學好普通話的語音知識，才能教好漢語拼音和普通話。

據統計，目前本港的學校以及成人教育機構絕大部分都是採用《漢語拼音方案》來教學普通話。由此可見，《漢語拼音方案》在普通話的教與學當中發揮著不容忽視的重要作用。

二、漢語拼音的功用

漢語拼音沿用至今，依然有著旺盛的生命力與強大的應用力，這與其多樣的功用是分不開的，下面就漢語拼音的幾個主要功用略加討論：

（一）記音工具

由於漢字本身不表音，當看到一個漢字時，可能不知道它確切的讀音，即便有著表音成分的形聲字也不例外。但是當有了漢語拼音之後，便可以將拼音標注在漢字上，有了漢語拼音的標識，能夠讀出正確的普通話讀音便成為可能，而且不受時地的限制。

在香港，社會上普遍以粵語為交際語言，雖然面對同樣的書面文字——漢字，內地人和香港人都可以無障礙地交流（暫且不討論繁簡字問題）。但由於粵語的發音與普通話的發音有著很大的不同，造成了口頭上的交流困難重重。如：

qū	wèi	jiàn	shuān
屈	魏	艦	拴

對於香港普通話學習者來說，單看以上四個漢字，很難猜測和認記其普通話發音。可是，如果學會漢語拼音之後，這樣的標注便可發揮記音作用。普通話學習者在學習普通話時可以用拼音來為漢字注音，日後複習或進一步自學時都是很好的提點。

請看以下本港大學生的普通話課本，課文的左邊是漢字部分，右邊是相應的漢語拼音部分。老師教學時，一般會要求學生看著拼音朗讀，這樣學生在練習普通話時便會以拼音為準，有意識地去讀準發音，避免受粵語的影響而胡亂猜測普通話讀音。

第一課　打招呼	
老師：大家好！ 學生：您好！ 老師：第一次見面，我先來自我介紹一下兒。我姓張，大家就叫我張老師吧。從今天起，我來教大家普通話。我希望，上課的時候我們是老師和學生，下了課，我們就是朋友，好嗎？ 學生：好！	lǎoshī: Dàjiā hǎo! xuésheng: Nín hǎo! lǎoshī: Dì-yī cì jiànmiàn, wǒ xiān lái zìwǒ jièshào yíxiàr. Wǒ xìng Zhāng, dàjiā jiù jiào wǒ Zhāng lǎoshī ba. Cóng jīntiān qǐ, wǒ lái jiāo dàjiā Pǔtōnghuà. Wǒ xīwàng, shàngkè de shíhòu wǒmen shì lǎoshī hé xuésheng, xiàle kè, wǒmen jiùshì péngyǒu, hǎo ma? xuésheng: Hǎo!

此外，在國際中文教學方面，面對越來越多的非本地生和外國交換生，

這些學生都有各自的不同專業，但大都想藉此機會學習基礎中文。這些外國學生，大部分只是抱著學會基本交流的目的，而且一個學期的時間也只有約三個月，一開始學漢語就要學習漢字，對於外國學生（尤其是非漢字文化圈的學生）來說是一個難以跨越的絆腳石。在這樣的情況下，零起點和初級階段的中文教學都會採用拼音先行的方法，讓學生一開始便接觸自己熟悉的拉丁字母，以拼音作為學習漢語的工具，其難度便會大大降低，便於漢語初學者快速入門，既滿足了外國學生的需求，也降低了畏難情緒。以下便是用這一思路編寫的教材，同樣受到了外國學生的歡迎（C.M.Si & K.K.Chan, 2005）。

Lesson 1　Good Day!
A: nǐ hǎo!
B: nǐ hǎo!
A: qǐng zuò.
B: xiè xiè.
A: nǐ men dōu hǎo ma?
B: wǒ men dōu hěn hǎo.

（二）正音工具

　　粵語，作為中古漢語的活化石，保留了大量古代漢語的特點。但是從中古到近古再到現當代，語音在這一歷史長河中是不斷變化的，這就造成了粵語和現代漢語普通話在語音方面的巨大差異，這也是二者最明顯的不同。所以以粵語為母語的香港人在學習普通話時，如能使用漢語拼音標注讀音，可特別注意其正確發音，而不是以粵音來臆測，可收正音和辨音之效。

　　粵語裏聲母相同的字，在普通話裏可能是兩個聲母不同的字，比如：「發」和「花」，在粵語裏聲母都是「f」，但在普通話裏，「發」唸 fā，「花」唸 huā，聲母分別是「f」和「h」。此外，如「了」和「鳥」，標注漢語拼音可辨別 l 聲母和 n 聲母的區別；至於「琴」和「情」，「振」和「正」，標注漢語拼音可辨別前鼻音和後鼻音。又比如「傳（chuán）」「存（cún）」「全（quán）」三個字，在粵語裏是相同的讀音，而在普通話裏卻是三個完全不同的讀音。類似的情況還很多，請看以下三類：

1）在粵語中聲母相同，而在普通話中聲母不同。

王 wáng	黃 huáng
方 fāng	荒 huāng
言 yán	然 rán
樣 yàng	讓 ràng
富 fù	褲 kù
歡 huān	寬 kuān

2）在粵語中韻母相同，而在普通話中韻母不同。

保 bǎo	補 bǔ
報 bào	布 bù
樓 lóu	流 liú
道 dào	度 dù
備 bèi	避 bì
做 zuò	造 zào

3）在粵語中聲母、韻母都相同，而在普通話裏全然不同。

小 xiǎo	少 shǎo
貴 guì	季 jì
元 yuán	完 wán
孩 hái	鞋 xié
紅 hóng	雄 xióng
狗 gǒu	久 jiǔ

（三）拼寫人名、地名的標準

《漢語拼音方案》作為國家標準，同時也作為國際標準，是拼寫中文的人名和地名的標準（語文教育出版社，1993）。在拼寫人名時，按照拼音的標準格式來寫，必須是姓在前，名在後，姓和名要用空格分開。複姓連寫，名字連寫。姓和名的首字母均需大寫，比如「魯迅」，拼寫為「Lǔ Xùn」，再如「孫中山（Sūn Zhōngshān）」「諸葛亮（Zhūgě Liàng）」。在拼寫地名時，專名和通名分寫，如「廣東省」拼寫為「Guǎngdōng Shěng」，詳細的規定可參閱《中國人名漢語拼音字母拼寫規則》（厲兵等，2012），在此不贅述。

（四）中文電腦輸入

隨著計算機的普及，漢字如何與計算機相融合曾經困擾了很多人。但是漢語拼音為漢字輸入、為中文融入互聯網起到了積極的作用（施仲謀，1987）。以漢字輸入法為例，當下有很多漢字輸入法，如倉頡輸入法、五筆輸入法、手寫漢字輸入法、縱橫輸入法、漢語拼音輸入法等，其中有很多輸入法是基於使用者的漢字字形、結構、筆順等相關知識的，一旦提筆忘字，便不知如何下手。漢語拼音輸入法是通過語音來與漢字相聯繫的，就沒有了提筆忘字的擔憂，所以這種輸入法在除香港以外的華人社區裏頗為流行，再加上可以詞組聯想、一個詞語只需打出漢字的首字母，漢字便會出來，這大大提高了漢字輸入的效率、節省了時間。如：「jintian de tianqi hen hao（今天的天氣很好）」，直接輸入「jt d tq h h」也可以，此外，如「rsrh（人山人海）」「zeyz（總而言之）」，使用非常方便。

（五）方便檢索、簡易排序

《漢語拼音方案》自問世以來，彌補了中文排序的不足。其中有許多語料庫、工具書、檔案、點名冊、字詞典等均是按照漢語拼音排序或是編製索引（施仲謀，1987），這在很大程度上便利了搜索者的需求。尤其是針對漢字知識不足的國際中文初級學習者，在檢索漢字時，以拼音為序則便捷得多。試比較以下兩個例子：

huānxǐ	歡喜	huānxǐ	歡喜
huānxiào	歡笑	huánxiāng	還鄉
huānxīn	歡欣	huànxiǎng	幻想
huánxiāng	還鄉	huànxiàng	幻像
huánxiāngtuán	還鄉團	huànxiǎngqǔ	幻想曲
huǎnxíng	緩刑	huánxiāngtuán	還鄉團
huànxiǎng	幻想	huānxiào	歡笑
huànxiǎngqǔ	幻想曲	huānxīn	歡欣
huànxiàng	幻像	huǎnxíng	緩刑

（以漢字為單位排序）　　　　　　　（以拼音為單位排序）

從上面兩組排序方式不難看出，以漢字為單位排序似較符合中國人的思維方式，這也是目前坊間漢英詞典最流行的排序方式。但試想，如果詞典的對象是針對不熟悉漢字的中文初學者，真正以拼音為單位來排序的詞典，會更符合英語為母語人士的檢索習慣，這就為他們的學習提供了便利。

（六）注音識字，提前讀寫

由於《漢語拼音方案》採用的「音素化」原則，使得以有限的 26 個拉丁字母就可以拼寫出 400 多個音節，而這些音節幾乎涵蓋了普通話當中所有的音節。就剛入讀小學的母語孩子來說，關於漢字的書寫掌握不多，但其中文口語表達已經發展得相當不錯，所以以這有限的漢語普通話音節來進行文字表達，是一種針對初級階段寫作不可多得的「好幫手」。

傳統的語文教學注重階段性，低年級的重點在識字，中年級的重點在閱讀，高年級的重點在寫作。認為寫作是綜合能力的體現，而寫作的前提是閱讀，閱讀的前提便是識字。但正如上文所言，剛入小學的孩童雖然不認識多少漢字，但他們的口語能力已經很豐富了。所以在識字不妨礙口語表達和思維發展的前提下，「注音識字，提前讀寫」的試驗便於 1982 年在黑龍江省的三所小學展開了。該方法有別於傳統的「先識字，後讀書」的方式，而是在兼顧漢字學習的同時，重視發展學生的語言能力。「注音識字，提前讀寫」主張「以漢語拼音為工具，使閱讀和寫作提前起步，建立小學語文教學先讀書後識字，邊讀書邊識字的教學體系。」試驗效果良好，第一年的識字量普遍超過 1,000 字。

小學一年級學生的認知能力和語言能力已經發展到一定的水平，所以閱讀和寫作這兩項的訓練不應因為識字量的不足而滯緩，這其中，漢語拼音便承擔了重要角色。通過自學有拼音標注的文本材料，學生可以閱讀大量的書籍，而不僅僅是停留在教科書或是僅有的若干學習過的漢字上面。這不但有助於擴大學生的識字量，而且也有助於提高學生的閱讀興趣。通過寫話、看圖寫作等訓練形式，不會的漢字標寫拼音即可，「我手寫我口」「我手寫我思」，讓學生提前進入書面表達的階段，而不會因為漢字這個「攔路虎」而順延到幾年之後，這對於發展學生的語言組織能力有著莫大的幫助。內地的學生，小學一年級階段於數月之內已可全面掌握拼音，之後便利用這一工具進

行閱讀、寫話，不會寫的漢字，容許用拼音代替，到三、四年級後已經積累數量可觀的漢字和詞彙，並打好語文基礎。

在台灣，小學一年級上完了十到十二週國音課的學生，雖然還不會讀寫很多漢字，但是已經學會注音符號並能熟練運用。這樣即便學生不認識漢字，也可以進行適當的寫作。把原定於二年級才開始的各種寫作項目，提早到一年級第十二週進行。1960 年，祁致賢在政治大學附屬實驗小學用指導兒童寫日記的方法實驗提早寫作，效果甚佳。之後各地紛紛仿效，省教育局還明令規定小學低年級應本著「提早寫作」的原則，指導兒童寫作（施仲謀，2005）。雖然在台灣是用注音符號，但這與漢語拼音有著異曲同工之妙，通過注音來識字，達到提前讀寫之功效。

相比之下，香港由於普通話的大語言環境未能配合，中小學的語文讀寫教學未有推動漢語拼音或粵語拼音，致使小學生還是處在「識字、閱讀、寫作」循序漸進的傳統語文教學模式上，滯緩了書面表達能力的發展。不過，香港的六十多所國際學校，都採用普通話作為中文科的授課語言，重視漢語拼音教學，利用漢語拼音這一工具進行閱讀、寫話，不會寫的漢字，容許用拼音代替，教學效果甚佳，學生的語文能力也得以適時開發。國際學校「注音識字，提前讀寫」的寶貴經驗，很值得其他主流學校借鑒。

三、漢語拼音的定位

（一）漢語拼音與普通話教學

漢語拼音作為普通話的注音符號，是學習普通話、教授普通話的利器。所以，學習普通話，必須與漢語拼音相結合，這在方言地區尤其重要。教師要注重漢語拼音的教學，發揮漢語拼音記音、正音之功效，並要鼓勵學生多用漢語拼音去檢索、去查字典（梁猷剛，1982），讓學生學會並能夠運用漢語拼音這一工具掌握普通話。雖然我們不能簡單地認為，學會了漢語拼音就等於學會了普通話，但是漢語拼音在幫助我們記音、正音、辨音時，確實是一個有效的工具。

（二）漢語拼音與香港普通話考試評估項目

香港教育署課程發展委員會在九十年代初就頒佈了《小學普通話科暫定課程綱要（小四至小六）》，再加上今後與內地各方面的合作交流只多不少，本港便一直存在著學習普通話的需求。目前，香港大部分的小學和初中，都設有普通話一科，每週上一節課，課時遠遠不夠，更遑論漢語拼音的教學究竟會佔多少比例。然而在香港考試及評核局主辦的普通話水平測試和高級水平測試中，都考核考生的拼音譯寫能力，佔分比重為 15%。中學會考也考核漢語拼音的譯寫能力，佔分比重是 10%（施仲謀，2004）。這就是說，在漢語拼音課時數遠達不到預期水平的情況下，拼音在考試中卻受到「青睞」。在教師語文能力評核（普通話）中，也考核漢語拼音的拼寫與譯寫能力。該評核共分四卷，各卷獨立。前三卷（包括卷一聆聽與認辨、卷二拼音、卷三口語）各佔一百分，要三卷全部及格（及格分數為 70，即等級 3）。最後須通過卷四「課堂語言運用」評核，才達基準要求。可以說，漢語拼音在本港各種考試的地位還是比較重要的。

由此觀之，一方面考試非常重視漢語拼音的考核，但另一方面學校在漢語拼音教學上卻跟不上，這不得不說是一個脫節的現象，必須予以正視。

四、結語

漢語拼音是學習普通話的工具，它是一種手段，不是目的，其理至明。普通話教學需要漢語拼音作為強有力的「助手」。對於方言地區的普通話教學而言，漢語拼音的意義尤其彰顯。在方言地區的普通話教學中，漢語拼音的確發揮了重大的作用，是正規學習過程中不可或缺的教學內容。在以粵方言為主的香港，中小學普通話課程和國際學校的中文教學裏，漢語拼音是一個重要組成部分。但是在實際的中小學普通話課程中，授課時間不足，教學內容輕重倒置，在缺乏普通話大語言環境的情況下，漢語拼音在中小學各個學習階段即使反覆施教，效果依然不大。故在此希望本港中小學在普通話的課程設置上能夠作出調整，使課程更加合理而有效。

在香港，中國語文科的教學媒介語主要是粵語。在學校裏，語文教學中

聽說能力的訓練和評核主要是用廣州話來進行的，而讀寫能力的培養卻要求符合現代漢語的規範，以致出現了口語和書面語分家的情況（施仲謀，2010），書面表達時要多經過一道翻譯的程序，這也是香港學生語文應用能力較為吃虧的原因之一。通過加強普通話教學，發揮漢語拼音的工具性作用，相信本港學生在聽、說、讀、寫四個方面的能力都能夠逐漸提高。此外，利用漢語拼音，通過注音識字的手段，達到提前讀寫的目的，也有助於語文能力的提升。這樣，本港學生才能面對各種挑戰，在日益激烈的競爭中迎難而上。

《漢語拼音方案》已經走過了一個甲子。正如《漢語拼音方案》主要創制人之一的周有光先生在漢語拼音推行五十週年時所指出的：「五十年來，中文拼音的應用擴大，快速驚人。原來主要應用於教育領域，現在顯著地應用於工商業領域。原來主要是小學的識字工具，現在廣泛地發展為信息傳輸的媒介。原來是國內的文化鑰匙，現在延伸為國際的文化橋樑。」香港與內地，文化上一脈相承，經濟上互通有無，更需要語言上交流無礙；放眼大灣區、大中華地區以至全世界，普通話也是重要的交流工具。掌握漢語拼音，學好普通話，善用兩文三語，發展機會無限。

參考文獻

1. 厲兵、史定國、蘇培成、李樂毅、萬錦堃（2011）:《中國人名漢語拼音字母拼寫規則》，北京，中國標準出版社。
2. 梁雅玲、劉泰和、繆錦安、施仲謀、楊煜、于君明、于昕（2002）:《大學普通話》，香港，香港大學出版社。
3. 梁猷剛（1982）:小學漢語拼音教學的目的和要求，《漢語拼音教學》，頁 91—92，韶關，廣東人民出版社。
4. 施仲謀（1987）:漢語拼音與注音符號，於施仲謀、林建平、謝雪梅《普通話教學理論與實踐》，（頁 236—240），香港，廣角鏡出版社。
5. 施仲謀（2013）:談普通話的測試與教學，《語言與文化》，頁 66，香港，中華書局。
6. 施仲謀（2005）:「注音識字、提前讀寫」初探，《語言教學與研究》，頁 117—122，北京，北京大學出版社。
7. 施仲謀（2010）:近三十年來香港語文教學發展述評，《語言與文化》，頁 93—104，香港，中華書局。
8. 宋欣橋、王均、劉照雄（1993）:漢語拼音方案，《普通話語音訓練教程》，頁 23—24，吉林，吉林人民出版社。

9.　語文教育出版社（1993）：《語言文字規範手冊》，語文教育出版社。

10.　中華人民共和國教育部（1958 年 2 月 1 日）：語言文字信息管理司，擷取自 中華人民共和國教育部：http://www.moe.gov.cn/s78/A18/s8357/moe_808/tnull_14054.html ，檢索日期：2023 年 4 月 15 日。

11.　C.M.Si & K.K.Chan. (2005). Putonghua for Foreign Learners. Mac's Workshop.

The Positioning and Functions of Chinese Pinyin
—Take Hong Kong as an Example

SI, Chung Mou　　SHEN, Zhengnan

Abstract

Chinese Pinyin is a tool for learning Putonghua, and it is a means, not an end, for which the reason is clear. Chinese Pinyin is indispensable for learning Putonghua, and its role as a support is particularly important in the teaching of Putonghua in dialectal regions. It has been more than 60 years since the promulgation of the Chinese Pinyin System, this article first summarizes the history and principles of the development of Chinese pinyin. It further analyses the functions of Chinese pinyin from the perspective of the learning and teaching of Putonghua in Hong Kong, in terms of phonetic notation tools, orthography tools, standards for spelling personal names and place names, Chinese computer input, ease of sorting and retrieval, as well as phonetic recognition and advance reading and writing. This article also explores the role pinyin has played in popularizing Putonghua over the years.

Keywords: *Chinese Pinyin, positioning, function, Putonghua, Hong Kong*

SI, Chung Mou, Department of Chinese Language Studies, The Education University of Hong Kong.

SHEN, Zhengnan, Confucius Institute at the University of Canterbury. (corresponding author)

香港書面中文把字句偏誤分析
——以香港理工大學本科生中文習作為例 *

楊建芬

摘要

本文以香港理工大學本科生中文習作為例，通過對習作中所有把字句及相關句子的分析，概括香港書面中文「把」字句的偏誤類型，並且探討出現偏誤的原因，希望對香港的把字句教學有一定的啟發意義。

關鍵詞：香港　書面中文　把字句　偏誤分析

一、前言

在香港，絕大多數家庭都以粵語（廣州話）作為家庭語言，人們日常口頭溝通也多用粵語。「至於書面語的層次，香港社會所通用的中文是通用中文」，「香港社會向來重視作為民族共同語的普通話，並且以普通話作為書面語的規範」（田小琳，2022，頁 348）。但是在非正式場合，即使是書面溝通，也可能會使用粵語，或者夾雜粵語詞彙以及使用粵語的句式結構，這導致香港的書面中文有許多不同於標準中文的地方。[1]

---

* 本文是香港理工大學人文學院資助項目（編號：1.57.xx.8AHP）的階段性成果。本文在寫作過程中，得到岳立靜、劉倩、紀軍娜、劉書峰等師友的熱心幫助，項目助理邊楠茜給予了大力支持，匿名評審專家提出許多寶貴的修改意見，在此一併致謝。文中錯漏，概由本人負責。

楊建芬，香港理工大學中國語文教學中心，聯絡電郵：jfyang@polyu.edu.hk。

[1] 邵敬敏、石定栩（2006）：香港人使用的書面語以現代漢語為主體，兼帶部分文言色彩。由於受到粵方言、英語影響，並包含獨特的社區詞和流行語，香港的書面語在詞彙系統、結構組合、句式特點、語言運用等方面，都與現代漢語有別。這種具有香港地方特色的書面語，可稱為「港式中文」。

把字句，是標準中文中一個常見的句式，而在世界語言中，這是一種極為特殊的句式，因此該句式成為中文作為第二語言教學中的重點與難點。學界對標準中文把字句的研究，已經十分充分（王力，1954；呂叔湘，1948；張旺熹，1991；沈家煊，2002；張伯江，2019，2020 等），但有關香港把字句使用狀況的研究還不多見。Yang（2020）邀請 30 位以粵語為母語，年齡在 18 至 22 歲之間的人士，通過看圖說話以及判斷可接受度兩種方式，就把字句表示處置與位移的功能，進行了實驗統計分析。該文認為可能受廣東話「將」字句的影響，受訪者無論在看圖說話還是可接受度判斷上，其表現均比以其他語言為背景的第二語言學習者要好，只不過在高階階段，仍然與以普通話為母語的人士有差異，具體表現就是所使用的把字句句式為少。而在書面中文方面，石定栩早於 1998 年便指出：「要提高香港學生運用標準漢語的能力，還必須教會學生使用粵語所缺乏的標準漢語成分。」「結構的影響最大，漏了一個就會妨礙表達能力，必須首先解決。」他在文中所提到的兩種結構，其中之一就是「把」字句，不過直至現在，尚未看到有關香港書面中文把字句使用狀況的相關研究。

本文旨在通過語料庫分析，概括香港書面中文中把字句使用偏誤的類型，探討出現偏誤的原因，希望對香港中文科把字句教學有一定的啟發意義。

二、語料來源及研究方法

（一）語料來源

本文使用的所有語料均來自香港理工大學本科生的中文習作[2]，我們透過這些習作來探討香港書面中文把字句的使用偏誤情況。香港理工大學要求本科生畢業前須修讀四大範疇的通識科目，其中之一是「中國歷史與文化」，修讀此範疇內通識科目的學生須參加由中國語文教學中心負責的中文閱讀與寫作（CRCW）輔導計劃。本文所分析的 159 篇習作中，有 117 篇屬於通識科習

---

[2] 不包括內地生的習作。

作，這些習作基本上都是學術論文 [3]。另外還有 42 篇大學中文科習作，具體又包括散文、新聞特寫、演講辭三個文類 [4]。

（二）研究方法

1. 語料庫語言學

語料庫語言學是語言研究中的重要研究方法。我們根據學生習作，建立起一個小型語料庫，總字數二十一萬五千有餘。我們在計算機的輔助之下，對所有語料進行了標注、分類，這為我們詳細觀察、分析把字句的使用情況奠定了堅實的基礎。

2. 偏誤分析

所謂偏誤分析，就是對學生學習第二語言過程中所犯的偏誤進行分析，從而發現第二語言學習者產生偏誤的規律，包括偏誤的類型、偏誤產生的原因、某種偏誤產生的階段性等。偏誤分析的最終目的是瞭解第二語言學習的過程，使第二語言教學更具有針對性（楊德明，2018，頁 56）。

本研究雖然嚴格來說並不屬於第二語言學習範疇，但是考慮到粵語與普通話在語法結構上的差異，以及香港本地的語言生態，我們認為偏誤分析理論同樣適用於本研究，我們將結合廣東話語法結構特徵，對主要偏誤類型進行分析，努力探究背後的原因，從而令今後的句式教學可以更具針對性。

3. 語法、語義、語用分析相結合

我們在分析語料時，會綜合考慮語法結構、語義、語用三個方面的要求，力求對把字句使用偏誤的判斷分析更加準確、全面。若僅憑對語法結構的分析，有時很難說明為什麼某句該用或者不該用把字句。

三、香港書面中文把字句偏誤類型

我們將所搜集到的語料中把字句的偏誤類型概括為以下三類：

---

[3]　極個別習作屬於文學作品改編。

[4]　各有 14 篇。

（一）使用不當[5]

1. 成分殘缺

（1）他向我大吼一聲，然後奪回耳機，更把桌上的花瓶推翻。

正：他向我大吼一聲，然後奪回耳機，最後把桌上的花瓶也給打翻了。

（2）我以我的方式回應她的好意，包括把話率直地說。

正：我以我的方式回應她的好意，比如坦率地把心裏話都說**出來**。

（3）壺蓋的蓮花花瓣和壺身的龍更運用了鏤雕和細刻的手法造成鏤空的形式，……最後再把所有部件重組並焊接。

正：壺蓋上的蓮花花瓣和壺身上的龍採用鏤雕和細刻的手法，製造出鏤空的效果，……最後再把所有部件重組並焊接**起來**。

（4）是次展覽中，藝術家亦把版畫藝術與動畫和攝影融合，製作跨媒體作品……

正：是次展覽中，藝術家亦把版畫藝術與動畫、攝影融合**在一起**，製作跨媒體作品……

以上幾個例子中，動詞後面都缺少了一個必要成分。例（1）缺少助詞「了」。[6] 例（2）、（3）缺少趨向補語。例（4）缺少一個介詞結構。接下來的句子稍微特殊一些，動詞「救」後面需要一個複合趨向動詞「出來」做補語，而原文只用了一個單純的趨向動詞「出」。

（5）我一邊祈求著身邊的大人們把爹娘救出，一邊……

正：我祈求身邊的大人們把我的爹娘救**出來**……

成分殘缺這種偏誤類型涵蓋的句子比較多，共計 12 例，基本上都是動詞後缺少表示結果、趨向的補語成分。受篇幅所限，我們不在此一一列出餘下各例。

2. 動詞語義不符合要求

（6）正當我快要到家的時候，一位老婆婆不小心把載滿紙皮的手推車傾倒在對面馬路上，紙皮散落一地。

---

[5] 嚴格來說，「不該使用而使用」這種類型從字面意思來看也屬於「使用不當」，不過本文所說的「使用不當」特指句子帶有「把」字標記，但在語法結構、語義或語序等方面存在使用不當的現象。

[6] 這涉及到香港書面中文的另一個問題——遺漏成句助詞「了」，我們將另文討論。

正：正當我快要到家的時候，對面馬路上一位推著一整車紙皮的老婆婆，**一不小心把整輛車都弄翻了**，裏頭的紙皮散落了一地。

根據《現代漢語八百詞》，把字句中的名詞多半是後邊動詞的賓語，由「把」字提到動詞前（呂叔湘，1999，頁 53—54）。原句中「把」字後面的名詞「手推車」顯然不能做動詞「傾倒」的賓語。動詞「傾倒」一方面不能支配前面的名詞，另一方面該詞本身包含主動性、可控性，與句中的「不小心」語義相左，因此該把字句中的動詞不符合語義要求。

3. 語序不當

（7）張超和朱曉君（2014）認為把<u>貴州水族馬尾繡進行旅遊產品開發</u>，並利用內在優勢打造文化品牌……

正：張超和朱曉君（2014）認為若能把貴州水族馬尾繡**開發成旅遊產品**，並利用內在優勢打造**成**文化品牌……

例（7）表面看是動詞「開發」後缺少其他成分，與前面 6 個例子性質一致，不過此句其實涉及到的是把字句句子成分的語序問題。據呂叔湘（1999，頁 55），「把 + 名 $_1$ + 動 + 名 $_2$」有幾種不同的情況，其中之一「名 $_1$」是動作的對象或受動者，名 $_2$ 是動作的結果。「把 NP$_1$ 變成 NP$_2$」，NP$_2$ 需要置於表達改變義的動詞之後。原句中將名 $_2$ 置於動詞前，屬於語序不當。

（二）該使用而未使用

1. 誤用使讓句

（8）每天不是妹妹就是弟弟去弄我，讓我的睡眠質素下降，真的<u>讓我氣死啦</u>！

正：每天不是妹妹就是弟弟去弄我，讓我的睡眠質素下降，真的**把我氣死啦**！

（9）這種寫作手法亦是作者史景遷的一大特色，<u>使大眾覺得枯燥又深奧的歷史寫得惟妙惟肖</u>……

正：這亦是史景遷寫作手法的一大特色，**把大眾覺得枯燥又深奧的歷史寫得惟妙惟肖**……

（10）或到某個年紀開始，<u>便讓本地成長的子女送到海外升學</u>，避開了香港最激烈競爭的部分。

正：或到某個年紀，便**把**子女送到海外升學，避開香港競爭最激烈的部分。

（11）內地學者宋欣橋便認為粵語並不是香港人的母語並<u>認為要讓普通話作為教學的語言</u>，引起爭論。

正：內地學者宋欣橋便認為粵語並不是香港人的母語，他認為應**把**普通話作為教學的語言，該言論引起廣泛爭議。

標準中文的把字句具有表達致使義的功能，這令該句式與使讓句在功能上產生交叉。吳平、田興斌（2018）詳細討論了在表示致使義方面，把字句與使字句的不同之處。「從致事的角度來看，『使』字句表示某種原因導致客體出現某種結果狀態，而『把』字句則表示某種外力導致客體發生行為動作上的變化，並由此致使客體產生某種結果。」例（8）中，由於妹妹或弟弟的影響（外力），導致「我」睡眠質素下降（變化），最後「我」氣死啦（結果），以上情境完全符合把字句表達致使義的情況。而至於此處是否可以不用把字句，直接用「真的氣死我了」是否也可表達同樣的意思，我們可以再做進一步的討論。方緒軍、李雪利（2018）比較了「A死我了」與「把我A死了」這兩個構式在構式義上的異同，認為「『A死我了』與『把我A死了』都含有致使義，即某種原因（源事）使『我』感受到『A死我了』狀態。『A死我了』常用來表達『我』對某種不良感受宣洩抱怨、強烈不滿的消極情緒；而說話人用『把我A死了』則含有因自我受損而抱怨和追究源事責任的意味，『我』希望藉此獲得同情（移情）。」據此，我們認為例（8）使用把字句的傳意效果更佳。例（9）也是該用把字句而誤用使讓句的情況。

例（10）、（11）的情況與前兩例不同，二者都是用把字句表達處置的情況。據沈家煊（2002），把字句的語法意義是表示「主觀處置」，其主觀性主要表現在三個方面：a. 說話人的情感；b. 說話人的視角；c. 說話人的認識。從情感來說，除了「同情」之外，還可以是「鍾情」。從認識來說，主要跟語言中的情態範疇有關。例（11）原句中的名詞「普通話」即為當事人的鍾情對象。而無論是原句中的「要」，還是修改之後的「應」，都與情態有關，表示主語對教學語言的看法。綜上，此處用「把」方能更好地表達出主語的主觀看法。例（10）比較簡單，此處不做過多解釋。

2. 誤用介詞「以」

（12）影響更深遠的是，教育家梁啟超<u>以</u>國家興衰及纏足之習俗連在一起，指出了纏足使人體弱多病，國家裏婦女虛弱，所生育的兒女自然體虛，國家也跟著奄奄一息。

正：影響更深遠的是，教育家梁啟超**把**國家興衰及纏足習俗連在一起，指出纏足使婦女體弱多病，所生育的兒女自然體虛，國家也跟著奄奄一息。

「以」作為介詞，在標準中文中的意思是「拿、用」，表示工具。古代漢語中，「以」曾作為處置式的標記，但在現代標準中文中它已不再作為處置式標記。

3. 與（隱性）被動句混用

（13）小腳被古人認為跟高貴掛鈎，女子都希望透過紮腳來嫁得好夫婿。

正：古人**把**小腳與高貴聯繫在一起，女子都希望通過紮腳來嫁個好夫婿。

（14）透過目的鏈的分析，在最高層次的價值角度，<u>90 後出境遊者能分為</u><u>4 種群體</u>，包括自我提升、增進人際關係、自我實現、滿足感。

正：透過目的鏈的分析，從最高層次的價值角度，可以**把** 90 後出境遊者分為 4 種群體，包括自我提升、增進人際關係、自我實現、滿足感。

這個例子比較複雜，從句法、語義的角度來看，原句都沒有問題，但若從中文學術論文寫作的角度來看，該句實際上暗含了一個主語「我們」，因此將「90 後出境遊者能分為 4 種群體」改為「可以把 90 後出境遊者分為 4 種群體」會更符合中文學術論文的表達習慣。此處反映出香港學生在用中文進行學術論文寫作時，可能會因受英文（被動）表達習慣的影響，而選錯句式。以下是該句的英文表達方式：

Through the analysis of the means-end chain, the post-90s outbound tourists **can be divided into** four groups from the perspective ..., which is considered as ...

4. 其他

（15）正當我想和他打招呼的時候，他手上的餅乾掉到了地上，<u>而他竟毫不猶豫地撿起那塊餅乾吃掉</u>。

正：正當我想和他打招呼的時候，他手上的餅乾突然掉到了地上，而他竟毫不猶豫地**把它撿起來就吃了**。

原句意思不通，「吃掉」無法與前面內容銜接起來，此處須用把字句表達

處置，從而將「吃」與前面的動作「撿」銜接起來。

這種「該使用而未使用把字句」的偏誤類型，涵蓋的例子比較少。我們在語料庫中一共只發現 8 例。這或可説明以粵語為母語的人士，在用中文進行比較正式的寫作時，對把字句這種句式還是有比較強的意識的。這一點與 Yang（2020）的觀察結果不太一致，不過這有可能是因為 Yang 的實驗分析主要是以看圖説話（口語）以及判斷可接受度的方式，特別考察把字句用來表達處置與位移兩種功能有關，而本文則是透過文本分析，全面考察把字句的使用功能。

（三）不該使用而使用

1. 與被動句混用

（16）「頤養天年」一直也是人們所追求的目標，但是，對於貧窮長者而言，這句話卻是遙不可及，這些長者大多早已退休並沒有正職，<u>高齡亦使顧主把他們拒於門外</u>。

正：「頤養天年」一直是人們所追求的目標，但是，對於貧窮長者而言，這句話卻是遙不可及的，這些長者大多早已退休，但再度求職時卻**因高齡而被顧主拒於門外**。

（17）石刻展現出馬的骨架大而勻稱，肌肉厚實，整體彪悍雄壯，<u>一看就是把戰馬的氣勢呈現得淋漓盡致</u>。

正：這匹石刻的戰馬骨架大而勻稱，肌肉厚實，整體彪悍雄壯，**戰馬的氣勢被淋漓盡致地呈現出來**。

從前後文需互相銜接的角度來看，兩個句子都應該用被動句，而非把字句。

2. 與使讓句混用

（18）諸葛亮作為三國時期的政治家，把蜀漢的形勢枯木逢春……

正：諸葛亮作為政治家，令蜀漢的形勢猶如枯木逢春……

3. 與介詞「對」產生混淆

（19）要把這三次變化在此報告作研究是不可能的，原因是……。

「要把這三次變化在此報告作研究是不可能的」可改寫為「要在此報告中把這三次變化一一加以研究，那是不可能的」，這樣看，原句很像是語序不

當，不過如果考慮到學術論文的文體特徵，這樣的表述並不得體，因為「那是不可能的」，太過口語化。以下表述或許更佳：「由於篇幅所限，我們無法在此次報告中對三次變化一一加以研究，原因是……」。

4. 其他

（20）在以前的中文寫作考試，因為時間限制，<u>我都來不及把它寫完</u>。

正：以前中文寫作考試時，因為時間限制，**我都寫不完**。

（21）司徒傑因害怕被爆出自己收受賄賂的罪證，<u>於是決定先下手為強把霍兆堂殺害</u>。

正：司徒傑因害怕被爆出收受賄賂的罪行，**決定先下手為強殺掉霍兆堂**。

（22）我一邊祈求著身邊的大人們把爹娘救出，<u>一邊把積存整晚的淚水釋出</u>……

正：我祈求身邊的大人們把我的爹娘救出來，**這時忍了一整晚的淚水也都湧了出來**……

（23）途中我們有講有笑，<u>我們也有把自己的聯絡方式交換</u>。

正：途中我們有說有笑，**還彼此交換了聯絡方式**。

（24）我胃裏好像有熊熊烈火正在燒著，<u>把臉由白化成紅</u>……

正：我胃裏好像有熊熊烈火正在燃燒，**臉變得通紅**……

（25）四周盤根錯節的大榕樹半環繞著平靜的湖泊，<u>深深地把我吸引住</u>。

正：四周盤根錯節的大榕樹半環繞著平靜的湖泊，**深深地吸引了我**。

（26）壺上的仙鶴、雙龍壺耳、小飛龍、和卷尾伏虎都採用了分鑄法，<u>先分別把各個部件鑄造並進行雕刻</u>……

正：壺上的仙鶴、雙龍壺耳、小飛龍和卷尾伏虎都採用了分鑄法，即**先分別鑄造各個部件**，然后再進行雕刻……

（27）在香港這個急速的社會中，香港人為求快捷，會將所有能簡化的字簡化，務求在短時間內把句子輸入完成而作回覆。

正：在香港這個急速、快捷的社會，香港人會將所有能簡化的字都簡化，**務求以最短的時間輸入所有要回覆的內容**。

（28）疊字是指<u>把同一個詞彙在文句中接二連三地重複使用</u>。

正：疊字是指在文句中接二連三地**重複使用**同一個詞彙。

（29）1875 年，傳教士麥高溫於廈門成立戒纏足會，呼籲各方把纏足陋習

剔除。

正：1875 年，傳教士麥高溫於廈門成立戒纏足會，呼籲各方**廢除纏足陋習**。

（30）某天，我如常拖著疲倦的身軀到自修室，<u>把耳機戴上</u>，聆聽著隨機播放的音樂，然後便按照那密密麻麻的時間表開始溫習。

正：某天，我如常拖著疲倦的身軀到自修室，**戴上耳機**，聽著隨機播放的音樂，然後按照那密密麻麻的時間表開始溫習。

單獨看「把耳機戴上」並沒有問題，但是如果從語段的角度來看，此處需要的是一個動賓句，前後表示一連串的動作。

張旺熹（1991）：「如果不強調目的、結果、原因、手段等關係，通常不使用『把』字句。」類型三所涵蓋的例句，基本上都可以從這個角度加以解釋。

在我們的語料庫中，有「把」字標記的句子共有 108 個。其中 74 個句子使用無誤，33 個句子存在偏誤，偏誤率高達 30.84%，數字不可小覷。而在這 33 個偏誤句中，有 18 例屬於「不該使用而使用」這種偏誤類型，在所有帶有「把」字標記的偏誤句中佔 54.55%。這說明把字句的泛化是最主要的偏誤類型，這也反映出何時該用何時不該用把字句，對於以粵語為母語的人士來說是最大的難點。Xu（2011）對美國大學生習得中文把字句的情況做了統計分析，結果顯示，與純粹的語法相比，語法—語義界面，對於第二語言學習者來說更為困難。本文的研究結果則說明，語用相較於語法、語義來說，對以粵語為母語的人士來說難度更高。

四、香港書面中文把字句使用偏誤的成因

標準中文的把字句雖然有多種功能，但是在 41 個存在偏誤現象的句子中（包括該使用而未使用的 8 例）只有 3 例與致使義有關，即例（7）、（8）與（18），其他 38 例均表處置義。這說明在香港書面中文中把字句主要是用來表達處置功能，而把字句出現使用偏誤，主要與粵語自身的語法結構特徵有關。

王力曾指出：「使成式為現代全國方言所共有，處置式卻不如此：粵語及客家話都還不曾演進到處置式的階段。例如『把它吃掉』在粵語（廣州話）裏只能說成『食咗佢』（Sik tso kʻoy），在客家話裏只能說成『食了渠』（Sit liau

ki）。在這一點上，粵語和客家話較為接近古代語法。」（1954，頁 174—175）
而在《漢語史稿》（王力，1980，頁 479）中，王力又特別提到，「還有一件
事值得注意：在粵語和客家話，在一般口語裏是不用處置式的。」[7]

　　張洪年（1992）、李煒（1993）、單韻鳴（2012）先後對廣州話口語中用
來表達處置意義的幾種不同結構做過詳盡的分析，研究結果顯示廣州話與普
通話在這方面有明顯的差異。李煒（1993，頁 58）對粵語里的「將」字句與
普通話裏的「把」字句進行了比較：「在普通話裏『把』字句是一種常用句式，
這表現在兩個方面，一是由於結構上的要求，『把』字句成了必須選擇的句
式；二是若干句式中，『把』字句是最常選擇的、相對最順當的句式。而在粵
語中『將』字句則是極不常用的特殊句式。也主要表現在兩個方面：一是幾
乎沒有只能用『將』字句而不能用其他句式的情況；二是在供選擇的若干句
式中，正常情況下『將』字句很少被選擇，選擇也是有條件限制的。」

　　根據單韻鳴（2012），廣州話典型狹義處置句有四種不同的結構，以標準
中文中的「把門關上」為例，廣州話可以有四種表達方式：

　　a. 閂好道門佢。

　　b. 閂好道門。

　　c. 將道門閂好佢。

　　d. 將道門閂好。

a、b、c、d 四種表達方式在口語中的常用度由高到低依次遞減。

　　正是因為粵語口語中在表達處置義時，優先使用的並不是與把字句結構
相當的將字句，因而導致以粵語為母語的香港人在用中文進行寫作時會出現
各式各樣的把字句偏誤現象。而且儘管粵語將字句也要求動詞不能是光杆形
式，但是因為粵語口語中將字句的使用頻率比較低，導致使用者對該結構形
式的把握仍然沒那麼好[8]，即使在使用將字句時，也存在成分殘缺這種現象。
正如以下這個例子：

　　（31）史景遷的記事風格不偏不倚，將人物真實的一面完整地呈現，讓讀

---

[7]　前後兩處的表述不盡相同，後者特別強調粵語和客家話在一般口語裏不使用處置式，言外之意在口語
　　中也會用到這種句式。

[8]　我們在語料庫中共檢索到 98 個帶有「將」字標記的句子，當中使用無誤的有 78 例，使用有誤的有 20
　　例，偏誤率為 20.41%，與把字句的偏誤率（24.22%）相近。

者明白中國人的生活景況。

正：史景遷的記事風格不偏不倚，將人物真實的一面完整地呈現**了出來**，讓讀者明白中國人的生活景況。

除了成分殘缺之外，把字句還與被動句、使讓句發生混淆，介詞「把」還與介詞「以」「對」發生混淆，這反映出把字句是一個不易掌握的句式。在香港，學生在小學低年級階段已經開始學習把字句，但是直到大學階段在使用中文進行寫作時，把字句的運用仍然會出現偏誤。這與香港本地的語言環境以及句式教學的特點有一定的關係。一般認為，粵語（廣州話）與普通話的差異主要體現在語音及詞彙兩個系統，而語法方面的差異相對來說不是特別大（王培光，1995）。因此，中小學中文教師對標準中文的句式講解都比較簡單，以把字句為例，老師很少會向學生解釋在什麼情況下需要使用把字句，以及使用把字句與一般的動賓式在表達效果上存在什麼差異等。石定栩（1998）：「粵語裏同『把』字句相對應的是『將』字句，兩者的意義相近，用法也類似，香港人在書面語中使用『把』理應不成問題。但是，粵語『將』字句的使用頻率遠遠低於標準漢語的『把』字句，而且並非所有『把』字句都能用『將』字句來表達……。如果不在教學中強調這個問題，學生使用『把』字句的能力就會達不到要求。」

五、結語

把字句作為一種特殊句式，一直是漢語語法研究中的熱點。標準中文中有關把字句的研究已經非常充分，而方言學界有關把字句的研究，主要側重於對某方言中把字句特徵或者相當於把字句功能的句式研究。有關把字句的偏誤分析，過去主要集中在對外漢語教學領域。對於以某種方言作為日常溝通語言的社群，在使用標準中文時把字句的偏誤研究，則比較少見。這與內地在過去六十多年成功推廣、普及普通話有密切的關係，因為年輕一代幾乎都能熟練地使用標準中文。而香港雖然在 1997 年回歸中國之後實行兩文三語的語言政策，但是年輕一代使用標準中文的能力還比較參差，尤其是在某些特殊句式的使用上。因此，香港向我們提供了一個研究把字句使用偏誤得天獨厚的環境。

過去，我們對香港學生學習普通話時在語音上的偏誤關注較多，而對詞彙、語法使用偏誤的關注則比較少，對於某種特殊句式的偏誤分析更不多見，研究者對香港中文句式使用偏誤的分析主要集中在雙賓語句上（黃安蕾，2009；陳凡凡，2010；邢靜文，2015）。本文希望透過對本地大學生中文習作的細緻分析，能夠全面展示把字句使用偏誤的類型，從而對今後的中文教學有一定的啟發作用。

參考文獻

1. 陳凡凡（2010）：三語環境中的語言遷移——香港學童普通話、英語雙賓句的二語習得研究，《雲南師範大學學報（對外漢語教學與研究版）》，8(1)，13—18。
2. 方緒軍、李雪利（2018）：構式「A 死我了」和「把我 A 死了」——兼議變換分析之於句式和構式研究，《華文教學與研究》，2，64—73。
3. 黃安蕾（2009）：論普通話和粵方言的基本差異對香港地區普通話教學的影響，廈門大學碩士學位論文。
4. 李煒（1993）：將字句與把字句，輯於鄭定歐主編：《粵語（廣州話）研究與教學》，頁 51—63，廣州，中山大學出版社。
5. 劉玉屏、袁萍（2021），語法研究成果在漢語二語教學中的轉化——以「把」字句為例，《語言教學與研究》，5，17—26。
6. 呂必松（2010）：「把」字短語、「把」字句和「把」字句教學，《漢語學習》，5，76—82。
7. 呂叔湘（1948）：把字用法研究，《漢語語法論文集》，125—144。
8. 呂叔湘（1999）：《現代漢語八百詞》，頁 53—56，北京，商務印書館。
9. 單韻鳴（2012）：廣州話典型狹義處置句的變異，《暨南學報（哲學社會科學版）》，3，118—124。
10. 邵敬敏、石定栩（2006）：「港式中文」與語言變體，《華東師範大學學報（哲學社會科學版）》，2，84—90。
11. 沈家煊（2001）：語言的「主觀性」和「主觀化」，《外語教學與研究》4，268—275，320。
12. 沈家煊（2002）：如何處置「處置式」？——論把字句的主觀性，《中國語文》，5，387—399，478。
13. 沈家煊（2009）：漢語的主觀性和漢語語法教學，《漢語學習》，1，3—12。
14. 石定栩（1998）：香港語文教學與標準漢語，《語言教學與研究》，3，54—64。
15. 田小琳主編（2022）：《港式中文語法研究》，香港，中華書局。
16. 王力（1954）：《中國語法理論》（上），北京，中華書局。
17. 王力（1980）：《漢語史稿》（修訂本），北京，中華書局。
18. 王培光（1995）：《語言能力與中文教學》，北京，北京師範大學出版社。
19. 吳力、田興斌（2018）：漢語致使句的語義推衍：以「使」字句和「把」字為例，《邏輯學研究》，1，122—135。
20. 邢靜文（2015）：試探粵語母語者習得普通話的負遷移現象——以雙賓句為例，香港教育大學中國語文教育榮譽學士學位論文。
21. 楊德明（2018）：《少數民族漢語教學論》，北京，民族出版社。

22. 張伯江（2019）：《説把字句》，上海，學林出版社。

23. 張伯江（2020）：什麼時候用把字句——基於文本的一項考察，《世界漢語教學》，2，158—171。

24. 張旺熹（1991）：「把字結構」的語義及其語用分析，語言教學與研究，3，88—103。

25. Cheung, Samuel Hung-nin（張洪年）. (1992). The pretransitive in Cantonese. In Editorial Committee of Institute of History and Philology, Academia Sinica (ed.), Zhongguo Jingnei Yuyan Ji Yuyanxue diyiji: Hanyu fangyan 中國境內語言暨語言學第一輯：漢語方言 [Chinese languages and linguistics. I: Chinese dialects], (pp.241-303), Taipei: Institute of History and Philology, Academia Sinica.

26. Hongying Xu. (2011) The acquisition of some properties of the BA constrction by English-speaking learners of Chinese, *Proceedings of the 23rd North American Conference on Chinese Linguistics,* V1, (pp.237-249).

27. Yang, Y. (2020). Acquisition of the Mandarin ba-construction by Cantonese Learners. *Macrolinguistics, 8*(1), 88-104.

Error Analysis of the *ba*-Construction in Written Chinese in Hong Kong: A Case Study of Undergraduate Chinese Essays at PolyU

YANG, Jianfen

Abstract

This paper conducts an error analysis on *ba*-construction sentences and related sentences in the Chinese essays of undergraduates at the Hong Kong Polytechnic University. The study summarized the types of errors of the *ba*-construction sentences and explored the causes of the errors. Pedagogical implications on the teaching strategies and practices of the *ba*-construction in Hong Kong are expected.

Keywords: *Hong Kong, written Chinese, ba-construction, error analysis*

YANG, Jianfen, Chinese Language Centre, The Hong Kong Polytechnic University.

大灣區一體化下的穗港普通話教育規劃 ——基於經典扎根理論的質性研究 [*]

鄭澤霞　孫德平

摘要

　　近年來國家大力推進粵港澳大灣區一體化進程。大灣區的普通話教育規劃也得到宏觀層面的重視。大灣區內部的普通話教育既存在著共性，也有各自的獨特性。本文以香港和廣州兩地大學的學生為研究對象，對穗港的普通話教育規劃及普通話與粵語的關係進行調查。通過對兩地大學學生的訪談，並運用經典扎根理論進行質性分析，結果發現：兩地學生在普通話的語音習得上均有較大的困難；普通話在香港的經濟價值和實用價值上有更高的認可度；普通話作為國家通用語言，與粵方言一樣在兩地極具語言活力。文章最後提出了四點建議：重視普通話的認同價值及師資的培養、促進大灣區內部的普通話教育聯動、加強普通話的聲望規劃和地位規劃、協調好普通話與粵語的關係等，以期為未來粵港澳大灣區的普通話教育、世界大華語教育的遠景和近景規劃獻策。

關鍵詞：普通話教育　語言規劃　粵港澳大灣區　經典扎根理論

---

[*]　本文是教育部人文社會科學研究項目「全球化視域下英國華人言語社區的華語研究」（項目編號：18YJA740042）的階段性成果。

　　鄭澤霞，浙江財經大學人文與傳播學院在讀研究生，聯絡電郵：summerxiao218@163.com。（本文通訊作者）

　　孫德平，浙江財經大學人文與傳播學院，聯絡電郵：depingsun@126.com。

一、研究背景

（一）粵港澳大灣區的規劃

粵港澳大灣區的建設是國家重大區域發展戰略。2019 年 2 月，中共中央、國務院正式發佈了《粵港澳大灣區發展規劃綱要》（以下簡稱《綱要》）。《綱要》提出粵港澳大灣區的戰略定位為「充滿活力的世界級城市群」「具有全球影響力的國際科技創新中心」「一帶一路建設的重要支撐」「內地與港澳深度合作示範區」「宜居宜業宜遊的優質生活圈」。大灣區包括香港特別行政區、澳門特別行政區和廣東省廣州市、深圳市、珠海市、佛山市、惠州市、東莞市、中山市、江門市、肇慶市，宏觀上形成了「2 + 9」的城市群佈局。《綱要》的發佈標誌著大灣區的區域性一體化進程進入了新的發展階段，這是大灣區建設中具有里程碑意義的重要時間節點。

2021 年 11 月，《國務院辦公廳關於全面加強新時代語言文字工作的意見》正式發佈（以下簡稱《意見》）。《意見》強調要深化與港澳台地區語言文化交流合作，指出「支持和服務港澳地區開展普通話教育，合作開展普通話水平測試，提高港澳地區普通話應用水平」「加強粵港澳大灣區、自由貿易試驗區、一帶一路建設等方面的語言服務」。

與世界上其他三個灣區——紐約灣區、三藩市灣區、東京灣區不同，語言規劃（language planning）是粵港澳大灣區發展規劃的重要一環。李嵬（Li Wei, 2022）指出多語現象（multilingualism）是粵港澳大灣區真實存在的語言面貌，並認為可以將粵港澳大灣區描述為一個新興的、不斷發展的超語空間（an emerging and evolving Translanguaging Space）。整合好大灣區內部的語言資源，協調好國家通用語言文字與大灣區通行方言的關係、國家通用語言文字與外語的關係，落實好其語言政策與語言教育措施，這些都將為粵港澳大灣區的經濟建設、科技創新、人文與教育發展等提供支撐。

（二）香港和廣州的語言狀況

香港特別行政區、澳門特別行政區、廣州市、深圳市是粵港澳大灣區的四大核心城市。香港和廣州同屬於核心城市的範疇，且都以嶺南文化為底

蘊、皆為多元文化薈萃之地（劉偉，2021）。大灣區內部的語言資源豐富，語言關係也較為複雜；其內部的普通話教育既存在著共性，也有各自的獨特性。

由於特殊的歷史原因，香港特別行政區的語言政策與內地存在著差異。香港實行「兩文三語」的語言政策，從而對書面語和口語的使用做出了規定。「兩文」指中文和英文，「三語」指普通話、粵語和英語。《中華人民共和國香港特別行政區基本法》（以下簡稱《基本法》）第一章總則第九條規定，「香港特別行政區的行政機關、立法機關和司法機關，除使用中文外，還可使用英文，英文也是正式語文。」粵語是香港居民日常使用度最高的語言。關於學校使用普通話還是粵語進行中文教學，一直是學界討論的焦點（Li Yuming, 2015; Bernard Spolsky, 2021）。需要特別注意的是，《基本法》並未對中文、普通話、粵語的具體內涵展開闡述[1]。這為香港教學語言的選擇與使用留下了一定的彈性空間。

《國家通用語言文字法》第一章第二條規定，我國的國家通用語言文字是普通話和規範漢字。廣州市以此為依據，貫徹落實普通話作為教學語言的政策和措施。「在中國南方，如何推廣國家通用語言文字，如何處理好普通話、粵方言、閩方言、客家方言之間的語言關係，如何保護好、利用好地方語言與文化，廣州具有示範帶頭作用」（李宇明，2018）。粵語作為廣州市的強勢語言，被廣泛適用於當地的社會生活中，有著強大的生命力和活力。

二、相關研究

（一）大灣區內普通話與其他方言的關係

李宇明（2021）指出粵港澳大灣區的建設「需要語言學樹立區域觀念」，以此來構建和諧的區域語言生活；普通話與其他語言、方言的關係，既是大灣區發展中非常重要的語言問題，也是非常重要的經濟問題和政治問題。屈

---

[1] 澳門基本法同樣未對中文、普通話、粵語的內涵進行明確的劃定，詳見：魏琳（2021），澳門回歸以來的語言狀況，《粵港澳大灣區語言生活狀況報告（2021）》，頁32—46，北京，商務印書館；張媛媛（2022），《澳門基本法》框架下澳門語文政策的解讀及其實踐，《寧波大學學報（人文科學版）》，1：58—63。

哨兵（2020）認為對於大灣區的語言政策走向「一定要有行穩致遠的規劃與建議」；特別強調粵語是「維繫海外華人情感往來的一條天然的文化紐帶，需要三地在語言教育中留有足夠的空間」。

自 2019 年《綱要》發佈後，關於大灣區的區域性語言學研究成果陸續出現。這些成果主要集中於語言生活狀況的研究，其中部分亦涉及語言教育研究。

（二）關於大灣區普通話教育的研究

1. 合作是大灣區中文 / 普通話教育的核心理念

「合作」是多位學者強調的中心詞、高頻詞、重點詞，這一理念也是未來粵港澳大灣區中文 / 普通話教育發展的大趨勢。

田小琳（2012，2020）指出《基本法》規定中文是第一位的正式語文，也指出普通話在香港社會的流通量日漸上升，強調「大灣區要一盤棋，合作發展優質的中文教育」。鄧思穎（2020）提出粵港澳大灣區的中文院系要合作協同，進行中文教學的相關研究，認為大灣區中文論壇、粵港澳高校中文聯盟等都將助力於區域中文領域的創新發展。吳東英（2020）從語言接觸與互動的角度闡述了北上南下、東西匯聚的大灣區語言格局，認為大灣區多元的語言面貌可為促進社會和諧做出貢獻。

2. 大灣區的普通話教育規劃

在普通話的教學方面，陸儉明（2019）對港澳中文進行了具體闡述，指出港澳中文「跟內地的普通話有所差異」，這是「不可忽視、不可否認也不必迴避的事實」，因此我們在實際教學中可以有一個偏離普通話規範標準的彈性。

在普通話的推廣普及方面，周清海（2007，2021）指出，粵語在香港地區有特殊的地位，因此我們要主動適應不同區域的歷史背景和現實需要；認為在香港普及普通話比提高普通話的水平更重要。陳恩泉（2021）認為在粵港澳大灣區的語言教育規劃上，既要從社會層面高質量地普及普通話，也要努力提高當地居民的普通話水準。

粵語背景的居民在講普通話時普遍存在口音現象，以往的研究將其稱為粵普、廣普或港普。部分學者在研究中特別強調了語音習得，認為這是粵語背景居民學習普通話的一大難點和痛點（陳瑞端，2016；錢芳，2019；李楚

成、梁慧敏，2020）。

總體而言，現有聚焦於大灣區背景下的普通話教育研究仍不算多。與此同時，除了大灣區內部的學者，內地其他地方的學者和海外的學者也非常關注這個領域的研究進展。

綜合來看，前人的研究視角多樣、時間跨度大，這為我們展開立足於大灣區建設背景的調查提供了基礎。

本研究擬訪談兩地高校學生，運用質性研究方法瞭解他們對普通話教育政策、普通話及粵語關係的看法，以期為今後大灣區普通話教育近景、遠景規劃的優化提供參考。

三、香港和廣州兩地高校的調查情況

香港特區政府統計處於日前發佈了《2021 年人口普查簡要報告》，報告顯示在 5 歲及以上人口中，以粵語作為慣用交談語言和其他交談語言 / 方言的佔全港人口的 93.7%。換而言之，在香港能說粵語的人口比例高達 93.7%。這個數據較 2016 年的 94.6% 及 2011 年的 95.8% 有輕微的下跌。在以普通話作為慣用交談語言和其他交談語言 / 方言的統計項目中，本次普查所得的數據為 54.2%，調查結果第一次超過了半數，即 2021 年在香港有超過一半的人能說普通話。現階段香港共有 8 所高等教育院校 [2] 接受大學教育資助委員會的資助。這些學校實力雄厚，不僅在香港本地，在大灣區內部和世界範圍內都享有極高的學術聲譽。

根據廣州市統計局及國家統計局廣州調查隊發佈的數據，截至 2020 年末，廣州市的常住人口數為 1874.03 萬人。遺憾的是，廣州市的統計報告並不包括語言使用情況的調查，所以我們無法找到直觀的數據作為支撐。第二輪「雙一流」建設高校及建設學科名單於 2022 年 2 月出爐，廣東省共有 8 所高校 [3] 入選，當中的 7 所高校坐落於花城。廣州市高等教育的成績斐然，甚至

---

[2] 這 8 所高校為香港大學、香港科技大學、香港中文大學、香港城市大學、香港理工大學、香港教育大學、香港浸會大學和嶺南大學。

[3] 這 8 所高校為中山大學、華南理工大學、暨南大學、華南師範大學、華南農業大學、廣州中醫藥大學、廣州醫科大學和南方科技大學。僅南方科技大學位於深圳市。

在全國城市的高校排行中位列前茅。

　　香港和廣州的高等教育都達到了較高的水準，且兩地均通行普通話和粵語，這為我們面向兩地大學學生的比較調查提供了可行性。

（一）調查方法及對象

　　本調查主要採用訪談法，以此作為整個項目的預調查部分。預調查的結果可為後續問卷的模塊設計、提問順序、詞語表達等方面提供有益的幫助。基於定性研究的方法，我們訪談了香港和廣州兩地大學的 30 位學生，從微觀層面瞭解青年學生群體對語言教育政策、國家通用語言與當地方言的看法。

　　本次訪談的對象需同時符合以下三個條件：第一，95 後（即出生日期在 1995 年及之後的人）[4]；第二，成長地點為廣州或香港本土；第三，現就讀於廣州或香港的高校。

（二）研究的問題

　　本次訪談主要研究以下兩個問題：對於普通話教學，兩地大學的學生有何體會？對於普通話與粵語的關係，他們又有何想法？

（三）分析的方法

　　本研究採用的是經典扎根理論（Classical Grounded Theory）的質性分析方法。經典扎根理論是由兩位社會學家格拉斯和斯特勞斯（Glaser & Strauss, 1967）在《扎根理論之發現》（*The Discovery of Grounded Theory*）一書中首次提出的。

　　該理論主張從資料和事實入手進行歸納總結，而並非對事先設定的假設進行推演，比較是其主要分析思路。扎根理論對原始材料進行自下而上的三級編碼，包括一級編碼（開放性編碼）、二級編碼（選擇性編碼）和三級編碼（理論性編碼）。

---

[4] 將調查對象確定為 95 後，主要是考慮到該年齡段群體是現在高校學生的主體，同時他們亦是回歸後開始接受教育的一代人。

（四）調查結果

我們對訪談內容進行了整理歸類，依據開放性、選擇性和理論性編碼的步驟逐級進行，並形成了表 1 和表 2 的三級編碼系統。一級編碼的內容為訪談得到的具體資訊。在進行二級編碼時，我們將資訊歸入了多個維度。三級編碼則具有總領性和概括性。

表 1　兩地學生對普通話教學看法的三級編碼系統

一級編碼	二級編碼	三級編碼
1.1.1 除了課堂，其餘很少有練習普通話的機會（香港）	1.1 普通話的操練機會不多	1. 普通話的教與學
1.1.2 每次開口都很不自信，怕被人笑話，尤其是在人多的場合（香港、廣州）		
1.2.1 說一口完全標準的普通話太難了，覺得自己很難做到（香港、廣州）	1.2 語音習得上存在困難	
1.2.2 有些聲調和腔調很難學好（香港、廣州）		
1.3.1 很多老師來自外地，他們的普通話都很好（廣州）	1.3 教師資源有所差異	
1.3.2 老師的普通話和地鐵裏聽到的不一樣（香港）		
1.4.1 學習普通話能為將來的就業添加砝碼（香港）	1.4 普通話的學習動機不同	
1.4.2 普通話是大家都在使用的語言，肯定要學的（廣州）		
1.4.3 學習普通話讓我有機會和更多人聊天（香港、廣州）		

在普通話操練的維度上，香港學生面臨著課堂外很少有機會練習普通話的難處，而廣州學生並未提及該方面的相關內容。但兩地學生均存在著語言不安全感（linguistic insecurity），我們認為這或許與社會上的語言大環境有關。第二部分的訪談主要聚焦於普通話和粵語，可以為這裏的對比情況提供思路和解答。

在語音習得的維度上，兩地學生均認為語音習得是普通話學習的一大難點，同時也表現出語音習得上學習信心的不足。我們限定調查對象的成長地

為香港或廣州本土，因此調查對象基本都具有粵語背景。事實上粵語的聲調有 9 個，其習得難度未必低於普通話。對於這樣的調查結果，有必要進行後續的探究。

在對教師資源的評價上，兩地學生表現出了不同的歸因。廣州學生認可授課教師的語音水平，原因是教師們多來自於其他省市。這與前文提及的語言不安全感也有關聯。廣州學生對自身的普通話語音表現出不自信的一面，同時認為來自外地的老師可以幫助他們更好地習得標準語音。香港學生反饋的是教師的語音與地鐵播報員的不同，但未對二者的優劣進行評價。他們能辨別出普通話不同的語音變體，同時也未表現出對其中某一變體的偏好。這從側面印證了高一虹、吳東英、馬喆（2019）調查的結果，即香港學生對普通話「變體的接受度更高」。

在普通話的學習動機上，香港學生更多出於工具性動機而學習普通話，對其經濟價值、實用價值認可度更高；廣州學生則更多出於情感歸屬動機。高一虹、蘇新春、周雷（1998）指出高校學生「語言態度的差異主要出現在內地與香港之間，而不是粵語區與非粵語區之間」，我們的調查結果與其有著相當的一致性。

總體而言，由表 1 可以看出在普通話教學的體會方面，香港、廣州兩地學生既有共同的想法，但也存在著部分差異。

表 2　兩地學生對普通話與粵語關係看法的三級編碼系統

一級編碼	二級編碼	三級編碼
2.1.1 大家都說普通話很難（香港、廣州）	2.1 普通話的語言形象不盡理想，粵語的親切程度更高	2. 普通話與粵語的關係
2.1.2 講粵語時感覺更舒服（香港、廣州）		
2.2.1 特區政府人員接受採訪有時講的是普通話（香港）	2.2 普通話的語言地位提升	
2.3.1 平時講話都是用粵語，很少有機會用普通話（香港）	2.3 普通話與粵語的使用情況	
2.3.2 普通話是最重要的，在日常生活中，兩種語言都會使用（廣州）		
2.3.3 粵語也應在日常生活中留有一定的發展空間，希望其和普通話共存（香港、廣州）		

在多言多語多文社會裏，語言之間的和諧共處是非常重要的。表 2 展示了兩地學生對普通話與粵語關係的看法。香港和廣州的學生都提及普通話很難、粵語較親切，由此可見粵語在大灣區的語言形象上是有優勢的。同時從表 2 可以看出，通過社會知名人士使用普通話的方式，逐漸提高普通話使用頻率，能潛移默化地塑造起大家對其積極正面的看法，普通話的語言聲望將日益增強。

在普通話和粵語的使用情況上，兩地存在著明顯的差異。香港學生較多使用粵語，日常使用普通話的頻率不高；廣州學生則兼用普通話和粵語。兩地學生都提出為粵語保留發展空間、保護好此方言的意願。

四、大灣區一體化下普通話教育的建議

（一）重視普通話的認同價值及師資的培養

語言與身份認同、文化認同、國民認同之間有著緊密的聯繫。由上述分析可以看出，香港學生更看重普通話的實用價值，這種價值主要表現為對將來就業的助力。這是語言經濟屬性在學習者學習動力方面的體現，我們認為這也與香港國際金融中心的地位有一定的關聯。語言的認同屬性在廣州學生的身上體現得更明顯，他們認可普通話作為國家通用語言的地位，認為講普通話是國民身份的象徵。對於普通話的教學，本文認為應努力把其經濟屬性和認同屬性結合起來。在強調其經濟屬性時，也應強化認同屬性作為普通話學習的內在驅動力；在突出普通話學習帶來的認同和歸屬感時，同樣可以強化普通話能力對個人未來發展的正向作用。

在上述調查中，兩地學生對師資的評價主要是外來教師與本地教師的對比。廣州學生將良好的普通話師資歸因於地域差異，即老師們來自於其他省市，而香港的學生也認為本地教師的普通話口音與公共場所的播音腔調之間存在著差異。如何解決本地普通話師資的難題呢？我們或許可以借鑒大灣區律師執業一體化的推進措施。司法部宣佈自 2022 年 6 月 28 日起啟用律師執業證（粵港澳大灣區），該執業證是港澳律師在大灣區內地九市從事律師職業的有效證件。廣東省司法廳已為首批 4 位來自港澳的律師頒發了該證。該項

措施有助於整合熟悉內地、港澳、外國法律體系的專業人才資源。以律師執業一體化為參照樣本，普通話教育界也可採取類似的方式來拓寬優質師資的來源。

是否存在這樣一種可能性，教育部依據港澳的現實語言情況，啟用類似的粵港澳大灣區教師資格證呢？持證人員可以在大灣區內從事普通話 / 語文教學。大灣區 2 個特別行政區和 9 個內地城市的嶺南文化背景相近，方言背景相同，如果實現教師資源在大灣區內的流動，那麼既能提高大灣區整體的普通話 / 語文師資水準，更能實現教學理念、教學資源、教學方法的優勢互補。

（二）促進大灣區內部的普通話教育聯動

由上述訪談可知，香港和廣州兩地的普通話教師資源、學生學習動機、教學語言地位等方面，均存在著一定的現實性差異。換而言之，大灣區內部的普通話教學和使用情況不同。我們認為各地可以做到求同存異，以此促進大灣區內部的普通話教育聯動。

近年成立的粵港澳大灣區高校聯盟匯聚了三地 28 所高校，希望以此來共同打造「粵港澳一小時學術圈」（李智、葉楠楠，2021）。聯盟下設的專業聯盟包括大灣區中文聯盟（2019 年）、大灣區孔子學院合作大學聯盟（2021 年）等。其中大灣區中文聯盟近年已相繼舉辦了大灣區中文論壇、中國語言學嶺南書院項目、第二十五屆國際粵方言研討會等。

中文聯盟在促進大灣區普通話教育事業的蓬勃發展、帶動大灣區普通話教學經驗互鑒、學術交流、資源共用等方面，起到了很好的助推和導向作用。大灣區高校中文聯盟既著重於普通話本體規劃領域的研究，又注重普通話教學的應用研究。發揮好該聯盟的作用，能有效促進大灣區內部的普通話教育聯動。

（三）加強普通話的聲望規劃和地位規劃

聲望規劃（prestige planning）是與語言形象相關的規劃。聲望規劃經常與形象規劃（image planning）聯繫在一起，被合稱為語言的「聲望與形象規劃」。

上述調查表明兩地學生均對普通話有著較難習得的認知。他們在學習時存在著或多或少的畏難心理。接下來我們的努力方向是提升普通話的語言形

象，減少學生的畏難心理，尤其是在語音習得方面的畏難心理。徐傑、董思聰（2013）曾提出現在普通話語音標準應由「以北京語音為標準音」微調為「以北京語音為基礎音」。大灣區絕大多數居民都有一門方言背景，部分居民掌握兩門及以上的方言。我們認為在大灣區教學上調整普通話的語音標準是有現實需求的，但具體的操作難度也不小。

地位規劃（status planning）包括標準語的確定、國內各種語言的地位關係和外國語在本國的地位（馬慶株，2006）。

對某一種語言進行地位規劃，既可採取立法的形式明確該語言的官方地位，同時也可發揮領導人、學者、工商界人士的示範作用。汪惠迪（2022）直言「普通話成為香港回歸 25 週年慶典的會議用語是一個良好的開端」，這意味著「普通話在香港的春天來了」。在前面的調查中，有學生提及普通話是國家通用語言，也有學生說到平日裏留意到社會知名人士在公眾場合講普通話，這表明普通話的地位規劃很有必要，且須在未來繼續加以強化。

香港每次的人口普查／調查都會涉及語言使用的調查，大灣區內地的幾個城市可以借鑒這一做法。調查得到的數據具體、直觀，能夠更清晰地展示普通話在大灣區的聲望和地位，為後續的語言規劃指明方向。

（四）協調好普通話與粵語的關係

兩地的學生在調查中提出了一個相同的想法——在推廣普通話的同時，也有必要保護好粵語，為粵語的使用和傳承保留空間。普通話是國家通用語言，是國人走向世界、向世界展現我國形象的名片；粵語是大灣區通行度最高的語言，在海外華僑華人聚居地也有較高的流通度。在大灣區，普通話和粵語是可以攜手共進的。未來在普及普通話的同時，粵語也能保持蓬勃的勢頭，在保護好粵語資源的同時，普通話也能日益提升使用率和地位。如何協調好它們的關係，不僅是香港和廣州正面臨的處境，也是整個大灣區在建設發展過程中需要完善的方面。

上述調查顯示，普通話和粵語在大灣區是可以和諧共處的，但二者之間還需一座橋樑來連接。我們認為公益廣告也許可以充當這一角色。香港的廣告語言風格鮮明，且多富有人文氣息，多位學者對此有過獨到的見解（李學銘，2001；梁慧敏，2012）。

開展普通話教學、提倡講普通話，如何能入鄉隨俗、做到大灣區本地化呢？在這方面，香港食品環境衛生署的「清潔龍阿德」廣告或許可以給我們若干啟示。「我系阿德」和「清潔香港，人人都德」，這些膾炙人口的句子在宣傳環境衛生和公共道德的同時，也蘊含著粵語文化的精髓和豐富內涵。「德」和「得」在粵語中的發音一致，「人人都德」與「人人都得」相互呼應，同時「得」又有「做得到、沒問題」的釋義。將這兩個字串起來形成一個接地氣的公益廣告，生動展現了香港人對粵語的認同和歸屬。

公益廣告的傳播面廣，社會效應明顯。參照「清潔龍阿德」，我們是否設計出類似的公益廣告來傳播普通話教育呢？可否通過公益廣告的方式來表達學習普通話的必要性，從而為普通話的普及和粵語的傳承添磚加瓦呢？如果做到這一點，將裨益於大灣區的語言建設，從而助力大灣區的整體發展。

五、未來展望

本文闡述了大灣區一體化視角下香港和廣州兩地的普通話教育，我們認為未來至少還有以下兩個維度的研究可以繼續拓寬和豐富。

（一）對世界大華語教育的啟示

孫德平、鄭澤霞（2023）將國際中文教育分為三個圈層：大華語圈、海外漢文化圈、拓展圈。大華語圈又分為三個小的圈層：中國內地、中國港澳台地區、海外華人社區，它們分別稱為大華語核心圈、大華語次核心圈、大華語核心外圈。廣州和香港分屬於大華語核心圈和次核心圈。一個大灣區，覆蓋了大華語教育的兩個圈層。那麼，大灣區的普通話教學對全球大華語教學有何啟示？它們如何與另一個圈層 —— 海外華人社區的華語教育進行互動？粵語在海外華人社區同樣有一定的流通度，其與普通話教學的互補性又呈現出何種態勢？大灣區的中文教育必將輻射並帶動全球的大華語教育。這個研究領域是未來值得我們聚焦和繼續探究的。

（二）界定普通話的內涵與外延

李宇明（2022）認為普通話包括口語和書面語，不能僅理解為其中之一。

「在 1955 年、1956 年定義普通話時，語言規劃者已考慮到口語和書面語兩個方面」。這使我們能更好地理解普通話的定義、釐清普通話與粵語的分工。重視普通話教學和保護粵語是可以有機結合起來的。本文認為，立足於現階段，循序漸進的方式更適合大灣區的普通話教育規劃的現狀，但是否應有一個具體的時間表或計劃表，我們應該結合實際情況再做決定。

參考文獻

1. 陳恩泉（2021）：發揮粵港澳大灣區的雙語雙言功能，《語言戰略研究》，2，1。

2. 陳瑞端（2016）：普通話在香港語言生活中的定位問題，《語言戰略研究》，4，25—31。

3. 大學教育資助委員會（2015）：《教資會資助與非教資會資助活動的成本分攤指引》，檢自 https://www.ugc.edu.hk/doc/big5/ugc/note/CAGs.pdf，檢索日期：2022.8.8。

4. 鄧思穎（2020）：粵港澳大灣區中文院系要協同進行中文教學研究，《語言戰略研究》，1，73—74。

5. 高一虹、蘇新春、周雷（1998）：回歸前香港、北京、廣州的語言態度，《外語教學與研究》，2，21—28。

6. 高一虹、吳東英、馬喆（2019）：回歸 20 年後香港與廣州、北京的語言態度比較，《語言文字應用》，2，39—50。

7. 廣州市統計局、國家統計局廣州調查隊（2021）：《廣州統計年鑒》，北京，中國統計出版社。

8. 李楚成、梁慧敏（2020）：香港「兩文三語」格局：挑戰與對策建議，《語言戰略研究》，1，46—58。

9. 李學銘（2001）：香港報刊廣告用語的特色，《語言文字應用》，1，87—95。

10. 李宇明（2018）：中國的語言生活皮書新陣容，《廣州語言生活狀況報告（2018）》，頁 2，北京，商務印書館。

11. 李宇明（2021）：好風憑藉力 送我上青雲，《粵港澳大灣區語言生活狀況報告（2021）》，頁 1—4，北京，商務印書館。

12. 李宇明（2022）：論普通話的推廣方略，《中國語文》，4，486—494+512。

13. 李智、葉楠楠（2021）：粵港澳大灣區教育聯動發展報告，《〈粵港澳大灣區建設報告 2021〉藍皮書》，頁 278—291，香港，香港中和出版有限公司。

14. 梁慧敏（2012），香港電視廣告語言的修辭特色，《江西師範大學學報（哲學社會科學版）》，2，90—94。

15. 劉偉（2021）：人文理念是粵港澳大灣區建設的戰略思維，《〈粵港澳大灣區建設報告 2021〉藍皮書》，頁 353—356，香港，香港中和出版有限公司。

16. 陸儉明（2019）：《話說漢語走向世界》，頁 72—74，北京，商務印書館。

17. 馬慶株（2006）：談中國的語言地位規劃，《語言規劃的理論與實踐》，頁 77—83，北京，語文出版社。

18. 錢芳（2019）：《香港普通話教學研究新探》，頁 70—71，香港，商務印書館（香港）有限公司。

19. 屈哨兵（2020）：粵港澳大灣區建設中的語言問題，《語言戰略研究》，1，22—33。

20. 孫德平、鄭澤霞（2023）：新時代大華語核心外圈中文教育規劃研究——基於 SWOT 分析模型，《國際中文教育（中英文）》，待刊。

21. 田小琳（2012）:《香港語言生活研究論集》，頁 29，北京，人民教育出版社。

22. 田小琳（2020）:分工合作，營造粵港澳大灣區多元語言環境，《語言戰略研究》，1，72—73。

23. 汪惠迪（2022）:《香港，普通話的春天來了》，檢自 https://www.zaobao.com/forum/views/story20220705-1289662，檢索日期：2022.7.10。

24. 吳東英（2020）:北上南下、東西匯聚的大灣區語言，《語言戰略研究》，1，76—77。

25. 香港政府統計處（2021）:《香港二零二一年中期人口統計簡要報告》，檢自 https://www.census2021.gov.hk/sc/index.html，檢索日期：2022.4.16。

26. 徐傑、董思聰（2013）:漢民族共同語的語音標準應微調為「以北京語音為基礎音」，《語言科學》，5，460—468。

27. 語言戰略研究微信公眾號:《「語言聲望規劃」速描》，檢自 https://mp.weixin.qq.com/s/bOoJ4y1Ib-pVTjGDEm8KYA，檢索日期：2022.1.27。

28. 粵港澳大灣區門戶網:《港澳律師內地執業滿月記》，檢自 https://mp.weixin.qq.com/s/MMMMRaogyAir_o9WHmBJuw，檢索日期：2022.8.10。

29. 粵港澳大灣區門戶網:《今日啟用！港澳律師在大灣區內地城市執業有專屬證件啦！》，檢自 https://mp.weixin.qq.com/s/8yH7Yq5o03IHbBYXYpfArw，檢索日期：2022.6.30。

30. 中華人民共和國教育部網:《教育部 財政部 國家發展改革委關於公佈第二輪「雙一流」建設高校及建設學科名單的通知》，檢自 http://www.moe.gov.cn/srcsite/A22/s7065/202202/t20220211_598710.html，檢索日期：2022.6.30。

31. 中國人大網:《中華人民共和國香港特別行政區基本法》，檢自 http://www.npc.gov.cn/npc/c30834/202104/acbe41ccd8644e64a6861fb089d6148b.shtml，檢索日期：2022.6.30。

32. 中華人民共和國中央人民政府網:《國務院辦公廳關於全面加強新時代語言文字工作的意見》，檢自 http://www.gov.cn/zhengce/content/2021-11/30/content_5654985.htm，檢索日期：2022.1.27。

33. 中華人民共和國中央人民政府網:《粵港澳大灣區發展規劃綱要》，檢自 http://www.gov.cn/gongbao/content/2019/content_5370836.htm，檢索日期：2021.12.30。

34. 中華人民共和國中央人民政府網:《中華人民共和國國家通用語言文字法》，檢自 http://www.gov.cn/ziliao/flfg/2005-08/31/content_27920.htm，檢索日期：2022.1.27。

35. 周清海（2007）:全球化環境下的華語文與華語文教學，《南洋大學學術論叢第一卷 周清海卷》，頁 79，新加坡，新加坡青年書局。

36. 周清海（2021）:從「大華語」的角度談語言融合、語文政治化與語文教學，《中山大學學報（社會科學版）》，3，59—64。

37. 朱迪絲．A. 霍爾頓、伊莎貝爾．沃爾什（著），王進傑、朱明明（譯）（2021）:《經典扎根理論》，頁 114，北京，北京大學出版社。

38. Spolsky, B. (2021). *Rethinking Language Policy*. Edinburgh University Press.

39. Glaser, B. G., & Strauss, A. L. (1967). *The Discovery of Grounded Theory: Strategies for Qualitative Research.* Aldine Publishing Company.

40. Li Wei（李嵬）(2022). Foreword: translanguaging LPP. *Asian-Pacific Journal of Second and Foreign Language Education, Vol.7*(43).

41. Li YuMing（李宇明）(2015). *Language Planning in China*. Walter de Gruyter Inc.

Putonghua Education Planning in Hong Kong SAR and Guangzhou under the Integration of the Greater Bay Area: A Qualitative Study Based on Classical Grounded Theory[*]

ZHENG, Zexia   SUN, Deping

Abstract

In recent years, China has vigorously promoted the integration process of the Guangdong-Hong Kong-Macao Greater Bay Area. The importance of Putonghua education planning in Guangdong-Hong Kong-Macao Greater Bay Area has received great attention from the macro level. Putonghua education within the Greater Bay Area has both commonalities and unique characteristics. This paper investigates Putonghua education planning and the relationship between Putonghua and Cantonese among students from universities in Hong Kong Special Administrative Region and Guangzhou City. The Classical Grounded Theory is used to conduct a qualitative analysis of the study materials. The results show that students in both cities have great difficulties in pronunciation acquisition of Putonghua. Meanwhile, Putonghua has a higher recognition of economic value and practical value in Hong Kong. As the national common language, Putonghua, like Cantonese, has great linguistic vitality as well. Finally, the paper puts forward four suggestions for planning Putonghua education in Guangzhou and Hong Kong, in order to level up Putonghua education for long-term and short-term planning in the Greater Bay Area and the world's Greater Chinese language education. And these four suggestions are attaching importance to the recognition value of Putonghua and the cultivation of teachers, promoting the linkage of Putonghua education within the Greater Bay Area, enhancing the prestige planning and status planning of Putonghua, and coordinating the relationship between Putonghua and Cantonese.

Keywords: *Putonghua education, language planning, Guangdong-Hong Kong-Macao Greater Bay Area, Classical Grounded Theory*

ZHENG, Zexia, postgraduate student, School of Humanity & Communication, Zhejiang University of Finance & Economics, China. (corresponding author)
SUN, Deping, School of Humanity & Communication, Zhejiang University of Finance & Economics, China.

* This study was supported by Research Project in Humanities and Social Sciences, Ministry of Education of the People's Republic of China: A Study of Chinese Language in British Chinese Speech Community from the Perspective of Globalization (Project No.:18YJA740042).

從《歡樂夥伴》到《華文伴我行》
——新加坡華文教材的新發展

龔成

摘要

　　新加坡教育部在 2015 年和 2021 年分別逐年推出了小學和中學華文新教材《歡樂夥伴》及《華文伴我行》。兩套教材在編寫理念和體例上的銜接與否，直接影響學生的學習體驗與成效。新加坡實行雙語教育政策，學生生活在一個以英文為主的環境中。在這樣一個有挑戰的環境當中學習華文，教材的編寫以及如何對學生學習過程中的資源進行整合利用，在語文教育的生態系統中尤為重要。本文通過分析兩套教材以及將其和各自之前的教材進行比較，嘗試梳理兩者在教材編寫上的銜接點和側重點，並從華文作為第二語言學習的角度分析兩套教材在編寫理念上的可借鑒之處。

關鍵詞：《歡樂夥伴》《華文伴我行》　二語學習　教材編寫

一、背景

　　新加坡的華文教學與國家的語言政策、社會的發展和語言教育環境密切相關。新加坡的語言生態環境一直在持續發生變化，華族小一新生在家裏主要講英語的比例在 1991 年的時候是 28%（教育部母語檢討委員會，2010），這一數據在 2019 年上升到 71%[1]。新加坡的華文教學和教材一直以來立足於本

　　龔成，南洋理工大學新加坡華文教研中心，聯絡電郵：gracegongcheng@gmail.com。

[1] 信息來源：李顯龍總理「講華語運動 40 週年」講話 https://www.pmo.gov.sg/Newsroom/PM-Lee-Hsien-Loong-at-40th-Anniversary-of-Speak-Mandarin-Campaign。

國特殊的語言生態環境和社會文化環境，與時俱進，定期檢討和改革，對學生學習華語產生了積極的影響。2010 年教育部成立母語檢討委員會，對母語課程進行檢討，發佈了《樂學善用母語檢討委員會報告書》（以下簡稱《樂學善用報告書》），提出了「樂學善用」的母語教育理念和一系列改革建議。

為落實委員會的建議，教育部於 2015 年修訂和頒佈了《小學華文課程標準》。《歡樂夥伴》就是根據《樂學善用報告書》和 2015 年課標所編寫的小學華文新教材。2021 年教育部頒佈《中學華文課程標準》，並根據該課程標準編寫中學華文教材《華文伴我行》。從 2021 年起，使用《歡樂夥伴》的小學生逐年升上中學，使用新的中學教材《華文伴我行》。因此，兩套教材在編寫理念和體例上的銜接與否，直接影響學生的學習體驗與成效。新加坡實行雙語教育政策，英語是學校的教學語言和社會的工作語言，華文在學校只是單科教學。學生生活在一個以英文為主的環境中，接觸母語的機會有限，華文課的課時也有限。在這樣一個有挑戰的環境當中學習華文，個人、家庭、學校、社群等方方面面都是學生學習資源中的重要因素。教材的編寫以及如何對學生學習過程中的資源進行整合利用，在語文教育的生態系統中顯得尤為重要。本文通過分析兩套教材的編寫理念和教材特點，嘗試梳理兩者在教材編寫上的銜接點。同時，通過將兩套教材與其各自之前的教材進行比較，嘗試總結新加坡華文教材近期的新發展，以及分析兩套教材作為二語學習教材所值得借鑒的地方。

二、教材編寫理念

《歡樂夥伴》和《華文伴我行》都重視學習者、學習內容和學習過程。兩套教材的編寫都以學生為中心，照顧學生差異，注重學習材料的真實性和文學性。學習內容貼近學生生活，體現生活化、本土化和情境化的編寫理念，並兼顧「語」「文」的平衡，也注重語言學習和文化要素的融合。學習過程遵循「引、學、練、用、評」的基本程序，通過有效編排分散難點，提高學習效率。《中學華文課程標準》提到，中學課本力求在小學的基礎上，進一步提高學生的語言能力、人文素養和通用能力，幫助學生更好地瞭解自己、融入社會、放眼世界（教育部課程規劃與發展司，2020）。

從教材命名方面來看，小學教材定名為《歡樂夥伴》，是希望它能成為學生的學習良伴。教材中的主人公伴隨學生成長，成為他們的歡樂夥伴。《歡樂夥伴》也希望學生們互相協助、共同進步，成為彼此快樂學習的好夥伴；教師寓教於樂、循循善誘，成為學生的良師益友。中學教材定名為《華文伴我行》，是希望在中學階段華文繼續陪伴學生前行，陪伴他們認識世界，行走天下，並使他們養成主動學習與探索華文的好習慣，為終身學習打下良好的基礎。從取名「華文」而不是「華語」可以看出，新加坡的華文學習目標不僅僅只是口語交際，也同時要求書面語的學習。

三、教材編寫思路

基於相似的編寫理念，兩套教材有很多相似的特點。2021 年開始的《華文伴我行》新教材還沒有出齊，難以有全面的評價，所以以下部分內容主要以《歡樂夥伴》教材為素材內容進行分析。

（一）課程編寫一體化

小學《歡樂夥伴》教材分為三個課程，華文、華文（高級）和華文（基礎）。中學《華文伴我行》分為五個課程，華文（高級）、華文（快捷）、華文（普通學術）、華文 B 和華文（基礎）。課程編寫一體化設計，每個單元都有核心和深廣部分，能夠照顧學生不同的語言能力，既有利於授，也有利於受。課程內容在一些層面上打通，創造出課程之間的共性。這樣課程不僅具有系統性和針對性，更具有分化性又能夠共融，為學生的向上流動創造了可能性。修讀基礎華文的學生有渠道轉去修讀核心課程，教師也更方便進行資源共享和差異性教學。課程規劃與發展司母語處副司長林美君博士接受《聯合早報》訪問時指出，這種設計能讓不同課程的學生保有共同記憶，也能配合全面科目編班計劃的實施。不論什麼程度的學生，都會閱讀相同內容的課文。教材的設計也能進一步凸顯不同課程的特點（胡潔梅，2020）。所以，教材首先從課程結構設置上就體現了差異教學理念。

（二）引入更多生活素材

　　從學習內容方面來看，引入了更多本土化生活化的素材。小學「生活看板」中圖符性文本的強化，便於擴大心理詞彙，讓學生對學習內容感興趣，易於接受。中學的「生活空間」板塊是「生活看板」的延續，引入更多生活素材。

　　新聞時事是學生學習母語的重要素材。教育部和本地傳媒機構緊密合作，推出配合中學新課程的新聞語料平台。平台包括「8 視界新聞平台」和「早報校園新聞平台」兩個入口，分別為學生提供視頻新聞和文本新聞資源，甚至還使用「放眼天下」和「新聞眼」兩個不同的板塊對不同語言準備度的學生進行差異教學。《華文伴我行》通過新聞時事內容來豐富學習，讓學生認識華文華語的實用性，樂學善用，加強華文能力。時任教育部長黃循財表示，「新聞素材能讓學生接觸新聞時事，提高媒體素養。我希望學校老師能夠好好利用新聞素材，給學生營造一個更多元、更廣闊的華文學習空間。」（2020 年 11 月 13 日，聯合早報）。

（三）符合學生認知特點

　　考慮到學習者的年齡特點和心智發展因素，小學低年級側重使用大圖書、動畫、兒歌、字卡、遊戲和字寶寶等，高年級使用錄像和錄音。課本內容的編寫方面，選編的字詞和課文話題從空間範圍上符合由近及遠的原則，從家庭到學校再到社區、國家和世界，逐漸向外擴展。從時間範圍上，也是首先認識眼前和身邊的事物，再慢慢接觸過去和未來。以識字為例，課本安排了識讀字、識寫字和見面字，不僅降低識字難度，控制學習節奏，減少畏難情緒，同時也增加複現機會。

（四）培養自我意識和認同感

　　教材中固定的靈魂人物，好像同學一樣陪伴學生成長。《歡樂夥伴》中的歡歡、小樂、小安和康康以及他們的家人，都是來自不同家庭背景的有血有肉有笑有淚的人。到了中學，開篇介紹馬小跳、趙世亮、歐陽甜甜和陳小雙這四個新同學，不再使用小學時候的小名。這樣的安排符合學生認知程度，能夠調動學生的生活體驗，增加學習的代入感，提升學習興趣。小學課本從

陪著孩子們一起入學到帶著孩子學習介紹自己和家人，之後教學生學會自己的事情自己做，到了六年級教學生學會告別與珍惜。進入中學，《華文伴我行》課本裏的人物一起長大，學習內容也配合學生的認知水平變成關於習慣養成、創新、服務社會、情感表達、關愛動物、綠色生活等等，這些都可以讓學生意識到學習華語和他們的生活息息相關。同時，課本內容使用很多本地特色食物、景點和事件，以提升學生的認同感。從這些獨具匠心構思巧妙的設計可以看出，教材在學生自我意識培養和認同感方面下了很大功夫。由於各種人物的參與，學生能夠得到更多可理解的輸入和輸出，有助於學生的語言習得。

（五）提供豐富系統的資源

《歡樂夥伴》的配套資源不再拘泥於課本，除了紙本教材，還有紙質資源、數碼電子資源以及工具盒，設計用心良苦。資源包括但不限於課本、活動本、習字本、教學用書、大圖書、小圖書、動畫、錄像、錄音、小圖卡、字寶寶、蛇棋棋盤、童謠歌曲、教師培訓包等等。這些資源充分考慮到學生和教師的需要，設計細緻，系統齊備，實用性很強。尤其是教師用書，在保證教學質量和落實編寫理念方面，起到了規範和引領的作用。

（六）緊密結合資訊科技

《歡樂夥伴》數碼資源根據教學板塊進行開發，為教師提供大量開展各類遊戲和活動的電子素材。例如，「動畫放映室」「知識百寶袋」「遊戲玩一玩」「聽說智多星」「唱遊世界」「學一學」「認一認」「讀一讀」「漢字變變變」「生字魔法星」「生詞遊樂場」和「快樂探險營」等等。豐富的多模態數碼資源廣泛運用於教學活動中，讓教學由單向擴展為雙向，變得更加生動和多元。教師熟練地運用這些資源，能夠更好地實現「樂學善用」的願景。

（七）顯性教導文化元素

語言是文化的標識，也是文化傳承的重要工具。語言學習的內容涵蓋了很多文化元素，語言和文化密不可分。新加坡中小學教學沒有專門的文化課程，因此華文教材的編寫會儘量貫穿一些文化題材。《歡樂夥伴》和《華文伴

我行》分別設置了「文化屋」和「文化站」，通過這兩個窗口向學生展示一些文化元素，這是很有意義的課程編寫新嘗試。

四、教材特點

前文提到的教材編寫思路，當然也是教材的特點。更多地說到特點，我們最好要把它們和其他教材尤其是其之前的一套教材進行比較。2015 年版《歡樂夥伴》的前一套教材是 2007 年版《小學華文》。根據一些研究顯示，2015 年之前的教材，在內容選編和結構安排方面比較接近中國的語文教材，偏重閱讀理解和字詞教學。相比較而言，更像語文教材，而不是語言教材，因此在實用性、交際功能以及本地化方面有待改進（陳志銳，2011；吳英成、羅慶銘，2011；高源，2015）。本地很多專家認為在第二語言教學的初級階段，應該將聽說技能的學習作為學習的重點（陳志銳，2011；陳之權，2011；吳英成、羅慶銘，2011）。

2007 年版《小學華文》在「課程總目標」中對語言技能的描述是「聽、說、讀、寫」四項，而在 2015 版《歡樂夥伴》中則包括「聆聽、說話、閱讀、寫作、口語互動和書面互動」六項能力，增加了「口語互動」和「書面互動」兩項技能。同時對這兩項技能提出了針對性的要求：「能與他人進行口語和書面互動，交流情感、傳達信息、表達看法」。2015 版課標在聽說部分擴大了聆聽和說話的語料範圍，要求口語互動與日常生活中的實際交流進行聯繫，並允許通過視覺來輔助聽覺理解，強調「口語互動」技能的訓練。可見，新課標更強調語言作為交際工具的功能性和實用性。

《華文伴我行》的前一套教材是 2011 年版的《中學華文》。2021 年教材對 2011 年教材是繼承關係，但也在它基礎上有調整、完善和發展的地方。2021 年開始的新教材目前只出到中二下冊，從新教材的課程標準和舊版教材內容來結合分析，新課程的板塊教學、時事內容、讀物分級、精泛結合、緊密結合資訊科技、文化站的設計、附錄常寫錯的字等方面較有特點，而五個課程的一體化設計和圖符性文本的強化，對教師的交流易授和學生的有趣易受而言，無疑是教學上的新推進。2021 年開始的中學新教材還沒有出齊，以下素材分析多數是基於小學《歡樂夥伴》所進行的。

（一）拼音教學

漢字不是表音系統，學習者不能見字知音。在沒有漢語拼音的情況下，學習者學習漢字的形音義都是靠記憶，因此非常困難。有了漢語拼音，學習者就可以通過漢語拼音幫助自己發音認字，從而進行閱讀。著名語言學家周有光認為，拼音是教學漢字的助手，是自學漢字的導師。進一步發揮漢語拼音的作用，能夠更快更好地培養閱讀能力和寫作能力（周有光，1963）。

《小學華文》教材先集中學習拼音，然後開始識字和閱讀。《歡樂夥伴》則不同，它的拼音教學不是學習漢字前的集中學習，而是安排在小一上冊1—10課中進行學習。這種安排體現了集中教學和語流教學的結合，同時更多偏向於語流教學。同時，它的集中教學也不像有些教材將漢語拼音安排在其他教學內容之前學習，而是將集中學習的時間拉長成為一個學期。《歡樂夥伴》把拼音板塊移到每課的聽說板塊之後、讀寫板塊之前。每一課以聽說劇場開頭，教師在聽說板塊引導學生學習口語表達，學習詞語的音和義；在拼音板塊，則基於在口語板塊建立的先備知識，從學生的口語已知中帶出有關音節，再引導學生認識聲、韻、調和新的音節，然後利用拼音進行擴展學說新的詞語；進入讀寫和識字板塊時，則可以利用拼音輔助識字和閱讀。這樣一來，學生可以在有關的字音、字義等教學內容已經先期解決的情況下，重點認識字形。這種安排符合新加坡學生的語言背景，也反映了二語學生的學習特點。學生每一步的學習內容，都是基於已有的先備知識和教師所提供的鷹架，因此更容易學會。拼音是記錄語音的符號，如果學生在完全沒有進行口語練習的情況下去學習拼音，就會感到非常的枯燥並且容易遺忘。《歡樂夥伴》將拼音放在口語之後讀寫之前，使拼音學習變得有意義而成為可理解的輸入。學生能夠在學習拼音時聯繫之前的口語已知，在讀寫學習時利用拼音識字和閱讀。

（二）拼音標注

2007年版的《小學華文》注音注在漢字上方，採用詞不連寫的注音方式。《歡樂夥伴》在注音方式上，延續了《小學華文》的一些優點並有所加強。二語學習者因為沒有句讀的語感，不知道什麼時候應該停頓。變通式分詞連

寫的做法，在拼音標注的形式上進行了處理和變化，能夠幫助學生建立音節的概念，有利於初學者在拼讀時劃分音節，建立詞的概念，在閱讀時減少障礙，提高閱讀效率。2000 年版教材的變通式的分詞連寫沒有在 2007 年版的《華文》教材中得到延續（王燕燕、羅慶銘，2010）。但值得慶幸的是，2015年版的《歡樂夥伴》再次使用了變通式的分詞連寫進行注音標注。

《歡樂夥伴》主要採用首字母大寫以及接近變通式分詞連寫的拼音標注方式，而不是按字注音。同時，以句子開頭首字母大寫句末帶標點的方式進行標注。所謂變通式的分詞連寫，指的是詞之間空開兩個字母的距離，詞內部也空開一個字母的距離（王燕燕、羅慶銘，2010）。《歡樂夥伴》使用的接近變通式的方式，是指它原則上採用分詞連寫，詞與詞之間分開，但是並不止兩個字母的距離，而是直接標在詞語中心，所以一般大於兩個字母的距離，而詞語內部不完全連寫也沒有空開一個字母的距離，而是空開一點點距離方便學生辨識。這樣方便建立學生的字感詞感，同時又能幫助學生形成單個的音節意識。分詞連寫的方式幫助學生掃除斷句的障礙，有助於培養學生的語感，對於新加坡的二語學生來說是適合的。

在聽說劇場、拼音城堡和讀寫樂園等不同的板塊，《歡樂夥伴》採用多種注音方式區別使用，拼音標注位置、是否標注拼音、何時標注拼音、拼音字號的大小等等的安排，都充分體現了注音在教材中的拐棍作用，有助於學生培養語感。這些用心的安排，有助於二語教學更好地實施。

（三）聽說教學

受家庭語言環境限制，新加坡的學生並不是像一語學生那樣，在小一入學之前已經奠定基本的口語基礎。《歡樂夥伴》以聽說劇場板塊開始每一個單元，課時佔比達到 39—71%。而《華文》中的聽說板塊則安排在在每一課的最後，課時大約佔總課時的 10—14%。《歡樂夥伴》低年級的聽說板塊為學生創設出一個很好的口語環境，幫助他們在學習課文內容之前通過一定的口語練習，奠定該課相關的詞彙和句型基礎。課文內容安排根據情境產生，符合人腦學習的情況，而不只是提供一堆枯燥的詞彙和語法，容易讓學生產生抵觸感和挫敗感。

低年級的教學以聽說、口語來帶動識字和閱讀，首先利用課本的主題圖

和情境對話以及大圖書和動畫等資源，幫助學生在有趣的故事情境或者模擬的生活情境中學習聽說，再通過情境對話、角色扮演等活動發展口語能力。高年級則首先進入閱讀板塊，學生在發展閱讀能力的同時，學習課文的表達和結構，積累語言，為寫作做準備；在聽說板塊，引導學生結合所讀、所聽、所看的學習說詞語、句子和成段的表達，建立口語已知，為寫作做準備；來到寫作板塊，引導學生模仿閱讀篇章，結合口語表達進行寫作。由此可見，各個板塊之間可以互相借力，從而降低學習的難度。

劉珣、田善繼等人認為，第二語言教學教師的責任不是傳授知識，而是給學生創造語言環境，創造實踐的機會（劉珣、田善繼、馮惟鋼，1997）。相較於一語學習者，二語學習者大腦中儲存的言語信息數量不足，提取和使用時可供選擇的言語信息較少，思維過程較慢，理解和表達的準確性也差很多。第二語言思維的這一特點，決定了學習者必須先有說話的慾望，然後才能夠從記憶庫中提取言語信息（楊惠元，2009）。《歡樂夥伴》教材的設計，無論是漢語拼音的學習還是口語、漢字的學習，都遵循了這一特點，努力創設出適合學生學習的情境，以及便於勾連新知識的先備知識。

教育部在 2018 年對超過 2200 名小四學生家長進行了關於《歡樂夥伴》教材的問卷調查，92% 的家長認為華文課所學內容能夠讓孩子學以致用。新加坡華文教研中心也在 2017 年針對小二學生進行了研究，發現 72% 的學生能夠說出更長更連貫的句子（胡潔梅，2020）。這些研究結果反映了《歡樂夥伴》在「樂學善用」方面所取得的成果。

（四）語文園地的呈現方式

《歡樂夥伴》在閱讀和寫作學習板塊的很多設計都是獨具匠心的。核心閱讀篇章的頁面左右側都安排有閱讀學習點的旁批。這一安排有利於突出重點，對閱讀技能進行顯性教學，能更好地落實閱讀學習點的教與學，同時也可以使閱讀教學目標更加輕鬆地完成。「寫作小練筆」和「作文診所」也都有類似協商式反饋的旁注，幫助聚焦該次寫作技能的訓練。

另外，「閱讀放大鏡」和「寫作小練筆」等板塊利用層次清晰的思維導圖深化學生對課文內容的理解，為學生搭建起自主閱讀的鷹架，不僅能幫助他們瞭解課文內容的佈局和行文線索，同時也有助於學生形成統觀大局的思

維，從而產生寫作時謀篇佈局的概念。

（五）對學習內容的統整

《歡樂夥伴》小六課本對所有學習內容進行了統整，便於學生複習，這一點也是前一版教材所沒有的。統整的內容包括：《識讀字總表》《識寫字總表》《多音字我會讀》《量詞我會用》《標點符號歌》《詞句百寶箱》《常寫錯的字》和《不同說法》等。這些統整的內容都非常符合本地學生需要。例如，量詞在本地使用的情況比較不理想，學生會將很多量詞都過度簡化來用，比方說球形物體無論大小他們統一習慣用「一粒」來修飾。另外，關於同一事物，本地和中國內地及港台地區有著不同表達，也在課本有所教導，這有利於學生形成大華語的概念，便於華語在生活中的使用。

五、從《歡樂夥伴》到《華文伴我行》的銜接

《歡樂夥伴》和《華文伴我行》兩套教材，從編寫思路和課文體例上高度一致，並且從小學到中學，《華文伴我行》還有很好的銜接和發展。

（一）板塊內容更加配合學生程度

在中學的五個課程中，高華、快捷華文和普通學術華文課本中，單元都是從閱讀板塊開始，培養閱讀理解能力，再通過聽說板塊訓練口語互動，並在此基礎上進入寫作板塊。高級華文加入文本賞析，進一步發展聽說讀寫能力。在適合語言程度較低學生的華文B和基礎華文課本中，單元從聽說板塊開始，配合各種輔助手段讓學生熟悉主題後，再進入閱讀和寫作，這樣的板塊設置更加符合不同學生的程度。

（二）非連續語料成為獨立板塊

中學的「生活空間」板塊是小學「生活看板」板塊的延續，旨在引入更多生活素材，幫助學生豐富詞彙量，拓展閱讀，將學習和生活結合起來。兩個板塊都以非連續性文本進行呈現，凸顯了華文與生活的無縫銜接，例如「購物清單、電影海報、注意事項」等，讓學生產生真切的生活情境感，建構輕

鬆的學習氛圍，讓學生更加能夠接受華文的學習。非連續性文本符合現代社會對閱讀能力的新要求，考察的是讀者對關鍵信息的提取能力以及將各種不連續信息進行整合的能力。引入並加強非連續性文本的閱讀訓練，是具有時代前瞻性的舉措。

（三）文化元素進一步增強

《歡樂夥伴》和《華文伴我行》設立了「文化屋」和「文化站」板塊，旨在更加顯性化地教導文化元素，比如介紹「圓」在華族文化的象徵與意義、華人姓氏等。在文化內容的選取上更加多元化，涉及到物質文明與藝術、行為制度、思想觀念和語言文化等等。文化板塊的目的是在傳承華族文化的同時，也兼顧跨文化溝通與比較。當然，除了設立的獨立板塊，其他板塊也重視文化元素的引入。

（四）資源配置更豐富多元

數碼資源種類繁多，包括新聞時事的文字報道和視頻，數碼課文、閱讀技能教學動畫、聽說技能教學動畫／錄像／錄音和寫作技能教學動畫。除了幫助語文學習，新聞素材能夠讓學生接觸新聞時事，提高媒體素養。學生會發現原來學習華語可以讓他們從媒體報道中接觸到生活裏的新聞事件，感受到語言使用的真實性。如果教師善加利用新聞素材，可以為學生創造一個更加多元和廣闊的學習空間。

（五）注重精讀和泛讀的結合

閱讀是提高語言表達、發展思維和擴大知識面的重要途徑。為了培養學生的閱讀習慣，《華文伴我行》專門設計了包括多名本地作家創作的系列泛讀材料和分級讀物，其中部分分級讀物還被拍成微電影。這些努力都是旨在培養學生學習華文的興趣，通過泛讀將課堂教學延伸到課外。

從《歡樂夥伴》到《華文伴我行》，體現了教材編寫的系統性、一致性和銜接性。如果說《歡樂夥伴》旨在讓學生在小學階段「樂學」，激發學生學習華文的興趣，享受學習華文的過程，打好學習華文的基礎；那麼，《華文伴我行》則更重在「善用」，讓學生在中學階段把華文華語的習得放在生活中活學

活用、學以致用。語言源於生活，也應回到生活中去。讓華文陪伴他們認識世界、行走天下，並使他們養成主動學習與探索華文的好習慣，為終身學習打下良好的基礎。由此可見，「樂學善用」，才是華文華語教與學的終極目標。

六、總結

在語文教學中，關於「語」和「文」孰先孰後的問題，一直爭論不休。二語教材應該如何處理聽說與讀寫的關係？是聽說帶動讀寫，還是聽說讀寫各自並進，還是聽說讀寫互相促進？這些在以往可能只有理論上的闡述，《歡樂夥伴》新教材的編寫和實施，為這個問題提供了事例上的補充和實驗上的證明。

總的來說，《歡樂夥伴》和《華文伴我行》兩套教材都延續了《2010母語檢討委員會報告書》所倡導的樂學善用的理念，為母語課程定下「溝通、文化、聯繫」三大目標，是符合現實的策略。兩套教材改革的步子較大，更加注重語言技能、語言能力和華文實際運用能力的培養，對以往的教學理念有較大的突破。

《歡樂夥伴》的編寫突破了我國華文教材一直以來偏重讀寫的做法，建立了聽說和讀寫分流並進、有機關聯的新模式。教材充分考慮到學生心智發展的各種條件和因素，根據學生認知發展規律進行編寫。同時，在地化因素也非常明顯，這符合二語教材的特點和要求。

兩套教材在編選上有著不同於以往教材，也不同於一語地區教材和國際漢語教材的獨特之處，它們落實了《樂學善用》報告書的指導思想，以學生為中心進行編寫，著眼於新加坡的語言環境和學習者的特點，是適合本地學生需求的具有新加坡特色的華文教材。

筆者相信，兩套教材有著很好的銜接和發展，與共同的編寫理念和不分家的編寫人員有很大關係。如果各自為政，就會出現學習內容重複或者斷層的情況，對於學生來說會是很大的損失。《歡樂夥伴》在歐美、東南亞都是暢銷的教材，它的新版改編教材將會在2024年面世，我們非常期待看到它更新更好的表現。

參考文獻

1. 陳之權（2011）：《大題小做——新加坡華文課程與教學論文集》，南京，南京大學出版社。

2. 陳志鋭（2011）：《新加坡華文及文學教學》，杭州，浙江大學出版社。

3. 高源（2015）：新加坡小學華文教材中真實性材料的缺失與補救策略，輯於崔嬌陽主編《21 世紀華文教與學新視野的開拓——從教材到網絡》，頁 40—58，新加坡，南大—新加坡華文教研中心出版社。

4. 胡潔梅（2020）：明年中一華文新教材加入貼近生活活動單元，《聯合早報》星期天新聞，2020 年 10 月 25 日。

5. 教育部課程規劃與發展司（2020）：《中學華文課程標準》，教育部課程規劃與發展司。

6. 教育部母語檢討委員會（2010）：樂學善用報告書。新加坡：母語檢討委員會。

7. 劉珣、田善繼、馮惟鋼（1997）：《對外漢語教學概論》。北京，北京語言大學出版社。

8. 盧凌之、王曉亞（2020）：教育部同華文媒體集團等合作 明年中學華文新教材將融入新聞時事，《聯合早報》，2020 年 11 月 13 日。

9. 王燕燕、羅慶銘（2010）：新加坡小學華文教材漢語拼音注音的歷史演變，《北華大學學報（社會科學版）》，11（5），45—51。

10. 王燕燕、徐金紅（2014）：2015 小學華文教材簡介，《華文老師》，教育部課程規劃與發展司，58 期，12—13。

11. 王燕燕（2021）：2021 中學華文教材《華文伴我行》簡介，《華文老師》，教育部課程規劃與發展司，65 期，7—13。

12. 吳世偉（2021）：2021 中學華文的課程規劃與課程目標，《華文老師》，教育部課程規劃與發展司，65 期，4—6。

13. 吳英成、羅慶銘（2011）：新加坡漢語文化教材設計的沿革與反思，輯於周小兵主編《國際漢語第一輯》，頁 39—45，廣州，中山大學出版社。

14. 楊惠元（2009）：《對外漢語聽說教學十四講》。北京，北京大學出版社。

15. 周有光（1963）：發揮漢語拼音在語言教育上的作用。《文字改革》，3，3—6。

From *Huanle Huoban* to *Huawen Banwoxing*
— New Developments in Chinese Language Teaching Materials in Singapore

GONG, Cheng

Abstract

The Singapore Ministry of Education (MOE) has launched the new primary and secondary Chinese language textbooks, *Huanle Huoban* and *Huawen Banwoxing*, on a yearly basis in 2015 and 2021 respectively. The conceptual and stylistic interface between the two sets of materials has a direct impact on students' learning experience and learning effectiveness. Under the bilingual education policy, students in Singapore live in a predominantly English-speaking environment. In such a challenging environment, the development of teaching materials and the integration of resources in the learning process of students are particularly important in the language education ecosystem. By analysing the two sets of teaching materials and comparing them with their respective predecessors, this article attempts to identify the points of convergence and focus in the development of the two sets of teaching materials, and to analyse the points of reference in the development of the two sets of teaching materials from the perspective of learning Chinese as a second language.

Keywords: *Huanle Huoban, Huawen Banwoxing, second language learning, teaching materials development*

GONG, Cheng, Singapore Centre for Chinese Language, Nanyang Technological University, Singapore.

中學生在多文本閱讀中的策略使用：
不同組織關係的影響

孟慧玲　廖先

摘要

　　當前的國際課程和評估提倡發展學生多文本的閱讀能力。在多文本閱讀過程中，現有的研究指出閱讀策略對學生的閱讀表現具有重要影響。由於多個文本通常形成特定的組織關係，常見的組織關係包括相互補充和相互對立。對於學生的閱讀表現與所運用的閱讀策略在不同組織關係的文本中是否一致，目前的研究尚欠專門的探討。此外，過去的研究表明，在閱讀策略的認知和使用頻率上，不同水平的學生之間存在差異性。但這只是對單文本的閱讀研究，在多文本閱讀中是否仍然如此，亦未見相應的研究。本研究要求學生完成兩組由不同組織關係（相互補充和相互對立）編製而成的多文本閱讀測試，並輔之以兩份閱讀策略的調查問卷，進而探討學生在兩種文本組織關係下的閱讀表現及策略使用情況。通過此次研究，我們瞭解到學生在不同的文本組織關係下的閱讀表現以及多文本閱讀策略使用情況，可為研究學者和前線教師提供有價值的參考。

關鍵詞：策略使用　多文本閱讀　文章組織結構

孟慧玲，香港教育大學中文語言學系，聯絡電郵：s1136987@s.eduhk.hk。

廖先，香港教育大學中文語言學系，聯絡電郵：xliao@eduhk.hk。（本文通訊作者）

一、背景

　　21 世紀知識社會的一個顯著特點是人們更容易獲得大量且多源的信息。相比過去依賴於傳統的報紙或者出版物獲取信息，個人可以在互聯網上獲取多種多樣的信息（Greenwood, Perrin & Duggan, 2016）。不過，由於在多源信息中，不同的信息反映著不同的觀點，這就要求讀者有能力快速去理解與整合信息並解決實際的問題（Alexander & The Disciplined Reading and Learning Research Laboratory, 2012; Brand-Gruwel et al., 2009; de Pereyra et al., 2014; Goldman et al., 2016; Guo & Leu, 2013）。為此，當前國際的課程和評估都提倡發展學生理解和使用多文本的能力（e.g., Common Core State Standards Initiative, 2010; OECD, 2019）。我國內地語文的《2022 年義務教育語文課程標準》同樣明確提出要引導學生提升多文本的閱讀能力，包括領會各種文本的信息，分析比較多個文本在內容、觀點、表達方式和價值傾向等方面的異同，在不同文本間建立聯繫以及發展新觀點。因此推行有效的多文本閱讀活動，是當前語文教學的重要議題。

　　相對於單篇文本，多文本閱讀的閱讀量較大，過程較為複雜。因此，學生需要運用適當的閱讀策略。此前的研究表明，閱讀策略的使用對於學生多文本閱讀表現具有重要影響（Ahmadi et al., 2013; Okkinga et al., 2018）。在此前的研究中，所提供的多文本大多只圍繞某項特定的關係進行編排，或者和單文本進行對比，突出多文本的優點，如，有學者認為相互對立的文本關係比單篇文本更有利於學生深入理解話題（Boscolo & Mason, 2003; McNamara et al., 1996）。也有學者通過相互補充的文本來提高學生提問的策略（Castells et al., 2022; List et al., 2021）。然而，文本之間事實上既可能相互補充，也可能相互對立。目前研究還較少將兩種不同組織關係的多文本閱讀來進行對比分析。

　　進一步地，對於這些不同的文本組織關係是否會影響學生使用閱讀策略，學者們還較少進行相關的研究。過往的研究曾經指出學生的閱讀策略有可能因不同類型的文本而產生差別，例如找標誌詞的策略，相對於文學類文本的閱讀來說，學生在說明文閱讀時可能運用得更多（Anmarkrud et al., 2014）。由此，我們或可以設想學生在閱讀不同組織關係的文本時，所用的閱讀策略可能會存在一定的差別。探討這一問題是非常重要的，這有利於進一

步認識學生在多文本閱讀時的特點，從而在教學中給予相應的指導。本研究將以 178 名八年級學生為研究對象，探討中學生在不同組織關係的多文本閱讀中如何使用閱讀策略，希望可帶給教學有益的啟發。

二、文獻綜述

（一）多文本閱讀

與一般單篇閱讀相比，人們通常把多文本閱讀看作是一種更為複雜的理解活動。吳敏而（2013）從互文性的角度定義，多文本閱讀是指「讀者將文本轉換成其他文本，將一篇文本吸收成為另一篇文本，並構建一個交叉文本」。從心理學的角度，Bråten 等人（2013）進一步認為多文本是指圍繞同一主題從不同的角度組織文本，通過閱讀多文本構建出關於某一主題連貫的心理表徵。List 和 Alexander（2017）認為多文本閱讀是指學生根據不同文本來理解複雜主題或問題的過程和行為。綜上所述，多文本閱讀都需要讀者閱讀多個文本後，達成一個完整、清晰的理解。在本研究中，我們認為多文本閱讀是指圍繞同一主題，讀者閱讀按照不同關係組織起來的多個文本，運用一系列閱讀策略和技巧，來理解複雜主題的過程。

在最近 40 年的研究中，不同學者做過許多關於多文本的理解過程的研究（e.g., documents model of multiple texts: Britt, Perfetti, Sandak & Rouet, 1999; MD-TRACE: Rouet, 2006）。Spivey 和 King（1989）認為讀者在進行多文本閱讀時，最重要的是文本整合。他們提出整合包含三個主要過程：選擇（根據閱讀任務的要求選取有文本的內容）、組織（讀者利用文本的結構理解文本）和連接（讀者需要用句子、語法將內容聯繫起來）。這三個過程聚焦在讀者處理文本的具體步驟。與此同時，多文本閱讀常常伴有特定閱讀目的，根據一定任務從文本中獲取信息。Rouet 和 Britt（2011）提出了基於任務的多文本相關性評估和內容提取模型（The Multiple-Document Task-based Relevance Assessment and Content Extraction，簡稱 MD-TRACE）。這個模型解釋了讀者如何有目的地去處理和使用多文本，包括五個的步驟：（1）確定閱讀任務和目標；（2）評估信息是否有價值；（3）獲取、評估、處理和整合文本間的信息；（4）針對任

務，對文本形成一個整體的描述，如綜述；（5）評估最終的描述是否符合任務目標。

綜上所述，多文本閱讀的過程非常複雜。不僅需要閱讀多個文本，在文本之間建立聯繫；還需要根據任務，來對信息進行評估處理，以解決所面對的問題。因此，為了應對多文本閱讀複雜的心理過程，掌握一定的閱讀策略是非常必要的。

（二）多文本閱讀策略

閱讀策略的內涵，國外有不同的定義。一般認為，閱讀策略是指讀者為了篇章的理解而有意進行的思維活動（廖先、祝新華，2020）。在理解文本的過程中，閱讀策略有重要的作用（Block, 1986），比如閱讀策略可以幫助讀者運用已有知識來理解新的知識（Ben-David, 2002），獲取閱讀中的信息、提高閱讀理解的表現。學生如能更好的掌握多文本的閱讀策略，將會在多文本閱讀中有更好的表現。

在多文本閱讀策略上，學者們做了許多研究。Afflerbach 和 Cho（2009）在總結前人多文本策略研究的基礎上，提出了三類多文本「建設性的閱讀理解策略」（constructively responsive reading comprehension strategies）。第一類是識別和學習重要信息的策略（identifying and learning important information）。此類策略用於說明比較和對比文本內容，並形成跨文本的整體論述。主要策略包括：辨認信息、關聯文本、組織文本。第二類監督策略（monitoring），指監測讀者對多文本理解程度。此類策略用於找出多文本中的不同觀點等。監督的策略包含監測閱讀方法是否得當，監測理解是否正確等；第三類評估策略（evaluating），是指評估信息的準確性、真實性、重要性。此類策略包括評估文本的出處，評估文本內容，區分不同文本的特點（如文本類型、風格），根據信息評估文本間關係，例如，比較多文本中的觀點和論據。Afflerbach 和 Cho（2009）的多文本閱讀策略具有一定的權威性。

祝新華（2019）研發的「多源信息的多層次處理的能力框架」也涉及多文本信息整合的策略。其包括選摘（定位選出需要的信息，根據閱讀任務，用自己的話概括出文本內的觀點）、關聯（將多文本中的觀點通過比較對比，組合成相互補充或者對立的關係；或與個人相關的知識與經驗相結合，為提出

自己的觀點與建議奠定基礎）、新成（提出自己的觀點、見解、主張、建議等等；或者學生針對個人的觀點，提出有說服力的論據和解釋，如舉例論證、道理論證、對比論證等等）。祝老師在香港的中學中設計了一些相關教學活動，有可行性，但當中的「新成」更適用於綜合寫作的場景中，未必完全適用於多文本閱讀。

Bråten 和 Strømsø（2010）設計了多文本策略調查（Multiple-Text Strategy Inventory）。將閱讀策略分為兩個種類：第一類是多文本信息的表層策略（包含了 5 道題），是指在閱讀過程中有意識地記憶、選擇、收集信息的策略（如「我儘可能的從文本中記住更多的內容」）。第二類是多文本的精細化策略（elaboration）（包含了 10 道題），分為比較、對比、從文本間整合信息（如「我嘗試注意到文本之間的不同之處」）。「比較」是指比較不同的觀點或者解釋，通過比較形成對主題完整的認識。而「對比」是指對比文本間的不同之處。整合文本信息則是指總結不同文本中的內容，找出文本之間的聯繫，並根據不同的文本總結出結論等。

以上這三種多文本閱讀策略框架，體現了當前學者們對於多文本閱讀比較前沿的看法。相比較而言，Afflerbach 和 Cho 的策略研究較為全面且有體系化，但是 Afflerbach 和 Cho（2009）的多文本閱讀策略是一種理想的狀態，不一定符合學生閱讀的實際情況。Maggioni 等人（2009）曾經根據 Afflerbach 和 Cho（2009）的策略分類，研究美國某高中的學生使用多文本閱讀策略情況，最後發現只有 8% 的學生使用了他們策略分類中的某一類。相對而言，Bråten 和 Strømsø 的策略框架經過實證證明，且操作性較強，因此，本研究將採用這一框架作為探討學生多文本閱讀策略的主要工具。

（三）多文本閱讀組織關係

對於單文本閱讀而言，學生的閱讀過程較少涉及與其他文本之間的關係，但在多文本的閱讀過程中，所讀的各文本之間可能存在一定的關係，這種關係有可能會影響讀者對文本的理解（Goldman, 2004; Britt, Perfetti, Sandak, & Rouet, 1999; Leki & Carson, 1997）。想要充分理解多文本，認識文本各自的特點和及它們間的關係就顯得尤為重要（Britt, Perfetti, Sandak & Rouet, 1999）。當學習多文本時，讀者需要據此去判斷每一文本的作用，從而對多

文本建立一個整體的意義（Rouet, 2006）。多文本閱讀教學的其中一個挑戰就是幫助學生識別不同類型的文本關係並調整相應的閱讀策略（Barzilai et al., 2018）。因此針對文本特點來對文本關係的具體分類是有必要的。

在此前的研究中，人們對於如何組織不同文本曾經提過不同的看法。例如 Hartman 與 Alison（1996）建議，教師可透過四種類型的關係來組織多文本，包括（1）對立式文本，指關於一個主題、事件或觀點的對立性或可相互替代的觀點。這一文本類型可以豐富讀者對某一觀點或事件的理解。（2）控制式文本，將多文本作為一個合集來閱讀，重塑基本思想和主題。通過閱讀文本，讀者可以瞭解到作者以多種形式表達中心主旨，而且這些文本組合起來是可以表達一定的主題的。（3）綜觀式文本，是指圍繞同一故事、觀點或者事件，組織不同版本的文章。比如「灰姑娘」的故事，據說有 700 多個版本。（4）補充性文本（complementary text）是多個文本說明瞭解一個主題的多個方面。不同文本的存在目的是為了進一步支援主題或者強化主題的理解。

在此基礎上，廖先和祝新華（2019）更具體地提出了四種文本關係：互為補充、互相印證、相互對立、以一帶多。首先，互為補充，指多篇文本內容相互補充，以說明進一步的理解主題。其次，互相印證則是指說明對文本有更全面的認識。而相互對立，指訓練學生比較異同、整合、評論的能力。每一篇文本觀點不一，要求學生在不同的觀點中，確定自己的觀點，並從文中找出相應的細節，支撐自己的觀點。最後，以一帶多，側重於語文的工具性，教授專業的語文知識。

以上研究的分類啟示我們，可以從圍繞相同主題，提供不同組織關係的文章中分別訓練和考查學生不同的閱讀能力。不過比較地看，國際上比較主流的研究是各有對立和互為補充的文本。許多學者研究讀者如何從相互對立的文本中進行閱讀理解（Barzilai et al., 2018; Braasch et al., 2018; Bråten et al., 2018; Britt et al., 2018; Firetto, 2020; Richter & Maier, 2017; J.-F. Rouet et al., 2020）。Saux 等人（2021）在研究各有對立的多文本時，發現讀者善於使用建構策略和評估策略。建構策略包括構建簡單的表述，做出推論來理解文本中的不同觀點。評估策略如關注文本中的主要對立（忽略其他對立）、推理策略（推理對立產生的原因）、評估策略（評估信息的有效性，並形成個人的陳述）、監控策略（驗證信息的真實性）。目前，McCrudden、Bråten 和 Salmerón

（2022）研究學生在相互補充的文本中的策略使用情況，提出衛接推論策略（bridging inferences）。在文本中，衛接推論策略是指讀者把在其他文本中讀到的信息和當前的信息銜接起來。這一策略對整合相互補充類的多文本信息尤為重要，值得重視。

不過總體上看，目前學者們大致只關注了單個文本關係裏的學生策略使用情況，而忽略了不同文本關係下學生在閱讀策略上的使用差異。

（四）不同水平學生的策略使用

國際上許多研究都對比了不同閱讀能力的學生在閱讀策略上的使用差異。研究發現，閱讀能力較弱的學生在多個閱讀過程中表現不佳，如解碼（Foorman, 1995; Goswami & Bryant, 1990; Perfetti, 1985）、認知過程（Garner, 1987; Paris, Lipson & Wixson, 1994）、元認知過程（Baker & Brown, 1984; Dole, Brown, & Trathen, 1996; Garner, 1987）。閱讀能力較強的學生知道如何使用策略促進不同的認知過程，並理解文本意義。Takeuchi（2003）研究了日本中學生中高水平讀者在閱讀過程中，閱讀策略的使用情況，發現他們會監控理解的過程，利用先驗知識進一步理解文本、使用各種記憶策略、自我提問和尋找答案。低水平閱讀能力的讀者也會使用閱讀策略，甚至於和高水平讀者使用頻率相同，但是具體情況不同（Chamot & El-Dinary, 1999; Khaldieh, 2000; Vandergrift, 1997）。Vandergrift（2003）發現高水平讀者比低水平讀者更頻繁地使用元認知策略，尤其是閱讀理解的監督策略。高能力讀者更樂於探索問題，並做出解釋，低水平讀者更多的是對文本進行字面意思的解讀。Graham（2004）通過調查也發現低水平讀者似乎並未意識到閱讀策略對於提高閱讀能力的重要意義。高水平的讀者可以根據閱讀任務選擇匹配的閱讀策略，但是低水平的學生並不擅長如此。在閱讀中，能力較弱的讀者僅僅是一字一句地讀，而不運用任何策略。

以上研究表明不同閱讀能力的學生在閱讀策略的使用上存在差異，但這些研究大都在單文本情境下進行。在多文本的閱讀中，學者更關注學生在閱讀多文本的過程中使用什麼閱讀策略（List, 2020; Berkeley et al., 2011），但在不同水平學生的策略對比上，研究較少。為此，在本研究中，將探討高中低三種能力水平的學生在各有對立、互為補充的多文本閱讀中如何使用策略。

三、研究方法

本研究目的是探討中學生在組織關係為相互對立與補充的多文本閱讀任務中使用閱讀策略的情況。綜合現有的文獻，本研究致力於回答如下問題：

1. 學生在閱讀相互對立和相互補充的多個文本時，閱讀策略的使用是否不同？

2. 不同語文能力水平的學生在不同文本組織關係下，多文本閱讀策略的使用是否不同？

（一）研究對象

此次研究的參與學校位於深圳的郊區。選擇這所學校是因為筆者在此任職，更方便收集實驗資料。在初中八年級的學生中，抽取人數與閱讀能力相近的四個班進行測試（N=168）。按性別計，男生有 100 人，女生 68 人。年齡在 13 至 15 歲之間。我們根據學生在整個年級（約 300 人）中的語文成績的排名，年級前 100 名屬於高能力，人數 39 人。年級排名 100—200 名屬於中間層次，人數 57 人。年級排名 200 名以後的學生屬於低能力，人數 72 人。

按照現行深圳初中畢業考試（中考）的要求，學生在中考語文測試中的閱讀部分需完成一定數量的多文本閱讀題目，通常要完成 10 道閱讀理解題目，5 道是單文本，5 道是多文本，為此老師們通常要在教學中教給學生一些多文本閱讀策略。考慮到七年級學生剛進入中學，閱讀能力相對較弱，同時九年級學生面臨較大的備考壓力，因此我們選擇八年級學生為此次研究的研究對象。

（二）研究工具

1. 閱讀理解測試

閱讀理解測試適用於瞭解學生在閱讀多文本時的閱讀能力。我們使用了兩份測試卷，文本組織關係分別為相互對立和相互補充。

多文本閱讀測試卷 1：文本關係為相互對立。主題是討論曬太陽對人的影響（下文簡稱曬太陽），此試卷含三篇文章，分別是《曬太陽須知》（657 字，科普如何曬太陽比較利於維生素 D 的吸收，以及曬太陽的注意事項）、《曬太

陽，小心致癌》（835 字，指出如果長年累月受太陽中的紫外線的侵擾，會讓遺傳物質分子產生缺陷，誘發細胞惡變致癌）、《曬太陽，防癌症》（889 字，分析了陽光如何促成維生素 D 的生成，而維生素 D 可以預防癌症），共有 14 道題 。這三篇文本圍繞曬太陽組織而成，第二篇和第三篇從相互對立的角度分析了曬太陽對人體的好處和壞處，因此構成相互對立的文本組織關係。

相互對立中，各能力的分值如下：複述與解釋（5 題，15 分）、重整與伸展（3 題，16 分）、評鑒與創意（5 題，39 分），滿分 70 分。

多文本閱讀測試卷 2：文本關係為相互補充。主題是學習粵菜（下文簡稱粵菜）。試卷含三篇文章，分別是《粵菜的歷史》（1074 字，介紹粵菜的歷史、烹調方法、用料、特點等）、《粵菜與文化》（436 字，介紹粵菜的養生文化、飲食環境文化）、《粵菜風味》（800 字，介紹廣府風味、客家風味、潮汕風味）。這三篇文本圍繞粵菜組織起來，相互補充粵菜的相關知識。

相互補充中，各能力的分值如下：複述與解釋（4 題，13 分）、重整與伸展（6 題，25 分）、評鑒與創意（4 題，32 分），滿分 70 分。

這些題目由研究小組擬出，再由八年級另兩位語文老師評估討論，因而能夠評估到相應的學生閱讀能力。學生需在 50 分鐘內完成這些題目。兩份試卷的 Cronbach's alpha 信度係數分別是 0.679（粵菜）和 0.773（曬太陽），屬於合理的信度。

在測試進行時，筆者和相關老師會在班級監考，並將試卷收回跟進。學生的試卷經過資深語文老師評分，評分老師擁有碩士學位，並具有 4 年語文教育研究經驗。為確保評分一致，先各取 40 份試卷作預評，確定評分標準，而後進行評分。

2. 學生調查問卷

在完成一份測試以後，研究人員提供調查問卷給學生，用以調查學生在完成閱讀測試的過程中閱讀策略的使用情況。問卷除了記錄學生的基本信息外，學生在問卷中需回答與多文本閱讀有關的題目。該問卷參照 Bråten 和 Strømsø（2010）調整而成，覆蓋兩類策略：一是表層策略，共 5 道題，對應著 5 項表層策略。如「我儘可能地從文本中獲取多的信息」；二是精細化策略，下有 10 道題，對應著精細化策略。如「我嘗試比較不同文本中的信息」，每題均要求學生在 A、B、C、D 中選定最符合自身情況的一項，其中 A 代表

從不或很少，B 代表偶爾，C 代表經常，D 代表總是。在數據整理時，我們將 A 賦值為 1，B 賦值為 2，C 賦值為 3，D 賦值為 4，加和後取平均值作為學生的策略使用情況。兩份問卷的 Cronbach's alpha 信度分別是 0.913（粵菜問卷）和 0.947（曬太陽問卷）。

3. 資料分析

學生的問卷、測試成績先被輸入 SPSS 24 中，再作進一步分析。除了分析各資料的一般屬性，如平均分和標準差，還通過 t 檢驗、方差分析（ANOVA）來進一步檢驗閱讀測試的結果。

四、研究結果

（一）學生多文本閱讀測試表現

學生多文本閱讀表現均列於表一。兩份試卷的滿分都是 70 分。總體上看，學生在《粵菜》的平均分 47.24，《曬太陽》平均分 48.42。儘管後者成績略高，但二者無顯著差異，$p = 0.11$。

我們進一步比較了在同一文本關係中，不同水平學生測試的表現。在相互補充的多文本閱讀中，高、中、低水平學生的測試表現有顯著差異，p 小於 0.05，$F_{(2, 162)} = 25.35$。進一步事後檢驗發現，高水平學生表現優於中、低水平學生，中水平學生的表現優於低水平學生。在相互對立的文本中，三組學生的測試表現存在顯著差異，p 小於 0.05。無論是高水平或是中水平的學生，閱讀測試的表現都要優於低水平學生，p 均小於 0.001。不過，高、中水平學生的測試表現並沒有顯著差異，$p = 0.14 > 0.05$。

同時，我們還比較了不同文本中，同一水平的學生測試的表現。配對 t 檢驗結果表明，在高、低水平的學生中，他們在兩種類型的文本關係下，閱讀表現都沒有顯著差異，p 都大於 0.05。不過，中等水平學生的閱讀測試表現則受文本組織的影響，在相互對立的文本中的表現較相互補充的文本更好，$p = 0.03 < 0.05$。

表 1　全體學生測試表現

	最小值	最大值	平均分	標準差	得分率（%）
《粵菜》高水平學生	20	64	54.30	7.14	0.78
《粵菜》中水平學生	26	60	49.36	7.60	0.71
《粵菜》低水平學生	0	65	41.97	11.25	0.60
《粵菜》全體學生	0	65	47.24	10.53	0.67
《曬太陽》高水平學生	34	65	54.14	7.16	0.77
《曬太陽》中水平學生	20	64	51.31	6.87	0.73
《曬太陽》低水平學生	0	64	43.44	11.37	0.62
《曬太陽》全體學生	0	65	48.42	10.25	0.69

（二）不同組織關係下，全體學生多文本閱讀策略的使用差異

學生在多文本閱讀策略的表現均列於表 2。總體上看，學生在相互補充的文本中閱讀策略的值是 2.96，在互相對立的文本中，閱讀策略的值是 2.83，前者成績略高，存在顯著差異 $p = 0.02 < 0.05$。

表 2　全體學生問卷使用情況

	最小值	最大值	標準差	平均值
《粵菜》表層策略	5	20	3.09	3.04
《粵菜》精細化策略	14	40	6.01	2.91
《粵菜》總策略	24	60	8.66	2.96
《曬太陽》表層策略	5	20	3.49	2.88
《曬太陽》精細化策略	10	40	6.70	2.80
《曬太陽》總策略	15	60	10.19	2.83

在相互補充的文本中，表層策略的使用頻率值是 3.04，精細化策略的使用頻率值是 2.91，存在顯著差異 $p < 0.001$。在相互對立的文本中，表層策略的值是 2.88，精細化策略的值是 2.80，存在顯著差異 $p = 0.01 < 0.05$。

在不同的文本關係下，同一種策略的使用情況不同。從表 2 可以看出，學生在相互補充的關係下，使用表層策略的頻率比在相互對立關係中要高，存在顯著差異，$p = 0.01 < 0.05$。同樣，在精細化策略的使用上，學生在閱讀

相互補充文本時的使用頻率也略高於在相互對立的文本中的使用頻率，存在顯著差異 $p = 0.04 < 0.05$。

（三）不同水平學生在兩項測試中策略使用差異

對比高、中、低閱讀能力的學生在兩種文本關係中應用閱讀策略的情況。經過 ANOVA 的分析，結果列在表 3。總的來看，在互補文本中，高能力學生策略平均值是 2.98，中能力學生為 3.03，低能力學生為 2.88，三者之間無明顯差別，F $(2, 154) = 1.01$，$p = 0.37 > 0.05$。在相互對立的文本中，高能力學生閱讀策略平均值是 3.03，中能力學生的策略平均值是 2.86，低能力學生的策略平均值是 2.70，三者有明顯差別，F $(2,162) = 3.25$，$p = 0.04 < 0.05$。進一步的事後檢驗發現 ，高能力與低能力學生的策略平均值有顯著區別，高能力水平學生的平均值高於低能力水平學生。

繼續研究在同一文本關係中，不同能力水平的學生使用策略的不同情況。在互為補充的文本中，高能力學生表層策略使用較精細化策略更多，二者之間有顯著差異，$p = 0.02 < 0.05$。再者，低能力學生的表層策略相比精細化策略也更多，同樣有顯著差異，$p < 0.05$。不過，在中等能力學生中，表層策略和精細化策略之間無顯著差異，$p = 0.12 > 0.05$。在相互對立的文本中，三種水平的學生在表層策略和精細化策略之間無顯著差異，p 值均大於 0.05。

接下來，我們對比了同一水平學生，在不同文本關係裏，策略的使用差異。在高、中水平的學生中，無論是表層策略，還是精細化策略，在不同文本關係下，策略的使用頻率均不存在顯著差異，p 都大於 0.05。然而我們發現，低水平學生在閱讀相互補充類的文本時，與閱讀相互對立的文本相比，顯著地使用更多表層策略，$p = 0.02 < 0.05$，至於精細化策略則存在邊緣顯著差異，$p = 0.06$。

表 3 　不同水平學生使用多文本閱讀策略的情況

	《粵菜》表層類策略	《粵菜》精細化策略	《粵菜》總策略	《曬太陽》表層類策略	《曬太陽》精細化策略	《曬太陽》總策略
高	3.07 (0.62)	2.94 (0.65)	2.98 (0.62)	3.05 (0.62)	3 (0.64)	3.03 (0.60)
中	3.09 (0.69)	2.99 (0.56)	3.03 (0.57)	2.91 (0.74)	2.85 (0.70)	2.86 (0.69)

	《粵菜》表層類策略	《粵菜》精細化策略	《粵菜》總策略	《曬太陽》表層類策略	《曬太陽》精細化策略	《曬太陽》總策略
低	3 (0.55)	2.83 (0.59)	2.88 (0.56)	2.77 (0.68)	2.67 (0.65)	2.70 (0.64)
anavo 結果	F (2,158) = 0.38 $p = 0.69$	F (2,158) = 1.22 $p = 0.30$	F (2,154) = 1.01 $p = 0.37$	F (2,167) = 2.26 $p = 0.11$	F (2,163) = 3.11 $p = 0.05$	F (2,162) = 3.25 $p = 0.04$
事後比較 (post doc comparision)	/	/	/	/	高 = 中 高 > 低	高 = 中 高 > 低

五、討論

多文本閱讀是當前中小學生應具備的一項重要技能，而掌握多文本閱讀策略則對提升學生多文本閱讀能力具有重要影響。《2022 年義務教育語文課程標準》（2022）對學生提出要求，即學生可以識別文本間關係，並使用一定閱讀策略，完成多文本閱讀任務。本次研究從文本組織關係的角度，探求不同水平學生在多文本閱讀中策略的使用情況。本研究的創新之處在於進一步延伸了此前的研究範圍，包括了不同組織關係的多文本，從而更展現學生多文本的閱讀特點。

總體來説，學生在不同的文本關係下，多文本閱讀的表現無顯著差別，但在閱讀策略的使用上，則存在一定差異。回應研究問題一，學生在閱讀相互對立和互補的多篇文本中，閱讀策略的使用不一樣。學生在相互補充的文本中，閱讀策略的使用要多於相互對立的文本。我們的閱讀策略問卷是請學生報告在完成兩個多文本閱讀測試過程中各項策略的使用頻次，數值更大，代表使用頻次越多。在本研究中，在相互補充的文本中，閱讀策略的使用的平均值是 2.96 ，大於在互相對立文本中的 2.83，同時，無論是表層策略還是精細化策略，在相互補充的文本中，它的使用頻率都是高於相互對立的文本。

這説明不同的文本關係影響學生閱讀策略的使用。對此，我們的解釋是，在多文本閱讀中，學生要建立起一個連貫的心理表徵。在多文本閱讀的情境下，這就需要學生不單理解單個的篇章，也需要將不同的篇章信息關聯起來（van den Broek, Beker & Oudega, 2015）。此前關於閱讀過程的研究指出，

如果文本的結構比較明顯（例如呈現為對比—比較的結構），讀者可以較為容易地把握文本的結構關係，進而達到連貫的表徵，可能就不必需要再運用額外的策略（Oudega & van den Broek, 2018）。在本研究中，我們使用的兩套測試卷。第一套測試卷的文本關係是相互補充，幾個篇章分別介紹了粵菜的歷史、文化特點、各地風味。第二套測試卷的文本關係是相互對立，三個篇章則基本呈現為曬太陽有益、曬太陽有害的對立。相比之下，學生可能更容易把握相互對立幾個文本之間的關係。學生在處理相互補充的文本時，反而有可能要花費更多的精力去梳理幾個文本之間的關係。這或許可以解釋為何在相互補充的文本關係中，學生的策略使用反而更為頻繁。

回應問題二，不同的組織關係對學生多文本閱讀表現的影響，在不同能力水平的學生中，似乎有所不同。在互為補充的文本中，高、中、低三組能力的學生的策略使用頻次無顯著差別。然而在相互對立的文本中，高能力的學生使用閱讀策略的頻次要多於低能力學生。如前文所言，學生在相互補充的文本中，可能花費的精力更多。這些結果一方面表明對於更有挑戰的多文本閱讀任務（相互補充），不同語文能力的學生所用策略頻次並無顯著差異。但是參考表一的數據，高能力學生的得分顯著高於低能力學生。另一方面，在進行相對較易的多文本閱讀任務（相互對立）時，低能力學生的策略使用頻次少於高能力學生。綜合地看，這些結果大致表明，儘管低能力學生同樣具備使用策略的意識，但在策略的使用效果看，可能不及高水平學生。這也跟此前的文獻比較吻合，高水平學生運用閱讀策略的能力更強（Anastasiou & Griva, 2009; Lau & Chan, 2003）。

進一步地，我們發現對於高能力和中能力的學生而言，表層策略和精細化策略的使用頻次，在不同文本關係下無顯著差異。換言之，無論多文本以何種關係組織起來，學生的策略使用不受組織關係的影響。但在低能力學生中，無論是表層策略還是精細化策略，在相互補充文本中的策略平均值，均要顯著地高於相互對立的文本中的策略平均值。如前文所言，我們認為在相互補充的文本關係下，學生可能使用更多的閱讀策略。這一點似乎在低能力學生身上表現得特別明顯。為什麼相對於高水平和中水平的學生而言，低水平學生呈現出這樣的特點呢？我們的猜想是讀者在閱讀時，雖然目標都致力於建立一個連貫的心理表徵，但正如 Oudega 和 van den Broek（2018）指出，

每個讀者所持有的連貫表徵的標準（standard of coherence）是不同的。對於高能力學生來説，他們始終都嘗試運用閱讀策略達到較高水平的連貫表徵，因此，無論閱讀相互補充還是相互對立的文本，策略的使用情況都是相似的。而對於低能力的學生來説，他們在讀不同組織關係的多文本時，所持的閱讀理解上的標準可能要低一些，因此可能在閱讀相互對立的文本時，覺得使用有限的閱讀策略即可以達到自己的標準。因此造成使用的策略頻次不如閱讀相互補充的文本時那麼多。

六、研究局限與啟示

　　限於人手、時間等因素，此次研究存在一些局限。首先，本次研究收集到的資料以閱讀測試、閱讀策略問卷為主，但其他資料，例如對學生的訪談、對先驗知識的調查等沒有收集，因此未能全面地探討學生在不同文本中閱讀策略的具體使用情況，本研究所得的結果因此只能做有限的推論；其次，研究學校在深圳的第六學區，各能力層次的學生分佈不均，這可能會影響結果的普適性；最後，此次研究的研究工具是研究者自行編製，還可作更大樣本的測試以調試為更好的工具。儘管如此，本研究的結果仍可帶來一些有意義的啟示。

　　目前，義務教育語文課程標準（2022）頒佈後，語文教師陸續開始了對多文本閱讀策略的教學和評估，例如教師圍繞主題將文本按照一定關係組織起來，帶領學生學習並完成相應的閱讀任務。此次研究所涉及的閱讀策略和文本關係與平時教學和測試相近，因此可進一步瞭解學生在多文本閱讀中策略使用的實際情況。

　　本次的研究結果，可給教師的多文本教學提供重要的參考。由本次研究可知，此前的研究可能只關注個別的文本組織關係，因此在教學中可以把互有對立的文本整合進閱讀課裏，以幫助學生全面地應對不同類型的多文本閱讀任務。此外在本研究中，我們發現低能力學生雖然展現出一定的閱讀策略意識，但在使用的效能上還與高、中能力的學生存在差距。此前研究者已經指出在進行多文本閱讀時，高、中、低水平的學生在閱讀策略的使用上各有差異（Lau & Chan, 2003）。我們建議教師在教授閱讀策略時，幫助低水平學

生更好地理解何時、如何應用各項多文本閱讀策略。

參考文獻

1. 廖先、祝新華（2019）：多文本閱讀的課程規劃與實施，《語文學習》，5，10—15。

2. 廖先、祝新華（2020）：提升小四學生高層次閱讀能力：閱讀策略教學的實施及其成效，《國際中文教育學報》，8，127—153。

3. 吳敏而（2013）：多文本閱讀的教學研發，《國立台北教育大學語文集刊》，23，123—157。

4. 中國政府網（2022）：教育部關於印發義務教育課程方案和課程標準（2022年版）的通知，檢自 http://www.gov.cn/zhengce/zhengceku/2022-04/21/content_5686535.htm，檢索日期：2023年4月15日。

5. 祝新華（2019）：培養中學生多源信息的多層次處理能力：理論與實踐，香港理工大學。

6. Afflerbach, P., & Cho, B. Y. (2009). Identifying and describing constructively responsive comprehension strategies in new and traditional forms of reading. In S. Israel & G. D.

7. Ahmadi, M. R., Ismail, H. N., & Abdullah, M. K. K. (2013). The Importance of Metacognitive Reading Strategy Awareness in Reading Comprehension. *English Language Teaching*, *6*(10), Article 10. https://doi.org/10.5539/elt.v6n10p235

8. Alexander, P. A. & The Disciplined Reading and Learning Research Laboratory. (2012). Reading Into the Future: Competence for the 21st Century. *Educational Psychologist*, *47(4)*, 259–280. https://doi.org/10.1080/00461520.2012.722511

9. Anastasiou, D., & Griva, E. (2009). Awareness of reading strategy use and reading comprehension among poor and good readers. *İlköğretim Online, 8(2)*, Article 2.

10. Anmarkrud, Ø., Bråten, I., & Strømsø, H. I. (2014). Multiple-documents literacy: Strategic processing, source awareness, and argumentation when reading multiple conflicting documents. *Learning and Individual Differences, 30*, 64-76.

11. Baker, L., & Brown, A. L. (1984). Metacognitive skills and reading. In P. D. Pearson, R. Barr, M. L. Kamil and P. Mosenthal (Eds.), *Handbook of Reading Research* (pp. 353-394). New York: Longman.

12. Barzilai, S., & Strømsø, H. I. (2018). Individual differences in multiple document comprehension. *Handbook of multiple source use*, 99-116.

13. Barzilai, S., Zohar, A. R., & Mor-Hagani, S. (2018). Promoting integration of multiple texts: A review of instructional approaches and practices. *Educational psychology review, 30*(3), 973-999.

14. Behrens, L., & Rosen, L. J. (1985). *Writing and reading across the curriculum* (2nd ed). Little, Brown.

15. Ben-David, R. (2002). Enhancing Comprehension through Graphic Organizers. https://eric.ed.gov/?id=ED461907

16. Berkeley, S., Marshak, L., Mastropieri, M. A., & Scruggs, T. E. (2011). Improving Student Comprehension of Social Studies Text: A Self-Questioning Strategy for Inclusive Middle School Classes. *Remedial and Special Education, 32*(2), 105–113. https://doi.org/10.1177/0741932510361261

17. Block, E. (1986). The Comprehension Strategies of Second Language Readers. *TESOL Quarterly, 20*(3), 463–494. https://doi.org/10.2307/3586295

18. Boscolo, P., & Mason, L. (2003). Topic knowledge, text coherence, and interest: How they interact in learning from instructional texts. *The Journal of Experimental Education, 71*(2), 126-148.

19. Braasch, J. L. G., Bråten, I., & McCrudden, M. T. (2018). Introduction to Research on Multiple Source Use. In *Handbook of Multiple Source Use*. Routledge.

20. Brand-Gruwel, S., Wopereis, I., & Walraven, A. (2009). A descriptive model of information problem solving while using internet. *Computers & Education, 53*(4), 1207-1217.

21. Bråten, I., & Samuelstuen, M. S. (2004). Does the influence of reading purpose on reports of strategic text processing depend on students' topic knowledge?. *Journal of educational psychology, 96*(2), 324.

22. Bråten, I., & Strømsø, H. I. (2006). Epistemological beliefs, interest, and gender as predictors of Internet-based learning activities. *Computers in Human Behavior, 22*(6), 1027-1042.

23. Bråten, I., Stadtler, M., & Salmerón, L. (2018). The role of sourcing in discourse comprehension. In *The Routledge handbook of discourse processes*, 2nd ed (pp. 141–166). Routledge/Taylor & Francis Group. https://doi.org/10.4324/9781315687384-10

24. Bråten, I., & Strømsø, H. I. (2010). Effects of Task Instruction and Personal Epistemology on the Understanding of Multiple Texts About Climate Change. *Discourse Processes, 47*, 1–31. https://doi.org/10.1080/01638530902959646

25. Bråten, I., & Strømsø, H. I. (2011). Measuring strategic processing when students read multiple texts. *Metacognition and Learning,6*(2), 111-130.

26. Bråten, I., Ferguson, L. E., Anmarkrud, Ø., & Strømsø, H. I. (2013). Prediction of learning and comprehension when adolescents read multiple texts: The roles of word-level processing, strategic approach, and reading motivation. *Reading and Writing, 26*, 321-348.

27. Britt, M. A., Perfetti, C. A., Sandak, R., & Rouet, J.-F. (1999). Content integration and source separation in learning from multiple texts. In *Narrative comprehension, causality, and coherence: Essays in honor of Tom Trabasso* (pp. 209-233). Lawrence Erlbaum Associates Publishers.

28. Britt, M. A., Rouet, J.-F., & Durik, A. (2018). Representations and Processes in Multiple Source Use. In *Handbook of Multiple Source Use*. Routledge.

29. Casañ-Núñez, J. C. (2021). Creating a Positive Learning Environment in the Online Classroom with Flipgrid. *The EuroCALL Review, 29*(2), 22-32.

30. Castells, N., Minguela, M., Solé, I., Miras, M., Nadal, E., & Rijlaarsdam, G. (2022). Improving Questioning-Answering Strategies in Learning from Multiple Complementary Texts: An Intervention Study. *Reading Research Quarterly, 57*(3), 879-912.

31. Castells, N., Minguela, M., Solé, I., Miras, M., Nadal, E., & Rijlaarsdam, G. (2022). Improving Questioning-Answering Strategies in Learning from Multiple Complementary Texts: An Intervention Study. *Reading Research Quarterly, 57*(3), 879–912. https://doi.org/10.1002/rrq.451

32. Cohen, D., Philippe, J., Plaza, M., Thompson, C., Chauvin, D., Hambourg, N., ... & Flament, M. (2001). Word identification in adults with mild mental retardation: Does IQ influence reading achievement?. *Brain and Cognition, 46*(1-2), 69-73.

33. Common Core State Standards Initiative. (2010). National governors association center for best practices and council of chief state school officers. *Retrieved December, 11*, 2012.

34. Cuevas, I., Mateos, M., Martín, E., Luna, M., Martín, A., Solari, M. González-Lamas, J., & Martínez, I. (2016). Collaborative writing of argumentative syntheses from multiple sources: The role of writing beliefs and strategies in addressing controversy. *Journal of Writing research, 8*(2), 205-226. doi: 10.17239/jowr-2016.08.02.02

35. de Pereyra, G., Britt, M. A., Braasch, J. L., & Rouet, J. F. (2014). Reader's memory for information sources in simple news stories: Effects of text and task features. *Journal of Cognitive psychology, 26*(2), 187-204.

36. Dole, J. A., Brown, K. J., & Trathen, W. (1996). The effects of strategy instruction on the comprehension performance of at-risk students. *Reading Research Quarterly, 31*, 62–84. https://doi.org/10.1598/RRQ.31.1.4

37. Dougherty Stahl, K. A. (2005). Improving the asphalt of reading instruction: A tribute to the work of Steven A. Stahl. *The Reading Teacher, 59*(2), 184-192.

38. Erler, L., & Finkbeiner, C. (2007). A review of reading strategies: Focus on the impact of first language. *Language learner strategies, 30,* 187-206.

39. Ferguson, L. E., Bråten, I., Strømsø, H. I., & Anmarkrud, Ø. (2013). Epistemic beliefs and comprehension in the context of reading multiple documents: Examining the role of conflict. *International Journal of Educational Research, 62,* 100-114.

40. Firetto, C. M., & Van Meter, P. N. (2018). Inspiring integration in college students reading multiple biology texts. *Learning and Individual Differences, 65,* 123-134.

41. Firetto, C. M. (2020). Learning from Multiple Complementary Perspectives: A Systematic Review. In *Handbook of Learning from Multiple Representations and Perspectives.* Routledge.

42. Foorman, B. R. (1995). Research on "the great debate". Code-oriented versus whole language approaches to reading instruction. *School psychology Review, 24*(3), 376-392.

43. Garner, R. (1987). *Metacognition and reading comprehension* (pp. x, 165). Ablex Publishing.

44. Goldman, S. R., Britt, M. A., Brown, W., Cribb, G., George, M., Greenleaf, C., Lee, C. D., Shanahan, C., & Project READI. (2016). Disciplinary Literacies and Learning to Read for Understanding: A Conceptual Framework for Disciplinary Literacy. *Educational Psychologist, 51*(2), 219-246. https://doi.org/10.1080/00461520.2016.1168741

45. Goldman, S. R. (2004). Cognitive aspects of constructing meaning through and across multiple texts. In N. Shuart-Faris & D. Bloome (Eds.), *Uses of intertextuality in classroom and educational research* (pp. 317-351). Greenwich: Information Age.

46. Goswami, U., & Bryant, P. (1990). *Phonological skills and learning to read* (pp. viii, 166). Lawrence Erlbaum Associates, Inc.

47. Gough, P. B., & Walsh, M. A. (1991). Chinese, Phoenicians, and the Orthographic cipher of English. *Phonological Processes in Literacy: A Tribute to Isabelle Y. Liberman,* 199-209.

48. Graham, S. J. (2004). Giving up on Modern Foreign Languages? Students' Perceptions of Learning French. *The Modern Language Journal, 88*(2), 171-191. https://doi.org/10.1111/j.0026-7902.2004.00224.x

49. Greene, J. A., Copeland, D. Z., Deekens, V. M., & Seung, B. Y. (2018). Beyond knowledge: Examining digital literacy's role in the acquisition of understanding in science. *Computers & Education, 117,* 141-159.

50. Greenwood, S., Perrin, A., & Duggan, M. (2016). Social media update 2016. *Pew Research Center, 11*(2), 1-18.

51. Guo, N., & Leu, M. C. (2013). Additive manufacturing: technology, applications and research needs. *Frontiers of mechanical engineering, 8*(3), 215-243.

52. Guthrie, J. T. (2018). Promoting Multiple-Text Comprehension through Motivation in the Classroom. *Handbook of multiple source use,* 382-400.

53. Hadwin, A. F., & Winne, P. H. (2001). CoNoteS2: A software tool for promoting self-regulation. *Educational Research and Evaluation, 7*(2-3), 313-334.

54. Hartman, D. K., & Allison, J. (1996). Promoting inquiry-oriented discussions using multiple texts. (106-133). In L. Gambrell, & F. Almasi. (eds.). *Lively discussions: Fostering engaged readers.* Newark, Del: International Reading Association.

55. Hartman, H. J. (2001). Developing students' metacognitive knowledge and skills. *Metacognition in learning and instruction: Theory, research and practice,* 33-68.

56. Herman, P. A., Anderson, R. C., Pearson, p. D., & Nagy, W. E. (1987). Incidental acquisition of word meaning from expositions with varied text features. *Reading Research Quarterly,* 263-284.

57. Hulders, I., Voet, M., & De Wever, B. (2021). The impact of teachers' beliefs and students' epistemological

understanding and engagement in history on students' arguing skills. In 13th International Conference on Education and New Learning Technologies (pp. 6587-6593).

58. Khaldieh, S. A. (2000). Learning Strategies and Writing Processes of Proficient vs. Less-Proficient Learners of Arabic. *Foreign Language Annals, 33*(5), 522-534.

59. Lau, K. L., & Chan, D. W. (2003). Reading strategy use and motivation among Chinese good and poor readers in Hong Kong. *Journal of Research in Reading, 26*(2), 177-190.

60. Leki, I., & Carson, J. (1997). `Completely Different Worlds' : EAP and the Writing Experiences of ESL Students in University Courses. *TESOL Quarterly, 31*(1), 39-69. https://doi.org/10.2307/3587974

61. List, A., & Alexander, P. A. (2017). Analyzing and integrating models of multiple text comprehension. *Educational psychologist, 52*(3), 143-147.

62. List, A. (2020). Knowledge as Perspective: From Domain Perspective Learning to Interdisciplinary Understanding. In *Handbook of Learning from Multiple Representations and Perspectives*. Routledge.

63. List, A., Du, H., & Lee, H. Y. (2021). How do students integrate multiple texts? An investigation of top-down processing. *European Journal of Psychology of Education, 36*(3), 599–626. https://doi.org/10.1007/s10212-020-00497-y

64. Maggioni, L; Fox, E; & Alexander, P. (2009, April). Adolescents' Reading of Multiple History Texts: An Interdisciplinary Exploration of the Relation Between Domain-specific Reading and Epistemic Beliefs. Paper presented at the Annual Meeting of the American Educational Research Association, San Diego.

65. McCrudden, M. T., Bråten, I., & Salmerón, L. (2022). Learning from Multiple Texts. In Rob Tierney, Fazal Rizvi, Kadriye Ercikan (eds). *International Encyclopedia of Education*. Elsevier Science.

66. McCarthy, K. S., Guerrero, T. A., Kent, K. M., Allen, L. K., McNamara, D. S., Chao, S. F., &Sabatini, J. (2018). Comprehension in a scenario-based assessment: Domain and topic-specific background knowledge. *Discourse processes, 55*(5-6), 510-524.

67. McNamara, D. S. (Ed.). (2007). *Reading comprehension strategies: Theories, interventions, and technologies*. Psychology Press.

68. McNamara, D. S., Kintsch, E., Songer, N. B., & Kintsch, W. (1996). Are Good Texts Always Better? Interactions of Text Coherence, Background Knowledge, and Levels of Understanding in Learning from Text. *Cognition and Instruction, 14*(1), 1–43.

69. Meter, P. V., List, A., Kendeou, P., & Lombardi, D. (2020). The Multiple Resources Learning Framework: Learning from Multiple Representations and Multiple Perspectives. In *Handbook of Learning from Multiple Representations and Perspectives*. Routledge.

70. Nadal, E., Miras, M., Castells, N., & Paz, S. D. L. (2021). Intervención en escritura de síntesis a partir de fuentes: Impacto de la comprensión. *Revista mexicana de investigación educativa, 26*(88), 95-122.

71. Nokes, J. D., Dole, J. A., & Hacker, D. J. (2007). Teaching high school students to use heuristics while reading historical texts. *Journal of Educational psychology, 99*(3), 492.

72. OECD. (2019). *PISA 2018 assessment and analytical framework*. OECD.

73. Okkinga, M., van Steensel, R., van Gelderen, A. J. S., van Schooten, E., Sleegers, P. J. C., & Arends, L. R. (2018). Effectiveness of Reading-Strategy Interventions in Whole Classrooms: A Meta-Analysis. *Educational Psychology Review, 30*(4), 1215–1239. https://doi.org/10.1007/s10648-018-9445-7

74. Oudega, M., & van den Broek, P. (2018). Standards of coherence in reading: Variations in processing and comprehension of text. In *Deep comprehension* (pp. 41-51). Routledge.

75. Paris, S. G., Lipson, M. Y., & Wixson, K. K. (1994). Becoming a strategic reader In RB Ruddell, M R. Ruddell, & H. Singer (Eds.), Theoretical models and processes of reading., (pp. 778-811). Newark. *DE: International Reading*

Association.

76. Perfetti, C. A. (1985). *Reading ability* (pp. xiii, 282). Oxford University Press.

77. Primor, L., & Katzir, T. (2018). Measuring Multiple Text Integration: A Review. *Frontiers in Psychology, 9.* https://www.frontiersin.org/articles/10.3389/fpsyg.2018.02294

78. Richter, T., & Maier, J. (2017). Comprehension of multiple documents with conflicting information: A two-step model of validation. *Educational Psychologist, 52*(3), 148–166. https://doi.org/10.1080/00461520.2017.1322968

79. Rouet, J. F. (2006). *The skills of document use: From text comprehension to web-based learning* (pp. xxi, 227). Lawrence Erlbaum Associates Publishers.

80. Rouet, J. F., & Britt, M. A. (2011). Relevance processes in multiple document comprehension. In *Text relevance and learning from text* (pp. 19-52). IAP Information Age Publishing.

81. Rouet, J. F., Ros, C., Bordas, B., Sanchiz, M., Saux, G., Richter, T., & Britt, M. A. (2020). When Does Source Information Help? Content Vs. Source-Based Validation as a Function of Readers' Prior Knowledge (No. 4493). Article 4493. https://easychair.org/publications/preprint/2w2N

82. Saux, G., Britt, M. A., Vibert, N., & Rouet, J. F. (2021). Building mental models from multiple texts: How readers construct coherence from inconsistent sources. *Language and Linguistics Compass, 15*(3), e12409.

83. Spivey, N. N., & King, J. R. (1989). Readers as Writers Composing from Sources. *Reading Research Quarterly, 24*(1), 7-26.

84. Stang Lund, E., Bråten, I., Brante, E. W., & Strømsø, H. I. (2017). Memory for textual conflicts predicts sourcing when adolescents read multiple expository texts. *Reading psychology, 38*(4), 417-437.

85. Takeuchi, O. (2003). What can we learn from good foreign language learners? A qualitative study in the Japanese foreign language context. *System, 31*(3), 385-392. https://doi.org/10.1016/S0346-251X(03)00049-6

86. Uhl Chamot, A., & El-Dinary, P. B. (1999). Children's Learning Strategies in Language Immersion Classrooms. *The Modern Language Journal, 83*(3), 319-338. https://doi.org/10.1111/0026-7902.00025

87. van den Broek, P., Beker, K., & Oudega, M. (2015). Inference generation in text comprehension: Automatic and strategic processes in the construction of a mental representation.

88. Vandergrift, L. (2003). Orchestrating strategy use: Toward a model of the skilled second language listener. *Language learning, 53*(3), 463-496.

89. Vandergrift, L. (1997). The Comprehension Strategies of Second Language (French) Listeners: A Descriptive Study. *Foreign Language Annals, 30*(3), 387-409. https://doi.org/10.1111/j.1944-9720.1997.tb02362.x

90. William, J., & Murugesh, R. (2020). Potential Eye Tracking Metrics and Indicators to Measure Cognitive Load in Human-Computer Interaction Research. *Journal of Scientific Research, 64*, 168-175. https://doi.org/10.37398/JSR.2020.640137

91. Zhu, X., Ko, M., Zeng, F., Cheong, C. M., & Li, G. Y. (2019). *Enhancing Secondary School Students' Multi-Level Processing Competency of Multi-Source Information: Theory and Practice (in Chinese).*

Secondary School Students' Strategy Use in Multi-text Reading: The Effect of Different Text Organizational Relationships

MENG, Huiling   LIAO, Xian

Abstract

Current international curricula and assessments advocate the development of students' reading skills across multiple texts. In multi-text reading, existing research suggested the importance of reading strategies to students' reading performance. Since multiple texts could be commonly organized in either a complementarity or opposition relationship, whether students' reading performance and reading strategies employed vary with different organizational relationships has not yet been specifically examined. Further, past research has shown that there are differences between students of different levels in the recognition and frequency of use of reading strategies. However, this is the case for single-text reading studies, and no research has been conducted on whether this is applicable in contexts of multi-text reading. In this study, a group of secondary students were asked to complete two sets of multi-text reading tests compiled with different organizational relationships (complementary and opposing) and two reading strategy questionnaires respectively. Through this study, we learned that students' use of multi-text reading strategies were different in different text organizational relationships. There were also some differences in the use of multiple text reading strategies among students at different ability levels. These findings may provide valuable references for researchers and frontline teachers.

Keywords: *strategy use, multi-text reading, text organizational relationships*

MENG, Huiling, Department of Chinese Language Studies,
The Education University of Hong Kong, HK.
LIAO, Xian, Department of Chinese language Studies,
The Education University of Hong Kong, HK. (corresponding author)

統編高中語文大單元教學的特點及模式研究

周小蓬　彭軼

摘要

　　大單元教學是新課標和新教材對教師提出的新教學要求，其對傳統教學既有繼承，亦有發展，兼有「任務驅動學習」「融入真實情境」「多篇整合閱讀」三大創新之處，這些構成了大單元教學的主要特點。為幫助教師提高大單元教學設計的執行力，本研究在實踐基礎上，總結出落實語文核心素養、體現統編教材理念的大單元教學七課段教學模式，具體為：「單元整體介紹—單篇活動教學—多篇整合活動教學—單篇活動教學—情境化寫作教學—學習成果展示評價—單元測驗」。

關鍵詞：大單元教學　典型任務　真實情境　整合閱讀　七課段教學模式

　　關於「大單元教學」的概念，流傳最廣的是崔允漷教授的觀點。他認為：「這裏所説的單元是一種學習單位，一個單元就是一個學習事件，一個完整的學習故事，因此一個單元就是一個微課程。或者説，一個單元就是一個指向素養的、相對獨立的、體現完整教學過程的課程細胞。」（崔允漷，2019，頁11—12）綜合大單元教學的指向、特點和要求，筆者認為大單元教學可理解為一種以語文核心素養為旨歸，統籌考慮單元目標與任務，統籌安排單元內學習篇目的形式，整合學習資源並用情境任務驅動學生學習的單元教學。

周小蓬，華南師範大學文學院，聯絡電郵：1255454445@qq.com。（本文通訊作者）

彭軼，華南師範大學學科教學（語文）在讀碩士研究生，聯絡電郵：463607678@qq.com。

「大單元教學」是新課程背景下，新課標和新教材對教師提出的新教學要求，然而教師對新教材適應難度大、轉變思想要求高，不知從何入手改變教學方式和設計大單元教學，因此為一線教師釐清大單元教學與過往教學的異同處，呈現易操作、易推廣的大單元教學模式，將有助於學生語文核心素養目標的達成和統編教材的功能落實。

一、大單元教學特點

（一）對傳統教學的繼承與發展

1. 不變之處──「繼承」

　　「大單元教學」並非完全脫離傳統語文教學軌道的新事物，而是建立在語文教學改革經驗基礎上的「守正創新」之舉，換言之，語文學科的性質和任務始終貫穿其始終。大單元教學與傳統教學同樣重視語言實踐活動，同樣需要單篇教學，同樣需利用評價檢測學生的學習成果。可見，大單元教學並非完全另起爐灶，還需借鑒傳統教學的經驗。

2. 升格之處──「發展」

　　大單元教學對傳統教學的發展主要體現在兩大方面。一方面，是單篇教學的升格。大單元學習下的「單篇教學」並非孤立的單篇，而是與單元內其他文本有關聯的「有家的單篇」。因此，教師在確定單篇教學內容時要參考學習提示、單元學習任務，考慮和其他文本的結合點。同時，單篇與多篇的結合並非「先按順序把單元中的各篇課文精講細讀、後合併總結」這類機械的結合，而是要先對單元各篇目有宏觀把握，再分層次、有邏輯地呈現任務。另一方面，是讀寫結合的升格。傳統的讀寫結合是「閱讀」「寫作」任務的簡單疊加，是單純的技能遷移，而在大單元教學中的「讀寫結合」則要求在情境上、任務上、內容上都與單元內容有更緊密的關聯，要求學生以單元文本作為寫作素材，體現讀與寫「有機」的聯繫。

（二）大單元教學的創新之處

1. 任務驅動學習

語文學習任務是《普通高中語文課程標準（2017 年版 2020 年修訂）》（以下簡稱《新高中課標》）提出的重要概念，其中對「典型任務」和「語文學習任務群」做了概念釐定：「典型任務」是指為評價學生語文素養水平而選取的具有代表性價值的語文實踐活動；「語文學習任務群」是以任務為導向，以學習項目為載體的學習方式（中華人民共和國教育部，2020，頁 8）。語文學習任務致力於打破過去語文學科重知識講解和技能訓練的教學模式，著眼於語言文字的運用，追求語言、知識、情感、文化的綜合發展，這與綜合提升語文核心素養的目標是一致的。能驅動學習的有效任務必須是在真實情境下的語言文字運用，它能為學生提供綜合運用語文知識、經歷語言轉換複雜過程的空間，這既可以解決「訓練」造成的知識零碎、脫離情境之誤區，又可以避免「活動」導致的「泛語文」現象（文藝、崔允漷，2022）。

2. 融入真實情境

崔允漷提出，學生的學科核心素養必須在真實情境中用所學的知識完成某些任務來衡量，「真實」是教學與評價時所使用的情境與任務必須具有的屬性。同時，中小學生對於知識的意義的感受與理解往往是通過在真實情境中的應用來實現的（崔允漷，2019）。通俗來說，所設置的情境應是學生在當下或未來的生活中能夠遇到的，學生才能真正投入其中，才能有所聯想和啟發。

3. 多篇整合閱讀

整合教學法的主要倡導者之一易克薩維耶·羅日葉提出整合教學法的兩個階段，第一階段是讓學生進行局部學習，獲取資源（單篇教學），第二階段是「整合時期」或「整合模塊」（單元教學）。這為單篇、多篇結合的教學選擇提供思路：教師可先利用單篇教學（尤其是教讀課文）讓學生獲取新的知識和技能，而後在多篇整合教學過程找到整合、對比的切入點，並為學生提供相關支架，讓學生調動已獲取的資源解決複雜情境和陌生問題。

綜上所述，大單元教學以典型任務、真實情境、統整閱讀為主要特點，通過此般新型樣態的教學，能有效克服傳統教學單一化、碎片化、隨意化和重複等問題，有利於學生在真實生活中進行語言學習和運用，形成和遷移語

文能力，達成語文核心素養的綜合提升，助推深度學習的發生，成為撬動「課堂轉型」的槓桿。

二、大單元教學模式研究

《新高中課標》指出，「『語文學習任務群』以任務為導向，以學習項目為載體，整合學習情境、學習內容、學習方法和學習資源，引導學生在運用語言的過程中提升語文素養」「以自主、合作、探究性學習為主要學習方式」（中華人民共和國教育部，2020，頁 8）。作為學習任務群的體現形式和落實路徑，大單元教學同樣需要遵循上述教學理念，以主題為統領，整合教學內容、情境並開展語言實踐活動，實現學生語文核心素養的整體提升。

（一）大單元教學的要素設計

1. 典型任務

典型任務之所以具備「典型性」，是因為其具備統領整個單元學習內容、資源的力量，並非簡單、零散、隨意的任務。典型任務的確定來自於教材單元導語、單元學習任務的提示，這是進行大單元教學設計的主要依據，大單元設計就是要將單元導語、單元學習任務中的要求轉化為學習的活動和過程。在此基礎上，既可以從任務出發把握文本，也可在解讀文本的過程中落實任務。在實際教學過程中，許多教師不僅呈現了內涵豐富的典型任務，還創造性地將任務用情境貫穿、組合。如廣州執信中學的王維圖在開展必修下冊第三單元的大單元教學時，基於該單元所屬的「實用性閱讀與交流」任務群「注重社會情境，強調親歷、體驗與參與，注重探究學習，強調合作學習」的特點，設置了「寫一篇事理說明文」「佈置展板，介紹一些科學家的科研歷程」「參加攝影比賽，給照片寫注釋」「為科學家寫對聯，展現其科學精神」「讀一本知識性讀物，展示閱讀筆記」五大任務，這五項任務循序漸進、目標明確、支架豐富、方法得當，是單元任務設計的典範。還有教師對本單元設置了「梳理探索數軸」「繪製學習地圖」「詢問科學專家」「錄製沙龍視頻」「挑戰科學講解」等系列任務。由此可見，同一單元的典型任務設計亦有較大靈活性和多樣性，教師可憑藉自己對單元的認識和學生的情況進行個性化設計。若教

師已較好地掌握了設計任務的要領，可以先設計一個具備高度統領性的大情境任務，其餘子任務則是為大情境任務的完成做準備，加強單元設計的整合力度。如選擇性必修中冊第三單元可提取出「愛國之道，社會擔當」的人文主題，設計「撰寫演講稿，舉辦演講比賽」的大情境任務，使單元各篇目學習為之做準備，落實典型任務的精要、有用原則。

2. 真實情境

羅日葉認為「一個情境主要包括支持工具和命令」，語文教師應儘可能接近生活實際、真實的語言文字運用實踐場景來創設語文學習的情境與教學氛圍，讓學生在問題情境中發現問題、挖掘問題，並尋求解決問題的方案，促進學生主動進行整合學習。在統編教材中，每一學習任務的引入語都是編者創設的情境，但這些情境較為簡單，還需教師結合具體內容進行再設計。一般而言，教師可設計貼切學生現實的社會生活情境，但在選擇性必修階段，則需過渡到抽象的個人體驗、學科認知情境。單元整體教學的情境設計應涵蓋單元大情境與課時小情境，且大小情境之間應有連貫性。教材的單元學習任務和學習提示均已經設定相關活動情境供教師參考，但更多真實、生動的情境仍需要教師從學生的興趣、周圍的生活環境出發，根據單元教學內容及教學任務的要求來進行精心設計。如筆者結合高校組織研討會的經歷，為學生設置了「詩詞研討會」學習情境，調動了學生鑑賞詩詞、討論詩詞的積極性，順勢讓學生開展詩詞的深度學習。

有教師在教學必修下冊第三單元時，基於學生的生活閱歷和認識水平，藉助圖片、音頻等多媒體教學方式為學生營造貫穿整個學習過程的大情境——舉辦學校科技節，激發學生的學習興趣，讓學生在適切的情境陶冶中進行認知、思考與感悟，學會自主學習。除了這類大情境外，還可針對單元教學中的子任務設計小情境。如華南師範大學附屬中學的尹軍成在教學必修下冊第五單元時，為學生設計了如下的情境：「高一級組在籌備『風雲人物展』活動過程中，對於幾位歷史人物的選擇出現了分歧，決定徵集同學的想法。小林認為，馬克思看到了社會發展進程中無產階級革命的浪潮，其深邃的思想至今仍有重要的現實意義。縱觀我國歷史，李斯也是在風雲詭譎的時代中看到了天下統一的歷史大勢，而林覺民則在風起雲湧的動盪時代中意識到唯有革命才能救亡圖存。因此，小林向趙老師反映，希望將李斯和林覺民加入

活動計劃中，請你幫小林完成推薦説明。要求結合時代背景，説明李斯和林覺民兩人是如何踐行他們的時代使命，有怎樣的歷史價值。」這一情境是擬真的，同樣是真實情境的常見形式。

需注意的是，情境的營造要達到真實，就需考慮對象的真實、活動內容的真實，最好為學生設置「前情提要」，做切實的描述，避免強硬的套入。如有教師設計情境任務時，要求學生「將作品投稿至人民網」，這一情境便稍顯脫離學生生活，因為「人民網」的主要徵稿對象並非面向高中生，學生在寫作時也不會有強烈的真實感，故改為「投稿至學校」會更切實際。同時，情境要多和單元文本建立關聯，將文本作為情境中的材料，方是有利於文本學習的情境。

3. 整合閱讀

整合閱讀面臨的首要問題是如何統整教學內容，而進行教學內容的統整首先面對的是基於情境性任務的核心知識（即大概念）研發。大概念作為素養下的倡導，面向的亦是真實情境，打通的是學校教育和真實世界，與大單元教學的目標相一致。這些大概念一般存在於各單元的單元學習任務中，對應著各文體的要素。如整合詩歌需要把握「意象」與「意境」，整合戲劇文本需要把握「衝突」，整合小説文本需要把握「人物」「環境」與「情節」……這些語文大概念就是串聯多篇文本的線索，能實現由零到整的整合式學習。此外，還要注意將這些大概念延伸出的任務與真實情境相關聯，讓學生完成任務時深感「整合」的必要性。

如華南師範大學附屬中學尹軍成在教學必修下冊第五單元時，藉助表格引導學生梳理、對比《在〈人民報〉創刊紀念會上的演説》《在馬克思墓前的講話》《諫逐客書》《與妻書》四篇課文，對比表格如下。表 1 從「寫了什麼」維度出發進行對比，表 2 從「怎麼寫的」維度出發進行對比，對比維度全面、深刻。

表 1　四篇課文寫作內容對比

作品	寫作原因與對象	社會事件、現象或問題	立場、觀點或行為	寫作目的
《在〈人民報〉創刊紀念會上的演說》				
《在馬克思墓前的講話》				
《諫逐客書》				
《與妻書》				

表 2　四篇課文表現形式對比

作品	文體	態度語氣	語言風格	表達方式
《在〈人民報〉創刊紀念會上的演說》				
《在馬克思墓前的講話》				
《諫逐客書》				
《與妻書》				

　　廣東實驗中學莫莉在教學必修下冊第二單元時，抓住戲劇大概念，以「矛盾和衝突」為抓手整合對比戲劇，藉助表 3 引導學生戲劇人物的美好與其悲劇命運，突出悲劇的震撼力量。

表 3　竇娥、魯侍萍、哈姆雷特多維對比表

人物	性格	遭遇	社會環境	結局
竇娥				
魯侍萍				
哈姆雷特				

　　從上述案例不難發現，整合對比的切入點常來自文本「寫了什麼」和「怎麼寫的」的對比，對比的方式常藉助表格以凸顯，這也是在語言文字運用實踐中提升學生思維的過程。

4. 寫作任務

統編教材實現了「讀寫結合」的更新升級，在各單元的「單元寫作任務」板塊都設置了寫作任務，但這些寫作任務與單元學習內容的衡接有待加強，因此教師要找準寫作任務與單元學習的「焊接點」，使寫作任務成為大單元教學的有機組成部分。如選取單元文本中的某一人物形象作為寫作對象，加強學生寫作時的讀者意識，提高交流感和真實感；或圍繞單元文本中所呈現的某一矛盾處展開議論，讓學生的寫作有抓手；還可以圍繞單元學習過程中對比賞析的核心概念進行文學短評的寫作，聚焦評論鑒賞的內容。總之，教師在設計寫作任務時，要緊密聯繫閱讀過程所呈現的要點，延伸單元情境，如此才能真正實現讀與寫的密切結合，不致使寫作任務寬泛、無抓手。

如廣東執信中學王維因在教學必修下冊第三單元時，設計如下的寫作評價任務：在生活尋找、發現具有中國建築特徵的現代建築，從這些建築中尋找《中國建築的特徵》一文所述的中國元素，拍照或手繪這些中國元素，仿照課文的插圖做標注，寫 200 字的説明文字，以備參加學校科技節的攝影比賽活動。該任務既與單元文本關係密切，又訓練學生的文體意識和表達能力，讓學生在生活尋找中國建築的特點，旨在引導學生在實踐中完成對文章內容（中國建築的 9 大特點）的理解；寫説明性的文字可以將知識類文本的閱讀方法轉化為寫作方法，提高學生的表達能力；參加攝影比賽指向語文學習的工具性，為生活服務，為社會服務。一舉多得，是為符合大單元教學要求的新型寫作任務。

（二）大單元教學的模式

七課段教學模式是建立在本研究持有的理論基礎上，結合教學過程和反思結果形成的較為穩定的大單元教學模式，同時又有一定的靈活性，教師可根據單元難度、學生水平、學習條件等情況進行調整。該模式認為，單元整合教學的起點應為單元整體介紹，讓學生對單元有整體的認識，其次開展單篇、多篇相結合的教學，再次輔以情境化的寫作教學，實現「讀寫結合」，而後進行學習成果的展示評價，最後以單元測驗作為收束。該模式具有簡易方便、操作性強的特點，便於推廣和使用。

圖 1 「七課段教學模式」示意圖

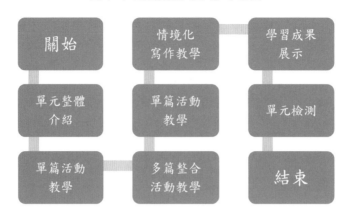

1. 單元整體介紹

單元整體介紹是開展大單元教學的第一步，教師要給予學生單元學習目標、學習內容、學習方法的整體呈現，提出統攝大單元的大情境，建立情境和學習活動、學習策略的關聯，讓學生迅速進入大單元整合學習的狀態，讓學生對單元內容進行整體感知和把握，明確本單元的學習目標、學習任務，以目標和任務驅動學習。如在華附實踐中，通過單元整體介紹，學生對單元學習篇目的作者有了感性認識，拉近了學生與作者的距離，使課堂氛圍更加生動活潑。

2. 單篇活動教學與多篇整合活動教學結合

單篇教學的文本可以從教讀課文內選擇，一般是經典篇目或難點篇目，在教學的過程多呈現學習方法的示範，比如在必修上第一單元的整合學習中，以《沁園春·長沙》作為詩詞類文本的單篇閱讀對象，以《百合花》作為小說類文本的單篇閱讀對象，在閱讀過程中呈現表格助讀法、SQ3R 閱讀法等支架，為學生的多篇整合閱讀做準備。

有了單篇閱讀的學習基礎，學生可憑藉獲得的閱讀方法、思維支架等整合閱讀多篇文本，以語文學科核心概念作為對比維度，以表格、思維導圖等為學習工具，在對不同文本進行有目的的比較的基礎上，加深對文本的理解，並對單元形成整體認識。如在必修上第一單元的詩詞部分整合學習中，學生在深入學習《沁園春·長沙》的基礎上，自主學習《立在地球邊上放號》《紅燭》，並將三首詩詞的思想情感、結構佈局做了對比分析，學習成果如圖2、圖 3 所示。

圖2　三首詩詞思想情感對比分析

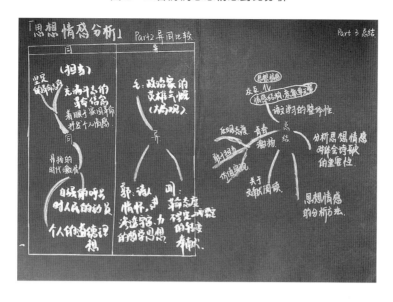

圖3　三首詩詞結構對比分析

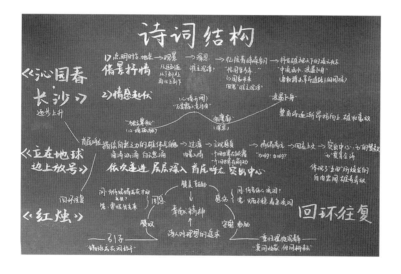

3. 情境化寫作教學

　　大單元整合學習的過程需有機嵌入真實情境下、與單元閱讀內容密切相
關的寫作任務，並結合單元寫作知識卡片相機進行有序的寫作教學。寫作的
情境儘量與單元學習的閱讀情境關聯，囊括在單元大情境之下，成為大單元
整合學習的有機組成部分。比如必修上第一單元的寫作任務可設置這樣的社
會生活情境：「某位導演把《百合花》拍成了電影，請你根據《百合花》的內

容和本單元學習詩歌的心得，為該小説題詩，作為電影的宣傳材料。」這一情境材料符合學生生活實際，給了學生廣泛的想像空間和清晰的思維指向，既富有創新意識，又實現了真實表達。在確定寫作任務時，也可根據學情對單元提出的寫作任務進行靈活調整，如「為《百合花》題詩」對於學生而言難度較大，可將任務調整為「將本單元學習的詩詞改寫成課本劇／散文／小説」，給學生自由表達的空間。

4. 學習成果展示與評價

教師在教學過程中應指導學生及時形成、收集自己的學習成果，使學習過程和思維路徑顯性化，這些學習成果既包含個人學習成果，也包含小組合作成果，如第四項研究成果中所提及的形式多樣的學習成果。在單元學習活動結束後，教師應指導學生分享和交流自己的成果、經驗，並對學生的成果進行個性化點評，提出有針對性的意見，同時鼓勵學生依據一定的標準展開互評，加深學生單元學習的獲得感。在點評的同時，教師要為學生提供評價量表，支撐學生的自評與互評活動。

5. 單元測驗

在單元學習活動結束後，為檢測學生的單元學習情況，還應安排單元測驗作為大單元整合教學的收束環節。傳統的單元測驗大多貼近高考命題形式，與單元學習內容關聯度較低，表現為默寫、簡答、選擇等題型，考查範圍局限於學生的記憶和理解，考查重點為學生解題技巧的掌握情況。而大單元整合視域下的單元測驗設計應從課標出發，以「學業質量標準」不同水平學習結果為命題依據，緊扣該單元的核心概念，創設與大單元情境關聯的小情境，設置考查學生語文核心素養的題型。如要求學生用單元所學的閱讀技巧解讀課外的同文體文本，或圍繞單元人文主題進行文學創作，還可提供單元作者的課外選文進一步考查學生對該作者寫作風格和作品風格的理解，達到「以文解文」之效。總之，單元測驗應緊扣單元學習目標、任務和活動展開，設置豐富真實的情境，切實評價學生的語文核心素養發展情況。

（三）大單元教學的注意事項

大單元教學除遵循上述七課段教學模式外，還有兩點注意事項須考量在內。第一，單元目標須與單元任務統籌推進。具體而言，教師先要深入研究

單元內容和把握學情，從單元導語中提煉學習側重點，將單元學習任務前置考慮；其次結合單元學情和所屬學習任務群的要求制定單元整體目標；最後依據該目標、課時學情及單篇文本對應的單元學習任務細化每一課時的具體教學目標。如統編教材必修上冊第一單元的學習側重點為「分析不同文體的特徵」，因此根據單元導語、單元學習任務、學習任務群要求及學情可提出「詩詞類課文目標」和「小說類課文目標」，在此基礎之上整合出「單元整體教學目標」，最後再根據單篇內容和學情細化課時教學目標，如將《沁園春·長沙》的細化教學目標確立為「重點探索意象和主題，把握意象與青春之間的聯繫」。這是從宏觀抽象到微觀具象的轉變，總體來看這些目標是成體系、結構化、相互關聯而非割裂的，共同服務於核心素養的建構的。這一將單元目標和任務統籌考慮、根據單元學習任務確定單元目標的過程可用圖4表示。

圖4　單元目標與任務統籌過程示意圖

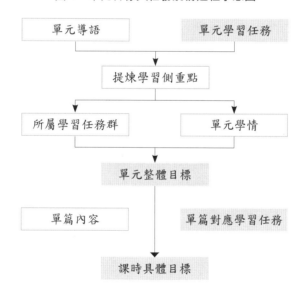

第二，為學生提供學習成果展示與評價的平台。在大單元整合學習的過程中，要留有課時給予學生展示階段性或終結性的學習成果，提高學生的學習獲得感，讓學生在展示的過程中提高表達能力，並給予學生對自己的學習成果進行論證或辯護的機會，幫助學生更深刻地反思自己探索、解決問題的過程。如在第一單元整合學習實踐中，學生在比較、研討的基礎上，開辦「比較研討會」，將比較、研究的成果向班級同學展示。這不僅為學生提供學習

成果展示的平台，也使開頭創設的學習情境得到了落實，加強學生學習真實感和體驗感。在學習成果展示的過程中，教師要對學生的成果予以針對性反饋，鼓勵學生之間開展互評，以評價促發展。除此之外，大單元教學的評價不局限於收束環節，教師在學習過程中所設置的情境任務也是評價的內容，因此教師可以根據學習過程的各任務特點為學生提供評價量表，讓學生得以衡量自己的學習水平，看到學習前後的變化，真正落實課標提出的「評價的過程就是學習的過程」(中華人民共和國教育部，2020，頁44)。在設計評價量表時，評價主體可分為「學生自評」「生生互評」「教師評價」三方面，讓學生獲得多元的反饋與建議，提高自我反思和終身學習的能力。

缺失真實情境、典型任務的教學因其難以讓學生在真實生活中進行語言學習和運用，難以幫助學生形成和遷移真實的語文能力，已然不符合核心素養背景下的語文課程要求，故向「大單元教學」轉型是課堂教學改革的必然趨勢。通過優質的大單元學習歷程，學生將經歷真實的、與生活關聯的學習情境，將完成有意義的、統整多篇文本的任務，在此過程中形成自己解決實際問題的能力，提升自己的語文核心素養，助推深度學習的發生。為此，教師必須增強板塊意識、關聯意識、合理意識、科學推進意識、學習內容與情境匹配意識，用符合新課標、新教材要求的大單元教學撬動課堂轉型，提高學生的學習質量。當然，大單元教學研究尚處於起步階段，仍需更多學者、教師投入大單元教學的理論研究與實踐，形成多樣化成果，以適應不同地區、不同學情的需求，各地各校也應建立長效合作機制，共同研究、合力開發，豐富大單元教學研究的成果。

參考文獻

1. 崔允漷 (2019)：如何開展指向學科核心素養的大單元設計，《北京教育 (普教版)》，2，頁11—15。
2. 文藝、崔允漷 (2022)：語文學習任務究竟是什麼？，《課程·教材·教法》，2，頁12—19。
3. 中華人民共和國教育部 (2020)：課程結構，《普通高中語文課程標準 (2017年版2020年修訂)》，頁8，北京，人民教育出版社。
4. 中華人民共和國教育部 (2020)：評價建議，《普通高中語文課程標準 (2017年版2020年修訂)》，頁44，北京，人民教育出版社。

Study on the Characteristics and Mode of Unit Teaching of Unified Required Chinese Textbooks for General Senior High School

ZHOU, Xiaopeng   PENG, Yi

Abstract

Unit teaching is the new teaching requirements which the new curriculum standard and the new teaching materials put forward. It not only inherits and develops the traditional teaching, but also has three innovations: "typical tasks", "real situation", "integration of reading", which constitute the main characteristics of unit teaching. To help teachers improve the implementation of unit teaching design, this study preliminary concluded seven-lesson teaching mode of unit teaching which achieve Chinese key competences and reflect textbooks concept based on practice. The seven-lesson teaching mode includes unit overall introduction, single article teaching, multiple articles teaching, single article teaching, situation writing teaching, demonstration and evaluation of learning achievements, unit test.

Keywords: *unit teaching, typical tasks, real situation, integration of reading, seven-lesson teaching mode*

ZHOU, Xiaopeng, South China Normal University, China.(corresponding author)
PENG, Yi, South China Normal University (graduate student), China.

「新教材」中的「新魯迅」：高中魯迅作品系統化教學研究

彭茂

摘要

本文以高中統編語文教材中魯迅作品 [1] 為主要研究對象，從本人高中語文中的魯迅學習經驗、大學階段魯迅學術研究經驗、再到成為高中語文教師的魯迅教學經驗出發，試圖放下對「魯迅」的「我執」與熱情，從我熟稔習慣的學術視角中的魯迅認知，慢慢轉換到基於高中語文教材與語文課堂中的魯迅立場。在吸收魯迅作品歷時性教學得失經驗的基礎上，試圖通過新教材中魯迅作品的爬梳、整合，構建出新教材中整體性的「新魯迅」形象，再立足於新課標理念而進行落實魯迅作品的教學探索。遵循新課標教學理念的指引，反思如何將我所掌握的「魯迅經驗」轉化為可助力魯迅作品教學的資源，希冀重構出不拘泥於教材與課堂亦契合新課標與新教材教學理念的高中魯迅作品教學系統化課程，以餉新課標語境下高中魯迅作品的教與學。

關鍵詞：新課標　新教材　新課程　新魯迅　系統化教學

彭茂，東北師範大學附屬中學深圳學校，聯絡電郵：pengmao96@163.com。

[1] 本文研究的對象為「高中統編語文教材中魯迅作品」，為論述方便，後文通常簡稱為「魯迅作品」。

一、原點：魯迅作品教學之於高中語文教學的意義

（一）突圍：作為反思語文教育「症候」的魯迅作品教學

1. 從語文界的「魯迅輿論」說起：從「中學生三怕」到「魯迅大撤退」

魯迅出現在社會輿論中，大多由語文教育界中的爭論而起。而「語文」受到大眾關注，又多與魯迅有關。學生民謠「中學生三怕」中害怕的「文言文」「寫作文」「周樹人」似乎成為學生害怕「學語文」的重要表徵，哪怕近些年來此「老調」不再重彈，但「怕魯迅」這一學生與教師所共享的認知依然潛在，「怕魯迅」的深層原因是「魯迅難」。而作為魯迅傳承主陣地的語文教育界，師生之於魯迅的感知可謂是代表了社會大眾之於魯迅的感知。

基於教材選文分析的事實基礎，「魯迅大撤退」之言只是網絡的捕風捉影。對比統編版高中語文教材與此前的絕大部分地區通用的課標版教材，魯迅選文數量大大提升，何來「撤退」一說？語文教材雖然經歷了多次調整，魯迅作品從未大規模「撤離教材」，他一直與使用語文教材的學生們相伴同行。

語文不應該只有魯迅，否則會將魯迅狹隘窄化甚至異化，成為束縛思想的「鐵屋子」，語文教材原本就應該是「大家」的「眾聲喧嘩」，不可只開「魯家店」；語文不能沒有魯迅，語文課堂也不是魯迅閱讀的「終點站」，不可在語文教育中將魯迅的閱讀與傳承「畢其功於一役」。魯迅之於語文、國民的獨特價值，與語文之於國民的獨特價值，可見一斑，「魯迅」與「語文」在公眾認知中獲得了某種程度上「隱而不彰」的一致性。故而探清魯迅教學的障礙與困境，亦可助力語文教學困境的突圍。

2.「有難度的跨越」：由「魯迅作品教學之圍」到「中學語文教學之圍」

魯迅作品教學在語文場域中的困境有其特殊性，但「魯迅是不可替代的教育資源，中學魯迅作品教學的成效，關乎中國語文教育的深度與高度」（李怡、畢於陽，2022）；說明其亦有代表語文教學困境的普遍性。魯迅作品教學是中學語文教學問題聚焦最突出的一個獨特「症候」，是為「語文教學中有難度的跨越」。魯迅作品教學中折射出的種種問題其實就是語文教學困境的表徵，譬如因概念化、模式化教學而導致學生對魯迅作品的反感，進而厭學語文，所以我們不妨將其視為「突破口」，以魯迅作品教學困境聚焦的獨特性、

複雜性分析來窺探高中語文教學中普遍性、整體性的問題。

3. 欲突圍，先明圍：去蔽還原，回到魯迅

魯迅作品教學的難度也許不僅僅源自其文字文本閱讀理解的障礙，也許更因為我們對魯迅先驗的「前理解」成為了真正走進魯迅的絆腳石，是為「魯迅闡釋之圍」。其表徵即以毛澤東「三家一將」（范雅，2012）等符號化魯迅或魯迅作品的論斷來進行概念化教學，這不是在閱讀魯迅，更不提感知、思考，只是對魯迅進行政治思想式的知識圖解，看似樹立起了魯迅偉岸的形象，其後患是對魯迅精神的消解與遮蔽。

要想真正閱讀感知魯迅，須真正回到魯迅那裏去。而「回到魯迅」的具體內涵如下：

首先是「回到文本」，立足於作品的一手資料，這才是最接近魯迅的場域，而不是首先服膺於二手的魯迅闡釋。正如畢於陽老師所說，要帶領學生到魯迅的文本中多出入幾個來回。沉潛於魯迅作品字裏行間的文本細讀，才有可能感知鮮活的魯迅，也即錢理群教授所說的「發現式閱讀」，而非「求證式閱讀」（錢理群，2012）。

其次是「回到歷史現場」，對於解讀文本基本範式中的「知人論世」，要更多思考魯迅作品所涉及時代背景的歷史典型意義，他絕非局限於文中的彼時彼事，絕不能陷入對魯迅作品背景的歷史索隱與鈎沉中。

最後是要「回到當下現實」，進而「回到個體人生」。立足於魯迅作品的文本細讀，觸摸歷史以進入情境，從歷史語境中理解魯迅，進而將其作為當下現實的觀照，思考此文與當下現實的關聯，還應思考與閱讀者個體人生的精神連接。

二、基礎：新課改背景下魯迅作品教學資源的整合

（一）原則：在「魯迅」與「語文」之間構建魯迅作品系統化課程

筆者站上講台即面臨著「新課程、新課標、新教材、新高考」的教育改革大潮。就高中語文而言，隨著 2017 年教育部《普通高中語文課程標準》的頒佈（中華人民共和國教育部，2017），其思想理念直接指導了高中語文課程建

設與統編新教材的編寫；2019 年至今，新教材在全國已得到全面推廣使用。在「四新」的教改形勢下，「語文核心素養」「學習任務群」「群文閱讀」「大單元教學」「整本書閱讀」等新的課程理念、以及新的教材選文與編排無疑是給了魯迅作品教學突圍嘗試的一次契機。

正如前文分析了「魯迅」與「語文」所面對的共同困境，不難發現，雖是困境，亦是契機。但需要秉持的原則是：既要基於新課標教學理念，立足於教材選文的「語文本位」，是為「入乎其內」之「守正」；亦要考慮到豐富而深厚的「魯迅本位」，是為「出乎其外」之「創新」，既不拘泥封閉，也不偏離太遠，以「守正創新」來建構魯迅作品系統化課程也許是突破困境的有效嘗試。但需要把握的原則是要在把握語文課改精神與魯迅作品特質基礎上進行嘗試，否則會偏離語文學科本位的初衷。

（二）「隱而不彰」：「新教材」中的「新魯迅」

統編語文教材總主編溫儒敏教授說：「魯迅是近百年來對中國文化及中國人瞭解最深的思想者，也是最具獨立思考和藝術個性的偉大作家，魯迅已經積澱為現代最重要的精神資源，所以讓中學生接觸瞭解一點魯迅，是非常必要的，教材編寫必須重視魯迅。」在統編高中語文教科書中魯迅作品入選篇目共計 12 篇，這是無人能及的絕對地位。

統編高中語文教科書必修教材與選擇性必修教材共選入 5 篇，包括小說《祝福》、《阿 Q 正傳》（節選），雜文《拿來主義》、《記念劉和珍君》、《為了忘卻的記念》（中華人民共和國教育部，2020a）。雖然這些經典作品曾經入選過教材，不同之處在於新教材依據文本難度、學生學情，以「雙線組元」大單元群文的構建的方式將魯迅作品結構於單元之中。

作為具有明確單元任務驅動的教學單元中的魯迅作品，其教學設計必然須立足於教材的助讀系統，如單元導語、學習提示、單元學習任務等，故在群文教學中不可避免地需要捨棄對魯迅作品面面俱到的深研。由單篇精講到群文閱讀教學範式的轉變，對魯迅作品這種作為經典篇目的「定篇」而言，是在新教材教學實施中不可避免的困境。

我們要站在單元所屬學習任務群的角度，結合單元學習任務提示，考慮學時的限制，確定出「大單元教學」的重難點，再來確定魯迅單篇在其所屬單

元的教學內容。在新課改背景下，不難發現作為「定篇」魯迅的教學價值與內容必須受到「語文核心素養」的觀照、「學習任務群」與「大單元教學」範式的重審與重評。所以服務於整體性的閱讀教學任務對於魯迅作品教學來說不是推翻、顛覆，而是價值的提純與精煉。

魯迅作品的語文教學價值不言而喻。當基於「語文核心素養」的價值本位來審視之，便能為魯迅教學的困境解圍。語文核心素養是語文學科育人價值的集中體現，包含語言建構與運用、思維發展與提升、審美鑒賞與創造、文化傳承與理解四個要素。其中，以「語言建構與運用」為基礎，四者相融共生，互相依存，缺一不可。所以基於「語文核心素養」的魯迅作品教學，一定是以品味文本為基礎的閱讀教學，定能「讓魯迅成為魯迅」（何英，2013），這不正破解了此前魯迅教學中脫離文本的概念化、模式化問題嗎？

除了必修與選擇性必修教材外，選修教材的魯迅選文也特別引人注目。雖然選修教材只是供學生自主選讀或是學校選修課程開發使用，據編者闡釋「這套書注重學科核心素養的綜合提升，既充分考慮與必修、選擇性必修教材的銜接，又適度考慮與大學相關學科的銜接過渡；可以與高二年級選擇性必修教材穿插使用，也可以在高三年級獨立使用」，所以是我們深化魯迅作品教學的重要資源。

其一，選修教材《中國現當代作家作品專題研討》中以「走進魯迅」為起始單元。通過《狂人日記》、《藥》、《鑄劍》（節選）、《燈下漫筆》、《「友邦驚詫」論》、《過客》進一步呈現魯迅在小說、雜文、散文詩方面的獨特成就，加深對其藝術及思想價值的理解（中華人民共和國教育部，2020b）。學習這個單元，能夠更全面地理解魯迅獨特的文學實踐與精神特質、歷史剖析、文化思考與社會批判，能進一步激發我們探尋魯迅的興趣。

其二，選修教材《學術論著專題研討》中的整本書閱讀單元選入了魯迅的《中國小說史略》（中華人民共和國教育部，2020c），《中國小說史略》是作為學者與作家的魯迅第一部系統地論述中國小說發展史的專著。完整地論述了中國小說的起源和演變，精當地評價了中國各個歷史時期具有代表性的小說作家和作品，深刻地分析了前後期小說之間的內在聯繫。

總而言之，俯瞰統編高中語文教材中的魯迅選文，必修與選擇性必修的選文基本是最經典的小說與雜文，能突顯魯迅思想中的文化取向、「立人」主

題等。而選修教材「走近魯迅」單元的設立與學術論著《中國小說史略》的入選，似乎可以推測，編者顯然意識到，必修與選擇性必修的魯迅選文顯然存在分散化的缺陷，還不足以構建出對魯迅相對系統而完整的感知。所以編者做了「走進魯迅」單元的專題教學嘗試，可見新教材編者旨在塑造除了文學家、思想家魯迅的塑造外，還應有文學研究的學者形象。由此，我們不難發現立足於新課標的教學理念，整體考察統編高中語文教材中的魯迅選文及助讀闡釋，統編教材中魯迅作品「隱而不彰」的系統化設計與整體規劃的潛在脈絡旨在呈現一個立體、真實、多維、完整的魯迅。此外，我們亦要考慮到新教材編者此舉似乎是在回應「我們現在是否還需要魯迅」的大眾輿論。顯然魯迅之於當下中國乃至世界的轉型與變革仍是不可或缺的精神資源。

綜上，根據新課標的引領、基於新教材中的魯迅選文分析與魯迅作品助讀系統分析，考慮到閱讀主體學生所處時下的複雜閱讀語境，時下語文場域的魯迅作品閱讀，也會因消費至上、娛樂至死、信息化社會、「後疫情」時代的綜合閱讀語境產生變化，而在這新的魯迅接受語境下，師生的教與學也定會建構出不同於過往的「新魯迅」形象。

（三）從「教教材中的魯迅選文」到「用教材教魯迅」

雖然新教材呈現出不同於以往的新魯迅形象，但回到魯迅本體，回到具體學情，回到具體課堂教學實施中，作為教師不能被動地「教教材」，而應該在教材的基礎上對魯迅選文及魯迅資源進行整合重構地二次開發，是為主觀能動地「用教材教」。事實上，新教材之於魯迅作品並未全盡，當然也不可能面面俱到。也許編者留有餘地的魯迅選文，以及對魯迅作品「隱而不彰」的系統化設計與整體規劃的潛在脈絡，旨在召喚引導我們立足於此構建出一個更多元、更立體、更清晰的，相對完整的魯迅形象，這能助力我們對魯迅形象認知的深化。而在這過程中，新課標中的「群文教學」「學習任務群」「專題教學」等課程概念給魯迅作品教學系統化課程提供了可能，對於師生的教與學來說都是個性化閱讀、研究性閱讀、創造性閱讀的操練。

三、嘗試：高中魯迅作品教學系統化課程建設初探

（一）高中魯迅作品教學系統化課程建設的必要性與可行性分析

提及魯迅作品在語文領域的接受史，總被詬病的是「概念化」「模式化」「刻板化」的形象輸出。誠然這與政治意識形態的導向、多年來教授魯迅的固化模式、以及教師自身主動接受陳舊「魯迅闡釋」的穩定教學模式有極大關係。但客觀來說，我們還不能忽視的一個因素是，在語文場域中，絕大部分師生所共享共用教材的魯迅資源相差無幾，自然我們所獲得的魯迅認知不會有太大偏差。

若想要對魯迅作品有深入瞭解，對魯迅形象有新的發現，那麼就要跳出「教材選文之圍」，在魯迅豐富藝術性、思想性、趣味性兼具的文字作品中，我們大膽「拿來」以此來獲得認識魯迅新的角度。另外，對於教材中經歷史考驗而留下的最經典的魯迅選文，承載著塑造魯迅「民族魂」精神特質的主要任務，所以研讀教材中魯迅選文旨在給魯迅一個相對確定的、穩定的、毋庸置疑的論斷導向。但事實上這一封閉的「概念化」的求證式閱讀，並未豐盈魯迅精神世界的厚重與深刻。「中小學的教育是『信』的教育，魯迅的文本是『疑』的文本。用『信』的理念講授『疑』的思維，永遠不得其果。」「討論魯迅不要總去啟發得出結論。魯迅是一個沒有結論的人物。他的主要工作是打開我們的思維空間，讓我們從假象中走出，撕碎既成的語言，以一種詩意的筆意，直逼現象的原態。」（李不逾，2010）

李怡教授也說「縱觀魯迅的語文思想與語文實踐，與我們曾經習慣於在一種非此即彼的二元對立中『徵用』魯迅——或者是徹底的不妥協的反封建鬥士，現代語文革命的先鋒，或者是割裂中華文化傳統、偏激的語言進化論者——其實，魯迅是同時把握和徵用了多種藝術資源、文化資源與語文資源，在傳統與現代、白話與文言、西方與中國之間做出了多種複雜的認同、繼承、參證和修葺、創造，魯迅的現代語文創作實施著一種『有難度的跨越』，在傳統語文通向現代語文的道路上，幾乎就是現代語文創作史上絕無僅有的『跨越』，這樣的跨越並不一定完美無瑕，但卻足以拋下大數量的人們，也成為許多人（包括作為後人的我們）難以效仿甚至難以理解的複雜事實。」

（李怡，2017）某種程度上說，魯迅作品是複雜的，獨特的，難以被定義，難以被簡而化之的概念來闡釋。

孫郁教授說「中小學的教育以規範性為核心，而魯迅恰恰是超越規範性的。」（李不逾，2010）綜上所述，魯迅不被規範的獨特探索、雜糅古今中外思想文化的發明創造、充滿個體別樣精神的作品實踐，無論在其作品文字的思想內容上抑或是藝術形式上的真正價值都召喚著語文闡釋的場域給對魯迅的闡釋一個相對開放的空間。

所以，面對在魯迅與語文之間闡釋魯迅的悖論：一方面我們要「入乎其內」，遵循落實以大單元教學為主體服務於特定的單元教學任務的魯迅選文教學。但我們仍需做到立足於新教材的魯迅選文進行第一次系統性的整合。

魯迅作品貫穿於高中各冊語文教材中，體裁囊括小說、雜文、散文詩、學術論作。入選教材的 12 篇魯迅作品，幾乎包括了魯迅其人生重要歷史時期的代表作。它們勾勒出魯迅的文學創作歷程、思想轉變及探索的精神概貌。但目前魯迅作品的教學方法，在結構與單元的單篇作品之間缺少系統的銜接與梳理。即便在大單元教學中，由於未能高屋建瓴地瞭解魯迅，故而也不能深刻理解「這一篇」的獨特地位從而簡單把魯迅作品當作「群文之一」來處理。這顯然會大大遮蔽抹殺魯迅作品的教學價值。故而我們應該把握好單元教學中群文共時的對比閱讀，還要俯瞰教材梳理出這一篇魯迅選文在所有教材魯迅選文中的獨特意義，並且聯動其他魯迅選文來對「這一篇」進行闡釋解讀。比如說，必修下冊選入的《祝福》需要探討祥林嫂悲劇的根本原因，其實選修教材中《燈下漫筆》中對「想做奴隸而不得」與「暫時做穩了奴隸」的兩種中國歷史的形態歸納就是理解祥林嫂悲劇的重要文本，所以我們要看見單元內部魯迅選文與其他作家文章的互文對話，亦要從教材魯迅選文所構築出的魯迅整體來解讀「這一篇」。也許只有在魯迅教材選文的系統化整體性的梳理下，才能切實明確並落實魯迅作品真正的教學價值。

另一方面要「出乎其外」，而高中語文作為基礎語文教育的最後一站，對於絕大數學生來說亦是接受魯迅及其作品的終點，所以此時對魯迅作品的角度內容及方式顯得尤為重要。立足於教材選文、由此作為補充課程資源開發的據點，根據其主題拓展、超越教材，恰當援引魯迅其他文章史料及魯迅研究學術成果遴選出相關且合適的篇目，形成專題，課內課外群文聚合、由單

篇到群文深度整合魯迅相關資源，是為第二次系統化整合。以專題性整合閱讀設計構建高中魯迅作品系統化教學課程，從而來推進對魯迅的整體性、個性化、批判性的閱讀與理解。

　　立足於統編高中語文教科書必修、選擇性必修、選修教材共選入的 12 篇魯迅選文。包括小說《祝福》、《阿 Q 正傳》（節選）、《狂人日記》、《藥》、《鑄劍》（節選），雜文《拿來主義》、《記念劉和珍君》、《為了忘卻的記念》、《燈下漫筆》、《「友邦驚詫」論》，散文詩《過客》，學術論著《中國小說史略》。由此提煉並確定出魯迅深入研讀的主題，即為「點」的深度。並以此主題為向教材外拓展的中心，並要站在對魯迅人生、文字創作、思想發展的整體把握上，吸收相關史實、《魯迅全集》等一手材料與學術界研究論文等二手材料來作為深度閱讀「面」的拓寬。由此基於教材對魯迅作品研讀就有了點的深度，走出教材，放眼魯迅，放眼更廣闊歷史文化背景與魯迅研究的闡釋語境，就有了「面的廣度」，在「點的深度」與「面的廣度」的綜合閱讀下，師生也定有對魯迅及其作品產生高屋建瓴的俯瞰「高度」，這種系統化、研究性、趣味性的別樣閱讀魯迅的經驗，定會激發學生深入瞭解魯迅的興趣，在閱讀與思考、寫作表達中進一步提高語文核心素養。

　　對於高中魯迅作品專題教學的經驗，不得不提及近年來一線教師吳泓與李煜暉卓有成效的嘗試，兩人均有學術研究者的高度、一線教師的實踐理性，設置並實施了各自的魯迅作品專題教學。在《高中語文專題教學理論與實踐——以魯迅小說整本書研讀為中心》（李煜暉，2021）一書中，李煜暉老師立足於《吶喊》、《彷徨》、《故事新編》核心閱讀材料，以「閱讀發現——專題探究——學術表達」的課程實施帶領學生自主閱讀、發現問題、探究深研，並且形成文學論文的表達。可謂是學者型教師帶領著高水準的學生超越一般學習而進行「學術研究」。吳泓老師《走進魯迅的小說世界——從教材魯迅作品中延伸出的專題學習》（吳泓，2021）以六版高中語文教材選入或節選的魯迅小說作為參考，確定魯迅作品專題學習的閱讀篇目，開展魯迅作品延伸閱讀專題學習，通過泛讀、精讀、研讀等，大量補充魯迅研究的學術成果實現，從泛讀向研讀的進階。從專題閱讀向論文寫作的遷移。從「泛」到「研」，從讀到寫。瞭解魯迅小說形式發展的類型、魯迅小說閱讀的不同方法、魯迅小說的形式特點並為此提供補充學習文本解讀的支架，比如「敘述

學」分析法。

兩位前輩給了筆者很多啟發與啟示，但尚有疑惑的是，這種課程是否適合我的學生，或者說是否適合絕大部分學生？不難發現，李老師與吳老師所在學校的生源都是當地的拔尖學生，也就意味著兩位前輩的課程對絕大部分普通高中生是潛在拒斥的。

基於此問題，本課程系統化的設置綜合考慮到可能受到國家課程的限制、學習評價的制約以及學情的差異性，所以在課程實施中亦有靈活的伸縮性處理。對於立足教材所挖掘出的主題探討及其相關研讀，是本課程必須達成的教學任務，在「點的深度」基礎上，課時有餘，或是學情較好，即可開展前文所提及的「面的廣度」的拓展閱讀。

所以筆者將在整合教材魯迅選文的基礎上，本著培養學生語文核心素養的價值旨歸，基於學習任務群的考量，依託多樣化的課程模式，綜合國家基礎課程與學校選修課程的設置，構建高中魯迅作品系統化課程。藉助課標所倡導的「群文閱讀」「專題閱讀」「個性化閱讀」「研究型閱讀」的課程實施路徑；從語文教育界到魯迅研究界，援引課外的魯迅資源；聯動常規課堂、閱讀專課、校本課程、課外延讀等閱讀場域，從課堂到課外，在整合與綜合、解構與重構之間，統整魯迅課程資源，優化課程實施方案，共同助力研習魯迅作品系統化課程的落實。

（二）魯迅作品系統化課程方案構想與設計

1. 第一課時：「棄醫從文，立人以文」——重探「魯迅文學」的原點

閱讀《〈吶喊〉自序》、《我怎麼做起小說來》及《魯迅先生年譜》來探尋魯迅文學創作的原點，有助於我們從根源上理解文學之於魯迅的意義。特別要對「棄醫從文」事件辨明，絕大部分中學教師及學生對於魯迅進入文學創作原點的認知是文學革命，其實不然。魯迅第一次的文學嘗試是在日本東京，但以失敗告終，最後回到北京進行十年的「抄古碑」期。文學初實踐的失敗以及北京十年沉默期才召喚了響應文學革命的魯迅。

閱讀《阿Q正傳》(節選)、《藥》，探尋「魯迅文學」的旨歸「立人以文」。從這些篇目的研讀要看到魯迅對國民性的批判，對革命的反思，對「立人」命題的探索。

2. 第二課時：在「鄉土」與「現代」之間——「中間物」的吶喊與彷徨

由魯迅筆下「中間物」知識分子群像的分析（《故鄉》與《祝福》中的「我」、《在酒樓上》中的呂緯甫、《孤獨者》中的魏連殳、《狂人日記》中的狂人、《傷逝》中的涓生）來透視鄉土中國邁向現代中的吶喊與彷徨。

「五四」高潮隨著弄潮兒的熱情退卻及革命形勢的複雜而落潮，那是「眾聲喧嘩」也是「泥沙俱下」的「五四」，魯迅也在這「你方唱罷我登場中」的「口號主義秀」中將中國的革命現狀與現代知識分子群體看得更為真切深刻。「五四」雖未完成「眾望」的歷史使命而「落潮」，卻帶給了魯迅更多自我反思與鬥爭的空間。在 1922 年集結完《吶喊》小說集後，可見其思想氣質也從「吶喊」走向「彷徨」。魯迅在小說集《吶喊》、《彷徨》中通過紛繁多樣的敘述方式，塑造出迥然相異、各具個性且都飽含「中間物」色彩的知識分子群像，展現了他們「在鄉土中國走向現代中國、封閉社會走向世界文明的總體文化背景」中共同的主題——「彷徨」「掙扎」「反抗」。《故鄉》與《祝福》中的「我」、《在酒樓上》中的呂緯甫、《孤獨者》中的魏連殳、《狂人日記》中的狂人、《傷逝》中的涓生等，他們都是「夢醒了無路可走」且精神矛盾的苦痛原型。

3. 第三課時：無地彷徨，反抗絕望——從《野草》到雜文家魯迅的生成

《野草》進一步對自我絕望困境的追問亦是魯迅正視絕望與奮起反抗的精神起點。這「獨語體」的散文詩不再似小說中那樣以隱秘含蓄的方式來呈現自我掙扎，而是直面自我——同樣是在「天上與深淵」「夢境與現實」「一切與無所有」「沉默與開口」「絕望與希望」「生與死」等相反相成的往返辯駁追問中，超脫出「明知前路是墳而偏要走」的「反抗絕望」的人生態度。《影的告別》中彷徨於光明與黑暗間的「影」，那是於「個與群」的鬥爭中掙扎出的「精神個體」。

無數次於絕望深淵中的回眸與掙扎，無數次於寂寞曠野中的「荷戟獨彷徨」，「中間物」們是魏連殳，是呂緯甫；亦是「告別的影」，是自滅的「死火」，是於「無物之陣」中「舉起了投槍」的「獨戰的戰士」，是義無反顧前行的「過客」；更是無畏執著於「走」、以雜文反抗絕望的魯迅。

他不必再做「聽將令」的「遵命文學」，不必再服膺眾數革命的積極號角而為作品平添「亮色的花環」。在這人生與時代之暗黑至極處，在與自我心

靈緊張的爭辯中挣脱出以個體獨立之姿與現實鏖戰、與黑暗搗亂的「蘇生的路」——以獨立個人的雜文寫作直面現實、介入歷史、反抗絕望。這是「真的猛士」對「慘淡人生與淋漓鮮血」的直面，在「絕望的抗戰」中，以絕望為心境，去除了以往樂觀的浮躁；以抗戰為指歸，亦掃除了消極頹唐色彩。不屈執著地「走」在這人間——「以悲觀作不悲觀，以無可為作可為，向前的走去。」這亦是魯迅所說「明知前路是墳而偏要走，就是反抗絕望，因為我以為絕望而反抗者難，比因希望而戰鬥者更勇猛，更悲壯。」個人運命與時代的苦厄遭際雖將魯迅置於心靈緊張惶惑且無地彷徨之絕境，卻也恰恰造就了以筆為刀與黑暗時代搗亂、反抗絕望的雜文家魯迅之生成。

「後五四」的魯迅可謂涅槃重生：確立了獨立個體之決絕的反抗姿態、寧願做些被人「憎惡」的文章，偏要去與「毫無動靜」之無聲中國作對。在與現實交戰的過程中，其雜文不斷開拓著「文學與時代」的深義。他不齒書寫義關宏旨「宇宙的奧義和人生的真諦」；不過是「將我所遇到的，所想到的，所要說的，一任它怎樣淺薄，怎樣偏激」；毫無顧忌地率性書寫——「偏要這樣是有的；偏不遵命，偏不磕頭是有的；偏要在莊嚴高尚的假面上撥它一撥也是有的」，這便是不做旁觀者的雜文家魯迅對虛偽的揭露、決然反抗，不屈於現實的勇猛戰鬥姿態。對彼時「寂寞新文苑，平安舊戰場」的指涉中，魯迅將其視為：「有麻煩的禁令」的「文藝之宮」、「為藝術而藝術」不問世事的「象牙之塔」，更甚以「少出、少動、無衣、無食、無言」的「蝸牛廬」來諷喻中國文藝苟延殘喘毫無生氣之「怪現狀」，對此他個人以獨行者的姿態將生命投注於切近時代現實的雜文寫作，呼喊走向「十字街頭」，掙扎且戰鬥著的文學。

4. 第四課時：「取今復古，別立新宗」——魯迅的文學文化觀

集中聯讀《拿來主義》、《文化偏至論》、《摩羅詩力說》，可概括出魯迅的基本文化觀：「外之既不後於世界之思潮，內之仍弗失固有之血脈，取今復古，別立新宗，人生意義，致之深邃，則國人之自覺至，個性張，沙聚之邦，由是轉為人國。」課外拓展閱讀《故事新編》，體會魯迅實驗先鋒式的歷史小說如何重審中國傳統文化。

5. 第五課時：文藝實驗探索的先鋒

宏觀地立足於魯迅的文學創作，來思考魯迅文學創作在藝術上的探索價值。如《吶喊》篇篇獨具特色的小說結構與形式；《彷徨》中的「歸去來」知

識分子回鄉模式；《故事新編》中將歷史與現實雜糅的戲仿批判；散文詩集《野草》中跨文體的實驗與極具魯迅特色的陌生化語言；卷帙浩繁的雜文寫作對「文學」概念的開拓……這都是開展此課時研習的角度。

6. 第六課時：學者魯迅管窺——《中國小説史略》

自讀《中國小説史略》，梳理作者從文體演進的角度，所勾勒出的中國小説發展進程，對中國小説從醞釀、發生、發展到成熟的過程進行的系統梳理；瞭解其對中國古代小説全面地進行的類型研究，對每類小説的淵源與流變進行的系統的考述。

細品《中國小説史略》中常採用比較研究的方法評析小説的藝術成就。如評《紅樓夢》說，「全書所寫，雖不外悲喜之情，聚散之跡，而人物事故，則擺脫舊套，與在先之人情小説甚不同」「至於說到《紅樓夢》的價值，可是在中國底小説中實在是不可多得的。其要點在敢於如實描寫，並無諱飾，和從前的小説敘好人完全是好，壞人完全是壞的，大不相同，所以其中所敘的人物，都是真的人物。總之，自有《紅樓夢》出來以後，傳統的思想和寫法都打破了」。

7. 第七課時：當代大眾的魯迅接受調查——我們當下閱讀魯迅的意義

通過前六次以魯迅文本「回到魯迅」的研讀對魯迅有了較為全方位的瞭解與體會，此時我們應當注目當下，將魯迅還原至當下時代境遇，思考我們是否還需要魯迅？可從學者錢理群關於後疫情時代魯迅價值的論斷以及汪輝認為魯迅是「反現代性的現代人物」等學術角度入手；亦可從信息時代、娛樂至死、消費至上的時代語境對有關魯迅的大眾接受展開調查。力求立足於真實的問題與真實的調研，從當下現實生活找到魯迅的價值，並結合「當代文化生活參與」學習任務群的指引，形成文字調研報告。

8. 第八課時：在解構與建構之間：我之魯迅觀寫作

最後一課時是檢驗學生經過前七個系列課程學習的成果作業。學生通過本課程可解構原有對魯迅的概念化認知，通過研讀大量而廣泛的魯迅文本，即可逐漸重新建構出一個新的魯迅形象，當然每個人的構象又是個性化的。所以在課程結束之時，要求學生以我手寫我心中的魯迅，可以是立足於魯迅作品的研習批評，要做到學術求真；也可以是閱讀魯迅的心靈感悟，要做到聯繫時代與個人，要有真情實感。

四、反思：教師如何更好地教魯迅

「新教材」中的「新魯迅」究竟應如何進行系統化教學，我認為還有要以下認知與思考：

其一，在當今解構一切的時代，堅持語文本位語境中魯迅闡釋的價值導向尤為重要。過去對魯迅刻板認知過於深重，乃至難以擺脫而形成真正進入魯迅的障礙。所以很多解讀文章試圖打破、拋棄、解構魯迅刻板認知中的形象。但我們需要警惕的是對「政治魯迅」「革命魯迅」「批判魯迅」一味的拒斥，政治、革命、階級角度的分析也構成認知魯迅的重要路徑。所以教師要清醒地把握魯迅形象的精神價值內面、可以豐富多元立體、但不可以喧賓奪主。「矯枉不能過正」，不可顛覆推翻，讓中學生明白我們確實需要沉重的魯迅，就必須在中學語文中正確看待魯迅。

其二，是否要在高中魯迅教學中援引學術界的魯迅研究成果？有人認為，高校院所的魯迅研究學者多年的研究往往只是囿於讀者較少的專業論著中，教研分離浪費了雙方資源。也有老師認為，魯迅作為眾所周知的人物，沒有哪位作家像他那樣被廣泛地全面地研究，魯迅作品教學受到的干擾過多。因而現在應當著重研究魯迅作品作為語文教材的教學目標和方式，而不要把學術界的爭論過多地帶入中學教學領域。對於語文與學術的真溝通與真對話，作為語文教師還是可以吸納且為我所用。比如有一線中學語文教學經驗的錢理群教授與王富仁教授對中學魯迅作品教學的研究論著，再比如一線教師的教學魯迅作品的研究心得，還有魯迅研究學者與語文教師的真對話，比如李怡教授與畢於陽老師關於魯迅作品教學的對話錄，都是我們教師可以借鑒的教研資源。

其三，對於閱讀魯迅經典，深淺究竟在何處？有人認為魯迅作品的教學是給學生的精神「打底子」。所以不必讀得過多過深。但我們教師「打底子」的具體教學實施卻多是概念化、模式化教學。誠然閱讀理解魯迅不可能「畢其功於一役」地在基礎教育階段完成，但教師自我若是能建構一個真實、全面、複雜、深刻、深沉而又深邃的魯迅形象，哪怕只是教授教材中的單篇，也依然能旁徵博引，站在魯迅整體的文學與精神發展中來講授「這一篇」。我們不要求學生全部理解、全部接受。在似懂非懂之間，更能夠召喚學生一生閱讀

魯迅的可能。

正如孫郁所言：「魯迅的文字永遠閃爍著生命的輝煌氣象，那轟鳴著的、帶著光和熱的意象，穿過了歷史，穿過了現實，一直向你滾來……魯迅的世界不僅僅類屬個體生命的價值，他更多地承擔著社會與歷史的價值。」（李不逾，2010）這就是我們要學魯迅、讀魯迅的理由。

今天，教師如何更好地教魯迅？我想，我作為一名高中語文青年教師，對魯迅作品教學的探索，一直會在路上。

參考文獻

1. 范雅（2012）：中學教材中的魯迅小說教學研究，重慶師範大學碩士學位論文，頁 13。
2. 何英（2013）：《魯迅語文觀及其實踐》，南開大學博士學位論文，頁 8—9。
3. 李不逾（2010）：真實的魯迅——中國人民大學文學院院長、魯迅博物館館長孫郁教授訪談，《語文建設》，11，頁 12—18。
4. 李怡（2017）：魯迅的語文：有難度的跨越——兼及魯迅之於當代基礎語文教育的價值，《創作與評論》，20，頁 11—16。
5. 李怡、畢於陽（2022）：魯迅的語文：當代中國教育的難度、深度和高度（上），《中學語文教學參考·初中》，1，頁 23—40。
6. 李煜暉（2021）：《高中語文專題教學理論與實踐——以魯迅小說整本書研讀為中心》，北京，教育科學出版社。
7. 錢理群（2012）：和中學老師談魯迅作品教學，《魯迅研究月刊》，1，頁 4—17。
8. 吳泓（2021）：走進魯迅的小說世界——從教材魯迅作品中延伸出的專題學習，《教育研究與評論（中學教育教學）》，1，頁 39—43。
9. 中華人民共和國教育部（2017）：《普通高中語文課程標準》，北京，人民教育出版社。
10. 中華人民共和國教育部（2020a）：《普通高中教科書語文必修》《普通高中教科書語文選擇性必修》，北京，人民教育出版社。
11. 中華人民共和國教育部（2020b）：《普通高中課程標準選修課程用書·中國現當代作家作品專題研討》，北京，人民教育出版社。
12. 中華人民共和國教育部（2020c）：《普通高中課程標準選修課程用書·學術論著專題研討》，北京，人民教育出版社。

"New Lu Xun" in "New Textbooks": Systematic Teaching Research of Lu Xun's Works in High School

PENG, Mao

Abstract

This article takes Lu Xun's works in the high school unified Chinese textbook[2] as the main research object, starting from my high school Chinese learning experience, Lu Xun's academic research experience in college, and then Lu Xun's teaching experience as a high school Chinese teacher, I tried to put aside my "self-attachment" and enthusiasm for "Lu Xun", and slowly switched from the academic perspective of my familiar habits to Lu Xun's position based on high school Chinese textbooks and language classrooms. On the basis of absorbing the experience of diachronic teaching of Lu Xun's works, this paper attempts to construct an overall "new Lu Xun" image in the new textbook through the combing and integration of Lu Xun's works in the new textbook, and then carries out the teaching exploration of implementing Lu Xun's works based on the concept of the new curriculum standard. Following the guidance of the teaching concept of the new curriculum standard, I reflected on how to transform the "Lu Xun experience" I mastered into resources that can help the teaching of Lu Xun's works, hoping to reconstruct a systematic curriculum for the teaching of Lu Xun's works in high schools that is not limited to teaching materials and classrooms but also in line with the teaching philosophy of the new curriculum standards and new teaching materials, and the teaching and learning of Lu Xun's works in high schools in the context of new course standards.

Keywords: *new course standards, new teaching materials, new courses, new Lu Xun, systematic teaching*

PENG, Mao, Shenzhen School of Northeast Normal University Affiliated Middle School, China.

---

[2] The object of this study is "Lu Xun's works in the high school unified Chinese textbook", for the convenience of discussion, it is usually referred to as "Lu Xun's works".

邏輯思維與中學中國語文教學
——以高中寫作教學為中心的討論

黎必信

摘要

　　「邏輯思維」與「創意思維」教學均有助提升學生的寫作表現，目前以後者較受語文教學界重視。據《中國語文教育學習領域課程指引》（2017）所述，中國語文科課程宗旨包括「提高思維能力」，而「思維」亦為學科九大學習範疇之一，並以培養「明辨性思考、分析及解決問題能力」為目標。由此可見，即便課程文件中未有明確提及「議論寫作」，但「邏輯思維」仍為中國語文科的基礎元素，只是在語文教育的討論中未受重視。

　　有見及此，本文將析述「邏輯思維」於現時中國語文教育領域的定位，並以香港考試及評核局公佈的中學文憑試寫作樣本為據，評估本地高中學生寫作的邏輯表現，繼而探討「邏輯思維」訓練可如何結合現行的讀寫教學，望能拋磚引玉，為議題帶來更多討論。

關鍵詞：邏輯思考　中國語文教學　中學生作文　課程設計　寫作教學建議

一、引論

　　高慕蓮、李子健（2002）曾指出中國語文教學的思考教育集中於「抽象思維」「形象思維」及「創造思維」訓練（高慕蓮、李子健，2002，頁 51—56），但就近年語文教學的實踐看來，「創造思維」已成討論焦點，而以「想

黎必信，香港中文大學中國語言及文學系，聯絡電郵：laipitshun@cuhk.edu.hk。

像」「聯想」為重點的「形象思維」訓練則融匯於日常的寫作教學，只有以「邏輯」「推理」為主的「抽象思維」訓練相對薄弱。早在八十年代，不少學者就曾指出本地中國語文教學缺乏足夠「邏輯思維」訓練，因而衍生出不同類型的語文問題[1]，並就此提供不少確切可行的建議，但就現狀看來，建議多未實行。

　　根據現行中國語文的課程及考評文件，「邏輯思維」理應有其「位置」，只是語文教師及學生未予重視。課程方面，現行課程文件於課程宗旨首條提到「提高讀寫聽説能力、思維能力、審美能力和自學能力」（課程發展議會，2017，頁 13），條內以「思維能力」與「讀寫聽説能力」並列，可見兩種能力同受重視。參照該課程文件的定義，「思維能力」包含「明辨性、創造性思考能力和解決問題的能力」（課程發展議會，2017，頁 13），其中「明辨性思考能力」即與「邏輯思維」密切相關，只是課程文件未就此詳細闡釋，恰如黃顯華（2000）所説，課程文件雖有敍述「思維教學」的重要性，卻未有交代落實模式或教學方法等細節（黃顯華，2000，頁 75），導致相關理念缺乏執行方面的考慮；評核方面，考慮到中國語文科的「邏輯思維」主要應用於議論寫作，故筆者嘗試以中學文憑試寫作卷議論寫作題目的評分參考為據，結果亦發現其評分準則的「文體要求」雖有強調「論證須合理，論點和論據須緊密關聯」（《香港中學文憑考試中國語文 2021 試題專輯》，2021，頁 69），而其「上上品」的「入品要求」中亦有「概念精確，論據妥貼，論證嚴密」（《香港中學文憑考試中國語文 2021 試題專輯》，2021，頁 70）等涉及「邏輯思維」的標準，但這些要求均非考核重點，並未獨立成為評分項目。在本地「考試主導」的學習風氣下，學生不見得就因此看重「邏輯思維」訓練。事實上，近年的

---

[1] 關於邏輯與寫作教學的研究較多集中於八九十年代。筆者以「邏輯」為搜尋關鍵詞，共於香港教育大學圖書館的「香港教育文獻數據庫」搜尋得 17 筆資料，其中以中國語文科或寫作教學為主題的共六篇，依次為 1. 鄧仕樑〈邏輯與寫文章的關係——怎樣用實例跟初中學生談思維與表達的問題〉，《語文教育學院學報》，第 1 期（1985），頁 22—26；2. 周漢光〈如何糾正中學生造句的邏輯錯誤〉，《香港中文大學教育學報》，十五卷第一期（1987），頁 68—75；3. 王晉光〈中學生作文卷裏的邏輯語病〉，《中國語文通訊》，第 21 期（1991），頁 19—25；4. 鍾嶺崇〈中學中國文科中的思維能力培養〉，《何去何從？關於九十年代語文教學、培訓課程的策劃、管理與執行問題：語文教育學院第六屆國際研討會論文集》，（香港：香港教育署，1991 年），頁 138—147；5. 楊熾均〈邏輯思維和寫作教學〉，《教育學報》第 22 卷第 2 期（1994），頁 345—353；6. 謝錫金〈香港學生寫作的思維過程：暫停的種類和功能〉，《教育研究學報》，第 11 卷第 1 期（1996），頁 52—72。

考評文件已明確指出本地學生過於依賴「舉例論證」[2]，認為「論據」的數量較「論點」與「論證」的建立更為重要，致令背誦例子儼然成為議論寫作訓練的要務，「邏輯思維」訓練相對下自然不受重視。

「邏輯思維」為中國語文科課程及評核的基本元素，卻未受前線教師及學生重視。這種理念與實踐的失衡會否影響學生的寫作水平？兩者的落差是否需要彌縫？又當如何彌縫？正是本文希望探討的問題。本文將以高中中國語文科為研究焦點，先從香港考試及評核局公佈的「中學文憑試‧中國語文科‧卷二」（案：下稱《文憑試寫作卷》）的試卷樣本中考察本地高中學生寫作的邏輯問題，繼而析述其問題根源，並據此探討「邏輯思維」訓練可如何結合於現行的讀寫教學，期望能拋磚引玉，引起學界關注議題。

二、從試卷樣本觀察本地高中學生寫作的邏輯水平

筆者無意否定本地高中生能寫出論點合理、結構工整的議論文章，但構思及行文是否展現嚴密「邏輯思維」則作別論。以往周漢光（1987）、王晉光（1991）、楊熾均（1994）曾歸納本地學生寫作的邏輯問題，取樣範圍廣泛，大致反映八九十年代學生寫作的邏輯水平。本文以近年高中學生為研究對象，取樣為香港考試及評核局公開發佈的 2016—2021「中國語文科‧卷二‧寫作卷」議論文題目的第五級「考生表現示例」及「額外示例」。[3] 第五級為公佈示例的最高等級，其整體水平理應高於其他等級的示例，但其水平不一定等同當屆考生的「最佳表現」。理論上此類示例的邏輯表現若未如理想，則其餘等級示例的表現理應更差。[4]

---

[2] 中學生普遍以背誦例子為備試手段，並以「舉例／引例論證」用為議論寫作的唯一論證方式，這種情況在近年似乎轉趨嚴重，故考評局近年於評分標準須加入「論説文論説方式眾多，舉例說明只是手法之一，並非必須列舉例子說明」作說明。然而，這種以「論據」優先的議論文寫作方式早已植根於本地學生，短期內難以改變。詳參《香港中學文憑考試中國語文 2021 試題專輯》，頁 69。

[3] 本年度（2022）中學文憑試中國語文科考試雖已完成，並已發放成績，但試題專輯至截稿前尚未出版，截稿前亦未公佈試卷樣本，故未能納入考察範圍。

[4] 本文以中學文憑試試卷樣本為例考察本地學生的語文及邏輯水平，其研究方法借鑒了前輩學者黎少銘〈2012—2017 中學文憑試（DSE）作文考卷病句探討——從語法角度出發〉一文，但本文因篇幅所限，故集中以試卷樣本中最高等級的第五級示例為研究對象。黎少銘論文見錄於施仲謀、何志恒主編《中國語文教學新探》（香港：商務印書館，2019 年），頁 51—79。

以往研究較常以「概念」「判斷」及「推理」等邏輯形式歸類學生寫作樣本的邏輯問題。這種分類本無不妥，但下文擬改循「立論」「表述」及「分析」等三種較傾向語文範疇的概念歸納寫作樣本的邏輯問題，並藉助「語理分析」[5]及「邏輯謬誤」[6]的術語輔助說明，望能扼要剖析本地高中生寫作的邏輯水平。

附表：早期學者整理的本地學生邏輯問題類型

著者 / 論著及其年份	邏輯問題的類別
周漢光 /《如何糾正中學生造句的邏輯錯誤》（1987）	中學生寫作最常犯的邏輯錯誤，以概念不明確、判斷時不遵守思想規律、句子相關概念配合等不恰當、在句子中用錯判斷量詞和聯繫詞，以及行文時錯用了判斷形式等幾方面最為普遍。（周漢光，1987，頁 68—75）
王晉光 /《中六學生作文卷裏的邏輯語病》（1991）	1. 定義錯誤；2. 概念不明；3. 概念混淆；4. 概念贅餘；5. 自相矛盾；6. 聯言不當；7. 並列不當；8. 輕率概括；9. 模棱兩可。（王晉光，1991，頁 19—25）案：以上僅為筆者歸納，非原文引錄。
楊熾均 /《邏輯思維和寫作教學》（1994）	就個人經驗所及，學生作文中常犯的邏輯錯誤，大致是 1. 概念不明確，這包括概念的含糊、重複、並列不當、劃分不清、限制不妥、概括不宜、定義不準等；2. 判斷不恰當，這包括多重否定不當、自相矛盾、模棱兩可等；3. 推理不合邏輯，包括推斷無據、以偏概全、理由欠充足等。（楊熾均，1994，頁 345—353）

（案：周漢光與楊熾均大致以「概念」「判斷」及「推理」三方面歸納行文的邏輯問題，而王晉光分類雖亦涉及「概念」等邏輯形式，但相對較著重以語文知識輔助區別錯誤類型，故三位前輩學者的分類同中有異。）

（一）立論

議論寫作的「立論」主要體現在「中心論點」及「分論點」，為作者對論題的看法、判斷、立場或意見。前線教師批改作文時，慣以「有深度」「考慮周全」「思考成熟」等評語肯定「立論」，著眼點正是學生對論題的邏輯思考

---

[5] 李天命於《哲道行者》中曾為「語理分析」作出以下定義：「語理分析旨在釐清思想，釐清對問題的思考——透過釐清有關的語言概念令思維明晰。語理分析的工作包括：界定問題，闡明關鍵用語，澄清判斷和論證，以及廓清有害於確當思考的語言概念上的弊病。」李天命《哲道行者》（香港：明報出版社，2009），頁 108。

[6] 李天命將「謬誤」界定為「思維方式上的錯誤」（頁 127），並提出「不一致」「不相干」「不充分」及「不當預設」等「四不架構」。參李天命《哲道行者》，頁 126—142。

結果。惟就寫作樣本所見，部分考生對論題的提煉較為粗疏、思考亦流於片面。試看以下例子：

例 1

> 題目：有人認為「傳統往往是創新的包袱」。試談談你對這句話的看法。
> （《文憑試寫作卷》2016）

　　「李小龍先生之創截拳道，將武術的實用性結合視覺上的華麗搬到銀幕之上，使中華國術發揚光大，**可謂創新矣。然則沒有習練過詠春拳、北派空手道、柔術等傳統武術的話，又豈有生榮死哀的李小龍？**可見創新實須建基於傳統之上。」[7]

行文的「立論」須就「論題」提出，故考生若錯解或誤解「論題」的關鍵字詞，「立論」就易有偏差。以上引段落為例，文中以「詠春拳、北派空手道、柔術等」為「傳統武術」，並認為李小龍的成功建基於此類「傳統武術」，只是按常理區別，「空手道」「柔術」相對「截拳道」只能算「舊」，難以視為「傳統」。且從文意看來，「空手道」「柔術」似更接近於李小龍自創武術的「技術基礎」，而未見「傳統」所應具備的文化及歷史涵義。倘讀者遵循上述思路，凡為「舊」「過去」或「基礎」皆視為「傳統」，豈非要將「走路」視為「跑步」的「傳統」？又是否要將「學前教育」視為「中小學教育」的「傳統」？這種推演顯然不合理。「基礎」知識或技術必然對後續發展有其價值，這已屬常理。若「基礎」與「傳統」同義，則論題亦無討論必要[8]，可見作者對「傳統」的理解稍有偏差。然而，即便作者未有誤解論題，但若根據錯誤前提開展論點，又或思考觀點時僅提出偏頗觀點，均可視為邏輯問題，如以下一例：

---

[7] 香港考試及評核局（2016）：「中國語文科卷二第三題第五級示例一」，檢自 https://www.hkeaa.edu.hk/DocLibrary/HKDSE/Subject_Information/chi_lang/2016-Sample-CHI-Paper2.pdf，檢索日期：2022 年 8 月 22 日。

[8] 這種錯解或誤解「傳統」的情況，在當屆的《文憑試寫作卷》應頗為常見。當年的試卷報告提到「部分考生以為凡是舊的事物即為『傳統』，以至整個論說較為表面，而引用的例子也沒有說服力。歸根究底，可能因為傳統必然是舊的，可是並非所有舊的事物也是傳統，部分考生未能分辨此中的分別，以致未能具體說明『傳統』的特徵。」參《香港中文文憑考試中國語文 2016 試題專輯》（香港：香港考試及評核局，2016 年），頁 105。

例 2

> 題目：俗語説「萬般皆下品，惟有讀書高」，也有人説「讀書無用」。試寫作文章一篇，談談你對「讀書無用」的看法。」（《文憑試寫作卷》2019）

分論點一：讀書是最直接汲取知識的方法⋯⋯

分論點二：讀書有助我們瞭解自身的不足，從而有所進步⋯⋯

分論點三：讀書有助我們尋回分辨是非的心⋯⋯[9]

筆者無意否定讀書能達至上述效果，但問題在於讀書是否「必然」達至上述效果呢？這至少得取決於「讀甚麼書」「怎樣讀書」等條件。直觀的反駁是所讀之書若盡為不良刊物，是否就能如分論點一所言「直接汲取知識」？又或讀書者缺乏自省之心，那又是否單憑讀書就能做到分論點二、三所言「瞭解自身的不足」「尋回分辨是非的心」？「或然」不等同「必然」，至少論述時應一併考慮其他前提及條件，方可予人客觀之感。若考生只著眼「看好書」或「有志讀書者」於讀書過程的作用，忽視現實中有人草草讀書、疏於自省，論述即有偏頗，從而出現「語理分析」層面的「不當預設」。[10] 這種「立論」的偏頗亦可見諸具體現象的理解，如以下一例：

例 3

> 題目：有人認為：「富足的物質條件有利孩子成長。」你同意嗎？試撰文一篇，論述你的看法。（《文憑試寫作卷》2021）

「富足的物質條件有助孩子擴闊眼界，吸收更多的知識。例如海外遊學活動或到世界各地遊歷，都能擴闊孩子的知識面。他們通過遊歷，學習各處的文化歷止（史），打開眼界，甚至從中結交新朋友，不只是生活在小圈子。<u>至於物質條件不足的孩子，長期身處在生活的小圈子中，甚至要兼職打工幫補</u>

---

[9] 香港考試及評核局（2019）：「中國語文科卷二第三題第五級示例一」，檢自 https://www.hkeaa.edu.hk/DocLibrary/HKDSE/Subject_Information/chi_lang/2019-Sample-CHI-Paper2.pdf，檢索日期：2022 年 8 月 22 日。

[10] 梁光耀《思考之法》對「不當預設」曾有以下定義：「此類謬誤包含了不適當的預設，除了混合問題之外，其他都預設了前提為真，所以也可視之為錯誤的推論；但跟不相干和不充分謬誤中的錯誤推論不同，因為在不相干和不充分謬誤中，即使前提為真，也不能支持結論。」參梁光耀《思考之法》（香港：天地圖書公司，2020 年），頁 145。

家計，無閒學習各類課本外的知識。」[11]

例 3 的考生認為生活富足的孩子能通過海外遊歷等活動拓闊眼界，而物質條件不足的孩子則因忙於幫補家計而「無閒學習各類課本外的知識」。這種情況在現實生活固然存在，但即如該考生所說，物質條件不足的孩子需要兼職幫補家計，箇中獲得的工作經驗難道就不能拓闊眼界？知識不一定來源於書本，眼界亦可藉著「幫補家計」的經歷拓展，只是上引段落斷然否定後者，理解上顯然有失偏頗。該考生於後文續寫道：

「然而，許多富有家庭的孩子，誤以為擁有豐富物質條件是理所當然。**他們以為有享不完的物質，對金錢沒有限度，便不思（進）取，不斷浪費，成為眾人口中的『敗家子弟』。**」

就現實所見，不少具備物質條件的孩子長大後同樣有不俗發展，以至社會曾出現「贏在起跑線」「成功在父幹」等話題，何以「富二代」就必然會成為「不思進取，不斷浪費」的「敗家子弟」呢？這定性似乎過於主觀。事實上，當屆「試題專輯」亦指出「考生的推論普遍較為粗疏，認為有富足的物質條件，孩子定必炫富，定必成為『敗家子』；而貧窮家庭就一定能培養出有毅力與勇敢的孩子。」（《香港中學文憑考試中國語文 2021 試題專輯》，2021，頁 93）可見同屆不少考生皆有類似「偏見」，偏頗的論述自然也不符合基本的邏輯要求。

以上連舉數例，旨在證明立論層面的邏輯問題並非個別年份的情況。論題的關鍵詞或重要概念一旦未能準確定義或定性，推論自然有所偏差。此外，立論亦不應有所偏頗，作者立論前應從不同角度思考論題，並兼顧不同角度、不同層面以至不同立場的多元因素，方能展現嚴密的邏輯思考。

（二）表述

《文憑試寫作卷》評分標準設「表達」一欄，並以「用詞精確、豐富，文句精練；表達手法純熟靈活，論說效果突出。」為「上上品」的「入品要求」（《香港中學文憑考試中國語文 2021 試題專輯》，2021，頁 70），只是「論說效果突出」一說較為空泛，亦未有將遣詞用字的要求扣連於邏輯，粗看之下

---

[11] 香港考試及評核局（2021）：「中國語文科卷二第三題第五級示例一」，檢自 https://www.hkeaa.edu.hk/DocLibrary/HKDSE/Subject_Information/chi_lang/2021-Sample-CHI-Paper2.pdf，檢索日期：2022 年 8 月 22 日。

與一般文章的要求無異。事實上，「邏輯思維」需要藉助表述呈現，故行文的遣詞用字若有偏差，亦將影響其析述內容的合理性。試看以下一例：

例 4

> 題目：俗語說「萬般皆下品，惟有讀書高」，也有人說「讀書無用」，試寫作文一篇，談談你對「讀書無用」的看法。（《文憑試寫作卷》2019）

> 「**只有**透過讀書，人們**才會**在閱讀不同作者的觀點時瞭解到別人與自己的差異，**亦能**透過別人的想法來啟發自我，透過比較不同的觀點，能達到求同存異，把自己的想法改變，**也可以**找出自己所擁有的疑難的解決方法，從而更上一層樓。」[12]

例 4 考生嘗試以「條件複句」陳述觀點，更使用「只有」與「才會」的搭配構成「必要條件句」。[13] 按常理推斷，人不一定要「讀書」才能瞭解自己、啟發自己及找到解決困難的方法，上述說法無疑將「讀書」視為上述各項的「必要條件」，語意上包含「不滿足這個條件，就不會產生後續分句說出的結果」這重意思[14]，令觀點變得武斷，其邏輯問題正緣於「條件複句」的誤用。又如以下一例：

例 5

> 題目：有人認為「傳統往往是創新的包袱」。試談談你對這句話的看法。
> （《文憑試寫作卷》2016）

> 「人非生而知之者，然而欲要創新，就必須要具備一定知識作為根基，人既不『知之』，便需要『學之』。從何而學？從前人所知而學，前人所知為何

---

[12] 香港考試及評核局（2019）：「中國語文科卷二第三題第五級示例一」，檢自 https://www.hkeaa.edu.hk/DocLibrary/HKDSE/Subject_Information/chi_lang/2019-Sample-CHI-Paper2.pdf，檢索日期：2022 年 8 月 22 日。

[13] 所謂「條件複句」，意指「前行分句說出某種條件，後續分句從該條件推出結果」，但引句使用「只有⋯⋯才⋯⋯」連接分句，故在語義上屬於「必要條件句」，即「前行分句說出的是必要條件，不滿足這個條件，就不會產生後續分句說出的結果」。語氣上相對一般條件複句更為絕對，筆者認為不太應用於引例的內容。關於「條件複句」及「必要條件句」的定義，參邵敬敏主編《現代漢語通論》（第二版）(上海：上海教育出版社，2007 年)，頁 247。

[14] 同上註。

物？**答案不宣而至。**」[15]

引文分句的邏輯層層遞進，理路清晰，但末句以「不宣而至」為結論「留白」，令語意變得曖昧。[16] 假使讀者與作者思路不一致，未有將段內「前人所知為何物」理解為作者暗示的「傳統」，論證就無從建立。須知作者與讀者思考同步應是論證的「結果」而非「過程」[17]，這種表述在缺乏充分論證下容易造成語理的歧義，影響行文的邏輯水平。除此以外，表述的邏輯問題亦可源於行文充斥多餘的字詞，試看以下兩例：

例 6

> 題目：俗語說「萬般皆下品，惟有讀書高」，也有人說「讀書無用」，試寫作文一篇，談談你對「讀書無用」的看法。（《文憑試寫作卷》2019）

「每一個人的知識都有限，但人往往不瞭解自己的弱在那（哪），不知道自己不懂得甚麼，從而**故步自封、原地踏步，毫無改善。**」[18]

例 7

> 題目：試以「送禮之我見」為題，寫作文章一篇。（《文憑試寫作卷》2020）

「另外，送禮亦會出現形式化的問題，例如：我們每年農曆新年、聖誕節，因為習慣的影響、普天同慶的氣氛下影響，而胡亂買下一些禮物送給別人，**這些送禮行為的確沒有意義，甚至造成浪費，製造不必要的垃圾、廢**

---

[15] 香港考試及評核局（2019）：「中國語文科卷二第三題第五級示例一」，檢自 https://www.hkeaa.edu.hk/DocLibrary/HKDSE/Subject_Information/chi_lang/2016-Sample-CHI-Paper2.pdf，檢索日期：2022 年 8 月 22 日。

[16] 據李天命的定義，「意義不明、迷糊不清，以致容易引起誤導或造成思想混亂的字詞、片語、句子、段落等」都可歸入「語意曖昧」。上文所述例子將原可直接道出的觀點變成「不宣而至」，任憑讀者自行「填空」，容易導致思想混亂，故亦屬「語意曖昧」之例。「語意曖昧」定義參李天命《哲道行者》，頁 110。

[17] 筆者估計這種表述與「反問」辭格相關，不少前線教師教授議論寫作技巧時都會提議學生使用「反問」，並提出「反問」可加強文章氣勢等好處。然而，「反問」理應是在完成論證後，用以加強氣勢，而不能將「反問」取代局部的論證過程，否則就會出現同樣的問題。

[18] 香港考試及評核局（2019）：「中國語文科卷二第三題第五級示例一」，檢自 https://www.hkeaa.edu.hk/DocLibrary/HKDSE/Subject_Information/chi_lang/2019-Sample-CHI-Paper2.pdf，檢索日期：2022 年 8 月 22 日。

物。」[19]

表述簡練原屬語文範疇的要求，但要有效表達邏輯，精準的表述顯然較拖沓的文字更為有力，但從上述兩例所見，例 6 述及「故步自封」後，隨即加入語義相近的「原地踏步」「毫無改進」；又如例 7 既已表明胡亂送禮「沒有意義」，何以仍要追加「造成浪費」「製造不必要的垃圾、廢物」等語義相近的措辭？或許學生誤以為這種表述有助營造「氣勢」，其應用類近於「排比」辭格，但有效的「排比」應著眼於「結構相似」「語氣一致」的語句連續使用，而不是內容相近的空話無故重複（唐松波、黃建霖，1994，頁 356—357）。李天命教授曾將此類表述歸類為「語害」，視為邏輯上的「言辭空廢」[20]，應用於議論寫作中將影響行文的邏輯表現。

（三）分析

《文憑試寫作卷》樣本的邏輯表現也直接體現於行文的「分析」過程。考生能否「依照客觀的法則或原則，有目的地由已知推至未知」[21]，繼而遊說讀者信納文章提出的觀點，「邏輯思維」正是箇中關鍵。然就筆者觀察所見，本地學生普遍依賴「舉例論證」或「引例論證」作為主要分析方法，較少藉助其他論述方法展現論點背後的邏輯。這種現象本不會影響分析的邏輯水平，但學生若過分依賴例子，甚或唯多是務，而未留心例子與觀點是否扣連[22]，則會

---

[19] 香港考試及評核局（2020）：「中國語文科卷二第三題第五級示例一」，檢自 https://www.hkeaa.edu.hk/DocLibrary/HKDSE/Subject_Information/chi_lang/2020-Sample-CHI-Paper2.pdf，檢索日期：2022 年 8 月 22 日。

[20] 李天命曾將「有害於恰當思考的語言概念上的弊病」稱為「語害」，而「言辭空廢」正是「語害」之一。「言辭空廢」定義之一，就是說話本身沒有「信息內容」。據此定義，上文所舉各例以不同字眼表達相同意思，某程度亦是沒有為文句增加「信息內容」，因而可歸入「言辭空廢」一類。「語害」及「言辭空廢」定義參李天命《哲道行者》，頁 108—109、117—118。

[21] 此為「邏輯思考」定義之一。定義參雙語詞彙、學術名詞暨辭書資訊網引述張文華《教育大辭書》，檢自 http://terms.naer.edu.tw/detail/1315691/，檢索日期：2022 年 8 月 30 日。

[22] 坊間不少教科書及補習社筆記均設有「例子天書」一類內容，詳列大量古今中外的名人事例供學生背誦。由於這類「例子天書」著重於交代例子的資訊，未能充分說明應用例子時的注意事項，故學生使用例子時有偏差。當然，從心理角度看，不少考生試前都花費大量時間背誦例子，故即使例子未必切合論題，但仍會牽強附會，以免所耗費的時間變成「沉沒成本」。

令分析出現前後文「不相干」[23] 問題。試看以下一例：

例 8

> 題目：俗語說「萬般皆下品，惟有讀書高」，也有人說「讀書無用」，試寫作文一篇，談談你對「讀書無用」的看法。（《文憑試寫作卷》2019）

「以香港的首富李嘉誠為例，雖然他只有小學的學習程度，卻是長實集團的創辦人，別人可能認為他低學歷卻能成功是聰明，但**又有多少人知道他天天埋頭苦幹，在自學英語呢**？面書的創辦人朱克伯格停學創立面書，看似沒有大學學位也能成功，但**他在創立交友平台時不斷鑽研有關電腦程式的書籍，從而改進，才能成立全球最大的社交網絡。**」[24]

例 8 嘗試以李嘉誠及朱克伯格為例說明「讀書」的重要性，但從現實看來，「讀書」不見得為李嘉誠及朱克伯格事業的成功關鍵，要說兩人的成功建基於此，似乎仍需更多佐證。以考生筆下的李嘉誠為例，憑藉「讀書」而習得良好英語固然有助他開拓事業，但單憑英語能力是否就能在商界成功呢？從現實的商業競爭看來，「眼界」及「判斷力」等因素似乎更為重要；又如考生指朱克伯格藉著「讀書」掌握電腦程式寫法，但全球以自學掌握電腦程式寫法的人不少，何以只有朱克伯格名成利就？電腦程式的寫法是不少人的常備知識，但如何設計貼心的軟件，如何以科技抓住機遇，似乎不是單憑「讀書」就可做到。例 8 的考生強行將兩者的成功歸因「讀書」而未清晰交代箇中理由，令論點與論據缺乏邏輯關連，造成「不相干」問題。再如以下一例：

例 9

> 題目：試以「送禮之我見」為題，寫作文章一篇。（《文憑試寫作卷》，2020）

---

[23] 所謂「不相干」，意即推論過程涉及的論述元素並無必然關係。梁光耀《思考之法》曾為「不相干謬誤」定義謂：「大部分不相干的謬誤都是錯誤的推論，錯誤的原因是前提跟結論沒有關係，前提對於結論的支持等於零。雖然沒有邏輯上的關係，但容易使人產生心理上的聯繫。」詳參梁光耀《思考之法》，頁 126。

[24] 香港考試及評核局（2019）：「中國語文科卷二第三題第五級示例一」，檢自 https://www.hkeaa.edu.hk/DocLibrary/HKDSE/Subject_Information/chi_lang/2019-Sample-CHI-Paper2.pdf，檢索日期：2022 年 8 月 22 日。

「中國人是重禮的民族，常常到『禮尚往來』、『禮多人不怪』之說，所以送禮的行為應該是量力而為，適可而止。」[25]

例9引用「禮尚往來」及「禮多人不怪」帶出「送禮的行為應該是量力而為，適可而止」的觀點，但「禮尚往來」意指別人以禮相待，自己也應以禮回報，而諺語「禮多人不怪」則指對人多行禮義，別人不會怪罪自己，顯然兩句意思上均與「量力而為，適可而止」的結論「不相干」，引文對觀點並無說明或印證作用。此類例子於樣本中所在多有，反映了前文論及本地學生寫作議論文時的主流誤解，即以「論據」之量重於「論點」「論證」之質。這種誤解很可能就是本地學生普遍不重視「邏輯思維」訓練的原因。

「舉例論證」及「引例論證」雖為最常見的論證方法，但少部分考生仍選擇以文字呈現分析過程，只是這類分析文字亦不時出現「跳躍過大」或「自相矛盾」等問題，思路的推進過程有欠嚴謹。試舉以下一例：

例 10

題目：試以「送禮之我見」為題，寫作文章一篇。（《文憑試寫作卷》2020）

「送禮的意義重大亦有其正面價值……大時大節，特別是中國的農曆新年，到對方家庭拜年，都會送上年盒、糖果、糕點，寓意將歡樂、甜蜜帶到對方家中，足見送禮於不同場合、關係中都起了潤澤的正面作用。」[26]

考生於上述引文提出送禮有助潤澤人際關係，特別是在傳統喜慶節日，送禮尤具意義，可話鋒一轉，考生即在後文中續寫道：

承例 10

「另外，送禮亦會出現形式化的問題。例如，我們每年農曆新年、聖誕節，因為習俗的影響，普天同慶的氣氛下影響，而胡亂買下一些禮物送給別人。這些送禮的行為的確沒有意義，甚至造成浪費，製造不必要的垃圾、

---

[25] 香港考試及評核局（2020）：「中國語文科卷二第三題第五級示例一」，檢自 https://www.hkeaa.edu.hk/DocLibrary/HKDSE/Subject_Information/chi_lang/2020-Sample-CHI-Paper2.pdf ，檢索日期：2022年8月22日。

[26] 香港考試及評核局（2020）：「中國語文科卷二第三題第五級示例一」，檢自 https://www.hkeaa.edu.hk/DocLibrary/HKDSE/Subject_Information/chi_lang/2020-Sample-CHI-Paper2.pdf ，檢索日期：2022年8月22日。

廢物。」

　　同樣是農曆新年，同樣是喜慶日子，但在此處「送禮」卻被認為是氣氛影響下的不理性行為。筆者也認同無謂的「送禮」會造成浪費，但問題在於前文既已肯定「送禮」在喜慶日子的正面作用，何以後文再以相同節日為例提出相悖觀點？「邏輯思維」固然講求正反兼備的通盤思考，然若將分析形諸文字，則應注意前後文給予讀者的觀感。以上述段落為例，考生是否可考慮改以其他節慶為例，去說明過度送禮造成浪費的問題，以避免給予讀者前後文「不一致」的印象。尤以兩段文字距離不遠，正反觀點均以同一節日說明，讀者倘未理解，就很容易認為文章「自相矛盾」，從而影響文章的邏輯表現。

（四）觀察結果

　　就上文分析所見，本地學生的議論寫作仍有若干種邏輯問題。究其原因，筆者認為問題根源不全在語文能力不足，而在於考生的輕率「心態」。本地學生撰寫議論文章時，每以內容豐富、例子眾多是務，鮮有顧及內容是否符合邏輯，甚至將「不相干」的「論據」套用於分析過程，誤以為單憑「論據」之「量」即可獲取高分，而較少著眼於「論據」與「觀點」的邏輯扣連，因而影響作品呈現的思想水平；與此同時，不少本地學生誤以為議論寫作毋須講究措辭，絕少像撰寫描寫、抒情文章般斟酌篇中用詞，因而令表述有「語意曖昧」或「言辭空廢」等語理層面的邏輯問題；此外，本地學生對議論寫作的文體要求理解似有偏差，如議論寫作原應說服他人信納自己的觀點，故寫作時多有虛擬的「遊說對象」，而不是「自說自話」，但就筆者所見，部分考生似乎本末倒置，於說服讀者信納觀點前，先已假定讀者與自己的想法同步，以致未仔細析述論點的推論過程，亦未有從讀者角度考慮論述是否偏頗，因而造成邏輯缺口，影響文章說服力。

三、如何在寫作課加入「邏輯思維」訓練？

「邏輯思維」雖對敘事、抒情、寫景文章的寫作均具作用[27]，但直觀上似乎只適用於議論寫作。在現行《文憑試寫作卷》設題模式下，學生亦不一定要選擇議論性質的題目作答。若要他們投放額外時間於未必能用上的「邏輯思維」訓練，恐怕並不容易。關於「邏輯思維」與「語文學習」的結合模式，鄭桂華（2021，頁30）曾根據中國內地早年的實踐經驗總結出三個開展方向：

> ——以整個語文學習活動為研究對象來建構知識體系和學習內容，以語文素養整體提高帶動思維品質提高；
> ——聚焦於寫作活動，以寫作活動過程中涉及的知識框架來建構學習內容，使寫作水平與思維能力互相促進；
> ——聚焦於思維活動本身，以思維學科知識為線索建構學習內容，直接促進思維品質的提升。（鄭桂華，2021，頁30）

就筆者理解，教育局的課程文件將「思維」設定為中國語文科的「課程宗旨」及「學習範疇」，操作上接近上述第一種開展方向，即是在語文教學中同步提高思維品質，但不刻意區別兩者。周漢光（1987）早年主張加強「範文教學」以提升文章的邏輯水平，其理念亦建基於此，但這種操作顯然成效不彰（周漢光，1987，頁68—75），方才造成寫作樣本所反映的問題。考慮到「聚焦於思維活動本身」本質上不應是語文課程的重點，「聚焦於寫作活動」的開展模式應為較合理的開展方向。鍾嶺崇《中學中國語文科中的思維能力培養》曾就此捑出以下建議：

1. 制訂「校本課程」，各校自編教材；

2. 教師個別借鏡內地邏輯課本，以及坊間的趣味邏輯書刊，設計教材及練習；

3. 不講邏輯知識，不講述語，著重鍛煉釐清概念、推理、判斷能力，以

---

[27] 陳耀南《漢語邏輯學》曾提及：「敘事說理的文字，固然要合邏輯；即使抒情寫景，藝術成分較濃、講究所謂『積極修辭』的，雖然往往有誇張、渲染、類比等技巧，但也不能違背人心所同然的『理』。」參陳耀南《漢語邏輯學》，頁18。

收實效為主。（鍾嶺崇，1991，頁 138—147）

　　以上建議主要針對八十年代的中學生提出，但現時中學生的學科劃分更為複雜，功課及考試壓力亦更大，故第 1、2 項建議恐怕難以實踐，而第 3 項建議強調「實效」，切合當前的學習風氣，不失為折衷方法。筆者認為教師應著重協助學生建立「邏輯思維」的「自覺意識」，藉此糾正學生對議論寫作的錯誤理解。為此，現行議論寫作的教學與評核均需稍作改變：教學方面，教師講授議論寫作時可適量引介「語理分析」及「邏輯謬誤」的基礎知識，並摘錄學生習作的句段為例輔助說明，藉以培育學生「檢查」及「修訂」行文邏輯問題的能力，毋須刻意為「邏輯思維」額外增加課時或另立教學單元，而是在講解基礎的邏輯知識後，將「實踐」及「應用」部分融匯於原有的寫作教學或文章講評中，讓學生自行在閱讀或評價不同文章時「領悟」及「鞏固」所學[28]；評核方面，教師在批改議論寫作時更著力標示行文的邏輯問題，但這不代表要巨細無遺地標示全部邏輯問題，而只須標示作品中較為明顯的邏輯漏洞，再提示學生根據先備的「語理分析」及「邏輯謬誤」概念自行改正，而不必長篇累牘地解釋錯誤緣由或改正方法。這種操作恰如教師處理學生寫作的文句「沙石」時，一般都不會將行文的「沙石」悉數標出，而只會選擇標示相對明顯或問題較為嚴重的字句，旨在提示學生問題的位置，但最終文句如何修正，哪些字詞理應刪減，則由學生根據先備知識自行修訂。

　　總的來說，就是不強行灌輸邏輯術語或概念，而只提供適切的基礎知識，並協助他們培養良好思考習慣，令他們有足夠能力及知識基礎自行發現及修正問題。畢竟本地學生邏輯問題的根源不在「能力」，而在「心態」，只要提升他們對邏輯思維的自覺意識，讓他們於背誦例子以外，亦願意稍加留心字句間的邏輯扣連，其論述水平就能因此提高。[29]

---

[28] 這種操作上類近於修辭教學。教師講授修辭概念時，一般會先講解該辭格的基本概念，繼而以若干例子輔助說明用法，但最終如何在不同語境中有效運用，如何在不同題材中藉著修辭表達創意，則由學生自行發揮，毋須在教學中加以規限。

[29] 鄧仕樑在《邏輯與寫文章的關係——怎樣用實例跟初中學生談思維與表達的問題》也提出「好問深思的習慣」的重要性，其文章謂：「邏輯學的內容和方法，同學大可不必深究，但要準確地運用語言，便得從思維、推理方面著手。養成了好問深思的習慣，不但能夠提高我們的語文水平，對於辨別事理，也應當有一定的幫助。」鄧仕樑〈邏輯與寫文章的關係——怎樣用實例跟初中學生談思維與表達的問題〉，《語文教育學院學報》，第 1 期 (1985)，頁 22—26。

四、結語

綜上所述，「邏輯思維」作為思維能力的組成部分，為中國語文的課程宗旨及教學範疇之一，其應用不限於語文層面的寫作與閱讀，亦可遷移於觀察及思考生活，故語文教師不應忽略「邏輯思維」的教學。惟考慮到學科性質、課時安排及評核要求及學生反應等因素，教師亦不能投放過多時間於「邏輯思維」訓練，故其折衷方法在於以寫作教學為焦點，嘗試在教學中引介適量「語理分析」及「邏輯謬誤」的基礎知識，以協助學生建立發現及修訂行文邏輯問題的「意識」與「能力」，期望能藉此提升其寫作的邏輯水平。筆者認為，「邏輯思維」訓練如何結合於「語文教學」，又或如何藉助「語文教學」實現均是有意義的論題，值得繼續探索。

參考文獻

1. 陳耀南（1977）:《漢語邏輯學》，香港，波文書局。
2. 鄧仕樑（1985）:邏輯與寫文章的關係——怎樣用實例跟初中學生談思維與表達的問題，《語文教育學院學報》，（1），頁 22—26。
3. 高慕蓮、李子健（2002）:中國語文教學與思考教育：教學模式的初步探究，收錄於周漢光主編《創意中文教學》，香港，香港中文大學教育學院課程與教學學系，2002 年，頁 51—66。
4. 黃顯華（2000）:《尋找課程與教學的知識基礎——香港小學中文科課程與教學研究》，香港，香港中文大學香港教育研究所。
5. 課程發展議會編訂（2017）:《中國語文教育學習領域課程指引》，香港，課程發展議會。
6. 黎少銘（2019）:2012—2017 中學文憑試（DSE）作文考卷病句探討——從語法角度出發，載於施仲謀、何志恒主編《中國語文教學新探》，香港，商務印書館，頁 51—79。
7. 李天命（2009）:《哲道行者》，香港，明報出版社。
8. 梁光耀（2020）:《思考之法》，香港，天地圖書公司。
9. 邵敬敏主編（2007）.《現代漢語通論》（第二版），上海，上海教育出版社。
10. 唐松波、黃建霖主編（1996）:《漢語修辭格大辭典》，台北，建宏出版社。
11. 王晉光（1991）:《中學生作文卷裏的邏輯語病》，《中國語文通訊》，（21），（頁 19—25）。
12. 香港教育大學圖書館：「香港教育文獻數據庫」，檢自 https://bibliography.lib.eduhk.hk/tc，檢索日期：2022 年 8 月 26 日。
13. 香港考試及評核局：「中國語文科考生表現示例」（2016—2021），檢自 https://www.hkeaa.edu.hk/tc/hkdse/assessment/subject_information/category_a_subjects/hkdse_subj.html?A1&1&1_25，檢索日期：2022 年 8 月 20—22 日。
14. 香港考試及評核局（2016、2021）:《香港中學文憑考試中國語文試題專輯》，香港，香港考試及評核局。

15. 謝錫金（1996）：〈香港學生寫作的思維過程：暫停的種類和功能〉，《教育研究學報》，11（1），頁52—72。

16. 楊熾均（1994）：邏輯思維和寫作教學，《教育學報》，22（2），頁345—353。

17. 鄭桂華（2021）：《寫作教學研究》，南寧，廣西教育出版社。

18. 鍾嶺崇（1991）：中學中國語文科中的思維能力培養，載於《何去何從？關於九十年代語文教學、培訓課程的策劃、管理與執行問題：語文教育學院第六屆國際研討會論文集》，香港，香港教育署，頁138—147。

19. 周漢光（1987）：如何糾正中學生造句的邏輯錯誤，《香港中文大學教育學報》，15（1），頁68—75。

Logical Thinking and Chinese Language Education in Secondary Schools— A Discussion on Senior Secondary Writing Education

LAI, Pit Shun

Abstract

Education on "logical thinking" and "creative thinking" both play a role in improving students' writing ability, with more importance placed on the latter by the language teachers. Nevertheless, according to the Chinese Language Education Key Learning Area Curriculum Guide (中國語文教育學習領域課程指引) (2017), the principles of the Chinese Language curriculum include "enhancing thinking ability". "Thinking" constitutes one of the nine learning strands of the Chinese Language Education Key Learning Area learning contents, with enhancing "critical thinking, analysing and problem solving ability" being its aim. Therefore, even without bringing argumentative writing into the discussion, "logical thinking" should still be considered a core element of the Chinese Language subject, yet its importance remains unrecognized by the community.

As thus, this discussion shall illustrate the positioning of "logical thinking" in the area of modern Chinese Language Education in Hong Kong. Using candidates' writing samples from the Diploma of Secondary Education (DSE) made public by the Hong Kong Examinations and Assessment Authority, the logic applied in local senior secondary students' writings shall be assessed, and ways to integrate the exercising of "logical thinking" with current education on reading and writing shall be explored in order to encourage and pave the way for more discussion on this topic.

Keywords: *logical thinking, Chinese langugae education, writing of senior secondary school students, curriculum design and suggestions on the teaching of writing*

LAI, Pit Shun, Department of Chinese Language and Literature, The Chinese University of Hong Kong, HK.

高考作文題的文化素養導向探析
——以 2017 至 2022 年全國卷為例 *

林暉　鄧婉雯

摘要

評價能檢驗學習效果，也對教學有倒流作用，作為選拔性考試的高考直接影響和引導著中學語文教學的改革。其中高考作文題集中體現立德樹人、增強文化自信的語文課程功能。2017—2022 年的高考語文全國卷中，作文題呈現出顯著的文化素養導向，基於立德樹人的基本理念，立足「文化傳承」視角，通過有機組合素材、創設交際情境、立足時代宏大背景等形式拓寬學生的思維空間，啟發學生領略傳統文化魅力、關注當代文化精神、理解多元文化內涵，促進學生在寫作中彰顯文化深度、對外傳遞文化聲音。高考作文題的導向促使教師在教學中更關注語文課程的文化功能。

關鍵詞：高考作文　文化素養　立德樹人　文化傳承與理解

　　測評與考試是語文課程評價的重要組成部分，對語文教學有積極的引領作用和導向性。高考作為內地高中階段最重要的考試，集中反映了語文課程評價的作用。

　　語文高考中的作文題，是高考最受關注的內容之一。高考作文題的內容和形式具有典型的時代特徵。深入分析 2017—2022 年的高考語文全國卷作文

---

*　基金項目：教育部哲學社會科學研究重大課題攻關項目「中華優秀傳統文化在語文教材中的傳承研究與數據庫建設」（20JZD049）。

　　林暉，廣州大學人文學院，聯絡電郵：linhui@gzhu.edu.cn。（本文通訊作者）

　　鄧婉雯，廣州大學人文學院，聯絡電郵：dwwen@gddx.gov.cn。

題，可以看到文化立意命題是高考作文命題的整體趨勢，具體表現在高考作文題一方面試圖打破應試教育束縛，向現代生活靠攏，選材更具時代性和多樣性；另一方面，充分體現優秀傳統文化的教育意義，在材料中巧妙引入並關聯當代文化現象和問題，表現出顯著的「文化味兒」。高考作文對學生文化積澱和文化思維的考查、對學生人文精神和文化底蘊的重視，體現並落實了「立德樹人」的教育基本理念，體現了《普通高中語文課程標準（2017 年版2020 年修訂）》中提出的「文化傳承與理解」核心素養的培養目標。

一、以文育人：基於立德樹人滲透文化素養

高考作文命題意圖直指「立德樹人」根本任務，引導考生體會命題背後的人文精神和價值觀念，突出語文課程「化人以語、育人以文」的性質。因為全面落實「立德樹人」價值引領、體現正確的價值取向是高考的時代責任。2017年，十九大報告提出：「全面貫徹黨的教育方針，落實立德樹人根本任務，發展素質教育，推進教育公平，培養德智體美全面發展的社會主義建設者和接班人。」（習近平，2017，頁 4—25）這也是高考時代性的具體體現。

（一）注重社會主義核心價值觀教育

社會主義核心價值觀是立德樹人的價值導向。社會主義核心價值觀孕育著立德樹人最堅實的文化基因，包括延綿幾千年的優秀傳統文化、偉大的革命文化和社會主義先進文化。2017—2022 年的全國卷高考作文題均注重社會主義核心價值觀的考查，內容如表 1 所示：

表 1　2017 至 2022 年全國卷高考作文社會主義核心價值觀考查統計表

年份	2017		2018		2019	2020	2021		2022	
試卷	全國 I 卷	全國 II 卷	全國 I 卷	全國 III 卷	全國 II 卷	全國 I 卷	全國甲卷	全國乙卷	新高考 II 卷	
內容	富強	文明	富強 平等	富強 和諧	富強	民主	富強 愛國	富強	敬業	

從表 1 可見，近六年考查「富強」這一價值觀的頻率最高。2017 年全國

I 卷作文材料共提供了 12 個「中國關鍵詞」，其中有八個關鍵詞都能讓考生感受到濃厚的民族自豪感。「一帶一路」彰顯中國在世界格局中的責任與擔當；「移動支付、高鐵、美麗鄉村」展現了當今中國經濟與科技的騰飛；「中華美食、長城、京劇」則蘊涵了中華民族博大精深的文化和源遠流長的歷史。中國元素濃郁的關鍵詞能有效激起考生的民族自信心，促使其努力奮鬥，將個人力量凝聚到實現中華民族偉大復興的中國夢當中。

另外，2018 年全國 I 卷、2019 年全國 II 卷的命題材料均按時間順序，列出國家的重要歷史瞬間以及面對未來的願景，體現了國家在快速發展中逐漸走向繁榮富強，引導考生關注時代、國家與社會。其中，2018 年全國 I 卷提到的「精準扶貧」、公路「村村通」，是中國在發展過程中應對區域發展不均所凝練出的認識和策略。由於自然條件限制，中國部分偏遠地方經濟發展水準仍較低，人們的生活品質亦欠佳。對此，國家提出「精準扶貧」戰略，「小康路上一個都不許掉隊」，並通過改善交通，促進「路通財通」，重視每位公民的基本權利，是社會平等的體現。

可見，高考作文通過測量功能傳遞社會主義核心價值觀，旨在引導考生做有德之人、行有德之舉。

（二）重視五育並舉

重視五育並舉豐富了「立德樹人」的內涵。唯有注重五育並舉，突出德育實效，提升智育水準，強化體育鍛煉，增強美育熏陶，加強勞動教育，方能促進學生全面發展。2020 年 3 月，國務院頒佈了《關於全面加強新時代大中小學勞動教育的意見》，明確指出勞動教育直接決定社會主義建設者和接班人的勞動精神面貌、勞動價值取向和勞動技能水準；強調要把勞動教育納入人才培養全過程，促進學生形成正確的世界觀、人生觀、價值觀。

2019 年全國 I 卷高考作文就已倡議「熱愛勞動，從我做起」，以「勞動」為主線貫穿古今，將熱愛勞動的優秀傳統與當今社會存在於部分青少年群體中的排斥勞動的錯誤行為進行對比。這表明高考關注到勞動教育中存在的問題，體現了重要的價值導向作用。

值得關注的是，2021 年新高考 I 卷作文選材於毛澤東《體育之研究》一文，一方面讚頌體育精神，引導學生正確認識體育對「強健體魄、錘煉意志」

的價值，以及對個人發展、民族未來的重要意義；另一方面立足「體育之效」而生發「強弱之思」，考生可闡釋的範圍很廣，大到國際形勢，小到個人生活，皆有話可說。2022 年全國乙卷作文則藉兩屆北京奧運會的成功舉辦，引導考生體會中國體育事業的跨越式發展，進而思考體育與國力、個人之間的關係。這些命題既緊跟時代、貼近現實，又緊緊圍繞「立德樹人」這一核心，能有效考查學生的辯證思維能力，促進學生的全面發展。

二、以文設題：立足文化自信引導傳承與理解

當今，傳統文化在中華民族尋找自我價值的認同中逐漸復興；當代文化日漸繁榮，潛移默化地影響著社會生活中的每一個個體；不同民族、不同區域的文化有對立碰撞，也有交流和統一。近年來，「文化傳承與理解」取向在高考作文中極為鮮明，包含傳統文化、當代文化及多元文化，反映出文化引領的自覺。

（一）領略傳統文化魅力，引導古今貫通

中華傳統文化貫通古今，既承載歷史，又連接現實和未來。近年來，傳統文化多次出現在高考作文的材料或主題中，符合語文課程標準提出的引導學生「提升對中華民族文化的認同感、自豪感，增強文化自信，更好地繼承和弘揚中華優秀傳統文化」（中華人民共和國教育部，2018，頁 21）這一要求。

2017 年全國 II 卷作文材料精選六個名句組合而成，要求考生選擇其中 2—3 句自行立意撰文。六個名句按時間順序從古到今，展現了中華民族在漫長歷史進程中的自強不息、豁達自信、家國情懷、大局意識等豐富精神內涵，暗含了一部中華民族人文簡史。材料將魯迅、毛澤東與歷代聖賢並列起來，又運用「中國文化博大精深，無數名句化育後世」這一提示語，表明優秀文化從古延續至今，能引導考生感受傳統文化的生命力，以時代精神繼承並發展優秀傳統文化，做走在時代前列的奮進者。對於該命題，不同名句的組合可以表達不同的主題，倘若抓住古今貫通這一關鍵，則可以有更大的發揮空間，表現出傳統文化精神在現代社會的創造性轉化。比如，將「露從今夜白，月是故鄉明」與魯迅先生的「必須敢於正視」相組合，表明正視問題、

直面人生才是真正的家國擔當。命題中的「引用」看似是一個簡單的技術性要求，實際上暗含了對考生在文化傳承與言語表達方面的期待，引導考生自覺傳承優秀精神文化的導向是明顯的。

2020 年全國 I 卷作文題，不僅有對齊桓公、管仲與鮑叔三人君臣合作、共成霸業的事實性陳述，也包含後人的評價。題目要求考生談感觸最深的人物，實際上，三位人物的人格魅力都顯著，也是中華優秀傳統文化的體現。比如齊桓公心胸開闊、唯才是用，終能成就霸業。「唯才是用」的傳統用人標準同樣適用於當今社會。考生抓住這一主題，既能寫出傳統文化用人標準的精髓，體現其文化素養，又能從傳統延伸到現代，反映新時代相容並包的人才觀。如此，題目能啟發考生思考通過任用賢才來建設社會主義現代化強國，更符合新時代發展的主流方向（唐賽群，2020）。

2021 年全國乙卷高考作文以理想為主題，先談古人追求理想涉及基礎、方法和路徑等，再以漢代揚雄關於理想「弓矢的」作喻進行舉證，既顯古人智慧，又具有啟示意義。值得注意的是，命題者引用揚雄觀點後，還設計了典型的情境任務，提示考生站在當今時代，從青年的角度去昇華自己的見解與認識。顯然，作文重點並不是在寫古人的理想，倘若考生只淺顯地「掉書袋」、一頭扎進「故紙堆」中，勢必與命題意向大相徑庭。明確寫作身份與主題後，考生應從傳統文化中汲取營養，對追求理想過程中的基礎、方法等進行有層次的思考，並將自己修身、矯思、立義、實踐這些理想追求與時代精神結合起來。如此，「試題取材與設計既體現優秀傳統文化與現代文化的相融相通，也體現國家和社會對新時代人才發展的要求」（教育部考試中心，2021，頁 63—69）。

因此，高考作文對傳統文化的考查並不局限於表面，更關注考生對傳統文化本質的理解。考生只有結合實際，古今貫通，能用古人之智慧思考、解決當今生活之問題，才是對傳統文化最到位的繼承。

（二）關注當代文化精神，展望社會發展

作文題融入當代文化精神，成為彰顯時代文化和社會進步的視窗，能引導學生傳播和交流中國特色社會主義先進文化，增強文化自信，充分發揮高考作文的教育導向。

2018 年全國III卷作文「根據標語寫作」圍繞近些年來國家與社會滄海桑田的變化展開，具有鮮明的現代文化取向。從改革開放到當今所提出的口號、標題和標語，代表了三個不同時期人們的思想觀念和精神追求，分別是對時間和效率的追求、對過去因追求快發展而破壞了自然環境後的反省以及面向新時代的堅定號召。一方面，考生需對中國過去四十年的發展進行回顧，提煉出特定歷史情境與人們價值觀念形成的關係，或是社會發展對人們觀念變化的影響；另一方面，考生還需對社會、對未來進行展望，提煉出觀念的轉變與更高的追求。這反映了高考作文緊扣時代脈搏，與社會、與生活接軌，能有效引導考生關注當代文化精神，關注現世生活。

2022 年新高考II卷作文記述了不同行業奮發有為的人物。其中，科學家立足當下，以「新方法、新思維、新知識」攻克難關；攝影家注重從優秀傳統文化中汲取養分，增強文化認同感；建築家打破常規，賦予建築理想和精神，致力於創造未來的經典。試題展現了新時代創新發展的理念、實幹的擔當和奮鬥的姿態，引導學生見賢思齊，從傳統文化和當代文化中汲取智慧，確定職業，矢志創新，展現出開啟未來的力量。

（三）理解多元文化內涵，促進美美與共

當前，全球化已成為不可逆轉的趨勢，文化「地球村」也已初具規模。以開放的視野和博大的胸襟，體味差異，發展自我，既是文化自信的體現，也是一個民族文化心理成熟的體現。

近年的部分高考作文命題隱含了多元文化取向，引導考生學會尊重和包容。以 2017 年全國I卷作文為例，材料中的關鍵詞蘊含了深厚的傳統文化，「中華美食」是中華民族飲食文化的象徵，由於中國幅員遼闊、地大物博，各地的氣候、風俗習慣等存在差異，飲食上自然也就形成了多種風味；「廣場舞」是近年來興起的普遍流行於中老年人群中的休閒娛樂方式，從中可以窺探出當今民眾對慢節奏、健康生活、勞逸結合的追求；「京劇」則是中國傳統戲曲文化的重要組成部分。試題要求考生「幫助外國青年讀懂中國」，實際上是對考生文化認同感和文化包容度的深層考查。一方面，考生要在與世界的互動中全面客觀地認識當代中國，堅定文化自信，體會「月是故鄉明」的情境；另一方面，要認識到中外由於地理、歷史等條件不同，文化也存在差異，在

講好中國故事的同時，也應學會尊重和包容別國文化，如此才能「共存相生，百味紛呈」。

同樣展現多元文化的還有 2020 年全國 II 卷作文題。該命題呈現了中外在疫情期間互贈物資的祝福語，引導考生以應對疫情的世界合作為切入口，思考人類應對危機之道，體會人類命運共同體理念的前瞻性。在危機面前，不同文化儘管存在差異，但拋下成見、互助合作方為正道。沒有一個國家能成為孤島獨享繁榮，只有將孤島連成大陸，讓世界成為互聯的整體，我們才能共渡疫情，共用繁榮。

高考作文考查多元文化實際上是對全球化、社會多元化等熱點的隱性呼應。正如「世界上沒有兩片完全相同的樹葉」一樣，國與國之間、人與人之間不可避免地存在差異，只有相互理解、共同合作，才能實現「美美與共」。藉助考題，啟發學生思考多元文化之間的關係，學會尊重和包容，是語文學科義不容辭的責任。

三、以文審思：藉文化素養拓寬思維空間

文化素養與思維能力關係密切。思維能力的提升有助於學生形成對文化的客觀認識，進而做到取其精華，去其糟粕。高考作文命題者有意通過多種形式拓寬學生的思維空間，啟發學生在理解與思辨中加深文化思考，感悟個體精神成長。

（一）有機組合素材，彰顯文化深度

作文綜合考查考生的思維能力，主要體現在四個方面：一是材料內涵的綜合理解，二是材料間關係的把握與辨析，三是由表及裏的因果闡釋，四是觀點材料的演繹歸納（黃明勇、周家軍，2018，頁 71—72）。其中，前兩者是審題立意的重點所在，得到了高考作文命題者的青睞。所謂素材組合題，有兩種表現形式：一是呈現幾個關鍵詞、句或圖片，要求考生擇其二三為基礎展開立意，這顯然要求考生理清其中的邏輯關係；第二種則要求考生綜合理解材料，從整體去把握分析。

2017 年全國 I 卷作文給出 12 個「中國關鍵詞」，要求考生從中選擇二三

來呈現自己眼中的中國。一方面,關鍵詞數量多,考生有多種組合方式,通過不同關鍵詞的組合可以展現祖國的不同側面;另一方面,關鍵詞中既有我們引以為傲的「一帶一路」「美麗鄉村」「高鐵」「中華美食」,也有毀譽參半的「共用單車」「廣場舞」,還有令人不安的「食品安全」「空氣污染」。關鍵字涵蓋面廣,在「幫助外國青年讀懂中國」這一文化對外表達中,考察學生思維的深刻性,這是命題的亮點所在。

關鍵詞之間的邏輯關係也是對考生思維的一大考驗。不同關鍵詞之間既可能存在邏輯的一致性,也可能存在相互矛盾的張力,只有把握好其中的張力,才能展現出更具立體感的中國。比如,「一帶一路」是當今中國對外開放的新模式,代表和平、包容與共用,而「長城」則是古代中國閉關鎖國的象徵,代表防禦、保守與對抗,考生可以在兩個關鍵詞的對比中回顧中國歷史,講述一個由開放到保守,再到開放的中國(張曙光,2017)。再比如,廣場舞的活力與中華美食的源遠流長相結合,構成了中國的民俗畫卷,是新時期中國老百姓休閒娛樂的方式,能給外國青年呈現一個幸福和諧的中國。

2019 年全國 I 卷作文題有個很突出的特點,便是不迴避矛盾,提供正反兩方面的材料,激發學生的辯證思維與批判思維,進而彰顯文化深度。對名句「民生在勤,勤則不匱」與「夙興夜寐,灑掃庭內」的引用顯然是正面材料,與中華文化的勞動傳統直接關聯;部分同學對勞動的「吐槽」則是反面材料。考生在寫作中可以直接運用對比論證的方式,先從正面肯定勞動傳統的意義,再對反面材料進行批駁,使文章向縱深處發展。在這過程中,如何進行批判論證?有兩個要點:一是從表面分析不勞動的錯因,二是從深層角度去闡述其錯誤的本質、根源與危害。如此一來,對熱愛勞動這一優秀傳統文化的把握自然而然就更深入了。

2021 年新高考 II 卷漫畫作文「寫字與做人」與 2022 年新高考 I 卷作文有異曲同工之妙,前者由四幅圖畫構成,藉傳統書法技藝中「人」字的寫法喻「為人行事之道」,包含儒家的「中庸」理念;後者採用了圍棋的三個術語,即「本手、妙手與俗手」。倘若考生只顧沉潛積累,而忽視「緩緩出頭」,那麼沉潛積累的知識和練就的過硬本領就失去了意義;倘若只顧出頭而忽視了為人中正規矩之道,那就極易走上人生岔路。同樣,倘若考生不注重扎實基礎而盲目追求創新,那就極易出現不斷受挫的「俗手」,只有把「本手」和「妙

手」緊密結合起來，練就過硬本領，不斷探索和創新，才能達到事半功倍的效果。兩道試題均要求考生整體把握和分析，只有綜合分析四幅圖畫、三個術語，把書法技藝、圍棋術語與為人行事之道巧妙結合起來，才能演繹出正直的人生，才能行穩致遠。

可見，作文命題在形式上的創新，要求考生綜合分析有機組合的素材，是對考生思維的綜合考查，既能鍛煉考生思維的邏輯性、辯證性，又能促使其寫出條理分明、逐層遞進的文章來，彰顯文化深度。

（二）創設交際情境，傳遞文化聲音

交際語境中的寫作是寫作教學的新趨勢，強調作者要有讀者意識。「情境化試題已成為近年來語文高考尋求改革的突破點」（張開，2018，頁4—9）。高考作文尤其注重通過創設語言交際情境，拓展考生的思維空間，促使其在情境中展開思考，在說理中體現價值判斷，釋放出精彩的表達力，傳遞文化聲音。筆者對近六年全國卷中設置了交際情境的作文命題進行總結，具體如表2所示：

表 2　2017 年至 2022 年全國卷高考作文交際情境創設統計表

年份	試卷	交際情境	文體	寫作對象
2017	全國 I 卷	幫助外國青年讀懂中國	不限	外國青年
2018	全國 I 卷	寫文章裝進 2035 年開啟的「時光瓶」中	不限	2035 年 18 歲的那一代人
2019	全國 I 卷	面向本校同學演講，倡議「熱愛勞動，從我做起」	演講稿	本校同學
	全國 II 卷	不同年份的特定情境	演講稿 / 書信 / 觀後感	不同年份的特定對象
2020	全國 I 卷	班級舉行讀書會	發言稿	同班同學
	全國 II 卷	代表中國青年參加「世界青年與社會發展論壇」並發表演講	演講稿	國際友人
	全國 III 卷	畢業前給高一新生寫一封信	書信	高一新生
2022	新高考 II 卷	參加復興中學組織的以「選擇 · 創造 · 未來」為主題的徵文活動	不限	自定

有效交際情境的創設，有賴於寫作對象的設置，其身份、知識結構等在一定程度上決定了考生的寫作內容和表達方式。以 2017 年全國 I 卷作文為例，命題規定了作文的受眾是外國青年。顯然，外國青年的指向很廣，考生倘若不對對象進行具體化，寫出來的文章只能泛泛而談。只有設定好寫作對象，內容才能更具體、更充實，這也是對考生思維能力的考查。同樣，2018 年全國 I 卷要求考生寫給 2035 年 18 歲的那一代人，那麼這一位讀者有著怎樣的性格特質，十八歲時接受到何種水準的教育，又有怎樣的人生規劃……通過細化寫作對象，考生能更有針對性地選取話題和談話策略。細化越扎實，談話就越容易落地，這是作文出彩的關鍵所在。

除了寫作對象的設置，情境的落腳點也值得我們關注。不難發現，情境的創設多與文化相關，比如倡議熱愛勞動、舉行讀書會等。此外，國際情境的創設更是對考生的一大考驗。在當今紛繁複雜的國際背景下，中國一方面要承擔大國應有的責任和擔當，為建設「人類命運共同體」貢獻力量，另一方面也要講好中國故事、傳遞中國聲音。比如，2017 年全國 I 卷作文題「寫一篇文章幫助外國青年讀懂中國」，還有 2020 年全國 II 卷作文題「攜手同一世界，青年共創未來」，讓考生代表中國青年參加國際論壇，展現當今中國青年的精神風貌，發出中國聲音。這是中國文化發展的必然選擇，體現了文化輻射的時代價值導向。

隨著考試評價改革的深入，多樣化的情境設置與測試任務逐漸融合。高考作文創設真實而有意義的語文實踐活動情境，利於引導考生調動知識積累，傳遞文化聲音。

（三）展現時代背景，促進個體成長

全國卷高考作文命題近年呈現出宏大敘事的價值取向。內容宏大，展現新時代的中國元素和社會關切；主題宏大，彰顯大國情懷和使命擔當；命題目標也宏大，引導學生迎接機遇和挑戰，勇於跳出個人圈子，敢於舒展自我。總的來說，在家國意識和社會參與的基礎上，引導學生樹立正確的價值觀念、促進個體精神成長是作文命制的重點。

2018 年全國 I 卷作文題巧妙地抓住了考場中的「世紀寶寶」是新時代的追夢人這一身份，將其從出生到當下親歷的五件國家大事按時間順序排列，

表現他們的際遇和機緣，而後展現面對未來的願景，充分觸發考生對時代和人生的思考。在此宏大的時代背景下，考生也有了更廣闊的思考空間，立意也隨之宏大化，即國家在磨難中不斷發展強大，應將「世紀寶寶」的個體成長與國家、民族的發展聯繫起來：國家、民族命運關乎個人成長，個人命運維繫國家發展與民族進步。換言之，考生能從時代事件這一宏大背景中提煉出共性的感悟，進而融入個人思考，擴大自己的人生格局，實現個體精神的成長，以「我」的所思所見、「我」的經歷與情感為支點，撬起「我們的中國、我們的時代」這個主題。

在「內捲」「躺平」和利己主義的喧囂下，2021年全國甲卷作文「可為與有為」別有一番意味。材料列舉了許多深入人民群眾靈魂的革命歌曲、作品、英雄榜樣等，表明有了共產黨的正確領導，有了許多革命先輩捨生取義的奉獻，我們才有當今這樣一個可為之時代。坐在考場中的考生正值青春大好年華，也將成國家棟樑之材，豈能躺平而不有所作為呢？命題要求考生以「可為與有為」為主題，恰恰啟示考生應將個體成長匯入時代洪流，積極作為，無愧於時代、國家、民族和黨。如此，將個體敘事與時代背景相結合，寫出來的文章自然有血有肉。

2022年全國乙卷作文將2008、2022年兩屆北京奧運會進行了多角度對比，既展現了雙奧之城的精彩與輝煌，體現了我國體育事業發展的新高度，更展示了中國綜合國力的跨越式發展，展示了大國力量、民族自信的時代風貌。材料指出國家發展見證了考生從懵懂兒童向有為青年的跨越，考生「親歷其中」，自然能感受到體育的榮耀和國家的強盛；未來，也將融入民族復興的澎湃春潮中。如此，能激起考生的主體意識，引導考生感受作為中華兒女的自豪感、家國情懷和責任意識，從而認識到國家發展與個人奮鬥息息相關，思考如何緊扣時代、面向未來、在為中華民族偉大復興中國夢不懈奮鬥的過程中實現跨越和發展。可見，作文的育人導向是顯著的。

四、結語

總的來說，全國卷高考作文更注重語文學科自身性質和特點。在「立德樹人」價值導向下，高考作文立足於「文化傳承」視角，積極引導考生提高文

化傳承自覺的同時，也對一線語文教學釋放出清晰的信號。教師應摒棄過去那種重形式而輕內涵的錯誤模式，在寫作教學中充分關注學生的文化內涵和思想深度，引導學生傳承優秀傳統文化，增強文化自覺與文化自信。如此，高考作文才能真正凸顯語文學科「化人以語、育人以文」的功能，才能更好地為選拔德智體美勞全面發展的高水平人才服務。

參考文獻

1. 黃明勇、周家軍（2018）：在理性思辨中感悟個體生命的成長——2018 年高考作文命題要義探析，《中學語文教學參考》，第 28 期，頁 71—72。

2. 教育部考試中心（2021）：立德樹人自然融入　內容改革持續深化——2021 年高考語文全國卷試題評析，《中國考試》，第 7 期，頁 63—69。

3. 唐賽群（2020）：文化素養下高考語文作文的審視與思考——以 2020 年全國新課標 I 卷為例，《語文課內外》，第 22 期，頁 23—24。

4. 習近平（2017）：決勝全面建成小康社會　奪取新時代中國特色社會主義偉大勝利——在中國共產黨第十九次全國代表大會上的報告，《理論學習》，第 12 期，頁 4—25。

5. 張開（2018）：情境化試題設計在高考語文中的使用，《語文建設》，第 22 期，頁 4—9。

6. 張曙光（2017）：高考作文命題與學生核心素養發展——評 2017 年高考作文命題，《中學語文教學》，第 7 期，頁 78—81。

7. 中華人民共和國教育部（2018）：《普通高中語文課程標準（2017 年版 2020 年修訂）》，北京，人民教育出版社。

Probe Into the Cultural Accomplishment Orientation of College Entrance Examination
——Take the 2017-2022 National Version as an Example

LIN, Hui   DENG, Wanwen

Abstract

Evaluation can test the learning effect, and it also has a back flow effect on teaching. The college entrance examination, as a selection test, directly affects and guides the reform of Chinese language teaching in middle and high schools. The essay prompt of college entrance examination embodies the Chinese curriculum function of cultivating people by virtue and enhancing cultural confidence. In the national version of Chinese college entrance examination from 2017 to 2022, the essay prompt shows remarkable cultural accomplishment orientation, based on the basic concept of cultivating people by virtue and the perspective of "cultural inheritance". The essay prompt broadens students' thinking space through the form of united materials, creation of communication situations, and based on the grand background of the times, inspires students to appreciate the charm of traditional culture, pay attention to the spirit of contemporary culture, and understand the connotation of multiculturalism, promotes students to show the depth of cultural and transmit cultural voice in writing. The guidance of essay prompt in Chinese college entrance examination forces teachers to pay more attention to the cultural function on writing courses.

Keywords: *college entrance examination, cultural literacy, moral education, cultural inheritance and understanding*

LIN, Hui, School of Humanities, Guangzhou University, China. (corresponding author)

DENG, Wanwen, School of Humanities, Guangzhou University, China.

後疫情時代高校混合教學模式的實踐及可行性——以香港教育大學為例

金夢瑤

摘要

　　隨著後疫情時代的到來，教育逐步進入新常態，以混合教學為主要教學模式將成為保障新常態教學的重要方式，學生既可在教室上課，也可通過網絡上課。本文以筆者在高校使用混合教學的有效實踐，探索後疫情時代高校教學模式轉型的可行性。混合模式的課堂，首先要求大學課室基礎設施有針對性地升級換代。其次，對教師科技素養和教學能力提出更高要求，須同時兼顧線上和現場的學生，並且進行高效銜接的實時互動學習，同步進行不同模式的課堂評估，有效的課堂管理等。長遠來看，與教育相關的學科也會隨之發展，比如教學法、教育心理學等學科的發展和更新，以適應未來數字化教育的新時代。

關鍵詞：混合教學模式　資訊科技　教學活動　同儕互動

　　2020 年突如其來的新冠疫情，改變了未來教育的發展趨勢，大大加速了線上教育的進程。因此這兩年來，高校教育領域應時而變，在多方面作出了積極的調整和發展，包括學校網絡、課室設備、軟件開發、教師培訓等。網絡教學逐步從補充和替代的角色，成為高校教育的常規模式。尤其是教育進入後疫情時代的新常態，隨著面授課堂的逐步恢復，但同時亦需要應對不穩定的疫情之下有可能出現的停課問題，混合制教學模式應運而生。混合制

金夢瑤，香港教育大學中國語言學系，聯絡電郵：mjin@eduhk.hk。

教學模式，教師在課堂進行面授和網課，一部分學生在課室上課，一部分學生遠程上網課。這種教學模式，同時兼顧了線上線下的學生，因此，它在新常態下，具有很強的適應性，很大程度可以保證大學常規教學進度的順利推進。但它對教師專業能力提出了新的要求。作為大學教師，需要迅速提升自身的科技素養水平，包括課室設備操作能力、處理和使用電腦軟件、協調線上線下學生的同儕互動、進行多元化的課堂活動等。

本文將以筆者在香港教育大學進行混合制的教學實踐，來探討後疫情時代高校教學模式的發展和轉型，從設備使用、課堂教學、課堂管理等方面，探索混合制的有效實踐方式。

一、教育逐步進入新常態

（一）後疫情時代，虛擬模式融入常規教學活動

2020 年初，突如其來的新冠疫情，給全球教育系統帶來了很大衝擊。聯合國教科文組織教育助理總幹事斯蒂芬妮亞‧賈尼尼（Stefania Gianini）指出，全世界一半以上的學生，也就是 12 億兒童和青少年，因為病毒而被迫停課。這在歷史上是前所未有的。在實行學校停課的 120 多個國家和地區，每個家庭都受到影響，給學生、家長和看護者、教育工作者帶來無法估量的壓力。早在 2015 年，比爾‧蓋茨（Bill Gates）在一次 TED 演講中預見性地提出，全球性災難最有可能產生於一種極具傳染性的病毒，而人們並沒有做好抗擊這種病毒的準備。

從教育系統面對新冠疫情初期的措手不及，可以反映出某程度上當前全球的教育系統未能夠具有適應 21 世紀發展的包容力和應急能力。最受到衝擊的是教學模式，仍然停留在工業 1.0 時代或者工業 2.0 時代，不僅教育的內容很多是為第二次工業革命或者第三次工業革命準備的，教學的方式也是工業化的方式，即類同流水線生產，將師生聚合到一個物理空間內，進行知識教授。1950 年代，歐美國家曾經推行過「工業化教育」，目的是快速將知識和技能轉化為生產力，工業化教育相當流行，讓所有的知識和技能實現快速大量複製，這是適應當時的時代發展需求。但時移世易，當社會已經進入工業 4.0

時代，科技發展日新月異，即使沒有新冠疫情，教育的改革也是迫在眉睫。新冠疫情的衝擊，加快了全球教育改革的進程。由於教學空間被率先打破，首要變更的是教學模式。

因為抗擊疫情，學校停課，原本進行教學活動的場合——課室，最先發生了變化，從物理空間，變成了虛擬空間。一開始的網課，大多數是通過視頻軟件，恢復師生之間的「見面」，教師分享電腦屏幕，展示教學材料，講解教學內容。經過兩年多的發展，師生已經熟悉了網課教學的操作，心理上也逐漸適應了虛擬空間的聚合，網課成為疫情之下維持常規教學的主要方式。這種教學模式的發展，具有不可逆性，後疫情時代，虛擬模式也會融入常規教學活動。這是說在後疫情時代，學校恢復面授之後，虛擬模式的教學仍會存在。

虛擬模式的教學，可以分為兩種。第一，師生不在同一個物理空間內進行教學活動，比如疫情早期的網課，師生各自在家，通過網課平台和軟件進行師生溝通。第二，師生同在一個物理空間內，但是運用資訊科技手段，在課室面授時進行線上的教學互動，以代替和更新傳統面授課堂的教學活動方式。

這兩種虛擬模式的教學，都會進入後疫情時代。以教學空間來說，即形成了線上線下混合的新教學模式。這種教學模式可破除地理隔閡和物理空間的限制，既可以同時兼顧網課的學生和面授的學生，也容易轉換成網課或者面授，具備很大的靈活性。目前來看，是一種能夠較好保障和維持學校教學進度穩定的教學方式。同時，這種具有更大包容度和彈性的教學方式，有助於工業 4.0 時代的教育發展，它能夠提升資訊科技化時代的虛擬教學的水平。

（二）網課教學從保障到優化

2020 年初，世界經濟論壇發佈一份名為《未來學校：為第四次工業革命定義新的教育模式》（Schools of the Future: Defining New Models of Education for the Fourth Industrial Revolution）的報告，提出「教育 4.0 全球框架」，對新經濟中的高質量學習進行重新定義，學習內容和經驗中的八個關鍵特徵被定義為高質量學習，其中提出了「技術技能」（technology skill），包括基於開發數字技能的內容，包括編程、數字責任和技術的使用（To include content that is based on developing digital skills, including programming，digital responsibility and use of technology）（World Economic Forum, 2020）。經濟模式的轉變，會帶動教育模式的改變。在工業 4.0 時代，教育也應積極進入 4.0 時代，才能培養出適應時代經濟發展的人才。

網課教學正是教育 4.0 的產物。新冠疫情不是網課發展的起因，而是推動網課快速發展的助力。而工業 4.0 時代的人工智能、大數據和雲計算等技術迅速發展，也使得這種教學模式成為可能。網課教學不單是將面授課堂移至線上進行，它還兼具其他優勢，比如可以根據每個學生的需要，定制個人化的培訓和發展計劃，但目前來看，這種優勢尚未充分展現出來。

以往網課教育是進不了常規課堂的，多用於課外輔導、技能培訓、持續教育等周邊領域，作為學校教育的輔助手段。因此對於大多數的學校而言，網課教學，一開始是為了應對突如其來的疫情，在衝斷正常教學進度的時候，儘快讓學生和教師恢復「見面」，繼續進行教學活動。短期內的重點是幫助學校教育克服疫情，儘快復課。

但長遠來看，網課教育大有可為，極具發展潛力，教師應該順勢而為，積極優化網課教學，讓它儘快對未來教育發揮作用。這分為短期和長期的目標。短期而言，優化網課教學，需要從三方面著手。第一，升級改造教學空間，也就是課室設備，學校網絡等硬件設置，讓它們跟上網課教學的需求。第二，提高教師資訊科技素養。教師熟練掌握了設備的使用方法和網課教學的技巧，才能夠讓網課順利進行。第三，根據網課的需求，相應地調整教學活動的方式方法，提升課堂活動的效果，提高課堂互動的質量。

長期來說，科技可以為學生提供個人化的學習方式。教師可以基於大數據來定位學生的成長軌跡，評估學生的學習情況，瞭解他們的學習困難，進而提供定制化建議。這在未來，可以遠程做到，也可以面對面完成。網絡教學也開啟了新的師生互動模式，提供更多學習和評估的方法。比如遊戲形式的個人化教學方案，有助激發孩子的學習興趣，提升學習效率。這些在未來都值得開發和探究。

二、高校混合授課模式

（一）大學課室設施升級換代

　　課室設施是保障資訊科技化教學能夠順利進行的基礎。因此，高校實行混合教學模式，要先對大學課室的設備和全校網絡進行更新和升級。

　　以香港教育大學為例，課室基礎設施進行了兩方面的升級換代。

　　第一，是將原有的課室進行改造。這又分為兩類。第一類是不改變原有課室的任何設施和家具，只為教師用的電腦安裝了 Zoom 和外置鏡頭，最低限度保證教師可以使用該課室上網課。第二類是對課室進行了裝修和翻新，比如加上隔音牆壁，雙向多軸轉動變焦 4K 攝錄鏡頭與天花矩陣式收音麥克風等，大大地改善視覺和音響效果；安裝分區式燈光系統，可以調節整體的明暗和區域的光線亮度；在課室安裝多台 4K LCD 顯示器，供現場的學生小組討論使用，也便於在 Zoom 當中分享屏幕，讓網課的學生共享學習信息更加方便，有效增加同儕互動。

　　第二，是完全新造的課室，它們稱作「未來教室」，這類課室在大學當中並不多用於常規教學，僅在某些特定的課程當中使用。在 2018 年至 2021 年，共計近十間未來教室先後落成，由圖書館、教學科技中心、物業處和資訊科技總監辦公室聯合發展。這些未來教室，目的是為了配合未來教學及資訊科技發展，是師範教育前瞻性的體現，讓師生能體驗和學習運用最新科技的創新教學模式，以期帶動香港未來中小學教學模式的更新。它們為教大以及全港中學、小學和幼稚園提供了新一代課室的參考。這類教室展示新的教學法，體現靈活運用學習空間的理念，比如設置了活動式講壇連接中央影音控制平板，可書寫投影牆，活動摺疊式可收納傢具等，增加了師生互動的形式和同儕互動的組合。它們的設計同時具備實用性和成本效益，建造成本及運作成本都切實可行，利於將來實際推動到中小學、幼稚園當中使用。教室內的設備亦能夠支援尚未出現的新教學方式和教育科技，儲備了能夠定期更新及升級的端口。這也保障了課室基礎設施的更新和換代，為混合課堂的順利進行，打好了基礎。同時，大學也更新了網絡，Wi-Fi 6 高速網絡，可以支援大量無線設備同時運行。

（二）提高教師的資訊科技素養具有迫切性和普遍性

二十一世紀的教師，首先要成為學習的專家。聯合國教科文組織是第一個提倡終身教育與終身學習的國際組織，在 1965 年所召開的成人教育促進會議（Adult Education Promotion Conference）中，即強調「綜合的終身教育」（lifelong integrated education）的必要，自此奠定了終身學習的發展取向，逐步擴展到整個國際社會。而經過半個多世紀的發展，理念已經從「終身教育」轉型為「終身學習」。教育塑造未來，應該走在社會的前端，師範教育應該走在教育的前端，師範院校的教師應該走在最前端。

教師正在面對幾個方面的挑戰。首先，知識更新週期已大大縮減為 13 個月，未來的更新速度甚至會更快，這意味著教師需要不斷學習和加強知識的自我更新能力。其次，資訊科技發展日新月異，加上新冠疫情之後，資訊科技與教育的結合程度日益緊密。無論任教哪門課程、什麼科目的教師，資訊科技素養都將成為必不可少的基礎素質。再者，教師積極使用最新的教學手段，是幫助學生適應屬於他們的未來。著名教育家約翰·杜威（John Dewey）說：「如果我們用過去的方式教育現在的孩子，就是在剝奪他們的未來。」如果每一位教師，都在教學過程當中，積極使用最新的教學手段、設備和方法，就會共同改變社會的教育模式，讓教育儘快更新迭代。教師讓學生接觸到新式的科技成果和教育方式，讓他們在學習過程中，感受和適應社會悄然發生的變化，看到未來發展的趨勢，就能夠讓他們更加順利地從校園接軌社會，更加遊刃有餘地面對對未來。Matthews 提出，學習是 "the way in which individuals or groups acquire, interpret, reorganize, change or assimilate a related cluster of information, skills, and feelings. It is also primary to the way in which people construct meaning in their personal and shared organizational lives"（Marsick, 1987, p.4, as quoted in Matthews, 1999, p.19）。教育的意義不僅在於課堂上知識的傳授，更是讓學生在學習中接觸和構建對社會的認知，那是屬於他們的未來。

教師應該自覺地在課堂和教學當中，運用教育科技成果。與此同時，提高教師的資訊科技素養具有迫切性和普遍性，學校需要主動支援和培訓教師具備相應的資訊科技素養，這是保障混合模式的課堂順利進行的前提和基礎。

以香港教育大學為例，在疫情時期主要使用 Zoom 作為實時網課平台。教

師首先需要十分熟悉 Zoom 的功能，它在這兩年疫情期間，也不定期地進行了系統的升級換代。另外，教師在網課時期，在家使用自己常用的電腦上網課，和使用混合教學模式之後，在不同課室使用不同的教學電腦上網課，情況是不一樣的。每個課室的電腦設備有所不同，在進行混合模式教學之前，教師需要提前到課室去熟悉和瞭解不同的設備功能和操作。同時，亦需要提前到達課室，開啟設備和登入賬戶，都需要比以往的傳統教學預留額外的時間。

教師的第一要務是教學，因此課堂時間十分寶貴，要儘量減少因為操作設備或者處理設備問題的額外消耗。未來的教師需要具備處理電子設備的基本應急能力。再者，教師應該積極參加校內進修和校外培訓，瞭解最新的教育科技發展成果，提升自身的資訊科技素養。

三、實踐與探究混合模式的教學成效

（一）混合模式課堂教學之優化

要對混合模式課堂進行教學優化，首先需要解決一個問題，即同步線上線下授課的可視化效果。也就是說，讓在課堂上課的學生不會覺得老師在上網課，讓網課的學生不會感覺老師在上面授。

以高校的課堂為例，在傳統的面授課堂中，教師常以講授為主，與學生的互動原本不多。由於新冠疫情之故改為網課，教師在鏡頭前，很難憑著觀察學生動態，及時瞭解大多數學生的學習情況。因此教師會增加課堂活動，最基本的比如增加提問的次數和人數。這樣其實是提高了課堂師生互動的頻率。

在混合模式的課堂中，師生互動亦需要保持一個較高的頻率。一來能夠優化課堂管理，二來幫助教師掌握學生的學習情況。教師需要更加留意互動的節奏和方向，儘量照顧到線上線下所有學生，互動增多的同時，需避免讓部分學生覺得自己被忽略，繼而容易走神，降低學習效率和積極性。

混合模式課堂中有效的互動形式，最主要是將線上線下的課堂連接在一起，讓學生無論以何種形式參與課堂，都會感受到老師和其他同學的存在，

這樣有利於增強學生在課堂中的自我存在感和參與感，提高學習積極性和專注度。

讓線上線下的學生共同參與課堂教學，教師可以從以下方面著手。

第一，鏡隨人語動，增強現場感。讓參與課堂的學生有現場感，感受到老師的關注，這十分重要。在網課的時候，教師只需要面對一個鏡頭，看著鏡頭說話，學生如果同時打開鏡頭，彼此能夠看見對方，就能夠較好地保持即時的互動和關注，營造現場感。而在以往面授課堂當中，教師目之所及，即是關注，提問和肢體語言，都能夠馬上反映出學生的情況，因此教師輕易能夠掌握學生的狀態。

而在混合模式課堂中，教師在授課的同時，其實也在擔任「鏡頭導演」的角色。如果教師只是一味看著鏡頭說話，現場的學生便會覺得自己被忽視。如果教師一直看著現場的學生而忽視面對鏡頭說話，網課的同學亦會感覺自己被忽略。所以教師在鏡頭前的移動和現場的走動，就需要一定的技巧。筆者總結了一個原則，即要做到「鏡隨人語動」，誰在說話，鏡頭就要對著誰，無論是現場還是網課，發言者要出鏡。

以香港教育大學的課堂設置為例，現場在電腦屏幕前會配備一個外置鏡頭和一個可以 360 度旋轉的鏡頭。當教師站在講台，看著電腦屏幕時，網課的學生就會看到老師面對自己在授課。但這樣的話，現場的學生，會由於電腦屏幕和講台的阻隔，看不到老師，只聞其聲不見其人。教師想要融入現場，可以讓鏡頭隨著教師移動。

教師在講課之前，先通過 Zoom 分享課室的教師電腦屏幕，讓網課的學生可以通過自己的電腦看到老師的教學簡報，現場的同學則如往常一樣，通過課室投影儀的屏幕觀看教學內容。教師開始講課之前，將鏡頭切換到面向課堂，即如同教師站在講台看向學生的視角。此時，教師可以離開講台，走到現場的同學們當中，並且做一個簡單的課前熱身互動，讓現場的同學和網課的同學互相打招呼。現場的同學可以通過大屏幕看到網課的同學們，網課的同學們可以通過現場的鏡頭，看到大家。這樣細微的舉動，正是在提醒學生準備上課，提升專注力，同時也破除了網課和現場的地理隔閡感。

教師在講課的過程，可以站在現場學生當中，拿著課室配置的無線簡報遙控器進行簡報的翻頁，這樣現場的同學們會覺得老師就在身邊，而網課的

同學們也可以通過鏡頭看到老師和全班同學。但是為了避免現場同學們一直在鏡頭下的拘束感，教師也要適時切換鏡頭。教師在教學過程中，需要操作電腦的時候，比如當教師需要在簡報上做筆記，或者需要進行電腦的其他操作，如播放影片、開啟網站、開啟文檔等，教師可以走回講台前，同時將鏡頭切換到只面向自己。

第二，鏡頭的運用和切換，也同樣適用於同儕互動和課堂活動中。

第一種，學生回答問題。當現場的學生回答問題的時候，鏡頭切換至面向課堂，或者拉近鏡頭對準發言的同學，讓網課的同學知道哪位現場的同學在發言。發言的同學也會因為面向鏡頭發言，覺得受到重視而更加認真作答。當網課的同學發言時，教師要求他們打開鏡頭。與此同時，教師將課室的鏡頭切換至面向學生，讓網課發言的同學可以看到大家的反應，利於同儕互動。網課的同學發言之後，教師可以邀請現場的同學作回應，或者大家一起對著鏡頭鼓掌或者伸出大拇指，給予鼓勵，而網課的其他同學，則可以通過 Zoom 的表情功能，在聊天室打出表情符號，對現場作答的同學給予反饋。

第二種，分組討論。在 Zoom 當中，教師使用分組功能，設置不同的聊天室，安排網課的學生分組討論，並且設定時限，倒計時終止時，自動返回網課的主課堂。現場的同學，則由教師在現場分組和組織討論，完成學習任務。

教師設置小組任務的時候，可以為網課的同學和現場的同學佈置不同的任務。大家分別完成之後，發表小組討論的結果或者展示完成的任務成果，現場的同學需要回應或者得到網課同學們的信息，才能最終完成自己的小組任務，反之亦然。

第三種，合作完成課堂活動。上文剛提到的小組討論，以信息互補產生同儕合作。還可以做到的是多人對多人，或者單人對多人的方式。通常單人或人數較少的一方在課堂，教師容易從旁協助，這也符合新常態下，多數學生在網課，少數學生返校面授的實際情況。人數較多的一方在網課，這是因為學生使用電腦上課，可以較方便地查找資料，代替教師的協助。教師將任務佈置給現場的同學，讓他們完成前半部分，然後將成果展示給網課的同學，請網課的同學接力完成後半部分。最後由老師來公佈答案，講解內容，完成教學環節。

利用網課和現場的物理空間隔絕，讓學生進行協同合作，這樣可以很有

效地增進混合模式課堂的同儕互動，提升學生在分組討論的積極性和聆聽的專注力。

善用課室的不同鏡頭。遠鏡觀全局，給網課的同學如在現場的親切感，也對現場上課的同學起到監督作用。近鏡一般給現場上課發言的同學，教師將鏡頭推近至學生的上半身，不宜特寫，這樣容易給同學造成心理壓力。如果是小組討論，則鏡頭面向整個小組拉一個近景。教師需要注意在課堂教學過程中，切換鏡頭的頻率，不宜過快過密，但也不宜一直使用同一個鏡頭，或者同一種焦距，這些都容易造成上網課的同學因視覺疲勞而走神。以及，外置鏡頭轉換角度和推拉的時候，要保持穩定移動，否則網課的同學會感到眼花繚亂。

以下舉例說明。筆者在教授漢字學這門課當中，為了讓學生瞭解哪類漢字的造字最具有迫切性，設計了一個教學活動。班級總共 31 位學生，該堂課現場有 5 位同學，筆者分別給他們一句話，讓他們各自用 A4 紙畫出這句話的意思，不能寫漢字，畫完之後拍照上傳至 Padlet。網課的同學通過看圖猜出完整的一句話來。待所有同學寫完答案之後，教師請繪畫的同學，讀出自己拿到的那句話。然後請網課的同學對照自己所寫的句子，大家提出哪些詞沒有準確猜到。最後，教師據此總結，哪些漢字和詞彙，最具有造字的迫切性。

圖 1　現場學生繪畫的圖片

圖 2　網課學生在 Padlet 猜的句子（部分）

2021 年 09 月 14 日 14：49 抓了 99 隻雞，成為冠軍。	**匿名** 2021 年 09 月 14 日 14：50 某農夫有九十九隻雞和一隻鴨，賣了它們賺了很多錢，覺得開心
2021 年 09 月 14 日 14：49 有人在計算鴨子（雞）下蛋的日子	**匿名** 2021 年 09 月 14 日 14：50 今天，我抓了九十九隻雞和一隻鴨子，所以很開心。
匿名 2021 年 09 月 14 日 14：50 我捉了 99 隻雞和 1 隻鴨子，我好開心啊	**匿名** 2021 年 09 月 14 日 14：51 捉了 99 隻雞很開心。
2021 年 09 月 14 日 14：52 我用一整天捉了九十九隻雞，一隻鴨，實在太開心了	2021 年 09 月 14 日 14：52 我抓了很多隻雞和一隻鴨，我感到很高興

　　教師給予學生的句子是「今天，小明抓了 99 隻雞和 1 隻鴨回家，超級開心。」學生發言反饋大多數沒有猜出來的是程度副詞、人名、時間。教師總結，較抽象的詞彙具有造詞的迫切性。當次教學效果良好，學生能夠積極參與和投入課堂。可見，善用面授和網課的地理隔閡以及信息差設計教學活動，可以增進同儕互動互學，增加課堂趣味性，從而提升學習動機，收到良好的教學效果。

　　第三，Zoom 當中的音頻線路切換，這對現場上課的同學沒有影響，但對網課同學則有很大影響。如果電腦音頻線路切換不當，會讓網課的同學要麼聽到很大的回聲，要麼覺得教師或者現場同學的回答說話聲音很小，甚至可能沒有聲音。

　　以香港教育大學的課室設備為例，配備幾種麥克風，分別是：鏡頭自帶的麥克風、有線麥克風、無線麥克風、電腦麥克風。這幾種對於現場的同學而言，幾乎是沒有區別的。但是對於在 Zoom 參與網課的同學則分別很大。教師在講課或者現場同學發言的時候，需要使用有線麥克風或者無線麥克風的音頻線路。教師使用課室電腦播放影片或者打開網站視頻／音頻的時候，需要使用電腦麥克風。教師如果希望現場同學隨機討論或者多人互動的聲音能被清楚收入 Zoom 課堂，則需要使用鏡頭麥克風，這樣能夠更好地收集現場的聲音。

由於音頻設備的問題較難被現場上課的師生發現，因此教師在講課之前，要跟網課的學生溝通好，告訴他們，教師不會長時間沉默，如果沒有聽到聲音，要在 Zoom 的聊天室告訴老師。這樣可以保證課堂順利進行，避免學生漏聽，也及時讓教師知道音頻設備的問題。

（二）探究優化混合模式課堂的成效

通過筆者一個學期的混合模式教學實踐，總結出在大學課堂教學當中，有以下幾個有效的課堂教學優化方式。第一，鏡頭運用得當，是課堂教學順利進行的重要因素，它可以提升同儕互動和師生互動的效能，保障線上線下的有效溝通。第二，麥克風和音頻線路切換，對於保障網課同學的聽課質量至關重要。教師需要提前與網課的學生溝通好，出現無聲無畫的情況的應變措施。第三，教師應善用鏡頭，和運用信息差來設計課堂教學活動，可以讓地理隔閡轉劣勢為優勢，同時發揮集體智能，集思廣益，調動同學的學習積極性。

與此同時，教師亦需要考慮調整教學策略與表達技巧。

比如，在傳統面授課堂當中，每堂課以教師講授為主。而在混合模式教學當中，教師的講授時間需要大大縮短，讓學生有更多發言、表現自我以及進行反饋的時間。或者教師需要細化講授的內容，以此將課堂講授時間分割成更多更小的時間段，並且增加師生互動、生生互動的頻率，以進行更有效的課堂管理和讓學生保持精神集中。

另外，教師需要更注重語言表達技巧，在鏡頭前的表達要更加聲情並茂，才能達到傳統課堂教學時的表達效果。同時，教師面對鏡頭時，應保持微笑，建立友好親善的形象，拉近與學生的距離。大多數網課鏡頭，只會拍攝到教師的上半身，並且通常教師會佔據畫面 70—80% 的部分。這就讓教師不可能在鏡頭前大幅度地運用肢體語言來輔助教學和幫助語言表達。在傳統面授課堂當中，學生與教師在同一物理空間，學生可以看見教師的整體形象，教師可以更多地運用肢體語言輔助表達和講解，以及進行課堂管理。比如管理紀律或候答時，教師可以走近到學生身邊；或者解答問題的時候，教師可以走到學生身邊俯身細語而不影響其他同學；或者講解重點時，教師可以用手輕敲黑板（白板）提示學生注意等。這些都難以在鏡頭前實現。因此，

當教師面對鏡頭講課，需要更依賴自身的聲音，通過語速快慢、聲量大小、語調高低起伏等，達到吸引學生注意力、強調教學重點，甚至進行有效的課堂管理。

四、總結

　　教育面向未來，教育先行，積極面對未來，教育才有未來。第四次工業革命中，最大的挑戰在於教育。混合教學模式，能夠有效適應後疫情時代的教學現狀，它既能夠最大程度保障學校日常教學的運作，也能夠隨時切換至完全網課和完全面授的課堂模式，具有極大的靈活性。長遠來看，與教育相關的學科也會隨之發展，比如教學法、教育心理學等學科的發展和更新，以適應未來數字化教育的新時代。在一個學期的教學實踐中，筆者摸索出一些行之有效的方法，助益課堂教學和課堂管理，希望能夠給前線教師以啟發，還有踐行混合模式教學的信心。

參考文獻

1.　Brown, M., McCormack, M., Reeves, J., Brook, D.C., Grajek, S., Alexander, B., Bali, M., Bulger, S., Dark, S., Engelbert, N., Gannon, K., Gauthier, A., Gibson, D., Gibson, R., Lundin, B., Veletsianos, G. & Weber, N. (2020). *2020 Educause Horizon Report Teaching and Learning Edition.* EDUCAUSE.

2.　Matthews, Pamela. (1999). Workplace learning: Developing an holistic model. *The Learning Organization*, 6, 18-29.

3.　Oblinger, D. G. Editor (2006). *Learning Spaces.* EDUCAUSE.

4.　Pelletier, K., Brown, M., Brooks, D.C., McCormack, M., Reeves, J., Arbino, N., Bozkurt, A., Crawford, S., Czerniewicz, L., Gibson, R., Linder, K., Mason, J. & Mondelli, V. (2021). *2021 Educause Horizon Report Teaching and Learning Edition*. EDUCAUSE.

5.　World Economic Forum. (2020). *Schools of the Future: Defining New Models of Education for the Fourth Industrial Revolution.* World Economic Forum.

Exploring the Transformation of Higher Education in Post-COVID 19 Era with the Practice of Hybrid Teaching Mode—— Taking Education University of Hong Kong as an Example

JIN, Mengyao

Abstract

In the post-epidemic era, education gradually opened to a new normal, and began to take hybrid teaching mode as the main teaching mode. Hybrid teaching mode means that students can take classes in the classroom or remotely through the network. Based on the author's teaching practice, this study will discuss the transformation of college teaching mode in the post-epidemic era. Firstly, universities are required to upgrade the infrastructure of classrooms in a planned manner that serves the goals of teaching and learning. Secondly, teachers are in need to improve their teaching ability and IT or DT (Data Technology) literacy. Teachers should give equal attention to both online and on-site students, conduct efficient real-time interactive learning, deal with different modes of classroom evaluation (on-site and on-line) synchronously, and manage the classroom effectively. In the long run, related disciplines such as teaching methods, educational psychology will develop and update accordingly to adapt to the new era of digital education in the future.

Keywords: *hybrid teaching mode, IT literacy, teaching activities, peer interaction*

JIN, Mengyao, Department of Chinese Language Studies, the Education University of Hong Kong, HK.

基於 21 世紀核心素養 5C 模型的演講技能貫融中小學語文綜合實踐教學探索[*]

陳楚敏　沙敏　許小榕　趙曼晴

摘要

　　培養核心素養是基礎教育的重要目標。當前師範教育與中小學生學科核心素養培養之間缺乏有機銜接，師範教育要設法強化對「產出」的導向。研究以「21 世紀核心素養 5C 模型」為理論基礎，以演講技能貫融中小學語文綜合實踐教學，以豐富多樣的演講活動作為牽引中心點，經近兩年的實踐探索，總結出的演講技能貫融中小學語文綜合實踐教學有效策略。策略能有效地提升師範生在對標中小學生所需的審辨思維素養、創新素養、溝通素養、合作素養等要求，對中華優秀傳統文化形成更深刻的理解與認同，推動師範生綜合素質與中小學生核心素養的貫通融合。

關鍵詞：21 世紀核心素養 5C 模型　演講技能　語文綜合實踐教學　師範教育

　　新世紀以來，許多國家和地區都在逐步重視需要「培養怎樣的人」的問題，關於「核心素養」「21 世紀核心素養 5C 模型」（以下簡稱為「5C 模型」）

---

*　基金項目：教育部哲學社會科學研究重大課題攻關項目「中華優秀傳統文化在語文教材中的傳承研究與資料庫建設」(20JZD049)、2021 年廣東省本科高校教學品質與教學改革工程建設項目（高等教學改革建設項目）「對標師範認證的漢語言文學專業第二課堂育人體系構建」項目、廣州市哲學社會科學發展「十四五」規劃 2021 年度課題《廣州紅色教育品牌與紅色校園建設相結合研究：以教育基地融入高校主題黨日育人建設為例》（課題編號：2021GZSZ03）。

　　陳楚敏，廣州大學人文學院漢語國際教育博士研究生，聯絡電郵：745398889@qq.com。
　　沙敏，華南師範大學文學院學科教學（語文）研究生，聯絡電郵：305913922@qq.com。（本文通訊作者）
　　許小榕，廣州大學人文學院漢語言文學師範生，聯絡電郵：1959249861@qq.com。
　　趙曼晴，廣州大學人文學院 2019 級漢語言文學師範生，聯絡電郵：742824517@qq.com。

等學術概念在教育界引起大家的討論與研究關注。

2016 年 9 月，《中國學生發展核心素養》正式發佈，明確提出中國學生發展核心素養總體框架及基本內涵，並對「核心素養」作出概念闡釋，即「21 世紀中國學生應具備的、能夠適應終身發展和社會發展需要的必備品格和關鍵能力」（林崇德，2016，頁 2）。2018 年 3 月，北京師範大學中國教育創新研究院發佈《21 世紀核心素養 5C 模型研究報告》，提出了既具有國際視野又體現了中國特色的「21 世紀核心素養 5C 模型」，該模型包括「文化理解與傳承素養（Culture Competence）」「審辨思維素養（Critical Thinking）」「創新素養（Creativity）」「溝通素養（Communication）」「合作素養（Collaboration）」五項素養，從不同角度刻畫了 21 世紀人才必備的核心素養。在此背景下，5C 模型成為中小學教育教學實施的育人導向，如何結合學科教學實際以落實中小學生核心素養的培養，探尋有效提升學生核心素養與綜合素質的實踐路徑，成為了值得關注的問題。

一、緣起：研究背景與問題提出

在基礎教育重視核心素養培養的背景下，中小學生作為落實核心素養培養教育的重點對象，隨之教師匹配性職業素養也備受重視。師範生作為教育行業的預備軍，扮演著當下「學生」和未來「教師」的雙重角色，既要培養其核心素養，也要培養其良好的、可持續性的職業素養。因此，師範生對學科核心素養的認識、理解、掌握、內化能力，特別是將來從業後能否真正去培養學生核心素養，這些都是值得思考的現實問題。

語文作為母語教育，在基礎教育、國家通用語言文字的普及與使用中都有著舉足輕重的地位。「語文課程是一門學習語言文字運用的綜合性、實踐性課程」（中華人民共和國教育部，2022，頁 1），要有效地學習語言文字運用意味著學生要在教學實踐活動中獲得語言素養的提升，而語文學科核心素養的培養則要在一定的語言實踐活動中形成，《義務教育語文課程標準（2022 年版）》明確提出「語言運用」是義務教育語文核心素養之一，《普通高中語文課程標準（2017 年版 2020 年修訂）》（中華人民共和國教育部，2020，頁 4—5）明確了「語言建構與運用」是發展語文學科核心素養的基礎。可見，中小

學語文教育教學對於學生的語言文字素養及語言表達能力提出了明確的要求。

而在語言文字素養層面中，演講技能則是語言文字素養及語言表達能力中綜合性最強的一種能力，是一門集綜合性、生活性、實踐性、情境性於一體的語言藝術。於中小學生而言，演講技能具有「張口即來」、在獨特的語言情境中運用、語言交互感強等特點，因此強化演講技能夠促進師範生和中小學生的語言素養及語言表達能力的提升，對中小學語文教學的語言運用、思維發展、文化傳承具有促進作用，進而拉動核心素養的整體提升。目前，中小學語文教學中對於演講技能的培養教學較為零散、目標指向不夠明晰，我們嘗試統整高校人文社科類師範生培養力量與中小學語文綜合實踐教學的資源，形成育人合力，探索演講技能在貫融中小學語文綜合實踐教學的創新路徑，以證學生的核心素養與語文學科核心素養能在語文綜合實踐活動中得到發展，為師範生的培養接軌中小學學科素養教學要求探尋新思路。

二、分析：21 世紀核心素養 5C 模型與中小學生、師範生培養要求的內在關聯

作為體現 21 世紀人才必備的核心素養，5C 模型具備高概括性和廣適應性，與中國學生發展核心素養、語文學科核心素養、師範生畢業要求之間具備著培養交融性、遞進性和關聯性。

（一）21 世紀核心素養 5C 模型

5C 模型包括「文化理解與傳承素養」「審辨思維素養」「創新素養」「溝通素養」「合作素養」五類素養（魏銳、劉堅等，2020），如圖 1 和表 1 所示。

圖 1　21 世紀核心素養 5C 模型（魏銳、劉堅等，2020）

表 1　21 世紀核心素養 5C 模型的結構框架（魏銳、劉堅等，2020）

素養	素養要素
文化理解與傳承素養（Culture Competence）	①文化理解 ②文化認同 ③文化踐行
審辨思維素養（Critical Thinking）	①質疑批判 ②分析論證 ③綜合生成 ④反思評估
創新素養（Creativity）	①創新人格 ②創新思維 ③創新實踐
溝通素養（Communication）	①深度理解 ②有效表達 ③同理心
合作素養（Collaboration）	①願景認同 ②責任分擔 ③協商共進

（二）中國學生發展核心素養與 5C 模型的內在關聯

「中國學生發展核心素養」以培養「全面發展的人」為核心，包含文化基礎、社會參與、自主發展三個方面，反映了學生核心素養培養的文化性、主體性和社會性特徵。

表 2　中國學生發展核心素養與 5C 模型的內在關聯分析

中國學生發展核心素養	21 世紀核心素養 5C 模型	內在關聯分析
文化基礎 （人文底蘊、科學精神）	文化理解與傳承素養 （Culture Competence）	人與文化：強調個體對文化的理解與傳承
社會參與 （責任擔當、實踐創新）	溝通素養（Communication） 合作素養（Collaboration） 創新素養（Creativity）	人與社會：強調個體在社會環境下擔當責任、溝通合作、創新實踐
自主發展 （學會學習、健康生活）	審辨思維素養（Critical Thinking） 創新素養（Creativity）	個體成長：強調個體的內在與外在的發展提升

中國學生發展核心素養與 5C 模型之間具備著內在關聯性、培養交融性和遞進性。如表 2 所示，兩者在整體上都呈現出個體成長與社會發展相統一的趨勢，都強調了個體在人與文化、人與社會、個體成長三個領域應具備的必備品格、關鍵能力和情感態度。具體而言，在人與文化的關係中，強調對文化的理解與傳承；在人與社會的關係中，強調在社會中的責任擔當、溝通合作與創新實踐；在個體成長層面，則強調內在審辨思維的發展與外在生活環境的提升等。作為個體適應未來社會生活和終身發展所需具備的關鍵素養，中國學生發展核心素養與 5C 模型最終都指向培養「全面發展的人」。

（三）語文學科核心素養與 5C 模型的內在關聯

語文學科核心素養是學生在語文課程學習中需要形成與發展的正確價值觀、必備品格和關鍵能力，其內涵圍繞著文化、語言、思維與審美四個層面展開。如表 3 所示，語文學科核心素養與 5C 模型的內在邏輯相吻合，具有內在關聯性和培養互通性。

表 3　語文學科核心素養與 5C 模型的內在關聯分析

語文學科核心素養		21 世紀核心素養 5C 模型	內在關聯分析
義務教育階段	高中階段		
文化自信	文化傳承與理解	文化理解與傳承素養（Culture Competence）	文化層面：強調對文化的傳承與理解
語言運用	語言建構與運用	溝通素養（Communication）合作素養（Collaboration）	語言層面：強調語言表達與有效運用能力
思維能力	思維發展與提升	審辨思維素養（Critical Thinking）	思維與審美層面：強調思維能力、創造力與審美意識
審美創造	審美鑒賞與創造	創新素養（Creativity）	

1. 文化層面：強調對中華優秀傳統文化的認同傳承與包容理解

在文化層面，語文學科核心素養要求引導學生在語文學習中傳承中華優秀傳統文化，形成文化自信，5C 模型中的「文化理解與傳承素養」也強調本民族傳統文化的認同傳承，提升文化自覺意識。兩者都強調對中華優秀傳統文化的傳承與理解，並著力培養學生的文化自覺，增強文化認同和樹立文化

自信。

2. 語言層面：強調語言表達與有效運用能力的培養與發展

在語言層面，語文學科核心素養要求學生在語言實踐中掌握語言運用規律，能夠正確、有效地運用語言文字進行交流，5C 模型中的「溝通素養」與「合作素養」指向溝通表達與合作交際的社會性行為，社會實踐過程離不開語言文字的運用。兩者都強調著力培養與發展學生的語言表達與有效運用能力。

3. 思維與審美層面：強調思維能力、創造力與審美意識的培養與提升

在思維與審美層面，語文學科核心素養強調對學生的思維能力、創造力、審美意識等的培育，5C 模型中「審辨思維素養」和「創新素養」則同樣對學生的思維能力、創新能力與審美意識提出了培養要求。兩者都強調學生思維能力、創造力與審美意識的培養與提升，兩者有著共通之處。

（四）師範生畢業要求與 5C 模型的內在關聯

2017 年教育部出台了《普通高等學校師範類專業認證實施辦法（暫行）》，同時發佈了認證標準，認證標準從踐行師德、學會教學、學會育人、學會發展四方面闡述了對師範生的畢業要求。

師範生畢業要求與師範生 5C 模型是相互支撐、相互融通的，師範生 5C 模型要求的達成在一定程度上可滿足畢業要求，同時畢業要求的達成又能促使師範生 5C 模型的提升與發展。以《中學教育專業認證標準（第二級）》（中華人民共和國教育部，2017，頁 3—10）為例，師範生畢業要求與 5C 模型的內在關聯如表 4 所示。

表 4　師範生畢業要求與 5C 模型的內在關聯分析

師範生畢業要求		21 世紀核心素養 5C 模型	內在關聯分析
踐行師德	師德規範	文化理解與傳承素養 （Culture Competence）	師範生師德與價值觀
	教育情懷		
學會教學	學科素養	審辨思維素養（Critical Thinking） 創新素養（Creativity）	師範生學科綜合能力
	教學能力		

師範生畢業要求		21 世紀核心素養 5C 模型	內在關聯分析
學會育人	班級指導	溝通素養（Communication） 合作素養（Collaboration）	師範生溝通與合作能力
	綜合育人	審辨思維素養（Critical Thinking） 創新素養（Creativity）	師範生學科綜合能力
學會發展	學會反思	審辨思維素養（Critical Thinking） 創新素養（Creativity）	師範生學科綜合能力
	溝通合作	溝通素養（Communication） 合作素養（Collaboration）	師範生溝通與合作能力

1. 師範生師德與價值觀層面：強調文化認同與價值觀引領

在師德與價值觀層面，畢業要求要求師範生應具有正確的情感態度和價值觀，相應地，5C 模型中的「文化理解與傳承素養」則強調認知與價值觀層面的文化認同，注重對青少年價值觀念的引領。

2. 師範生學科綜合能力層面：強調教學實踐的創新與思維能力的發展

在師範生學科綜合能力層面，畢業要求對師範生的知識技能、教學實踐、育人活動、專業發展意識和反思技能等提出了要求，相應地，5C 模型中的「審辨思維素養」和「創新素養」則要求基於理性思考有效處理職業發展中遇到的問題，強調實踐的創新發展與專業成長。

3. 師範生溝通與合作能力層面：強調溝通表達與人際協作發展

在師範生溝通與合作能力層面，畢業要求對師範生的溝通表達、團隊協作等基本社會技能提出了要求，相應地，5C 模型中的「溝通素養」則要求掌握溝通合作技能，有效地與他人交流資訊、思想和價值觀。

綜上，5C 模型與中國學生發展核心素養、語文學科核心素養、師範生畢業要求有著相通的能力要求點，都強調培養個體在語言運用、社會交際、思維發展、實踐創新、文化傳承等方面的關鍵素養；與中小學生、師範生的核心素養培育具備著培養交融性、遞進性和關聯性，5C 模型培養要求的達成能夠促進中小學生、師範生核心素養與綜合素質的整體提升。

三、經驗：演講技能貫融中小學語文綜合實踐教學的實踐探索

以「演講技能」為切入點，我們師範生團隊走出大學校園，進入中小學開展語文綜合實踐教學，開展了項目研究、訓練課程、普通話推廣、文化育人活動等一系列活動，形成了四步漸進、多方融合的實踐路徑，不僅促進了師範生演講技能與核心素養的提升，更是由師範生輻射帶動起中小學生，促進中小學生的文化理解與傳承素養、審辨思維素養、創新素養、溝通素養、合作素養的全方位培育與提升。

圖 2　演講技能融入中小學語文教學的實踐路徑

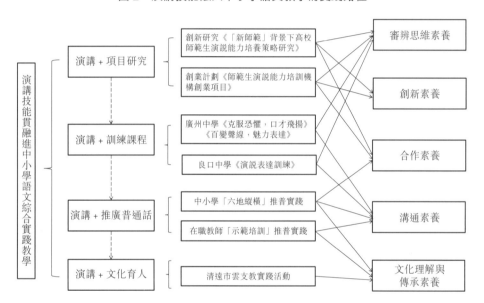

（一）以「演講＋項目研究」為引領，在創新探索中提升審辨思維、創新和合作素養

師範生團隊以「演講技能」為研究主題，開展了創新訓練項目[1]與創業計劃項目[2]的研究，通過理論創新與實踐探索，形成了扎實的理論基礎、豐碩的

[1] 項目名稱《言傳師魂，行踐師德——「新師範」背景下高校師範生演說能力培養策略研究》，獲第十六屆「挑戰杯」廣東省大學生課外學術科技作品競賽一等獎。

[2] 項目名稱《「言傳師魂」——師範生演說能力培訓機構創業項目》，獲第十三屆「挑戰杯」廣東省大學生創業計劃競賽金獎。

創新成果。項目研究有效促進了師範生提高審辨思維素養、創新素養、合作素養，為走入一線開展教學實踐做了充足準備。

1. 審辨思維和創新素養：開展研究探索與創新實踐，鍛煉審辨與創新能力

由 5C 模型可知，審辨思維素養體現在質疑批判、分析論證、綜合生成和反思評估四個方面的能力，創新素養則體現在創新人格、創新思維和創新實踐三個方面。

（1）開展研究探索，發展審辨思維。 在創新研究項目中，團隊成員面對「如何提升師範生演說能力」「如何制定師範生演說能力評價標準」等研究問題時，通過不斷質疑、理性分析、反思評估，綜合多角度的分析論證，得出了有效的問題解決方案——提出了師範生演說能力「五位一環」培養模式與「四個層級」評價標準（如圖 3、圖 4 所示），為師範生提升演講技能提供科學、有效的指引。研究探索使師範生團隊的審辨思維得到有效的訓練與發展。

（2）參與創新實踐，提升創新能力。 在創業計劃項目中，團隊成員首先產生了「將 AI 技術融入演說能力訓練」的創意點子，隨後通過引入新的思路和方案，並有效整合、梳理多種資訊，將創意付諸實踐，最終生成了具有應用價值的創新成果——提出了量化評價標準與 AI 語言評測體系（如圖 5 所示），自創了「1.5 小時師範生演說訓練法」（如圖 6 所示），將 AI 智慧技術融入測評與訓練，為演講技能學習提供科學、高效的智慧輔助工具。在參與創新實踐中，師範生團隊的創新思維和能力得到了有益的訓練和發展。

圖 3　師範生演說能力「五位一環」培養模式

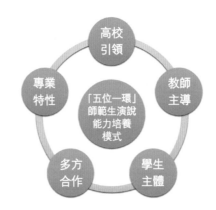

圖 4 「四個層級」評價標準

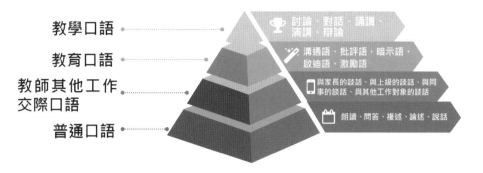

圖 5 量化評價標準與 AI 語言評測

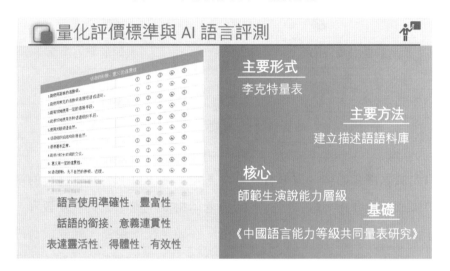

圖 6 1.5 小時師範生演説訓練法

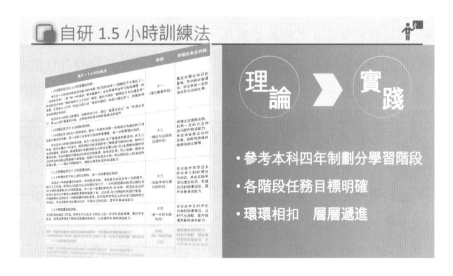

2. 合作素養：注重「團魂」鑄造與團隊協作，培養良好的合作能力

在 5C 模型中，合作素養體現在願景認同、責任分擔與協商共進三個方面。培育合作素養能促進師範生提升職業發展所需的溝通合作技能和團隊協作精神。以我們參與的創新研究項目為例，師範生團隊在項目實踐中，合作素養得到了不斷提升與發展。

圖 7　師範生培育合作素養的實踐路徑

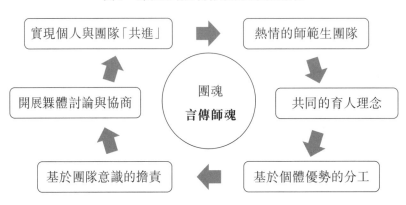

（1）凝聚團隊熱情，同聚育人理念。 項目團隊由七名基礎扎實的漢語言文學專業師範生和兩名經驗豐富的指導老師組成，團隊成員熱愛教育、熱愛演講，對參與項目研究具有較強的動機。在願景認同環節，團隊成員經過集體討論、思考，將研究方向聚焦於「新師範」背景下的師範生演說能力研究，共同確立了「言傳師魂，行踐師德」的團隊理念——即「以演講傳遞育人力量，以行動踐行教育理想」，形成了共同的願景和目標。

（2）開展合理分工，共同承擔責任。 在責任分擔環節，首先通過集體討論制定科學、細緻的研究計劃，並充分結合成員專業基礎與個人特長進行合理分工，充分調動師範生的專業能力與職業技能；其次，各成員充分發揮個人能動性，以專業的能力與負責的態度完成本職任務；最後，在各盡其責的基礎上，成員間積極互助、共擔責任，共同推進合作任務的開展，促進團隊目標的推進。

（3）進行有效協商，促進共同進步。 在協商共進環節，成員運用溝通技能，開展集體討論與協商，並能夠站在團隊的立場，關注集體利益，尋求集體目標與個人目標的平衡與共進，促進團隊目標的實現。項目的推進，一方

面帶動師範生實踐育人理念，另一方面推動團隊形成研究成果，從而實現個人與團隊共同進步，並進一步促進師範生提升研究熱情，培養良好的研究能力與合作能力。

始於研究熱情與教育理念，通過合理分工、共同擔責與有效協商，師範生團隊在項目推進過程中實現了個人成長與團隊目標「共進」，使團隊合作形成有效的閉合路徑。

（二）以「演講＋訓練課程」為抓手，在課堂教學中培育審辨思維和溝通素養

師範生團隊成員從大學校園走進中小學，開展演講技能訓練系列課程，不僅提升了師範生自身的教學能力和核心素養，更是在教學實踐中帶動中小學生獲得在審辨思維、溝通素養等方面的鍛煉。

1. 審辨思維：開展演講技能訓練，錘煉審辨思維與演講能力

演講實踐對演講者的「審辨思維」提出了較高要求，需要演講者提出自己的觀點，分析演講內容，理順邏輯，並在結束後反思評估自己的表現，從而促進演講技能的提升。師範生圍繞演講技能開展教學實踐，多次走進良口中學、廣州中學等學校，開展語文綜合實踐活動。

（1）師範生自編課程，開展演講課程教學。師範生自編開發了《演說表達訓練》《克服恐懼，口才飛揚》等演講技能訓練課程，在綜合實踐活動中引導學生尋找自身的閃光點，開展了如「30 秒自我介紹」「2 分鐘主題演講」等演講訓練，並在每次演講過後進行反思總結，培養學生「懂反思」的能力。

（2）中小學生參與訓練，開展演講技能實踐。通過有效的演講訓練，學生從一開始畏懼開口到後來落落大方地進行演講，鍛煉了學生的審辨思維，引導他們敢於質疑、善於分析、懂得反思。通過進行演講技能訓練，開展演講實踐活動，師範生和中小學生在演講中能夠提升質疑批判、分析論證、綜合生成和反思評估等審辨思維素養能力。

2. 溝通素養：開展互動交流活動，提升交流熱情與溝通能力

由 5C 模型可知，溝通素養包含深度理解、有效表達和同理心三個方面。師範生通過積極傾聽、有效溝通、創新實踐，研發了許多演講訓練課程，並將這些課程帶入到了一線中小學，不僅促進師範生自身提升教學與溝通能

力，還帶動中小學生培養良好的溝通能力。以我們走進廣州中學開展的《克服恐懼，口才飛揚》課程為例：

（1）啟動表達熱情，促進演講與表達。 為激發學生的表達熱情，我們設置了豐富有趣的生活類、學習類、科幻類話題，引導學生圍繞話題，表達思想和觀點，進行發言與交流。演講的過程中需要演講者具備同理心去感受世間萬物，表達自己的觀點和體會，在演講過程中也需要有聽眾意識，換位思考。

（2）提供交流機會，促進互動與交流。 接著，引導同學們在傾聽並理解發言者的基礎上，根據發言同學的發言內容、表達方式、體態等進行交流，教師在此基礎上進行補充和點評。在積極、有效的師生交流、生生交流中，師範生和中小學生不僅能夠增強清楚傳達資訊、有效表達觀點的能力，還能提升有效傾聽、深度理解能力和洞察能力，推動溝通素養的培育與發展，促進他們在今後的溝通交流中，更好地傾聽與理解他人的觀點，有效地表達自己的思想和觀點。

（三）以「演講＋推廣普通話」為拓展，在語言文字教學與運用中強化溝通素養與合作素養

由演講技能訓練課程拓展至推廣普通話實踐活動，師範生團隊在廣東廣州市增城區、從化區，四川喜德縣等地開展了推廣普通話教學實踐，通過普通話培訓學習帶動普通話能力提升，學員增強了使用普通話開展溝通表達、日常口語交流的信心，推動溝通素養的提高；同時，以項目式學習促進普通話學習，在提升學習效果的同時，培育與提升合作素養。

1. 溝通素養：進行普通話訓練與教學，提升表達信心與溝通技能

我們走入廣州市從化區、增城區、天河區、越秀區，以及揭陽市揭東區、河源市東源縣等地，面向中小學進行推普教學，又走向四川省喜德縣面向彝族在職教師開展推普活動，將演講技能運用於普通話教學中，促進普通話學習效果的提升。以面向中小學生的「六地縱橫」推普實踐為例：

（1）構建推普模式，提高學習效果。 在推普教學實踐中，我們構建了「六地縱橫」推普模式，根據實地調研情況及專業知識，圍繞「演說」設計了「說得準——說得順——說得好——說得妙」鄉村推普四維課程，提高學生學習普通話的效果，促進表達信心的提升。

（2）組織研討活動，提升溝通技能。組織了兩場沙龍研討活動，給予了參與課程的中小學生與大學生、大學教師學習交流的機會，一方面能夠引導學生學會積極傾聽、有效理解，掌握良好的傾聽技能；另一方面有助於引導學生學會清楚地表達思想，實現有效表達，從而促進學生實現溝通技能的整體提升。

圖8　自創「六地縱橫」推普模式示意圖

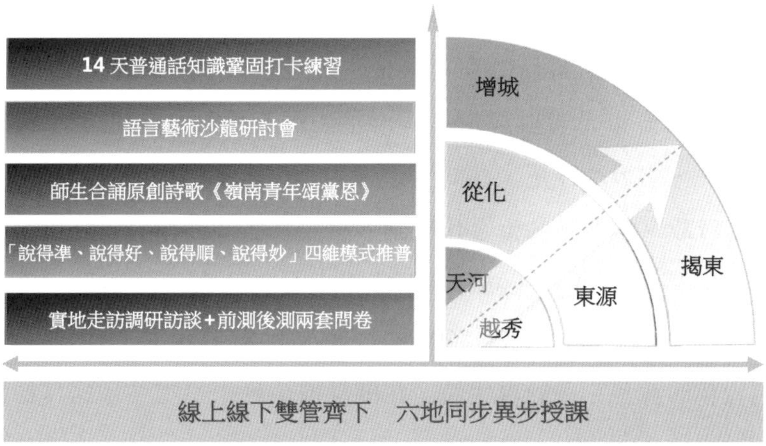

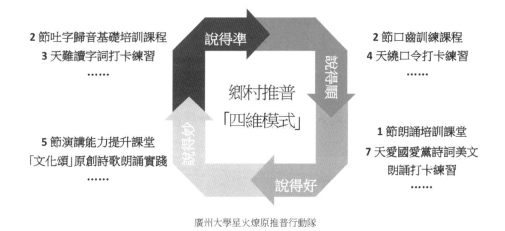

圖9　自研「說得準──說得順──說得好──說得妙」鄉村推普四維課程示意圖

廣州大學星火燎原推普行動隊

2. 合作素養：開展項目式學習活動，增強團隊意識與合作能力

在推普教學實踐中，我們採用項目式學習的方式，引導學生將個人表

達、溝通交流與團隊合作相結合，增強團隊意識，提高合作素養。在面向中小學生的「六地縱橫」推普實踐中，我們開展了項目式的演講與紅色文化相融合的教學實踐。

（1）教師組織活動，指導分組與分工。圍繞「賡續紅色血脈，講好家鄉故事」研究主題，教師引導學生們想好自己所要選擇的家鄉紅色紀念館或者紅色遺跡，並根據相同意願進行組隊，在協商交流中定好目標，確定價值理念，便再進行任務責任的分組。

（2）開展小組彙報，組織多方評價。每個環節完成之後小組派代表進行彙報，教師及時指導且即時觀察，形成過程性的評價。此外，還將學生的自我評價、同伴互評以及教師評價多個評價主體有機結合，並在此過程中，教師發揮了輔助、引導的作用，共同促進學生合作素養的提升。

（3）進行故事演講，師生合作朗誦。學生在教師的指導下完成訪談記錄、資料搜集、講稿撰寫等，每位同學都能夠上台表達自己的感受、講好家鄉的故事。師生通過搜集嶺南地區各地的紅色文化資源，共同原創且師生合誦了《嶺南青年頌黨恩》[3] 的現代詩，在朗誦的活動中也增強了語言的情感表達能力。

從前期調研、組織分組、小組彙報、故事演講、師生合誦等多個方面，能夠看到學生學會了在共同願景下積極思考個人定位和目標，在責任分擔時進行目標的分解，懂得站在小組的立場考慮問題，合作素養得到了提升。通過演講類項目合作的方式，師範生與中小學生在形成共同願景、做好責任分擔、多次協商共進的過程中完成了項目合作的目標，並提升了合作素養。

（四）以「演講＋文化育人」為突破，在學思品悟中培養文化理解與傳承素養

由 5C 模型可知，文化理解與傳承素養分為文化理解、文化認同、文化踐行三個方面，具體而言是指個體對中華民族優秀文化的理解、認同、踐行等行為及觀念的體現。紅色文化蘊含著中華民族優秀文化的文化積澱和精神特

---

[3] 註：《嶺南青年頌黨恩（增城篇）》：「母親喜歡到黨建主題公園散步 / 喜歡它的環境 / 也喜歡它的紅 / 在黨建廣場領會黨的路線方針 / 在語錄長廊感受時代精神 / 在印象永寧走近那段歷史 / 這些都為我愛的增城增添了紅色顏值」。

質，我們選擇以紅色經典閱讀作為切入口，在清遠市廣鐵一中外國語小學開展雲支教活動，在文化育人活動中培養學生的文化理解與傳承素養。

1. 師範生「讀與講」：紅色書籍閱讀與演講分享課程

我們根據學生年齡特點、心理特徵、地區特色，選擇了《紅色家書》《可愛的中國》《紅星照耀中國》《鋼鐵是怎樣煉成的》等八本紅色經典書籍作為讀本，開展紅色經典閱讀與演講分享課程。

（1）文本細讀，文化理解。 尋找紅色經典書籍背後的歷史背景、作者資料等，進行文本解讀，不斷思考與反思，達成文化理解。

（2）各抒己見，文化認同。 集體備課中大家各抒己見，用演講的方式分享自己最觸動的片段和原因，感悟其中的紅色精神，形成文化認同，確定授課內容。

（3）多樣形式，文化踐行。 在為中小學生授課的過程中，有的老師採用了動畫演講的方式、有的採用了誦講結合的方式，讓學生能夠理解、感悟到其中蘊含的紅色文化。

師範生團隊成員在文本解讀、資料搜集中不斷「輸入」，在集體演講分享中初步「輸出」與進一步「輸入」，在最後的授課環節用生動形象的方式強化「輸出」，向學生們傳播中華優秀傳統文化的豐富內涵，將文化理解、文化認同落實到具體的實踐層面。

2. 中小學生「思與悟」：紅色精神領悟與紅色書籍演講推薦

中小學生正處於價值觀、世界觀、人生觀養成的重要時期，需要不斷提升他們的文化自覺意識，在此基礎上形成文化認同，並轉化為文化傳承實踐。承接上文的「讀與講」活動，學生們在教師的講授分享中、課堂上的演講討論中，完成了紅色經典閱讀的「思與悟」，對紅色精神有了更深入的理解。

（1）閱讀體驗，品讀理解。 首先，學生自行選擇一本感興趣的紅色經典書籍進行閱讀，形成個人的理解，獲得獨特的閱讀體驗。然後，在課堂上老師的講授中，在師生、生生的交流中，學生對書籍背後的歷史背景、人物形象等進行了細緻的分析，在個人閱讀和課堂中不斷「輸入」。

（2）分享感悟，深化認同。 老師引導學生選擇自己最有感觸的一個片段在班級中進行誦講結合或演講分享，老師在此過程中也進行相應的評價，引導生生之間進行交流，在「輸出」中形成自己獨特的感受，理解紅色精神的

意義，逐步形成文化認同。

（3）**推薦閱讀，傳承踐行**。在展示環節，老師給學生們佈置了一個貼近學生生活的情境任務：「如果你要錄製視頻給你最好的朋友推薦這本書，你會怎麼推薦呢？」在展示和表達的「輸出」中，學生將自己獨特的感受融入推薦理由中，在身體力行中傳承中華優秀傳統文化與民族精神。學生們的展示分享對於老師來說也是寶貴的「輸入」與交流，也能促進老師形成新的感悟。

從團隊成員的資料搜集、集體備課、授課到學生們的閱讀、分享、展示，在不斷的「輸入」與「輸出」中師範生與學生達成文化理解、形成文化認同、開展文化踐行。除了逐層、先後對師範生與學生進行素養培養之外，師範生與學生也能在交流研討、教學相長中共同完成對文化理解與傳承素養的培養。

綜上所述，依託項目研究、訓練課程、推廣普通話、文化育人活動，以演講技能貫融中小學語文綜合實踐教學，能夠有效促進師範生和中小學生核心素養的培育和發展。截至目前，師範生團隊共獲國家級獎項 1 項、省部級獎項 4 項、市校級獎項 3 項，形成論文成果 3 篇，獎項包括第十六屆「挑戰杯」廣東大學生課外學術科技作品競賽一等獎、第十三屆「挑戰杯」廣東大學生創業計劃競賽金獎、廣東省教育調查大賽優秀獎等。團隊還獲評為教育部語用司 2021 年「推普助力鄉村振興」全國大學生社會實踐志願服務優秀團隊（全國僅 100 支）。團隊成員更是成長迅速，榮獲了廣東省第二屆「南粵師魂杯」教師演講大賽特等獎、第十屆廣東省師範技能大賽一等獎、全國港澳台大學生中華文化知識大賽三等獎、「田家炳杯」第八屆全國師範院校師範生教學技能競賽三等獎等，共計超過二十項的相關榮譽獎項。

四、結語

隨著我國基礎教育課程改革的不斷深入，5C 模型成為中小學教育教學實施的導向。為探尋結合學科教學落實中小學生核心素養培養的創新路徑，我們以豐富多樣的演講實踐活動作為牽引中心點，融入高校資源、協同師範生與中小學培養，依託項目研究、訓練課程、普通話推廣和文化育人活動，形成了演講技能貫融中小學語文綜合實踐教學的四步漸進、多方融合的創新實

踐路徑，在綜合實踐中共同培育與發展師範生與中小學生的審辨思維素養、創新素養、溝通素養、合作素養和文化理解與傳承素養。在 5C 模型的提升與發展中，師範生與中小學生有效銜接、協同共促，致力培養適應時代發展的 21 世紀高素質、高素養、高品質人才，共創教育的美好明天。

參考文獻

1. 甘秋玲、白新文、劉堅、魏銳、馬利紅、徐冠興、劉妍和康翠萍（2020）：創新素養：21 世紀核心素養 5C 模型之三，《華東師範大學學報（教育科學版）》，38（02），57—70。
2. 康翠萍、徐冠興、魏銳、劉堅、鄭琰、劉妍、甘秋玲和馬利紅（2020）：溝通素養：21 世紀核心素養 5C 模型之四，《華東師範大學學報（教育科學版）》，38（02），71—82。
3. 林崇德編（2016）：《21 世紀學生發展核心素養研究》，北京，北京師範大學出版社。
4. 劉妍、馬曉英、劉堅、魏銳、馬利紅、徐冠興、康翠萍和甘秋玲（2020）：文化理解與傳承素養：21 世紀核心素養 5C 模型之一，《華東師範大學學報（教育科學版）》，38（02），29—44。
5. 馬利紅、魏銳、劉堅、馬鳴燕、劉妍、甘秋玲、康翠萍和徐冠興（2020）：審辨思維：21 世紀核心素養 5C 模型之二，《華東師範大學學報（教育科學版）》，38（02），45—56。
6. 魏銳、劉堅、白新文、馬曉英、劉妍、馬利紅、甘秋玲、康翠萍和徐冠興（2020）：「21 世紀核心素養 5C 模型」研究設計，《華東師範大學學報（教育科學版）》，38（02），20—28。
7. 徐冠興、魏銳、劉堅、李靜懿、康翠萍、馬利紅、甘秋玲和劉妍（2020）：合作素養：21 世紀核心素養 5C 模型之五，《華東師範大學學報（教育科學版）》，38（02），83—96。
8. 中華人民共和國教育部（2017）：《中學教育專業認證標準》，檢自 http://www.moe.gov.cn/srcsite/A10/s7011/201711/t20171106_318535.html，檢索日期：2023.4.9。
9. 中華人民共和國教育部（2020）：《普通高中語文課程標準（2017 年版 2020 年修訂）》，北京，人民教育出版社。
10. 中華人民共和國教育部（2022）：《義務教育語文課程標準（2022 年版）》，北京，北京師範大學出版社。

The Exploration of Integrating Speech Skills into Chinese Comprehensive Practical Teaching in Primary and Secondary Schools Based on the 5Cs Framework for Twenty-first Century Key Competences

CHEN, Chumin   SHA, Min   XU, Xiaorong   ZHAO, Manqing

Abstract

Cultivating key competences is an important goal of basic education. At present, there is a lack of organic connection between normal education and the cultivation of primary and secondary school students' subject core accomplishment. Normal education should try to strengthen the guidance of "output". The research is based on the "the 5Cs Framework for Twenty-first Century Key Competences", integrates the speech skills into the comprehensive practical teaching of Chinese in primary and secondary schools, and takes the various speech activities as the traction center. After nearly two years of practice and exploration, it summarizes the effective strategy of integrating the speech skills into the comprehensive practical teaching of Chinese in primary and secondary schools, which effectively improves both normal school students and primary and secondary school students' critical thinking, creativity competence, communication competence, collaboration competence, forms a deeper understanding and recognition of the excellent traditional Chinese culture, and promotes the integration of the comprehensive quality of normal school students and the key competences of primary and secondary school students.

Keywords: *the 5Cs Framework for Twenty-first Century Key Competences, speech skills, Chinese comprehensive practical teaching, normal education*

CHEN, Chumin, School of Humanities, Guangzhou University, China.
SHA, Min, School of Chinese Language and Literature, South China Normal University, China. (corresponding author)
XU, Xiaorong, School of Humanities, Guangzhou University, China.
ZHAO, Manqing, School of Humanities, Guangzhou University, China.

符號轉譯教學方法在《京劇趣談》教學中的應用

倪碩　張筱涵

摘要

語文是綜合性的課程，教學過程中，既要重視學生語言文字運用能力的學習，也要關注學生文化修養和審美水平等綜合能力的提升。課文《京劇趣談》的教學目標具有多重性，教學內容具有獨特性，與學生之間存在間離性。如何將語文教學與京劇普及兩個教學目標整合為一體？如何使教學內容與教學方法匹配統一？如何最大限度地激發學生的學習興趣？是教學設計中必須考慮的問題。本研究基於符號學理論，設計了語言與非語言符號相互轉譯的教學方法，對《京劇趣談》進行實驗教學。並使用課堂觀察和學生訪談的方式，驗證其教學效果。結果顯示，符號轉譯教學方法相較于傳統教學方法，可以更好地整合教學目標，激發學生興趣，全面提高學生閱讀理解、文字表達、藝術鑒賞等多個方面的綜合能力。

關鍵詞：語文教學　符號學　轉譯　京劇

一、引言

語文是綜合性的課程，兼具人文性與工具性的雙重特點（中華人民共和國教育部，2022，頁 1）。教學過程中，既要重視學生語言文字運用能力的學

倪碩，香港教育大學文化與創意藝術學系在讀博士，聯絡電郵：s1130388@s.eduhk.hk。（本文通訊作者）
張筱涵，濟寧學院附屬中學，聯絡電郵：erica96519@163.com。

習，也要關注學生文化修養和審美水平等綜合能力的提升。2022 年版新修訂的《義務教育語文課程標準》中，更是明確提出，語文教學須要注重培養學生文化自信、語言運用、思維能力、審美創造等方面的核心素養（中華人民共和國教育部，2022）。因此，語文課程的課堂教學，往往同時包含多個具體的教學目標和教學任務。

部編版初中語文教材（五四學制）課文《京劇趣談》就包含雙重的教學目標和教學任務。教師既需要引導學生學習課文的語言風格，提高閱讀能力，又需要為學生普及戲曲知識，培養學生對戲曲藝術的欣賞和熱愛（人民教育出版社課程教材研究所中學語文課程教材研究開發中心，2018）。

教學實踐中，不同維度的教學目標需要進行有機地整合，使學生在課堂學習過程中既掌握語文知識和能力，又獲得情感與價值觀的培養（金軍華，2010）。而現實情況是，教師在處理多重教學目標和教學任務時往往會存在顧此失彼的現象，或是過度強調語文知識技能的教學，或是偏重人文素養的熏陶（溫德峰、于愛玲，2006）。

《京劇趣談》一文的教學同樣面臨上述的問題，首先，語文教學和京劇普及兩個教學目標既相互區別，又相互聯繫，教學過程中，如果過度偏重戲曲普及則容易偏離了語文課程的本體，倘若僅僅囿於教材的閱讀分析，不僅讓語文課堂索然無趣，也錯失了提高學生審美水平的良機。如何在不偏離語文本體的情況下完成戲曲啟蒙教育，是教學實踐中面臨的首要問題。其次，教學中教師需要充分考慮學生的具體情況，並以此作為設計課程和制定具體的教學方法的依據（Spady, 1994）。學生對於戲曲相對陌生，如何在有限的教學時間內，最大限度地調動學生的學習動機，引起學生的學習興趣，從而高效地完成教學任務，也是授課教師必須考慮的問題。

現時涉及《京劇趣談》一文教學的文獻，共 10 餘篇。[1] 其中介紹和論述的教學方法大致分為兩類。一類較為貼近教參建議，如劉冰（2021）、霍宗露（2021）將課文閱讀分析、字詞講解、戲曲知識介紹等內容分為不同的板塊和環節，分別進行教學，這樣的教學方式忽視了多重教學目標的整合統一，教

---

[1] 檢索自中國知網，檢索地址：https://tra-oversea-cnki-net.ezproxy.eduhk.hk/kns/defaultresult/index，檢索日期：2022 年 7 月 31 日。

學效果難免不如預期。另一類教學設計注意到了教學目標整合的問題，如吳麗平（2020）在教學中設計了學生填寫導學單的內容，將語言文字運用同京劇知識聯繫在了一起，但單純以文字為載體瞭解京劇知識，抽象且枯燥，難以激發學生強烈的興趣。謝婷婷（2020）設計了學生京劇宣講的情境，活躍了課堂氣氛，吸引了學生積極參與，但課堂活動在一定程度上偏離了課文內容，對於戲曲本體內容的介紹也略顯不足。

教學目標、教學內容、教學方法是重要的教學要素。[2]教師需要根據具體的教學目標，以及學生的實際情況，為教學內容設計和制定恰當的教學方法。《京劇趣談》一文的教學內容具有獨特性，教學目標具有多重性，與學生之間存在間離性。如何將不同的教學目標有機地整合為一體？如何使教學內容與教學方法匹配統一？如何最大限度地激發學生的學習興趣？是教學設計中必須考慮的問題。

從課文內容看，《京劇趣談》一文用語言文字介紹了京劇的舞台演出，既包含語言符號，也涉及視覺形象，這就為使用語言與非語言符號轉譯的方式進行教學創造了契機。所謂轉譯，其本質為符號的再設計（Kress & Leeuwen, 2001），包含轉移和聯通兩個主要類別（Kress, 2010）[3]。運用符號轉譯的方式進行教學，多見於藝術設計、建築、翻譯等學科和課程的教學實踐，少有應用於中學語文教學的先例。

本文嘗試在符號學視域下，運用語言與非語言符號相互轉譯的方式，設計和實踐《京劇趣談》一文的課堂教學，並使用課堂觀察和學生訪談的方式檢驗其教學效果。以期在不偏離語文課程本體的前提下，完成語文教學和京劇普及兩個教學目標，在有限的課時內，最大限度地激發學生的學習動機，

---

[2] 有關教學要素及其構成，存在不同觀點。主要包含以下觀點和論斷：(1)「三要素」說，認為教學的構成要素包括教師、學習、教材三個方面（鍾啟泉，1992）。(2)「四要素」說，構成教學的要素包括教師、學生、教學內容、教學方式（南京師範大學教育系，1984）。(3)「五要素」說，源於德國控制論教學論學派，認為教學目標（應有值）、教師（傳播者）、學生（接收者）、技術媒介（紐帶）、學習檢查（檢測器）是構成教學的五個關鍵要素（李其龍，1989）。(4)「六要素」說，德國柏林教學論學派認為，教學意向、教學課題、教學方法、教學媒介，以及影響教學的人類學和社會文化條件是有關教學的最重要的六個因素（李其龍，1986）。(5)「七要素」說，美國學者 Butler（1985）認為，情境、動機、組織、應用、評價、重複、概括是構成教學的七個要素。

[3] 轉移指同一模態內相同符號的轉譯，如語言間的互譯。聯通指不同模態間的轉移，如語言、行動、聲音等不同符號間的互譯。

使學生的語言文字運用能力和人文修養得到雙重提升。

二、轉譯教學的前提和基礎

若要使用語言與非語言符號相互轉譯的方式對《京劇趣談》一文進行課堂教學，有必要從符號學的角度對語言文字和戲曲演出兩個概念重新理解。

（一）語言符號與非語言符號

語言是建立在特定社會基礎上的約定俗成的符號，包含「能指」和「所指」兩項要素，通過人們約定俗成的聯想，使「能指」的聲音形象和「所指」的概念間發生聯繫，完成語言符號的表意（Saussure, 2011）。

戲曲演出的舞台上同樣充斥著各種符號。演出本質上是一場人與人之間的思想交流（Esslin, 1976），即創作者將自己要表達的思想，轉換成適合舞台演出表現的形式，通過各種舞台手段傳遞給觀眾，並為觀眾接受的過程（胡妙勝，1986）。因此，演出中的各種元素，包括語言、造型、聲音、顏色等，都可以看作是創作者與觀眾進行資訊交流的符號媒介（胡妙勝，1989）。戲曲舞台上的符號，同樣包含「能指」和「所指」兩項要素。「能指」既包括演員的身段、唱腔、唸白等表演手段，也包括服裝、化妝等造型因素，而「所指」即上述要素在舞台呈現中所揭示出的人物行動內容。由於戲曲表演虛擬性和程式性的特點（張庚、郭漢城，2010），作為「能指」的符號和「所指」的行動之間通常間離較大。

由此可見，語言符號和戲曲演出符號本質上是相同的，同樣具備「能指」和「所指」兩個維度，這就為二者間的轉譯創造了條件，奠定了基礎。

（二）符號間的互譯關係

如圖 1 所示，同一個行動，既可以用文字語言進行描述，又可以用舞台形象立體呈現。例如課文中提到的騎馬這一行動，用文字可以表述為「騎馬」兩個字，戲曲舞台上則表現為演員手持馬鞭的程式化舞蹈。文字「騎馬」與騎馬這一行動之間具有相互對應的指代關係。在戲曲舞台上，演員持鞭動作與騎馬這一行動之間同樣具備雙向對應的指代關係。因此，文字語言和舞台

形象同為行動內容的「能指」，行動內容則為上述二者的「所指」。以行動內容為媒介，我們可以實現文字語言和舞台形象之間的相互轉譯。

圖 1　語言符號與非語言符號互譯示意圖

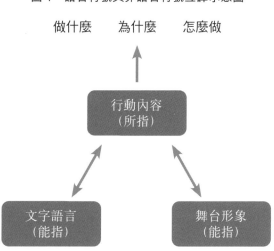

一個具體的行動，通常可以概括成「做什麼」「為什麼」「怎麼做」三個要素（譚霈生，1985，頁 20）。這也是在課堂教學中使用轉譯方法訓練學生語文能力的重要內容。如課文中所提及京劇武戲中的「刀槍下場」，人物的心理活動（內部行動）內容是喜悅，原因是打仗勝利了，喜悅的心情可以通過神態，肢體動作表現出來。如果是用文字語言對上述內容進行描述，既可以使用心理描寫直接刻畫人物的心理及情緒變化，也可以描述人物外在的表情和行為，間接展現人物的喜悅心情。而在戲曲舞台上，打仗得勝的喜悅心情則是通過「下場花」程式動作來立體呈現。因此，心理活動和表情動作的文字描寫可以與戲曲舞台上「下場花」程式動作形成互譯。又如，京劇《蕭何月下追韓信》中，蕭何的行動內容是騎馬（做什麼），騎馬的目的是為了追韓信（為什麼），騎行過程表現為非常焦急地趕路（怎麼做）。如果是用文字來表現上述行動，除了描寫人物的內心活動，還可以描寫人物如何匆忙上馬，如何在馬背上顛簸，如何衣冠不整氣喘吁吁。而在戲曲舞台上，則是通過「趟馬」這一程式化動作的節奏變化以及「吊毛」等身段技巧，來呈現人物的行動和行動背後的原因。因此，對騎馬趕路的文字描寫與戲曲舞台上的「馬趟子」同樣可以形成轉譯。

綜上，以行動內容為媒介，我們可以實現文字語言與舞台形象的相互轉譯，轉譯範圍不僅包括行動內容，也包括行動背後的原因和具體的行動方式。轉譯關係的存在，不僅讓文字語言與舞台形象產生聯繫，也讓語文教學和京劇普及兩個教學目標有機地統一在了一起。

三、轉譯教學的設計

使用語言與非語言符號相互轉譯的方式對《京劇趣談》一文進行課堂教學，可以兼顧學生感受力和理解力的訓練，同時提升學生的閱讀理解能力、文字表達能力，以及戲曲鑒賞能力。

如圖 2 所示，整個教學過程共計 2 課時，大致可以分為文字到形象的轉譯和形象到文字的轉譯兩個教學階段。其中第一課時包含課文閱讀講解（字詞講解）、戲曲舞台形象辨識、戲曲常識講解等三項內容；第二課時包含京劇表演視頻觀摩、學生文字（語言）表達、學生習作（發言）點評等三項內容。

圖 2　教學流程及內容示意圖

第一課時　文字—形象轉譯		
課文閱讀	形象辨識	戲曲常識

↓

第二課時　形象—文字轉譯		
視頻觀摩	文字表達	點評總結

（一）文字到形象的轉譯

第一課時主要通過文字語言到戲曲舞台形象轉譯的教學方式，訓練學生課文閱讀理解能力，課上插入戲曲常識講解，增進學生對戲曲知識的瞭解，提高學生戲曲鑒賞能力。

《京劇趣談》一課為自讀課文，文章淺顯易懂，可佈置學生課前閱讀，思

考課後問題。

1. 課文閱讀講解

課上教師引導學生閱讀課文,講解生字生詞,為學生掃清閱讀障礙。閱讀過程中,提示學生仔細閱讀課文中有關京劇表演「騎馬」以及「亮相」的介紹,通過課本文字敘述,想像京劇舞台上的具體形象。

2. 戲曲舞台形象辨識

學生完成閱讀後,教師演示京劇表演視頻(圖片),請學生辨識課文中介紹的內容。例如:教師可選擇「趟馬」「走邊」「起霸」三組京劇程式動作的視頻片段,在課上播放,請同學指出哪一個是課文中介紹的「騎馬」,並說明選擇的原因。學生在形象辨識的過程中,既鍛煉了文章精讀和細節把握能力,又訓練了語言文字到視覺形象的想像力。

3. 戲曲常識講解

戲曲舞台形象辨識結束後,教師可根據先前演示的表演視頻和舞台形象插入戲曲常識講解。主要為學生普及戲曲最為基本的常識,旨在對學生啟蒙,引發學生興趣。同時,為第二課時教學打下基礎。

(二)形象到文字的轉譯

第二課時主要通過戲曲舞台形象到文字語言轉譯的教學方式,訓練學生對以視覺形象為代表的非語言符號的感受力,以及語言文字表達能力。

1. 京劇表演視頻觀摩

教師選擇一段京劇表演視頻為學生播放(也可佈置學生課前觀看)。

由於表演內容和下一教學環節中學生語言表達訓練直接相關,因此,視頻選擇要注意以下幾點:第一,宜選擇和課文內容以及上一課時講授內容相關聯的京劇表演,如選擇不同劇碼中的「趟馬」程式動作,也可選擇「走邊」等相類似的表演內容;第二,所選表演內容不可過於晦澀,宜選擇初中學生認知範圍內的劇碼內容,如京劇《夜奔》中,林沖「走邊」的表演片段就比較適合學生理解;第三,所選表演片段,劇中人物行動內容充實,動機明確,適合用語言文字的形式進行表述。

2. 學生文字(語言)表達

觀看視頻後,教師請學生用一段文字來表述劇中人物的行動內容(做什

麼，為什麼，怎麼做），也可請學生組織語言就上述內容口頭發言。鼓勵學生在複述視頻內容的基礎上，進行合理的加工和演繹；鼓勵學生使用第一人稱的視角對劇中人物的行動進行表述。學生在由舞台形象到語言文字的轉譯過程中，既加深了藝術作品的感受力，又提高了語言文字的表達能力。

3. 學生習作點評

教師對學生的習作或發言當堂點評。可重放視頻，比照表演到文字轉譯過程中的對應和疏漏之處，教師可在課堂上做示範轉寫。對於學生習作出彩處，應多給予積極回饋，尤其對於準確的細節描寫，應多給予表揚和鼓勵。最後進行課堂總結，結束《京劇趣談》一課的教學。

四、教學效果的檢驗

為檢驗符號轉譯方法在《京劇趣談》一文課堂教學中的實際效果，本文的研究者設計並進行了實驗性教學。在教學過程中和教學結束後，使用課堂觀察及學生訪談的方式進行實證研究。通過相關質性資料的收集與分析，比較符號轉譯教學方法與傳統教學方法教學效果的差異，探究差異產生的原因，以檢驗符號轉譯教學方法在教學實踐中的成效。

（一）實驗教學設計

本研究邀請山東省某中學（五四學制）六年級兩個教學班（以下用 A 班及 B 班指代）參與教學實驗。兩個教學班學生人數相同，均為 45 人；性別比例大致相當，為 1：1；學生平均年齡大致相仿，為 12—13 歲。

由同一位語文教師（授課教師為該中學在職語文教師）分別對 A、B 兩個班級的學生進行《京劇趣談》一課的教學。每個班級教學時長為 2 課時，每課時 45 分鐘，共計 90 分鐘。其中，對 A 班使用符號轉譯教學方法進行教學，對 B 班使用教參建議的傳統教學方法進行教學。兩個班級的教學時段及先後順序遵循學校既定的課程表及教學進度安排。

教學實驗及資料收集結束後，將對 A 班使用傳統教學法，B 班使用符號轉譯教學法，各進行 1 課時的補償性教學。

（二）觀察與訪談

課堂觀察為非參與式觀察，包括結構型觀察和無結構型觀察兩種類型。無結構型觀察中，研究者全程觀摩 A、B 兩個班級整個課堂教學過程。觀察過程中使用觀察筆記的方式記錄所觀察到的主要內容。結構型觀察與無結構型觀察同時進行，重點對學生舉手回答問題次數以及師生互動次數進行量化統計。

學生訪談為半結構訪談，採用集體訪談與單獨訪談相結合的形式。具體實施方式為：在實驗教學結束後，以隨機的方式在 A、B 兩個班級各邀請 10 名同學參與訪談。首先以班級為單位進行集體訪談，共兩組，每組 10 人，每組訪談時間約 30 分鐘。集體訪談結束後，對有意願進一步表達的同學，或表達內容與本研究關聯度較高的同學，進行單獨訪談，共有 5 名同學參加單獨訪談，訪談時間 10—20 分鐘不等。

訪談及觀察完成後，對收集到的所有資料進行了整理與分析。

對訪談部分資料進行文字整理後，使用三級編碼的方式，對文字資料進行提煉和分析。

觀察部分的資料，通過反覆閱讀實地筆記和個人筆記，以及對觀察現場的回憶，對所觀察內容進行梳理和分析，從而提煉和總結出理論筆記。此外，對結構型觀察中的相關內容進行統計，對相關量化資料進行匯總和描述性分析。

在完成訪談及觀察資料各自的提煉和分析後，對兩種不同途徑所收集的質性資料進行了進一步的匯總和綜合，使訪談和觀察資料相互聯繫，相互印證，從而保證研究的信度及效度。

（三）分析與結果

1. 符號轉譯教學方法更能激發學生興趣

教學實驗過程中，研究者對 AB 兩個班級學生課堂舉手回答問題的次數（含同一學生多次舉手）進行了統計。見表 1。

表 1 學生舉手回答問題次數

班級	第一課時	第二課時
A	80+	120+
B	50+	60+

　　課堂教學中，使用符號轉譯教學方法的 A 班，學生舉手回答問題的次數明顯高於使用傳統教學方法的 B 班。觀察過程中，研究者明顯感受到 A 班的課堂氛圍更為活躍和熱烈，尤其在第二課時的文字表達環節，對於有限的表達機會和表達時間，多數同學表現出了很高的熱情，有同學為了得到表達機會多次舉手，也有同學在表達過程中滔滔不絕而超時。訪談中，有同學表示，自己平時寫日記或者作文「總感覺沒話寫，這次感覺有很多話要說」（A 班學生集體訪談）。也有同學表示「這兩節課感覺過得很快，很有意思」（A 班學生集體訪談）。相類似的表達在 A 班同學的訪談中較為常見，而在 B 班學生的訪談中則鮮有提及。

　　可見，符號轉譯教學方法相較於傳統教學方法更能激發學生的學習興趣和學習動機。

2. 學生興趣提高的原因

　　綜合所收集的質性資料，符號轉譯教學方法能夠較大限度地激發學生興趣的原因主要包含三個方面：該教學方法使語言文字更形象，戲曲表演更易懂，課文理解更充分。

（1）語言文字更形象

　　訪談中，A 班多位學生表示，平時的語文學習主要是課文分析、字詞講解等以文本為載體的學習，較為抽象。即使是寫作的學習和訓練，也大多是基於抽象題目的文字運用，難以引起強烈的學習和創作的興趣，甚至有一部分同學存在抵觸和畏難情緒。在使用符號轉譯方法教學的課堂上，通過語言文字與舞台形象互譯的教學方式，學生直觀地看到了抽象語言文字符號和戲曲舞台形象和人物行動的對應關係，不僅大大加深了對語言文字的理解和認識，更激發起學生運用符號間對應關係進行語言文字表達的興趣和創作的慾望。可以說，語言文字由抽象到形象的變化，是激發起學生學習興趣的原因之一。

（2）戲曲表演更易懂

六年級學生對戲曲普遍陌生。戲曲表演具有寫意化的特點，舞台形象距離生活較遠，單純的戲曲常識講解，或是簡單的圖片和視頻的賞析，很難在有限的課時內引起學生的興趣。B班學生的訪談也印證了上述觀點。在使用傳統教學方法對學生進行兩課時教學後，問及學生是否想深入瞭解和欣賞京劇時，多數學生表示，「戲曲非常博大精深，理解起來很有難度」「欣賞京劇可能需要系統的學習和積累，現在（欣賞）比較困難」（B班學生集體訪談）。

而使用符號轉譯教學方法的A班，學生對戲曲表現出了更大的興趣。訪談中，有同學表示，「上完課以後，發現戲曲和語文離得很近」「有時間我想再多看一些京劇，仔細看大概能看明白」「其實京劇表演和寫作文一樣，都是寫人物」（A班學生單獨訪談）。可見，符號轉譯方法的教學，使戲曲變得更加通俗易懂，拉近了學生與戲曲的心理距離，也使學生的課堂表現更為積極，學習興趣更為強烈。

（3）課文理解更充分

《京劇趣談》一文為自讀課文，有同學表示，自己預習課文時，主要還是著眼於生字生詞的學習和文章段落結構的梳理上，對於課文中介紹的京劇知識理解較為模糊，尤其對於一些戲曲行業的專有名詞，在閱讀過程中通常一帶而過，沒有深入探究其具體含義。

在使用符號轉譯方法的課堂教學中，由文字到形象的轉譯需要學生對課文內容有清晰的理解和深度的把握，因此，學生在課堂上對課文的閱讀更為專注和認真。教學環節的設置，在一定程度上刺激了學生學習的外部動機，提高了學生的課堂積極性。

此外，在整個教學過程中，隨著學生對京劇的瞭解逐漸加深，對文字語言與舞台形象的對應關係逐漸清晰，學生對課文的理解也變得更加充分，對課文語言用法及準確性也有了新的認識。

3. 符號轉譯教學方法的應用成效

《京劇趣談》一課的教學具有特殊性，教師需要考慮整合教學目標、匹配教學內容、激發學生興趣三個具體問題。實證研究顯示，符號轉譯教學方法相較於傳統教學方法更能激發學生的學習興趣。學生的學習興趣之所以提高，是因為符號轉譯教學方法使語言文字更形象，戲曲表演更易懂，課文理

解更充分。學生對於語文學習生動形象、戲曲知識通俗易懂的感受，恰恰對應了語文教學和戲曲普及兩個教學目標，可見教學目標的整合頗有成效。而學生通過學習，對課文理解更為充分，也從側面說明了教學方法很好地匹配了教學內容。見圖3。

綜上，使用符號轉譯方法對《京劇趣談》一課進行教學，有效地整合了教學目標，匹配了教學內容，激發了學生興趣。

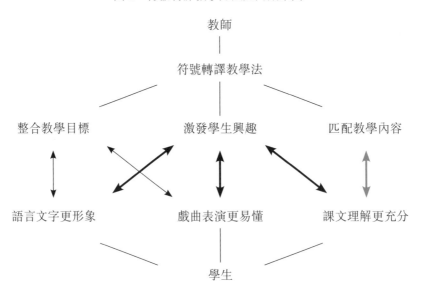

圖3　符號轉譯教學方法應用效果圖

五、結語

《京劇趣談》一課的教學內容具有獨特性，教學目標具有多重性，與學生之間存在間離性。使用語言與非語言符號相互轉譯的方法對《京劇趣談》一課進行教學，可以有效地整合語文教學與戲曲普及的雙重教學目標，匹配課本中規定的教學內容，激發學生的課堂積極性和學習興趣。

整個教學過程中，語言文字運用貫穿各個教學環節，課堂「語文味」濃郁，牢牢地抓住了語文教學的本體；沉浸式的轉譯過程，學生所體驗的戲曲魅力，遠勝過照本宣科式的京劇普及。一來一回，兩次轉譯，調動的是學生的感受力和理解力，不經意間，切實提高了學生的閱讀理解，文字表達，藝術鑒賞等多個方面的綜合能力。

誠然，符號轉譯教學方法的適用對象相對局限，有關教學方法應用成效的實證研究、研究方法和數據來源也相對單一，本文權當拋磚引玉。希冀更多的語文教師能夠兼顧不同的教學要素進行教學設計，切實提高學生的人文修養和語言能力，不辜負語文教學的本質和意義。

參考文獻

1. 胡妙勝（1986）：戲劇符號學導引，《戲劇藝術》，01，31—47。
2. 胡妙勝（1989）：《戲劇演出符號學引論》，北京，中國戲劇出版社。
3. 霍宗露（2021）：《京劇趣談》教學設計，《小學語文教學》，26，23。
4. 李其龍（1986）：柏林教學論學派，《外國教育資料》，02，24—31。
5. 李其龍（1989）：控制論意義上的教學論（上），《外國教育資料》，01，8—13。
6. 劉冰（2021）：《京劇趣談》文本細讀及教學建議，《小學教學（語文版）》，12，34—36。
7. 南京師範大學教育系（1984）：《教育學》，北京，人民教育出版社。
8. 人民教育出版社課程教材研究所中學語文課程教材研究開發中心（2018）：《義務教育教科書（五四學制）教師教學用書語文六年級上冊》，北京，人民教育出版社。
9. 譚霈生（1985）：《戲劇藝術的特性》，上海，上海文藝出版社。
10. 溫德峰，于愛玲（2006）：語文教學三維目標的「顧此失彼」，《當代教育科學》，17，52—53。
11. 吳麗平（2020）：《京劇趣談》（六上）教學設計，《小學語文教學》，34，35—36。
12. 謝婷婷（2020）：一個真實任務·兩項學習活動·三次學情調查——統編教材六年級上冊《京劇趣談》教學敘事，《小學語文教師》，01，54—55。
13. 張庚，郭漢城（2010）：《中國戲曲通論》，北京，中國戲劇出版社。
14. 中華人民共和國教育部（2022）：《義務教育語文課程標準》，北京，北京師範大學出版社。
15. 鍾啟泉（1992）：《現代教學論發展》，北京，教育科學出版社。
16. Butler, F. C. (1985). The Teaching/Learning Process: A Unified, Interactive Model (Part One). *Educational Technology, 25*（9），9-17.
17. Esslin, M. (1976). *An Anatomy of Drama*. Maurice Temple Smith Ltd, London.
18. Kress, G. R. (2010). *Multimodality: A Social Semiotic Approach to Contemporary Communication*. London: Routledge.
19. Kress, G. R. & Van Leeuwen, T. (2001) *Multimodal Discourse: The Modes and Media of Contemporary Communication*. London: Hodder Arnold Publication.
20. Saussure, F. D. (2011). *Course in general linguistics* (Wade Baskin, Trans.). New York, Columbia University Press. (Original work published 1916)
21. Spady, W. G. (1994). *Outcome-Based Education: Critical Issues and Answers*. Arlington: American Association of School Administrators.

Application of Semiotic Translation Teaching Method in the Teaching of *Beijing Opera Fun Talk*

NI, Shuo   ZHANG, Xiaohan

Abstract

Chinese language is an integral curriculum, in the teaching process of which not only the enhancement of students' verbal and written skills should be laid great emphasis on, but also the improvement of the overall abilities of students including but not limited to their cultural accomplishment and aesthetic judgment. The teaching objectives of the text *Beijing Opera Fun Talk* are multiple; the teaching contents are of distinctive features and poses alienation with students. How should we integrate the two teaching goals of Chinese language teaching and Beijing Opera popularization into one? How to match the teaching contents with the teaching method? How to arouse students' interest in learning to the maximum extent? These are the questions that must be considered in the design of the curriculum. Based on the theory of semiotics, this study designed a teaching method for the mutual translation of linguistic and nonverbal symbols, and conducted experimental teaching of *Beijing Opera Fun Talk*. Classroom observations and student interviews are adopted to verify the teaching effectiveness. The results show that compared with the traditional teaching method, the teaching method of semiotic translation can better implement the teaching objectives, stimulate students' interest, and comprehensively improve students' overall ability in reading comprehension, verbal and expressions, art appreciation and other aspects.

Keyword: *Chinese teaching, semiotics, translation, Beijing Opera*

NI, Shuo, Department of Cultural and Creative Arts,
The Education University of Hong Kong, HK. (corresponding author)
ZHANG, Xiaohan, The Affiliated Middle School of Jining University, China.

高中語文教師回音話語的交互策略研究

謝琳鑫　郝琳琳

摘要

　　教師回音話語是師生言語交互的重要組成部分。語文教師如何運用師生間的交互話語引導學生參與課堂，將影響著高中學生的學習過程。本研究探討了高中語文課堂中教師回音話語的表現形式、言語結構、教學功能等多方面，得出教師回音話語策略的表現形式和言語結構較為多樣，呈現出靈活性、情境性、多樣性的特點；回音話語的教學功能與表現形式、言語結構之間存在較為緊密的聯繫。教師使用回音的交互話語策略對促進學生參與課堂互動具有兩面性，一方面回音話語能關聯教學內容、引導學生的觀點立場、誘發學生進一步回應，最終促進師生交互，將評價的主動權轉移到學生手中；另一方面，教師不積極的回音話語可能會導致過度加強教師的權威性，打擊學生學習積極性。

關鍵詞：高中語文　回音話語　師生交互　話語分析

一、問題的提出

　　語文是中學基礎教育的核心課程。2020 年，教育部對《普通高中語文課程標準（2017 年版）》進行了修訂，指出要體現新理念，新方法。那麼在新課標背景下探究高中語文課堂教學策略，提高教師教學效率和學生學習效果存在必要性。

謝琳鑫，北京師範大學國際中文教育學院，聯絡電郵：alieen19@163.com。（本文通訊作者）
郝琳琳，廣州外國語學校，聯絡電郵：623879090@qq.com。

在課堂教學領域中，課堂師生間的教與學是一種交互的過程，而師生言語交互是師生交互的重要組成部分。安桂清、陳艷茹（2021）指出教師話語形式、功能等都會對學生學習效果產生影響，當教師提出開放性問題並引導學生積極回應，能促進學生的認知參與，提升學生運用高階思維的能力。Webb等人（1995）研究發現教師要求學生提供解釋的話語與學生的學習結果之間具有最大的相關性。此外，教師通過引導和追問，會促使學生進一步解釋自己的思路，學生對知識的理解就會越來越深入細緻（Forman & Larreamendy-Joerns, 1998）。

在早期關於課堂師生話語研究中，20 世紀 70 年代 Sinclair 和 Coulthard（1975）提出了課堂中經典的師生話語形式，即教師引發—學生回應—教師反饋（teacher Initiation-student Response-teacher Feedback, I-R-F）。然而，在這種師生話語模式下，教師掌控了課堂中觸發互動和評價的權利。O'Connor & Michaels（1993）認為當教師引發某一問題時，學生回應後，教師並不直接做出反饋，而是通過重複、改述等方式回應學生的話語，進而將評價的權利轉移給學生，這種話語形式稱之為「回音」。而回音這種話語形式能夠支持學生進行集體論證，促進學習者參與課堂討論等多種積極作用（Forman et al., 1998; Moschkovich, 1999）。基於以上的討論，本研究將教師回音話語作為研究師生言語交互的切入口，並提出以下三個研究問題：

（1）大灣區高中語文教學中教師使用回音的情況如何？

（2）回音話語策略有怎樣的特點？

（3）回音的話語策略對學生學習的影響如何？

二、研究設計與研究方法

（一）研究對象

本研究中收集的課堂實錄來源於新課標背景下，粵港澳大灣區各市區教研活動中錄製的公開課視頻。相比於常規課堂，選擇公開課作為分析對象的理由如下：（1）從學生角度來說，公開課上學生更能自覺遵守課堂社會交往規範，教師能將更多的時間精力投身於教學內容的呈現上，教師的回音話語

策略使用概率大。（2）從教師角度來説，參與公開課教研活動的高中語文教師在課前會具有較為充分的準備，以及大部分教師具有較為豐富的教學經驗，有益於研究收集到更為理想的教師回音使用情況。由此充分考慮研究對象的可行性和代表性之後，本研究共收集了 2020 年 1 月至 2022 年 1 月期間錄製的高中語文公開課課堂實錄，共計 5 節。這 5 節公開課的內容均來源於新教材高中語文必修上冊。

（二）研究過程

研究首先對兩個重要的概念進行界定：

（1）師生言語交互：本研究中的交互即互動，師生言語交互指的是教師和學生之間動態的言語交流，這種交流可能引起教師和學生心理和行為的改變，並對效果產生影響。

（2）回音：教師不直接對學生的話語內容做出評價，而是通過重複、改述、擴展、宣告的方式重塑學生的話語內容，以反饋給學生，從而實現多樣教學功能的一種課堂話語策略（肖思漢，2018）。

根據研究問題，本文的研究思路為：依據課堂錄像及文本轉錄，首先找出涉及教師回音話語策略的師生交互片段，然後通過觀察師生在課堂交互過程中的參與特點、角色呈現、話語內容，對這些師生互動話語片段進行分類，主要歸類為回音話語表現形式、回音話語結構特徵、回音話語的教學功能幾個方面。並從每一種類別中的師生交互話語片段中選擇典型案例呈現，進行分析和闡釋。最後嘗試總結教師在課堂中應該如何使用回音話語策略去促進學生學習。

三、研究結果與分析

（一）數據處理

為方便研究及保護研究對象隱私，研究對 5 節高中語文公開課進行轉錄。課堂實錄中的教師在本文中均以「教師 + 性別 + 轉錄序號」的形式出現，如 TM1 代表轉錄文本一的教師。學生轉錄標記為：學生 + 性別 + 課堂互動序

號，而 Sall 指代全班學生齊聲回答或者只有小部分甚至一兩位同學回答但是辨別不清具體是哪位學生，SF3 則代表在本堂課中單獨回答問題的第三位學生，性別為女。在後文呈現具體回音話語案例時，為方便讀者閱讀及區分，使用「加粗」標注教師的回音話語。在每個案例後，會標注出該案例中教師回音話語的出處。

表 1　五節課堂實錄的基本信息

實錄編號	教師信息	教學內容	班級人數	教師代碼
1	男，M	《祝福》	52	TM1
2	女，F	《林教頭風雪山神廟》	57	TF2
3	男，M	《在馬克思墓前的講話》	36	TM3
4	女，F	《雷雨》	54	TF4
5	女，F	《裝在套子裏的人》	36	TF5

（二）分析與討論

1. 教師使用回音話語策略基本情況

經過統計，5 名高中語文教師的回音話語總數量為 271 條。回音條數分別為 14、27、85、81、64 條，部分教師之間的回音條數相差較大。教師回音話語的表現形式主要分為重複、擴展、改述、宣告四類。根據表 2 得知，四種回音表現形式佔比依次為擴展（35.06%）、重複（25.83%）、宣告（21.40%）、改述（17.71%）。

表 2　五節課堂實錄中教師回音話語數量的統計

回音表現形式	TM1	TF2	TM3	TF4	TF5	總數	佔比
重複	1	8	23	8	30	70	25.83%
擴展	5	10	32	30	18	95	35.06%
改述	2	3	13	21	9	48	17.71%
宣告	6	6	17	22	7	58	21.40%
合計	14	27	85	81	64	271	100%

備注：

「重複」指教師對學生話語的完全重複或部分重複；

「改述」指教師以不同的方式來表述學生的話語內容，但不會改變其原始含義；

「擴展」指教師通過在學生的話語中增加信息來擴展學生的話語含義；

「宣告」指教師重新表達一個想法、主張或觀點時，將其歸結於一個特定的學生。（郁志珍，2019）

結合具體的課堂教學視頻進行分析，TM1 教師多次使用了平板等多媒體進行交互，調試設備時間較長，並播放了視頻給學生觀看，幾個環節大概花費了 15 分鐘左右時間，一定程度上壓縮了課堂時間。TF2 教師在課堂教學中，曾多次組織學生進行討論，討論的時間近 18 分鐘，因此本節課的教師回音話語也相對較少，為 27 條。在其餘三堂課中，教師組織教學與課堂活動所用時間相差較小，因此三位教師的回音話語數量較為均衡。

本研究統計了五節課堂實錄中教師回音話語表現形式比例的統計，具體結果如表 3 所示。

表 3　五節課堂實錄中教師回音話語表現形式比例的統計

回音表現形式	TM1	TF2	TM3	TF4	TF5	平均值
重複	7.14%	29.63%	27.06%	9.88%	46.87%	24.12%
擴展	35.71%	37.04%	37.65%	37.04%	28.13%	35.11%
改述	14.29%	11.11%	15.29%	25.92%	14.06%	16.13%
宣告	42.86%	22.22%	20.00%	27.16%	10.94%	24.64%
合計	100%	100%	100%	100%	100%	100%

根據表 3 數據，我們發現，五位教師都比較傾向於採用擴展的話語形式對學生的回答進行回音，教師們使用擴展進行回音的比例範圍為 28.13%—37.65%；最少用的回音表現形式為改述，比例範圍為 11.11%—25.92%。擴展和改述在不同教師間比例相差較小；重複和宣告兩種回音形式在不同的教師之間的差異較大，TM1 教師使用宣告進行回音的比重最大，佔總回音形式的 42.86%，使用重複進行回音的比重最小，為 7.14%；反之，TF5 教師使用重複回音表現形式的比重最高，為 46.87%，而使用宣告的比率最低，為 10.94%。

以下案例為 TF5 教師的部分課堂實錄：

> TF5：我讓你們用一個字來概括一下他的特點，你們會用哪個字？一個字啊！
>
> ……
>
> Sall：怪。
>
> TF5-10：哎！怪！好！怪（教師板書）。那麼你們覺得他哪些方面怪呢？
>
> Sall：外貌。
>
> TF5-11：外貌是怪，看一下我們的材料，外貌上怪怎麼怪，怎麼一個怪法？
>
> ……
>
> SM1：他的經歷。
>
> TF5-18：經歷也怪？怎麼個經歷也怪呢？
>
> SM1：他只是要結婚但是又沒有結婚。
>
> TF5-19：他只是要結婚但是又沒有結婚。
>
> SM1：又死了。
>
> TF5-20：又死了，快結婚的時候又要死了，就很奇怪。
>
> SM1：我覺得他的一個婚事也非常奇怪。
>
> TF5-21：對吧？婚事也奇怪。總結一下，他的外表裝扮非常的怪，生活習慣也非常的怪，思想方式怪、言論怪行為怪、心理怪。這整個就是一個怪人對吧。那穿著雨衣，用具上的套子，還有職業上生活中的套子，這生活上的套子。到底是什麼含義啊？這些套子到底是什麼含義啊？
>
> （《裝在套子裏的人》）

本段示例展示發生在課堂開始後不久，TF5 教師向學生提問，請用一個字來概括別里科夫的特點。首先學生回答的是「囚」字，但是並不是最準確的答案，因此教師繼續引導學生，學生回答說「怪」字。然後教師就重複了學生的回答，並肯定了學生的回答，將其進行板書。教師便進一步提問是哪些方

面怪，並且回歸文本進行查找，引導學生回答地更加具體準確。師生共同完成外貌上的怪時，教師示意讓學生繼續查找概括，經過教師多次重複回音話語的使用，根據學生的回答師生共同得出別里科夫的怪體現在「外貌上、性格上、思想上、精神上、經歷上」。最後，教師再一次對別里科夫的「怪」進行了全面總結。

總結來說，在使用重複回音表現形式時，教師基本上是一字不落地複述學生說所有的話或複述學生的部分話語。師生之間的言語交互內容較為簡單，教師不需要使用過多的話語對課堂師生交互進行引導，教師時常會伴隨肯定或懷疑等語氣以及通過「還有嗎」這類的提示性語句去誘發學生進行再一次的回應。

而宣告被認為是一種特殊的回音話語形式，其特殊性一方面體現在宣告語言結構常包含話語標記、人稱標記、謂語動詞等，如「所以你說的是……」；另一方面宣告話語內容常以重複、擴展或改述學生話語等形式出現。

在本研究中，教師平均宣告回音話語比例為 24.64%，位居第二，説明教師們在教學過程中會有目的地使學生描述並貢獻自己的觀點，並在此基礎上接受班級所有同學的討論。如下面的案例所示：

> SM1：根據書本的 66 頁，第 77 段最後一行，她全不理會那些事，它這裏寫的是講故事，而不是敘述自己的經歷。我認為她把兒子被叼走這件事當成是一個故事……從這裏可以看出她很害怕的態度，同時也能看出她為了吸引別人的眼球而做出一系列行為。
>
> TM1-1：他說去提兒子的事情為了吸引別人的眼球，兒子的慘死不僅死了是一個遺憾的事情，而且還讓自己的兒子靈魂不得安寧，所以說他認為這是不尊重兒子或死者的表現，這點同學們有沒有不同的意見？有的請舉下手，這個地方你是否對他的理解有不同的看法。沒有的話，我就找一個同學說一下你是否同意他的看法，黃子豪同學。
>
> SM2：經過一些思考後，我有了一些新的認識。祥林嫂作為母親這個角色的話，文章裏邊的 65 頁，67 自然段。按理，（原文）說明在她丈夫死後，和兒子被叼走之後是有一段時間間隔的，而時間間隔當中呢，她還是盡力地做到一個母親的責任，撫養他的兒子，所以我覺得她是一個

稱職的母親。

TM1-2：黃子豪其實很細心，他抓住了一個細節……那麼你的觀點跟他的觀點是不同的啊，她對兒子死後是一種不尊重，你怎樣評價這個帖子呢？

(《祝福》)

在此例中，教師首先詢問的問題是祥林嫂是否是一個稱職的母親，學生分享了自己的觀點後，教師使用明確的宣告形式——「人稱標記＋謂語動詞＋回音內容」對學生的觀點進行重複和擴展，確立學生的立場後便詢問其他學生的意見，瞭解其他學生的想法。當另一位學生提出自己的觀點後，教師也是對學生的表述進行了總結，而後教師將兩位學生的觀點進行了直接明確的對立劃分，「你們的觀點是不一樣的啊，那你怎麼去評論這個帖子呢？」由此激發了學生之間的討論，並且進一步促進學生的思考。

2. 教師回音話語言語結構分析

言語表達的基本形式為句子，而句子是獨立表達比較完整語義的言語結構單位。喬姆斯基（邢公畹等譯，1979）認為，句子結構有兩種類型——表層結構和深層結構；表層結構是指我們實際上能聽到或看到的語句形式；深層結構是說話者試圖表達的意思。表層結構決定句子的形式，深層結構決定句子的意義（喬姆斯基著，邢公畹等譯，1979）。回音話語的表層結構可從句法成分出發進行分析，一般由主謂賓三種句法成分構成，而回音所表達的意義指的是一個人對另一個人言語內容的再表達。基於以上基本情況及赫布爾—艾森曼等人研究總結的回音話語常見的言語結構形式（Herbel-Eisenmann et al., 2009），本文所歸納的回音言語結構主要由話語標記（Discourse Marker, DM）、人稱標記（Person Marker, PM）、謂語動詞（Predicate Verb, PV）、回音內容（Revoicing Content, RC）四個基本形式構成。話語標記指的是像「所以」等一類的帶有推理性或總結性的詞語；人稱標記為人稱標記或學生名字等；謂語動詞為「覺得」「認為」「說」等一類聯繫師生間話語內容的動詞；回音內容指的是教師對學生話語反應的具體陳述，如「祥林嫂是不是一個好母親」等。

表 4　五節課堂實錄中教師回音話語語言語結構所佔比率的統計

回音話語語言語結構	TM1	TF2	TM3	TF4	TF5	平均值
RC	57.14%	77.78%	76.47%	65.00%	100.00%	75.28%
DM+RC	0.00%	0.00%	1.18%	0.00%	0.00%	0.24%
PV+RC	0.00%	0.00%	0.00%	5.00%	0.00%	1.00%
PM+RC	0.00%	0.00%	0.00%	3.75%	0.00%	0.75%
PM+PV+RC	35.71%	14.81%	22.35%	20.00%	0.00%	18.58%
DM+PV+RC	0.00%	3.70%	0.00%	0.00%	0.00%	0.74%
DM+PM+PV+RC	7.14%	3.70%	0.00%	6.25%	0.00%	3.42%

　　從表 4 中我們可以得知，五節課中平均佔比最高的回音話語結構為回音內容（RC），即教師直接對學生所說的話語進行重複、擴展或改述，平均比率為 75.28%，遠超過於其他的回音話語結構，其結果意味著在課堂上教師往往不會直接將學生的觀點進行對立，也不會特別指出這是誰提出的觀點或意見，而選擇默認的方式進行回應。其中，表現最為明顯的是教師 TF5，整堂課中教師採用的回音話語結構均為表達回音內容，佔比為 100%，說明在該堂課中仍是教師主導的風格，學生在課堂中的互動均是由教師把控。其次為佔比最高的回音話語結構為「人稱標記（PM）＋謂語動詞（PV）＋回音內容（RC）」，平均比率為 18.58%。而其他幾種回音話語結構平均所佔的比率均較低。"DM+PM+PV+RC""DM+PV+RC""PM+RC""PV+RC""DM+RC"五種回音話語結構平均所佔的比率均較低，為 3.42%、0.74%、0.75%、1%、0.24%。說明在課堂中教師使用這些回音話語結構的頻次很少，一節課中有且僅有幾次，並且在其他課堂中基本沒有出現。

　　下面，我們來舉一個例子進行具體解讀：

　　SM11：他拋棄了他跟他的小兒子。找了比魯侍萍還要好的大戶人家，既然他能夠作出這樣的事情，就說明他早就知道可能會有今天這樣的情況，他做得出這樣的事情，所以我不認為他有苦痛感。

　　TF4-63：所以你不認同他這種解讀。那你覺得他的心情是怎麼樣的？」

（《祝福》）

從 TF4-63 中，我們可以看出，教師回音話語言語結構為：「話語標記（所以）＋人稱標記（你）＋謂語動詞（不認同）＋回音內容（這種解讀）」。

結合上面的回音表現形式來看，"DM+PM+PV+RC" 和 "DM+PV+RC" "PM+PV+RC" 三種回音話語結構有類似之處，都顯示著教師是以「宣告」這種回音表現形式展現出來的，都能明晰學生不同的觀點立場、強調觀點的重要方面，在協調和推進討論進程中具有重要作用。總結來說，五位教師回音話語的結構主要都為展現回音內容（RC），其次為「PM+PV+RC」回音話語結構，其餘的話語結構所佔的比率都較小，並且五位教師所表現出來的回音話語結構的形式也較為單一，僅 TF4 使用了五種回音話語結構，其餘教師課堂上使用的回音話語結構都在四種以下，有的教師僅為一種。

3. 教師回音話語教學功能分析

本研究根據前人研究結果、預分析及實際情況三者，將教學功能分為以下六個維度，分別為「關聯教學內容」「操縱學生的觀點立場」「誘發學生進一步反應」「評價」「標記」和「其他功能」。經統計，五節課堂實錄中教師回音話語功能所佔比率可見表 5。

表 5　五節課堂實錄中教師回音話語功能所佔比率的統計

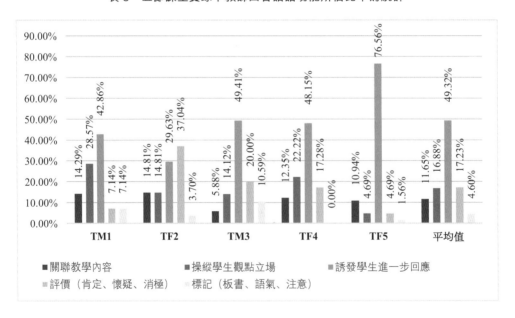

由表 5 得知，五位教師中回音話語功能最高展現為「誘發學生進一步回

應」，平均佔據為 49.32%，近一半的比率。其次是「評價」功能，即教師在回應學生時，會採用直接肯定或否定方式，佔比 17.23%，再次是「操縱學生觀點立場」功能，佔比 16.88%；然後是「關聯教學內容」功能，平均比率為 11.65%；「標記」功能為 4.6%，而最後的其他教學功能在此次研究中並沒有出現。

「誘發學生進一步回應」是教師們回音話語體現最多的教學功能。根據課堂實錄分析，發現教師往往是通過提問的方式來誘發學生進一步的回應，即使沒有明確的提問話語，如「還有嗎？」等，教師也會使用疑問懷疑的語氣來進一步尋求學生的確認或澄清，讓學生繼續回應、完善或更正自己的回答。在這個過程當中，通過教師的循循善誘，學生往往需要經過肯定自己的觀點、消除他人的懷疑、捍衛自己的觀點等一系列過程，這樣使得學生的思考也往往變得更加全面，在課堂中的地位和角色也變得更加豐富多樣，在課堂上的主動性也更高了起來。

「評價」包含著兩類不同的態度，一類是教師的肯定評價，一類是教師的否定或不確定評價。在教學分析過程中，評價功能所佔平均比率為 17.29%。肯定評價常以「對」「你說得很好」「不錯」等話語出現；否定或不確定性評價通常以「不對」「不是」「不是這樣吧」等話語出現，時常也伴隨著語氣和語調的更改，如「啊？」等，有時教師也會根據課堂的教學內容發表自己的觀點來否定學生的意見，如：

> TF4-73：好，認同廖志兵同學說法的請舉手。
>
> Sall：（學生做舉手或不舉手的手勢）
>
> TF4-74：1、2、3……16。那我請不認同的同學說說看。不認同的話你是跟我站一邊的是不是，沒有那麼多愧疚的。就是說她一個下人，怎麼會知道怎麼多 30 年前的事情，不是太內疚的。你贊同我的說法嗎？
>
> （《雷雨》）

「操縱學生觀點立場」教學功能主要以宣告的回音表現形式來體現。在本研究中，教師常採用的一種策略是先讓某一位學生進行發言，然後教師將學生的觀點進行總結並且宣告說明，並詢問其他學生意見是什麼，是否有不同

看法。根據學生具體回答而定，如果兩人均為不同的觀點，教師會將兩人觀點進行比較對立，並尋找其他學生進行評價說明；如果是相同，教師的解決方法一般為兩種，一種是先肯定學生的回答，後繼續詢問其他學生是否有不同意見，另一種是教師先對學生的觀點進行總結，接著教師總結或者宣告自己的觀點，後再次詢問學生的意見。

　　而這些回音話語不總是有著積極影響。通過課堂觀察及訪談，發現學生在面對教師的回音時，有時也會面露難色，尤其是當教師讓班級其他同學來評價自己的回答時，有同學表現出失落的感覺。一些學生則認為當自己的答案被班上同學否定並繼續做補充時是一件很好的事情，指出不足時自己也能夠從這個過程中學習到很多東西，而有些學生則表示自己的答案不被肯定是丟面子，有一些失望。

　　「關聯教學內容」功能表現為教師通過轉述、指示等方式將學生的回答與課堂教學內容進行關聯。在本研究中，由於課堂教學內容主要為小說體裁，因此教師常採用的一種方式便是指引學生回文本進行細讀、體會與分析，以此來將學生的回答與教學內容相關聯。如：

　　　　（TF2 教師拿著學生的紙張看到學生寫了「嫉惡如仇」）
　　　　TF2-9：那你來說一下為啥嫉惡如仇？哪裏看出來的？
　　　　SM2：因為他最後血刃仇人。
　　　　TF2-10：嗯，最後血刃仇人。好，這是從他的行為，語言等角度來分析的，那有沒有心理活動。**大家看到課文，他來到草料場的活動。**
　　　　（學生沉默）
　　　　你們看這個草料場，這個草料場非常破舊，他心裏怎麼想的啊，這已經是他跟他自己內心的一場對話……

　　　　　　　　　　　　　　　　　　　　　　　　　（《林教頭風雪山神廟》）

　　在本段師生對話中，教師先是運用了回音話語策略肯定了學生的回答，並希望學生能夠提供一些依據去解釋自己的回答，因此教師指引學生回到課文當中去找相關信息。在這個過程中，教師的主要目的是讓學生從多維度去分析林沖的人物形象，例如語言、動作、外貌、心理等。而教師根據學生的

回答指引學生回到課文中去進行分析與討論這種方式，不僅使其具有了關聯教學內容的功能，同時還能夠有利於讓學生養成立足於文本去探討文學作品的人物形象的習慣，對學生文學素養的提升也具有一定的幫助。

「標記」功能指的是教師使用板書、PPT 等形式強調學生話語內容的重點，有時也可能直接使用「同學們注意」等一類詞語突出話語重點，以此來引導學生關注重要信息，並且話語標記功能也常標誌著學生回答的正確性。其他教學功能主要除此幾種之外的其他回音話語功能，但是本研究中，暫時還未出現其他教學功能。

四、結語

（一）研究結論

通過對大灣區部分學校的五節高中語文課堂中教師回音話語策略進行編碼分析，研究得出教師使用回音話語的總數量為 271 條，教師之間在課堂上使用回音策略的數量具有一定的差異性，但教師們使用回音策略的表現形式較為多樣，依次體現為擴展、宣告、重複、改述，呈現出靈活性、情境性、複雜性的特點。命題內容（RC）為教師回音言語最常見的話語結構，其次為人稱標記（PM）＋謂語動詞（PV）＋回音內容（RC），DM+PM+PV+RC、DM+PV+RC、PM+RC、PV+RC、DM+RC 五種回音話語結構平均佔比均較低，僅 TF4 使用了五種回音話語結構，其餘教師課堂上使用的回音話語結構都在四種以下，有的教師僅為一種，所表現出來的回音話語結構的形式較為單一。

而教師使用回音的交互話語策略對促進學生參與課堂互動具有兩面性，一方面回音話語可以關聯教學內容、引導學生的觀點立場、促進師生交互、誘發學生進一步回應，將評價的主動權轉移到學生手中；另一方面，教師不積極的回音話語可能會過度加強教師的權威性，學生不成熟、不合理的回答被頻繁質疑，容易打擊學生的積極性。教師們成功構建探究型、對話型、民主型的課堂學習環境的情況相對較好，少部分課堂沒有真正構建理想中的語文課堂學習環境。

（二）研究啟示

1. 根據學生特點，關注回音話語形式的針對性

高中學生思維非常敏捷，能進行長段的、有思考的、有深度的高質量解讀。教師在面對學生的高質量回答時，不能簡單地採用「好」「你説得很好」等這類積極卻寬泛的語句回應學生，而是要針對學生回答進行一個更為具體全面的反饋。因此，首先教師的回音要更有針對性，其次教師能夠通過回音的方式突出話語的重點，強調關鍵內容，同時促進班級其他學生的思考。

由於一些學生語言表達及思維表達能力較弱或性格內向等問題，他們不能完整準確地表達出自己的觀點。針對於這種現狀，教師要多給予學生正向的回音反饋，鼓勵學生表達完整的想法以及不同觀點，使學生能夠逐漸自主地、獨立完整地表達出自己的想法。

2. 根據教學情境，建立回音話語形式的多樣性

課堂中如果單一化使用某種回音形式，其回音話語結構也會相對固化，回音話語的教學功能作用也會相對減弱。在課堂真實情境中，使用哪種回音話語形式、怎樣去使用回音話語需要根據具體情況而定。一般來説，當教師提出封閉性問題時，可以採用重複的回音話語形式，並且結合擴展、改述、宣告等回音話語形式完善學生的答案，促進學生的思考；當教師提出針對教學內容的開放性問題時，即沒有標準答案，需要學生針對此問題進行個人觀點的陳述，教師可以多採用宣告的方式來引發學生學生的討論，促進學生知識的主動建構，同時積極擴展學生的觀點，以進一步提升課堂互動的效率，促進學生高質量的學習。

3. 關注學生話語，積極鼓勵學生自主提出、分析並解決問題

在課堂中，存在學生針對自己的疑問主動向教師提問，但教師沒有解決學生的問題便繼續進行教學的現象。此外，大部分課堂都是教師提出問題並指定某個學生進行回答，課堂中主動回答問題的學生較少等。這些都對學生的學習積極性造成了一定的消極影響，也同時加強了教師權威。因此，面對學生提出的有關教學內容的疑問及討論，教師也要積極給予回應，不能因為害怕影響課堂進度等因素而敷衍了事。課堂中教師要提倡學生發揮自己的主體作用，鼓勵學生在課堂中提出自己的疑問、質疑他人的觀點；引導學生分

析問題，積極參與到課堂討論中，讓學生嘗試自行提出相關問題的解決方案。

（三）研究的不足及展望

本研究致力於通過從師生言語交互的角度來考察高中語文課堂中教師的回音話語，並根據研究結果提供了一些針對教師和學生兩方面的建議。然而本研究存在諸多不足，如本文只選取了大灣區五節高一語文的公開課進行研究，樣本數量有限、研究對象範圍較小，文本轉錄過程中由於筆者人工記錄，數據結果可能存在一定的主觀因素偏差等。在後續的研究中，可以增加樣本數量，選擇不同地區、不同學校、不同年級的高中語文課堂中的回音話語進行分析與比較，使得關於高中語文課堂的師生言語交互話語的相關成果更加豐富、準確。

參考文獻

1. 安桂清、陳艷茹（2021）：課堂話語對學生數學學習成就影響的多層線性模型分析——基於 GTI 視頻研究的上海數據，全球教育展望，50（1），89—103。

2. 喬姆斯基（N. Chomsky）著，邢公畹等譯（1979）：《句法結構》，中國社會科學出版社。

3. 宋宇（2020）：課堂對話領域研究熱點與前沿趨勢探究，《全球教育展望》，49（12），27—40。

4. 肖思漢（2018）：《聽說：探索課堂互動的研究譜系》，上海，華東師範大學出版社。

5. 郁志珍（2019）：小學科學教師回音（Revoicing）話語策略的實證研究，上海，華東師範大學，碩士論文。

6. Forman, E. A., Larreamendy-Joerns, J., Stein, M. K., & Brown, C. A. (1998). "You're going to want to find out which and prove it": Collective Argumentation in a Mathematics Classroom. *Learning & Instruction, 8*(6), 527-548.

7. Forman, E. A., & Larreamendy-Joerns, J. (1998). Making Explicit the Implicit: Classroom Explanations and Conversational Implicatures. *Mind, Culture, and Activity, 5*(2), 105-113.

8. Herbel-Eisenmann, B., Drake, C. & Cirillo, M. (2009). "Muddying the Clear Waters": Teachers' Take-up of the Linguistic Idea of Revoicing. *Teaching & Teacher Education, 25*(2), 268-277.

9. Mehan, H. (1979). *Learning Lessons: Social Organization in the Classroom (1st ed.)*. Harvard University Press.

10. Moschkovich, J. (1999). Supporting the Participation of English Language Learners in Mathematical Discussions. *For the Learning of Mathematics, 19* (1), 11-19.

11. Sinclair, J., & Coulthard, M. (1975). *Towards an Analysis of Discourse:* The English used by teachers and pupils Oxford University Press.

12. O'Connor, M. C., & Michaels, S. (1993). Aligning Academic Task and Participation Status through Revoicing: Analysis of a Classroom Discourse Strategy. *Anthropology & Education Quarterly, 24*(4), 318-335.

13. Webb, N. M., Troper, J. D., & Fall, R. (1995). Constructive Activity and Learning in Collaborative Small Groups. *Journal of Educational Psychology, 87*(3), 406-423.

Study on the Interaction Revoicing Discourse of High School Chinese Teachers

XIE, Linxin   HAO, Linlin

Abstract

The teachers' revoicing discourse is an important part of the teacher-student interaction. How Chinese language teachers use the teacher-student interactive discourse to guide students to participate in the classroom will affect the learning process of high school students. This study discusses the expression forms, speech structures, teaching functions and other aspects of revoicing in high school Chinese classrooms. And this study concludes that the expression forms and speech structures of teachers' revoicing discourse strategies are flexible, situational and diversified. There is a close connection between the teaching function and the expression form and speech structure. Besides, teachers' interactive discourse strategies have two sides to promote students' participation in classroom interaction. On the one hand, revoicing discourse can relate to the teaching content, guide students' opinions and positions, which can promote the interaction and induce students to further respond, even transfer the initiative of evaluation to students; on the other hand, teachers' passive revoicing discourse may lead to excessive strengthening of the teachers' authority and strike students' learning enthusiasm for learning.

Keywords: *Chinese lesson in high school, revoicing discourse, teacher-student interaction, discourse analysis*

XIE, Linxin, School of International Chinese Language Education, Beijing Normal University, China.
(corresponding author)
HAO, Linlin, Guangzhou Foreign Language School, China.

認知語法下的情態動詞習得
——以「應該」和"should"為例

畢原浩

摘要

　　情態動詞是語言中的一類獨特範疇，同時也是二語教學中的重點與難點。由於情態動詞本身意義與功能的多樣性，以及學習者的母語和目標獲得語在情態範疇上的差異性，有關情態動詞的二語習得常常遭遇各種困境。認知語言學的相關理論對二語習得起到重要借鑒作用：層次範疇理論可以為情態動詞教學提供一個總括視野，隱喻認知理論可以幫助學習者更好地理解情態動詞的具體運用，構式語法則可以說明情態動詞中的某些個別問題；經測試表明，將以上認知理論融入情態動詞的教學中，能夠發揮積極的促進作用。漢語的情態動詞「應該」與英語的情態動詞"should"佔據類似的範疇位置，並具有相似的隱喻演變路徑，但二者卻又存在諸多句法形式與功能上的差異，宜作為教學典型加以探究。

關鍵詞：認知語法　情態動詞　二語習得　應該　should

一、引言

　　每種語言都有相應的各種手段來表示情態，而大多數情況下又都主要通過情態動詞來加以實現，情態動詞在表達情態時具有重要意義，也是語言學習者所必須要掌握的一類範疇。由於不同民族之間存在認知、歷史等各方面

畢原浩，廣西大學文學院，聯絡電郵：1637859218@qq.com。

因素的差異，所對應的不同語言在情態動詞的表現上也有所區別。某些語言的情態動詞可能極為簡單，只靠幾個單一的固定形式來表示情態；而某些語言的情態動詞可能極為複雜，在諸多的情態動詞中選擇某一個來與具體語境下的情態相適應。因此，由於學習者的母語和學習的目標語之間的情態動詞範疇不可能完全對應，不同母語者在學習不同第二語言的情態動詞時也會產生不同的母語遷移，最終必然會影響到對二語情態動詞的正確掌握與使用。

二語教學如仍採用傳統的教學辦法，可能難以有效地幫助學習者扎實、快速地獲得所學語言的情態動詞，因為客觀機械地講述方式無法幫助學習者掌握情態背後的規律，最終習得的語言可能無法在短期內「活」起來。而認知語言學恰能為教授二語學習者如何掌握情態背後的規律提供重要幫助，具體運用到情態動詞的教學時，我們提出借用範疇理論、隱喻認知理論和構式語法來分別解決情態動詞習得中的不同問題。以漢語情態動詞「應該」與英語情態動詞 "should" 為例，它們都佔據了情態範疇的中值層次位置，屬於相對顯赫範疇，類似於「原型（prototype）」；同時二者的隱喻演變路徑也出奇地相似，它們都是首先由實詞語法化后發展出道義情態義，而後進一步隱喻演變發展出認識情態義，這符合認知變化的機制；但在二者的否定形式上，它們卻又各自存在著不同的語法形式與功能，且其中已部分受到了構式的影響，因而會造成一些較為特殊的否定格式出現。

二、情態動詞及其漢英異同

（一）情態動詞的概念與類別

Langacker（1991）指出，人的心理有著使某一敘述更加主觀化的欲求，因而產生了英語的情態動詞。這也意味著，情態動詞的出現是人類思維和人類語言發展到一定程度時的附帶產物，因為人類的表達需求不再僅限於基本的客觀陳述，更加試圖傳遞思維產生的豐富與細膩的主觀情感，這時情態作為語言中一個必不可少的範疇便呼之欲出了。相應地，人類主觀情感的強弱反映到自然語言中也會有不同的對應形式，於是便產生了情態的不同類別。

朱冠明（2005，頁 17—21）指出：「情態是人類語言中一個重要的語法範

疇。表示情態意義的語言形式多種多樣，但作為一個語法範疇，其內部成員應具有封閉性和基本一致的形式特徵。」這表明情態動詞並非是無限開放的範疇，某一語言中所有的情態動詞可以構成一個相對封閉的集合，這也為對其的分類提供了可操作前提。在語義類型（kinds）上，Lyons（1977）和 Palmer（1986）等將情態動詞分為認知情態（epistemic modality）和道義情態（deontic modality）兩種，後來 Palmer（1990）又補充增加了第三類：動力情態（dynamic modality）；在判斷程度（degrees）上，Palmer（1990）分出可能性（possibility）和必然性（necessity）兩類，Bybee 等（1994）則補充了蓋然性（probability）。這樣 3×3（3 種語義類型 ×3 種判斷程度）的分類模式，已成為學界目前討論有關情態動詞問題時的主要標準，我們在此仍沿用該標準。

（二）漢英情態動詞的異同

漢語和英語都是成熟發達的語言，二者都擁有著十分豐富的情態動詞系統，至於兩種語言中各自具體有多少個情態動詞，不同學者得出的結論往往存在數量上的些許差異（如黎錦熙，2007；朱德熙，1982；Palmer，1990 等），但在主要而常用的情態動詞上，各家大都未有分歧。Palmer（1990，頁 37）認為英語中幾個基本的情態動詞可以根據語義類型和判斷程度標準做以下劃分（The modals can then be arranged in a basic pattern）：

表 1　英語情態動詞分類

	Epistemic	*Deontic*	*Dynamic*
Possibility	MAY	MAY/CAN	CAN
Necessity	MUST	MUST	/
? (Probability)	WILL	SHALL	WILL

朱冠明（2005）以 Palmer（1990，頁 37）的表格為參照，同樣對漢語的基本情態動詞做出了劃分：

表 2 漢語情態動詞分類

程度＼類型	知識情態	道義情態		動力情態	
		該允	估價	主語指向	中性（條件）
可能性	可能	可以	I 配 II 值得	I 能 II 願意	能
蓋然性	應該	應該			/
必然性	一定	必須			必須

通過上表我們可以看到，漢英情態動詞都有較為完足的功能類型，在基本的語義類型和判斷程度上也有著較為整齊的對應關係，因此漢英情態動詞的大致分佈具有著一定的相似度。

這是否就意味著英語母語者對漢語的情態動詞習得便十分簡單了呢？答案是否定的，因為即便二者在情態動詞的大類分佈上呈現出很多共性，但在具體的語義特徵、句法條件等方面仍存在著諸多差異。如部分的漢英情態動詞之間存在不完全匹配關係，英語中的情態動詞 "can" 可以對應表現為漢語的「能」「會」「可以」等多個形式，但漢語在具體的語境條件下卻並不可以將這幾個形式作為自由變體使用，而存在著語義和句法限制。例如：

（1）I can touch the top of the window.（我可以 / 能 /*會觸碰到窗子的頂部。）

（2）I can write down what you said.（我可以 /*會 [1]/*能寫下你說的話。）

（3）I can never imagine such a beautiful scenery behind the mountain.（我絕不會 /* 能 /* 可以想到山後有如此美麗的風景。）

根據 Ellis（1999）對二語習得中對困難等級的排序模式，「一語的單個形式分化為二語的多個形式」，難度最高，為五級。而英語中的一個情態動詞可對應為漢語的多個情態動詞，即屬於此類高難度的習得內容。

再如漢語的情態動詞可以連用，而英語不能，這屬於「一語無而二語有的形式」，習得難度為四級。即漢語可以說「他**應該會**來」，而英語無法說 "*He ***should will*** come"。此外，對於情態動詞的否定形式來說，漢語既可以選擇將否定詞「不」置於情態動詞前，也可以置於情態動詞後，且語義也可能會因為否定詞位置的不同而有所差異；但英語則一律採用後否定模式，將否定詞 "not" 置於情態動詞之後。如漢語既可以說「他可以**不**來」，也可以說「他**不**

---

[1]　此處的「*」並非表示句子本身不合法，而是與英語原句所表達的語義不同。

可以來」，且前後二者語義有別；但英語只接受 "He *shouldn't* come" 這一種形式，而英語學習者必須要通過語義才能確定漢語的否定詞究竟該加在情態動詞之前還是之後，這同樣屬於「一語的單個形式分化為二語的多個形式」，為習得難度最高的五級。

由此可見，即便漢英情態動詞在類別上具有一定的相似特徵，但二者之間的具體用法仍存在著較大的差異，這將會給英語母語者的漢語學習帶來較大困難，因此，我們有必要對漢語情態動詞的二語教學予以足夠的重視。

三、認知語法理論對情態動詞教學的啓發

（一）層次範疇理論

範疇可以被視為一組具有相同特徵的元素的集合，某一類元素之所以能夠形成一類範疇，其關鍵因素在於它們內部的共享特徵，且具有相應的層次劃分。範疇化是人類對外部世界進行分析、認識、歸納和分類的一種高級認知活動，是人類形成各種概念並認識世界的基礎。認知語言學家認為，情態動詞的基本意義或核心意義代表其本質，是主要意義；其他意義具有環境依賴性，隨著環境的變化而變化，甚至消失，這些屬於次要意義。而二語習得的過程實際上就是一種獲得新的認知的過程，二語教學和學習也同樣應該模仿認知的規律，因此便要仔細考察人們對同一類層次範疇中的不同認識情況，進而用於反向指導語言教學。

「基本層次」在人的認識過程中往往會被率先感知，因為「基本範疇層次，具備完型感知功能」（李福印，2008，頁 111），這就意味著在掌握了某一範疇的基本層次之後，繼而便可以較為輕鬆地掌握該範疇內其他非基本層次位置上的信息。我們先以色彩範疇為例，二語教學時教授給學生的色彩詞順序大致為：黑／白＞紅／黃／藍＞綠／紫／青／橙／灰＞……為什麼我們普遍接受按照這樣一種順序來給學習者講解，而非倒置過來？就是因為前者所在的相對層次位置較後者更為基本，甚至某些民族的語言尚未發展出豐富的色彩詞系統，但一定不會有哪個民族的語言連最基本的黑色和白色也沒有相應的表達方式；有些民族語言的色彩詞系統可能只發展停留到三原色（紅、黃、

藍）的階段，但三原色卻是構成所有其他顏色的基礎，我們便可以通過講解三原色進而推導出其他區別更加細微的色彩。最典型的例子便是英語的"pink"對應為漢語的「粉紅」，即英語的「粉紅色」擁有自己獨立的詞彙 pink（而非x-red），而漢語的「粉紅色」則需要在「紅」色前通過添加修飾語「粉」來說明這種顏色的具體表現。所以，有關顏色詞的教授順序永遠也不會顛倒，顛倒後便會與正常的認知順序相違背。

有關情態動詞這一範疇的教學亦然，雖然學界目前對「層次和原型範疇」理論有著較為廣泛的研究與關注，但大多仍停留在有關具象的認知層面上；如關於鳥類，我們常通過麻雀（sparrow）和知更鳥（robin）等作為原型來獲得對鳥類的認識（Lakoff & Johnson, 1980）。然而作為情態動詞這樣的抽象範疇，其特徵即便不像色彩詞和鳥類等那樣容易考察，也同樣應按照原型理論來提取其中的顯赫範疇，而這在目前的研究中卻是罕見的，這也直接造成了二語教學中有關抽象概念教授的零散化與系統性缺乏等問題。我們認為，有關層次範疇和原型範疇的應用當進一步推衍至抽象的詞彙系統當中，從而更好地反饋到二語習得與教學中去。本文討論的情態動詞即為典型案例之一，如哪些情態動詞應該率先被教授給學生，哪些情態動詞應該等到後面慢慢推演，這都應當與層次範疇的認知規律相符合。下面我們試以漢英情態動詞為例，初步探討認知的層次範疇和原型理論如何應用於抽象詞彙概念，以及如何更好地運用于二語教學。

根據亞歷山大（1991）對情態動詞可能性程度的排序，我們得到以下序列：

might ＜ may ＜ could ＜ can ＜ should ＜ ought to ＜ would ＜ will ＜ must

在這一序列中，我們可以選取三個位置，分別為極值位置的 might 和 must，以及中值位置的 should。如果我們對其進行相應賦值[2]的話，might 作為完全無傾向性的推測（即正反可能性對等可以相互抵消）情態，其數值應為 0；而 must 作為強令義務（即必然發生）的情態，其數值應為 1；而 should 作為具有傾向性的預測（即存在預期前提）情態，其數值應為 0.5。這三個情

---

[2] 此處的賦值並非對事件發生可能性的絕對賦值，而是對該範疇內不同層次位置的相對賦值，故 might 對應的數值不是 0.5 而是 0。

態動詞所處的特殊位置決定了它們當屬於英語情態動詞範疇的基本層次，也較其他位置的情態動詞更加具有顯赫性特徵。於是，這三個位置所對應的漢語情態動詞「可能」「必須」和「應該」便應該成為二語教學的先行詞彙，因為這符合認知獲得的規律；即便我們反觀漢語母語者對英語情態動詞的習得情況，也會發現 might、must 和 should 在中國學生的寫作和口語表達中出現的頻率往往較其他情態動詞更高，因為這三個詞正位於認知的基本層次位置，更容易被感知，也更容易被習得。因此，在教授講解過基本層次範疇位置的幾個情態動詞之後，我們才應當慢慢加入其他非基本層次範疇位置情態動詞的教學，這個順序不宜顛倒。

（二）隱喻認知理論

Sweetser（1990）曾指出：隱喻是語義變化中一種主要建構力，隱喻在不同概念域之間運作。我們如果仔細觀察便會發現，在表 1 和表 2 中，有很多情態動詞都在不止一個位置上出現（英語如 MAY、MUST 等，漢語如「應該」「能」等），即某一個情態動詞可能肩負不同的語義類型和判斷程度，這也同樣會給二語學習者造成不小的麻煩，因為他們不得不判斷在某一特定語境下的某一特定情態動詞究竟表示何種含義。Sweetser（1990）同樣支持情態動詞的多義說，並試圖通過隱喻映射論解釋情態動詞多義的原因。我們亦認為是由於隱喻認知的變化，某一情態動詞才會發展出不同的意義和功能，而在二語教學時我們也同樣應該依靠隱喻認知理論，為學習者展現出情態動詞內在的變化規律，使學習者能夠掌握其演變的普遍原理，做到在該範疇內學習的觸類旁通。下面我們仍以漢語情態動詞「應該」和英語情態動詞 "should" 為例來說明。

通過考察我們可以發現，漢語情態動詞「應該」和英語情態動詞 "should" 有著幾乎相同的演變路徑，這說明在跨語言的背後一定有著某種內在的規律，才能夠導致二者在沒有任何語言接觸的情況下各自按照某一特定軌跡發展，而這背後能夠為之提供相應支持的正是隱喻認知理論。在共時層面上，「應該」和 "should" 都是既具有道義情態義，又具有認識情態義的，如：

（4）你應該好好學習。

You should study hard.

（5）他應該睡著了。

He should be falling asleep.

句（4）中的「應該」和"should"都表示道義情態，而句（5）中的「應該」和"should"則都表示認識情態。且在歷時層面上，二者的認識情態都是由道義情態發展而來的，即先有道義情態義，後有認識情態義，前者或又被稱為「根義」。由道義情態向認識情態發展的路徑符合隱喻認知規律。前文我們已經提到，Langacker（1991）指出「人的心理有著使某一敘述更加主觀化的欲求」，道義情態也正是在這樣的機制下朝向認識情態發展的。我們試看下面例句：

（6）甲：前面路口**應該**左轉。

乙：你確定是要左轉？

甲：**應該**是要左轉。

說話人甲先後共說了兩次「應該」，前者是道義情態義的，後者是認識情態義的，而造成後者相較前者發生變化的原因，在於當說話人甲被說話人乙質疑後，說話人甲所做出判斷的主觀性變得更強了，同時導致對客觀肯定的判斷程度減弱，因而發生了演變。這便是情態動詞「應該」發生多義變化背後的隱喻認知機制。

當我們在進行二語教學時，我們同樣應該向學習者展示清楚某一情態動詞發生演變背後的隱喻認知路徑，並應當為學習者創造適當的語境，讓學習者能夠在切實的語言交際環境中感受這種變化。

（三）構式語法

構式語法是認知語言學中的一項重要理論，其主要針對的是一些跳脫出常規語法規則而因語法化固定為相關構式的情況，當二語教學中遇到類似問題時，我們也應向學習者解釋某一類構式形成的原因。陸儉明（2009）在談到漢語一類特殊句式——存現句的二語教學問題時，便提倡採用構式的解釋方法，並驗證出該方法比其他解釋方法更易使學習者理解。在情態動詞的教學當中，我們也會碰到部分需要通過構式語法來解釋的問題，如「應該」和"should"的否定用法問題。

我們在前文中已經提到，漢語既可以選擇將否定詞「不」置於情態動詞前，也可以置於情態動詞後；而英語則一律採用后否定模式，將否定詞"not"

置於情態動詞之後。與此同時，漢語否定詞的位置可能會影響語義，也可能不會，即否定詞較情態動詞的前後位置與情態動詞所表達的意義之間並不具有固定關係。但對於漢語情態動詞「應該」來說，其作為道義情態的否定形式與作為認識情態的否定形式又存在著部分差異，因為這其中部分受到了構式語法的影響。我們來看以下幾個例句：

(7) a. 你應該不管他。

　　b. 你不應該管他。

(8) a. 現在應該不下雨。

　　b.* 現在不應該下雨。

　　c. 現在不應該下雨吧／呀／啊！

通過這兩組例句我們可以發現，當「應該」表示道義情態時，其否定詞的位置並不影響語義表達和句子的可接受度；而當「應該」表示認識情態時，其否定詞可以居於其後，但如果要居於其前並表示一種反預期的情態，則句末必須添加語氣助詞「吧／呀／啊」等，否則句子不合法。那麼，為什麼表示認識情態義的「應該」不能用單純的前否定形式，而必須在句末進一步添加語氣助詞呢？我們認為，「不應該」作為道義情態的否定形式已經高度構式化了，即在「應該」尚未發展出認識情態義時，作為道義情態否定形式的「不應該」就得以高頻使用了，進而形成了一個構式。所以，當「應該」通過隱喻機制演變出認識情態義時，它已經無法撼動道義情態義的否定形式「不應該」了；而它卻仍希望表達反預期的情狀，便只好通過在句末增添新的成分（語氣助詞）來輔助它實現相應的功能。

我們通過以上此種解釋，實際上藉助了構式語法的視角，便可以向二語學習者較為清晰地解釋，為什麼漢語情態動詞的否定格式中存在不整齊、不規則的形式，這有利於幫助學習者更為透徹地理解漢語情態動詞各類用法的成因，也有利於學習者更為深入地掌握漢語情態動詞的具體使用規則。

四、教學範例與測試

上文中，我們已經介紹了認知語法的相關理論對二語教學的重要意義，且每一種理論方法之間也並非被割裂開的，而是相互作用、相互影響的，我

們在漢語情態動詞的二語教學中應當綜合運用層次範疇理論、隱喻認知理論和構式語法作為輔助工具，為漢語學習者構建一個完整而連貫的漢語情態動詞體系。下面我們仍以情態動詞「應該」和"should"為例，通過設置對照實驗，介紹如何借用認知語法的理論輔助二語教學，並檢驗其實際效果。

研究受試樣本為 40 名英語母語的漢語學習者，年齡範圍在 19 歲到 28 歲之間，學習中文的時間都未滿半年，且此前也未經歷過漢語情態動詞的相關學習。40 名學習者共被分為兩組，每組的男女比例均為 1：1，一組為認知教學組（A 組），另一組為傳統教學組（B 組）；其中 A 組採用認知語言學理論輔助的教學方式，B 組採用傳統的言語行為教學方式。具體操作過程如下：

第一步，情態動詞的整體認識。AB 兩組學習者同時瞭解漢語情態動詞的總體樣貌，漢語教師通過展現情態動詞的可能性層級序列，幫助學習者獲得漢語情態動詞與自己母語情態動詞之間最基本的對應關係。教師在課堂上同時向學習者展示本文中的表 1 和表 2，讓學習者在心中率先建立起情態動詞的大致框架，以保證學習者能夠獲得對二語情態動詞範疇的完整認識。在第一步過程中，AB 兩組尚不做分別處理，講授過程為 10 分鐘。

第二步，層次範疇理論的運用。A 組教師在課堂上為學習者率先選擇出情態動詞範疇中的基本層次位置，同時闡明英語"might""should""must"和漢語「可能」「應該」「必須」之間的基本層次對應關係。此後，A 組教師又給範疇中的不同層次位置賦予可能性的相關數值，以幫助學習者對每個情態動詞有更加直觀的認識與理解，並反覆突出幾個具有相對顯赫特徵的情態動詞，給學習者留下較為深刻的印象，以作為「完型感知功能」的基點。在此過程中，A 組教師在教授基本層次範疇詞彙與非基本層次範疇詞彙之間有一定的時間間隔，以確保基本層次範疇的概念信息已在學習者的大腦認知中得以鞏固，而不至於被緊接著輸入的非基本層次範疇信息所淹沒。與之相對的，B 組在第二步驟中採取機械教授方式，教師在課堂上為學習者逐個講解漢英情態動詞的對應關係與具體用法，沒有特別的側重之處。在該步驟中，兩組的教學時長均為 15 分鐘。

第三步，隱喻認知理論的運用。A 組教師向學習者展示英語情態動詞"should"何以與漢語情態動詞「應該」有相同的語義類型，並為學習者講解二者如何不約而同地由道義情態向認識情態發展轉變。此外，A 組教師也為

學習者提供適當的語境，並提供簡單可操作的對話交際場景，同時以本文中的例句（6）作為參照案例，向學習者具體講述這一情態動詞發生變化背後的隱喻認知機理，而避免了機械地呈現演變過程，目的正在於幫助學習者切實掌握情態動詞學習的規律，以求學習者實現情態動詞範疇內的觸類旁通。與之相對的，B 組教師在這一步的課堂教學中只平面講授一個情態動詞的多種適用條件，而不進一步闡釋背後隱喻變化的機理，但也確保將各種用法講解到位。在該步驟中，兩組的教學時長均為 15 分鐘。

第四步，藉助構式語法來解釋情態動詞中的不規則現象。A 組教師從構式語法的角度出發，向學習者解釋了為什麼當「應該」表示道義情態時，其否定詞的位置並不影響語義表達和句子的可接受度；而當「應該」表示認識情態時，其否定詞如要居前以表示一種反預期情狀時，則句末必須添加語氣助詞「吧 / 呀 / 啊」等，否則句子不合法。因為對於「不應該」來說，其本身已經形成了作為道義情態否定形式的構式，便不再接受後起的認識情態來與之共享相應的否定形式，所以後者只能選擇其他手段（在句末添加語氣助詞）來實現相應功能。與之相對的，B 組教師將這一特徵作為漢英之間情態動詞的不同特點來為學習者加以講解，並強調要分析具體的語境條件。在該步驟中，兩組的教學時長均為 10 分鐘。

在經歷過總時長 50 分鐘的課堂教學後，AB 兩組教師為學習者准備了同樣的習題加以鞏固練習，練習時間為 30 分鐘。練習結束後，AB 兩組學習者進行上機測試，測試題目為 50 道有關情態動詞用法的正誤判斷題，且其中考察「應該」一詞各類相關用法的題目包含 30 道。測試時間為 1 小時，受試者可提前提交，但不可空題，最後回收的 40 份試卷全部有效。根據作答情況顯示，A 組的正答率為 86%，而 B 組的正答率為 71%，A 組較 B 組的正答率高出了 15%。這一實驗結果表明，用認知語言學理論輔助二語教學，的確可以提升學習者的理解與掌握程度，也較傳統教學方法存在一定的優勢，同時有助於解決部分二語情態動詞的複雜用法教學問題。

五、結語

漢語情態動詞的二語教學問題，已受到了漢語教學學界較為廣泛的關

注。但以往常規傳統的教學模式，無論如何調整，都難以完全適應情態動詞教學的需求，也難以為漢語學習者提供行之有效的學習方法。我們關注到，二語習得的過程實際就是認知獲得的過程，因此認知語法的相關理論可以很好地指導二語習得的相關工作。對於情態動詞的漢語教學來說，層次範疇理論可以幫助學習者掌握其母語和漢語之間相對應的共時系統，也可以指導教學的流程和順序，保證其與認知獲得的順序相符；隱喻認知理論可以幫助學習者更好地理解諸多跨語言現象背後的規律，學習者在明白其內在的歷時演變機制之後，便可以在情態動詞範疇中進行適當的母語正遷移，更有助於學習者觸類旁通；構式語法則可以用於解釋很多傳統意義上難以解釋的問題，幫助學習者掌握漢語情態動詞中的一些非規律性變化和用法。總之，我們通過教學實踐和測試發現，認知語法的相關理論不僅可以很好地指導漢語情態動詞的教學問題，甚至也可以推廣至二語教學的方方面面，在某種程度上有著一定的借鑒意義。

參考文獻

1. 胡壯麟（2004）：《認知隱喻學》，北京，北京大學出版社。
2. 賴鵬（2012）：根情態與認識情態歷時習得過程探析——基於英語母者漢語情態習得個案考察，《雲南師範大學學報（對外漢語教學與研究版）》，3，9—17。
3. 黎錦熙（2007）：《新著國語文法》，長沙，湖南教育出版社。
4. 李福印（2008）：《認知語義學概論》，北京，北京大學出版社。
5. 劉國兵（2012）：情態動詞教學的認知語言學視角，《教育與教學研究》，5，67—70。
6. 陸儉明（2009）：《現代漢語語法研究》，檢自 http://ssvideo.superlib.com，檢索日期：2022.8.7
7. 王寅（2007）：《認知語言學》，上海，上海外語教育出版社。
8. 亞歷山大‧L. G（1991）：《朗曼英語語法》，北京，外語教學與研究出版社。
9. 趙元任（1979）：《漢語口語語法》，北京，商務印書館。
10. 朱德熙（1982）：《語法講義》，北京，商務印書館。
11. 朱冠明（2005）：情態與漢語情態動詞，《山東外語教學》，2，17—21。
12. Bybee, J., Perkins, R., & Pagliuca, W. (1994). *The Evolution of Grammar Tense, Aspect, and Modality in the Languages of the World*. Chicago & London: The University of Chicago Press.
13. Ellis, R. (1999). *Understanding Second Language*（《第二語言習得概論》）. 上海，上海外語教育出版社。
14. Lakoff, G., & Johnson, M. (1980). *Metaphors We Live By*. Chicago and London: The University of Chicago Press.
15. Langacker, R. W. (1991). Foundations of Cognitive Grammar vol. II: Descriptive Application. Stanford, California: Stanford University press.

16. Lyons, J. (1977). Semantics. Volume 2. Cambridge: Cambridge University Press.

17. Sweetser, E. (1990). *From etymology to pragmatics: Metaphorical and cultural aspects of semantic structure* (Vol. 54). Cambridge University Press.

18. Palmer, F. R. (1990). *Modality and the English Modals.* 2nd ed. Cambridge: Cambridge University Press.

19. Palmer, F. R. (2001). *Mood and Modality.* Cambridge: Cambridge University Press.

Acquisition of Modal Verbs in Cognitive Grammar ——Take 「應該」 and "should" as Examples

BI, Yuenhau

Abstract

Modal verb is a unique category in language, and also the crucial and difficult point in second language teaching. Due to the diversity of meanings and functions of modal verbs as well as the differences in modal categories between learners' mother tongue and target language, the acquisition of the second language in terms of modal verbs often encounters various difficulties. Theories of cognitive linguistics play a pivotal role in second language acquisition: the Category Theory can provide a general perspective for the teaching of modal verbs, the Metaphor Cognitive Theory can help learners better understand the specific use of modal verbs, and the construction grammar can explain some individual problems in modal verbs. According to the test results, integrating the above cognitive theory into the teaching of modal verbs can play a positive role. The Chinese modal verb 「應該」 and the English modal verb "should" have similar category positions and metaphorical evolution paths. Meanwhile, there are a myriad of differences in syntactic forms and functions between the two, which should be discussed as teaching models.

Keywords: *cognitive grammar, modal verb, second language acquisition,* 應該 *; should*

BI, Yuenhau, School of Liberal Arts, Guangxi University, Nanning, China.

評估反饋導向量表在大學中文教育
學生中的心理測量特性

楊蘭　梁源　高鳳展　楊若曉

摘要

　　反饋對教學具有重要作用，但研究者們基於大數據的整合分析也發現反饋影響是多變的，有時甚至是負面的（Hattie, 2008; Hattie & Clarke, 2018）。近年來，越來越多的研究指出，學生對反饋的知覺（feedback perceptions）是揭示教師反饋影響的關鍵。為評估學生的反饋知覺，研究團隊在 Linderbaum 和 Levy（2010）的基礎上，對中國中學生教育版反饋導向量表（Feedback Orientation Scale, FOS）進行了初步驗證（Yang et al., 2014）。教育反饋導向包括四個關鍵的反饋知覺，共同決定學生對教師反饋的整體接受程度：（1）反饋的有用性（對教師反饋有用性的知覺）；（2）使用反饋的自我效能（自身是否具備使用教師反饋的能力的知覺）；（3）反饋的社交意識（使用教師反饋來維持和提高師生關係的社交價值的知覺）和（4）反饋責任（自身使用教師反饋的責任的知覺）。儘管 FOS 在中學教育具有良好的心理測量特性，但在高等教育的適用性仍有待檢驗。在本研究中，我們邀請了 70 多名在香港教育大學攻讀中文教育相關專業的學生參與了測量，使用多維度 Rasch 模型來分析數據。我們使用 ConQuest 軟件對單因數模型和四因數模型進行了分析，其中包括了單維度和多維度評分模型。研究結果表明，四因素模型對數據的擬合效果更好，從而驗證了反饋導向在大學中文教育學生群體中的適用性。由於教

楊蘭，香港教育大學課程與教學學系，聯絡電郵：yanglan@eduhk.hk。（本文通訊作者）

梁源，香港教育大學中國語言學系，聯絡電郵：yliang@eduhk.hk。

高鳳展，香港教育大學特殊教育與輔導學系，聯絡電郵：fzgao@eduhk.hk。

楊若曉，香港教育大學中國語言學系，聯絡電郵：yangr@eduhk.hk。

師反饋對於學生成績的影響並非是簡單線性的，本研究的成果啟發我們：需考慮學生在反饋導向上的個體差異，在未來教學中制定有針對性的學與教活動，同時加強對教師反饋素養的專業培養。

關鍵字： 反饋導向　形成性評估　Rasch 分析　高等教育

一、前言

Hattie（2009）分析了 800 多項元數據研究（meta-analyses），這些元數據研究包括了 200 多種影響學生學習和成就的因素，反饋在其中位居前列，具有高效應量（.70）（遠高於這些影響學生學習和成就因素的平均效應量 0.40）。儘管大量研究指出，反饋在促進學習成績和學習參與方面發揮著關鍵作用（Carless, 2006; Hattie & Timperley, 2007; Shute, 2008），但關於學生的個體差異如何影響學生對教師反饋的使用的研究卻不多（例如，學生個體對反饋價值的認知、使用反饋的自我效能、針對反饋的社交意識等差異）。簡而言之，儘管反饋會對反饋接收者的學業表現與成績產生影響，但這種影響不是線性的，例如學生收到反饋越多不代表其學習成績會越好。學生收到反饋後，會通過反饋知覺（feedback perceptions）對反饋進行認知層面的加工（Van der Kleij & Lipnevich, 2021）。這些認知加工在工業心理研究領域被研究者整合為反饋導向（feedback orientation）的心理變量（London & Smither, 2002），用來說明反饋接收者對反饋的多維度認知。例如，反饋本身是否有利於改善行為表現？接受者是否有能力使用反饋？使用反饋是否能增加反饋接受者在反饋提供者心目中的良好印象？等等。Yang et al.（2014）將工業心理研究的反饋導向延展到教育領域，發現學生也有多維的反饋導向，反映學生對教師反饋的多方面認知，並且，這些反饋導向的維度和學生的學習目標顯著正相關。然而，針對學生在接受反饋過程中可能產生的一系列反饋認知的研究至今仍較為缺乏（參見 Lui & Andrade, 2022; Yang, 2021a），正如 Hattie 和 Gan（2011）所言：「我們對反饋的力量（the power of feedback）瞭解很多，但對於如何利用這種力量、並使其在課堂上更有效地發揮作用卻知之甚少」（第 249—250 頁）。為此，基於前人研究發現、深入瞭解與測量學生對反饋的認知，正是探索如何利用

反饋力量的一個重要研究方向。

二、文獻綜述

（一）反饋的定義

Kluger 和 DeNisi（1996：255 頁）將反饋定義為「關於個人的任務績效的某些資訊」。在教育界，反饋指「將學習者的實際學習狀態或表現的資訊告知學習者」（Narciss, 2008, p. 127）。Hattie（2009）進一步指出，反饋可以由老師、同伴、父母、其他外部或內部來源等代理（agents）（例如書本和自我）來提供。本研究聚焦教師反饋，即教師給學生提供的反饋。有效的教師反饋不僅對學生的強項和弱點進行描述評論，還會提供幫助學生克服學習困難、達到預期學習目標的方案（Boud & Molloy, 2013; Carless, 2006; Hattie & Gan, 2011）。

（二）中文教育的形成性評估與反饋研究

形成性評估強調教師在學習過程中不斷收集和提供有關學生表現的資訊，調整教學活動，從而提高學生的學習成果。形成性評估需要教師向學生提供動態、持續、可操作和互動的反饋（Yan et al., 2021），因而，反饋被廣泛認為是形成性評估的主要組成部分（Black & Wiliam, 1998, 2009; Nicol & Macfarlane-Dick, 2006; Wiliam, 2018），對促進學生的學習和成就有很大影響（Hattie, 2009; Hattie & Timperley, 2007; Wisniewski et al., 2020; Yang et al., 2021; Yang & Yang, 2018）。

形成性評估及反饋在中文教育中的應用和作用受到了研究者們的關注。廖佩莉（2013）調查了香港中小學中文教師對反饋的理解以及實踐情況，發現大多數教師都認識到反饋的重要性，並能將反饋運用到具體教學活動中，但同時感到缺乏系統知識和指導，無法提供高品質的反饋，比如跟蹤學生的反應，並利用反饋來幫助學生發展自我反思能力等。祝新華（2012）認為有效反饋是在香港推廣多年的「促進學習的評估（Assessment for Learning, AfL）」框架的重要組成部分（課程發展議會與香港考試及評核局，2021；Yan & Brown,

2021），基於中文教育案例，他建議教師可結合不同的反饋元素（分數和等級、陳述、批評／責備、表揚、建議、解釋和示例分析）提升學生的學習和表現。形成性評估和反饋在中國內地也受到關注（許華瓊、胡中鋒，2010），學者們討論了形成性評估在不同學習階段的中文和漢語課堂中的應用及其益處，包括小學（強曉梅，2014）、中學（韓平麗，2015）和高中（呂全鵬，2021）。在國際漢語教學（CSL/CFL）領域，汲傳波、劉芳芳（2009）對漢語高級口語班的國際學生進行了調查，指出教師為學生提供量身定制的反饋和借鑒形成性評估方法在口語評估中的重要性和有效性。Bao（2019）通過小規模研究考察了 CSL 教師對二語漢語課堂口頭糾錯反饋（corrective feedback）的信念，強調了教師的文化根源信念對其反饋實踐的重要影響。

反饋（feedback）是促進學習的評估（assessment for learning）過程中的一個核心組成部分（Black & Wiliam, 2009），對形成良好的師生互動和提高學生成績有重要作用（例如，Biggs & Tang, 2011; Gibbs & Simpson, 2005; McCarthy, 2017）。然而，隨著大量實證研究的發表，研究者們也發現只是強調外部給予反饋而未有深入瞭解學生對反饋的認知並不能直接為學生的學習成效帶來如教育者預期的效果。Jonsson（2013）回顧了高等教育背景下學生使用反饋的文獻，指出一些學生並沒有使用收到的反饋，因而反饋未能發揮促進學習的作用，並呼籲對學生使用反饋的策略進行更多深入的研究。與此相關，Van der Kleij 和 Lipnevich（2021）基於一百多項反饋研究發表的結果整合指出深入研究關於學生對反饋認知的調查的重要性（特別是在高等教育背景下）。在調研學生對外部反饋的內部認知上，研究者也指出欠缺合適的測評工具，因而對這一問題的理解仍然不完整。近三年來，研究者發表了關於測量學生對反饋的認知的工具（Strijbos et al., 2021），旨在瞭解學生認知的「黑盒子」並解析學生是如何看待外部反饋並在什麼情況下更有可能使用反饋改進學習並達成學習目標。

而對於瞭解學生認知的「黑盒子」，近些年教育研究者嘗試從工業心理領域借鑒了反饋導向（feedback orientation, FO）這一概念。FO 首先發表在組織管理心理學文獻中（London & Smither, 2002），旨在瞭解個體在接受反饋後對反饋的認知的多個方面（例如反饋的有用性、接受者有無能力使用外部反饋，以及使用反饋的責任感等）。而關於 FO 量表在組織管理領域的發表是在 2010 年。FO 在教育中的應用首先由本文第一作者在工業心理學兩位作者

（Linderbaum & Levy, 2010）的授權下將 FO 量表拓展到職業教育情境中檢查其信度和效度（Yang et al., 2014）。由於高等教育中關於反饋的研究在教學設計視角（a pedagogical perspective）、質性研究設計方法以及理論文章中佔據主要地位（e.g., Carless & Boud, 2018; Chong, 2021），較為體系的量化研究尚且匱乏（參看 Yang, 2021a 系統性文獻綜述）。反饋導向量表在教育中逐漸得到重視是由於近些年來在反饋場景中對學生認知「黑盒子」（"black box" of perceptions）的探索（e.g., Lui & Andrade, 2022; Van der Kleij & Lipnevich, 2021）以及量化建模的應用，這些方面被用以瞭解為什麼很多時候教育者提供了反饋但是收效甚微，甚至有些時候反饋還有副作用（例如，負面影響學生學業情緒以及學習動機；影響師生關係等）。因此，本研究將從教育測量角度驗證反饋導向量表在大學生群體中的心理測量屬性，以期為中文教育提供考察形成性評估和反饋的測評工具。

三、研究分析方法

（一）統計方法

Rasch 模型分析

本研究採用 Rasch 模型對 FOS 量表的題項及內部結構進行分析。Rasch 模型是由 Georg Rasch 在 1960 年提出的一個心理計量模型，被廣泛應用於教育及社會科學的諸多領域，例如：試題評估及問卷開發等。與傳統測試理論直接使用原始數據（多為非等距變量，如試題分值、問卷量表的類別資料）進行分析不同，一方面，Rasch 模型分析將原始數據轉化成客觀等距的 logits 值，並將題項的難度及被試的能力水平放在同一個標尺下進行比較，從而使評量結果更加客觀公正。另一方面，Rasch 模型分析還提供諸多統計參數，方便研究者對問卷題項的質素做出診斷和調整，從而提高測量的精度。

本研究使用 R 軟件及其分析包——TAM（Robitzsch et al., 2020）進行 Rasch 模型分析。項目擬合使用 Rasch 分析常用的內適合度殘差均方（infit mean-square, infit MNSQ）和外適合度殘差均方（outfit mean-square, outfit MNSQ）擬合指標，檢驗觀測值和 Rasch 模型之間的差距。「Outfit MNSQ 對

異常值較為敏感，Infit MNSQ 則對題目難度與被試能力水平相當的數據較為敏感」（Smith, 2000；晏子，2010）。Infit MNSQ 和 Outfit MNSQ 統計值在 0.7—1.3 範圍內表示數據和模型之間擬合良好（McNamara, 1996），而在 0.5—1.5 的範圍也被視為可接受範圍（Linacre, 2005）。

根據 FOS 內部架構的研究基礎（Linderbaum & Levy, 2010；Yang et al., 2014），本研究主要比較單因素（將反饋導向視為一個整體，所有題目僅測量這一個因素）與四因素模型（將反饋導向分為四個維度，量表中的題目分別測量這四個維度），模型評價標準包括 Akaike 的信息標準（AIC; Akaike, 1987）、貝葉斯信息標準（BIC; Schwarz, 1978）和一致 AIC（Bozdogan, 1987），評價指標值越低表明數據與模型之間的擬合越好。

（二）測量工具

本研究採用反饋導向量表（Feedback Orientation Scale, FOS）的簡版。該簡版量表保留原量表（Linderbaum & Levy, 2010）的四個維度。但相對於拓展到教育領域的原來 20 個題項（Yang et al., 2014），簡版刪除了用詞意義較重複的題項，得到 12 個題項和四個維度，每個維度包含三個測量題項。通過三千多名中國內地中學生群體的驗證，該量表信度效度良好（Yang, 2021b）。此外，四維度結構在菲律賓以及土耳其大學生中進行了檢測，也得到實證依據支持（Frondozo & Yang, 2021; Kartol & Arslan, 2021）。這四個維度包括：（i）反饋的有用性（feedback utility），測量學生對教師反饋有用性的知覺；（ii）使用反饋的自我效能（feedback self-efficacy），測量學生對自身是否具備使用教師反饋的能力的知覺；（iii）反饋的社交意識（social awareness of using feedback/feedback social awareness），測量學生對使用教師反饋來維持和提高師生關係的社交價值的知覺；（iv）使用反饋的責任（feedback accountability），測量學生對自身使用教師反饋的責任的知覺。然而，簡版 FOS 的心理特性，尚未在中國大學生群體得到驗證。

因此，本研究選擇香港大學生為樣本。測量使用 4 點計分的李克特量表，邀請學生根據自己實際對反饋的知覺，在 1（非常不同意）到 4（非常同意）的範圍進行選擇，評分越高即表明學生對反饋導向的相應維度的認可程度越高。量表題項詳情參見表 2。

（三）參與者

　　共 73 名香港教育大學中文教育相關專業的學生參與了本研究。其中，女生 68 人，男生 5 人。年齡介於 21 歲到 42 歲之間，平均年齡為 24 歲，標準差為 3.9。學生的課程方向包括語文教育、國際漢語教育、漢語作為第二語言教學、中文教學等。絕大部分是碩士學生，個別為本科學生。由於這些學生畢業後大部分從事中文教育事業，我們稱之為「準教師」或「職前教師」。他們通過線上數據收集平台（問卷星）完成了反饋導向量表（FOS）的填寫。

四、研究結果

（一）模型數據擬合

　　通過分析原始數據，我們發現參與者很少選擇「非常不同意」來評估 FOS 題項。因此，在數據與 Rasch 模型擬合之前，我們首先對原始數據進行重新編碼。將「非常不同意」和「不同意」一併編碼為 0，將「同意」和「非常同意」分別編碼為 1 和 2。然後，我們將編碼數據分別與單因素和四因素 Rasch 模型進行擬合，結果見表 1。

　　從表 1 可見，數據與四因素模型的擬合比單因素模型好，其 AIC、BIC 和 CAIC 值最低。而四維 Rasch 模型下的 FOS 題項擬合結果見圖一，除了題項 FBAT 3 的 outfit MNSQ 值（1.8 logits）略高於參考值上限（1.5 logits）外，其他題項的 infit MNSQ 和 outfit MNSQ 值均在參考值範圍內，表示模型擬合較好。

表 1　單因素和四因素模型擬合指標

	模型描述	AIC	BIC	CAIC
1	單因素模型	1227.305	1259.372	1273.372
2	四因素模型	1157.393	1210.074	1233.074

註：AIC = Akaike's information criterion, BIC = Bayesian information criterion, and CAIC = consistent AIC. 指標值越低表示數據與模型擬合越好。

圖 1　反饋導向題項 Rasch 模型擬合指標散點圖

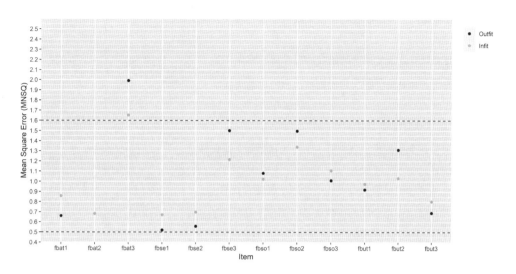

（二）FOS 題項難度及參與者回應 FOS 的能力表現

　　表 2 列出了反饋導向量表各題項的難度值。從整體來看，題項難度範圍在－3.09 logits 至 3.61 logits 之間。其中，難度最低的題項是「FBAT 1. 我有責任使用老師的反饋來提升我的學業成績」和「FBAT 2. 我有責任使用老師的反饋改進學業表現實現學習目標」，表示學生對這兩個題項給出了較高評分。而難度相對大的題項是「FBAT 3. 只有用老師提供反饋來改進我學習上的不足，我才會感到安心」，這意味著多數學生在這個題項上選擇「不同意」或「非常不同意」。

表 2　四因素模型下 FOS 量表 Rasch 分析結果

分量表与題項	難度 *	標準誤
使用反饋責任感的認知（FBAT）		
FBAT 1. 我有責任使用老師的反饋來提升我的學業成績。	－3.09	0.341
FBAT 2. 我有責任使用老師的反饋改進學業表現實現學習目標。	－3.09	0.341
FBAT 3. 只有用老師提供反饋來改進我學習上的不足，我才會感到安心。	3.61	0.346
使用反饋的能力的認知（FBSE）		

分量表与題項	難度 *	標準誤
FBSE 1. 我能夠使用老師給我的反饋來改進學業表現，實現學習目標。	−2.73	0.330
FBSE 2. 我能夠有效地使用老師給我的反饋提升學業成績。	−1.56	0.322
FBSE 3. 收到老師負面反饋我也能夠做出回應以改善我學習中的不足。	−2.19	0.327
反饋與社交意識的認知（FBSO）		
FBSO 1. 我使用老師的反饋來提升 / 保持我和老師之間良好的師生關係。	−2.77	0.328
FBSO 2. 通過老師的反饋我可以知道老師是怎麼看我的。	−2.45	0.324
FBSO 3. 我會通過使用老師的反饋來給老師留下好的印象。	−2.35	0.322
反饋有用性的認知（FBUT）		
FBUT 1. 我依靠老師的反饋提升我的學業成就。	0.05	0.307
FBUT 2. 老師的反饋對提高我的學習成績起著至關重要的作用。	−1.30	0.316
FBUT 3. 老師的反饋對實現我的學習目標起著至關重要的作用。	−1.81	0.321

註 1：* 題項難度單位為 logits。Rasch 模型擬合採用重新編碼的 3 點計分之數據。

註 2：關於本文作者提供的表 2 中的 FOS 中文量表，研究者可根據自己研究設計直接使用並正確引用本文作為參考文獻並注明該量表的出處。如需要對量表做修訂改編的研究者，請聯繫本文通訊作者。

如研究設計部分介紹，本研究使用的是採用李克特等級計分的普通調查問卷，請參與者自我彙報對題項描述的反饋導向的同意程度，屬於低風險普通量表類型（low/no-stakes），與智力測試（Phillipson, 2008）和高風險（high-stakes）考試題目的設計不同（Alavi & Bordbar, 2018）。普通調查問卷允許學生有自主權，可隨時終止對問卷的回答，此外，問卷設計通常遵守題項表達簡潔明瞭等特點（Rattray & Jones, 2007）。因此，本研究的題項難度旨在說明學生體驗題項描述的反饋導向的難易程度，也就是說，難度越高說明學生體驗到該題項描述的反饋導向較為困難，反之，難度越低說明學生體驗到該題項描述的反饋導向較為容易。

圖 2（也稱為懷特圖，Wright Map）將題項難度和參與者回答題項的能力展示在同一個標尺下。左側四個柱狀圖展示了參與者在反饋導向四個分量表的能力分佈情況，中間點狀圖部分則是量表中各個題項的難度分佈情況。標

尺位於最右側，刻度值由高到低排列，單位為 logits。具體來說，左側柱狀圖自上而下分別表示學生在反饋導向各分量表中從高到低得分的人數分佈。從圖三可見，參與本研究的學生群體在 FOS 四個分量表的能力表現，在柱狀圖的上端和下端均有分佈，也就是說，他們至少可分為高能力和低能力兩個組別。這說明儘管 FOS 整體題項難度略低於參與者的能力水平，但這些題項仍然對學生具有一定的區別度。此外，題項選項的排序亦符合單向漸進性原則（Linacre, 2002）。題項選項的步長參數從－3.47 單向逐漸增加到 3.47，表明重新編碼後的 3 分評分標準適用於 FOS 量表的所有 12 個題項。

圖 2　FOS 題項難度與參加者能力分佈圖表

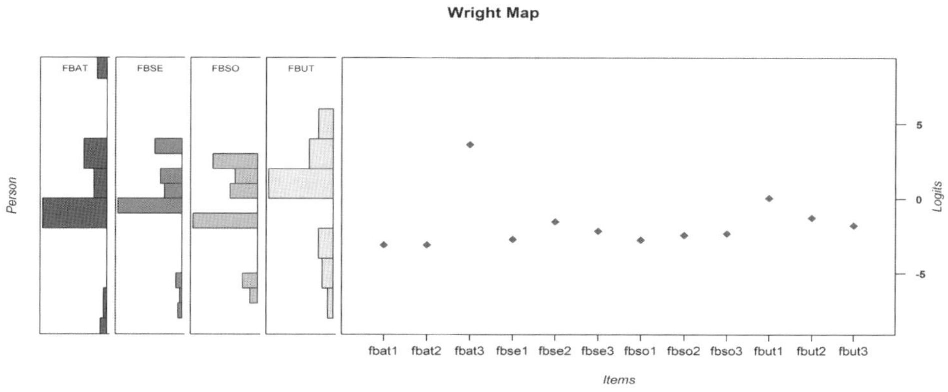

Wright Map

(三) 各分量表之間的相關性

表 3 列出了 FOS 分量表的相關性分析結果。FOS 各分量表間呈中度相關性，相關係數介於 0.51 到 0.82 之間。這表明各分量表既相互獨立（即分別測量反饋知覺的四個維度），又相互關聯（即共同量度了參與者的反饋知覺水平）。

表 3 FOS 各分量表相關係數

分量表	1	2	3	4
1. 使用反饋的能力的認知（FBSE）	－	－	－	－
2. 反饋與社交意識的認知（FBSO）	0.509	－	－	－

分量表	1	2	3	4
3. 反饋有用性的認知（FBUT）	0.619	0.798	–	–
4. 使用反饋責任感的認知（FBAT）	0.645	0.816	0.654	–

（四）Rasch 測量信度

從多維 Rasch 分析中獲得的四個分量表的測試信度分別為 0.86（使用反饋責任感的認知）、0.84（使用反饋的能力的認知）、0.83（反饋與社交意識的認知）和 0.86（反饋有用性的認知）。說明雖然每個分量表使用簡省的三個題項，但這並不影響四個分量表具有較高信度，說明 FOS 簡潔明瞭、整體信度高。

五、討論與啟示

本研究基於項目反應理論，以香港教育大學 73 名中文教育專業學生為樣本，通過多維度 Rasch 模型分析驗證了反饋導向量表在大學生群體中的適用性。分析結果表明，數據與四因素模型擬合效果更好。各分量表之間呈中度相關，表明量表的題項之間既相互關聯又有所不同，既共同量度了參與者的反饋知覺水平，又分別測量了反饋知覺的不同維度。在四因素模型下，各題項與模型擬合較好，題項選項的難度呈單向漸進性增加。FOS 的四個分量表具有較高的 Rasch 信度，而且在同一標尺下，FOS 的 12 個題項可以將參與者在 FOS 四個維度上的能力表現清晰地呈現出來，表明 FOS 是一個有效的反饋知覺測量工具，可以應用於中文教育專業大學生群體，學生能較多地體驗到量表題項描述的反饋導向。

本研究的設計與成果有以下理論及實踐應用意義：

首先，學習是一個多階段的縱向成效管理過程。這個過程所需要的時間可以根據學習者所學專業與課程的週期，按照週、月或年進行計算；而學習成效管理過程中除了常規的教師傳授知識內容外，還涉及學習者如何接收和使用教師的反饋。London 與 Smither（2002）將工業績效管理週期中反饋對接收者所產生的作用分為三個階段：1）最初預期、接收和對反饋作出初期情緒反應；2）理解反饋內容；以及 3）使用反饋。這三個階段同樣適用於教育場

景（Yang, 2021a; Yang et al., 2014）。此外，研究者們還發現，個人的反饋導向對接收、處理以及使用反饋的過程起著重要的調節作用（比如：對反饋有用性的評價，對自身使用反饋的能力與責任感的認知，以及反饋與社交意識的認識）。為此，本研究基於一組中文教育專業大學生群體，驗證了 FOS（反饋導向量表）具備良好的測量屬性，為培養中文教育職前教師的反饋導向以及促進這一群體的學習成效管理提供了實證測量工具。

如文獻綜述部分指出，教師反饋對學生的成績很重要，但其產生的影響可能不是線性的（Hattie, 2009; Yang & Watkins, 2013）。在揭示反饋改變學生學業成績 / 成就的潛在機制時，我們需考慮學生在反饋導向方面的個體差異（Linderbaum & Levy, 2010; Yang, 2018, 2021a）。參考現有的 FOS 測量項目，教育者可以基於這個工具制定更具體、有針對性的教與學活動，提高學生（職前教師）的學習成果，並幫助他們形成良好的反饋導向，為職業生涯做好準備。

此外，我們還需要加強對教師群體的反饋素養的專業培訓（Boud & Dawson, 2021; Lee, 2021）。儘管教師在影響學生學習方面發揮著重要作用，但不應將其視為學生「自動反饋提供機器」。針對師資隊伍的專業培訓對於促進有效反饋是必不可少的（Brookhart, 2017; Hattie & Clarke, 2018）。在將來，我們可考慮深入研究教師的反饋導向（Yang, 2019），幫助教師執行良好的反饋實踐（Yang, 2018, 2021a），發展以學科為基礎、具備學科特點的反饋素養（Winstone et al., 2022）。

最後，我們需要指出本研究主要使用橫斷面設計，沒有在多個時間點重複測量 FOS 在同一學生群體中的發展趨勢與穩定性，我們預期縱向研究設計會為 FOS 的測量屬性帶來更多追蹤數據，更便於與其他相關變量（例如，學習參與度、學業情緒）一起進行測量，以探索因素之間的互利互惠關係（reciprocally causal relationships）。此外，FOS 在不同層次的職前教師（如學士與碩士）以及職前與在職教師之間的比較研究，也將為反饋設計與實踐帶來更多有用的實證依據。由於本研究未有涉及學生的學業成績，對於期望驗證反饋導向對學業成績的預測關係有待將來的縱向研究進行檢驗。基於 FOS 簡潔但測量特性良好的特點，研究者在將來的研究設計中還可加入測量學習動機（Pintrich et al., 1993），學業情緒（Pekrun et al., 2011）以及自我管理學習（Zimmerman & Schunk, 2011）等問卷，以現有理論為依據（例如：反饋生態

模型，Yang et al., 2021; 控制——價值模型，Pekrun, 2006），深入瞭解影響反饋導向的因素以及反饋導向影響的其他重要學習成果（認知、情緒與內部學習動機等）。

總的來說，FOS 為研究人員和教育工作者瞭解學生如何認知反饋提供了一個有價值的測量工具。在此基礎上，將來的研究可利用多元設計對 FOS 的有用性進行更廣、更深的挖掘，並根據中文教育的特點進行適當擴充與修訂。

致謝

本文作者感謝所有參與學生積極配合本次研究，也感謝香港考評局許嘉凌博士對本文中 Rasch 分析的寶貴建議。

參考文獻

1. 韓平麗（2015）：論「形成性評價」在初中語文教學中的滲透，《中學語文教學參考》，17，72—74。

2. 汲傳波、劉芳芳（2009）：對目前漢語口語評價體系的思考——以北京大學對外漢語教育學院為例。《暨南大學華文學院學報》，3，46—52。

3. 課程發展議會與香港考試及評核局（2021）：《中國語文課程及評估指引（中四至中六）》，檢自 https://www.edb.gov.hk/attachment/tc/curriculum-development/kla/chi-edu/CHI_LANG_CAGuide_2021.pdf，檢索日期：2021.05.27。

4. 廖佩莉（2013）：香港中國語文教師對於給予學生「反饋」的認識與實施現況之研究，《教育研究與發展期刊》，9（2），65—90。

5. 呂全鵬（2021）：高中語文教學形成性評價的現狀、問題及展望——基於 CiteSpace 知識圖譜和 Nvivo 詞語雲的分析，《貴州師範學院學報》，37（8），53—62。

6. 強曉梅（2014）：小學語文教學中形成性評價初探，《語文學刊》，14，163—165。

7. 許華瓊、胡中鋒（2010）：形成性評價及其反饋策略，《教育測量與評價（理論版）》，1，23—26。

8. 晏子（2010）：心理科學領域內的客觀測量——Rasch 模型之特點及發展趨勢，《心理科學進展》，18（8），1298—1305。

9. 祝新華（2012）：促進學習的評估中的反饋成分及適當運用. 中國語文通訊，91(1)，21—36.

10. Akaike, H. (1987). Factor analysis and AIC. *Psychometrika, 52* (3), 317-332. https://doi.org/10.1007/BF02294359

11. Alavi, S. M., & Bordbar, S. (2018). Differential item functioning analysis of high-stakes test in terms of gender: A Rasch model approach. *MOJES: Malaysian Online Journal of Educational Sciences, 5*(1), 10-24.

12. Bao, R. (2019). Oral corrective feedback in L2 Chinese classes: Teachers' beliefs versus their practices. *System, 82,* 140-150. https://doi.org/10.1016/j.system.2019.04.004

13. Biggs, J., & Tang, C. (2011). *Teaching for quality learning at university* (4th ed.). Society for Research into Higher

Education and Open University Press.

14. Black, P., & Wiliam, D. (1998). Assessment and classroom learning. *Assessment in Education: Principles, Policy & Practice*, 5(1), 7-74. https://doi.org/10.1080/0969595980050102

15. Black, P., & Wiliam, D. (2009). Developing the theory of formative assessment. *Educational Assessment, Evaluation and Accountability*, 21(1), 5-31. https://doi.org/10.1007/s11092-008-9068-5

16. Boud, D., & Dawson, P. (2021). What feedback literate teachers do: an empirically-derived competency framework. *Assessment & Evaluation in Higher Education*, 1-14.

17. Boud, D., & Molloy, E. (2013). Rethinking models of feedback for learning: the challenge of design. *Assessment & Evaluation in Higher Education*, 38(6), 698-712.

18. Bozdogan, H. (1987). Model selection and Akaike's information criterion (AIC): the general theory and its analytical extensions. *Psychometrika*, 52(3) 345-370. https://doi.org/10.1007/BF02294361

19. Brookhart, S. M. (2017). *How to give effective feedback to your students.* ASCD.

20. Carless, D. (2006). Differing perceptions in the feedback process. *Studies in Higher Education*, 31(2), 219-233.

21. Carless, D., & Boud, D. (2018). The development of student feedback literacy: enabling uptake of feedback. *Assessment & Evaluation in Higher Education*, 43(8), 1315-1325.

22. Chong, S. W. (2021). Reconsidering student feedback literacy from an ecological perspective. *Assessment & Evaluation in Higher Education*, 46(1), 92-104.

23. Frondozo, C. E. & Yang, L. (2021). Changing external feedback to learning opportunities: A study on Filipino university students' feedback orientation. (Z. Yan & L. Yang, Eds.), *Assessment as learning: Maximising opportunities for student learning and achievement* (190-205). Routledge. https://doi.org/10.4324/9781003052081

24. Gibbs, G., & Simpson, C. (2005). Conditions under which assessment supports students' learning. *Learning and Teaching in Higher Education*, 1(1), 3-31.

25. Hattie, J. (2008). *Visible learning: A synthesis of over 800 meta-analyses relating to achievement.* Routledge.

26. Hattie, J., & Clarke, S. (2018). *Visible learning: feedback.* Routledge.

27. Hattie, J., & Gan, M. (2011). Instruction based on feedback. In R. E. Mayer & P. A. Alexander (Eds.), Handbook of research on learning and instruction (pp. 249-271). Routledge.

28. Hattie, J., & Timperley, H. (2007). The power of feedback. *Review of Educational Research*, 77(1), 81-112.

29. Jonsson, A. (2013). Facilitating productive use of feedback in higher education. *Active Learning in Higher Education*, 14(1), 63-76. https://doi.org/10.1177/1469787412467125

30. Kartol, A., & Arslan, N. (2021). Turkish version of the feedback orientation scale: investigation of psychometric properties. *Uluslararası Türkçe Edebiyat Kültür Eğitim (TEKE) Dergisi*, 10(1), 321-329.

31. Kluger, A. N., & DeNisi, A. (1996). The effects of feedback interventions on performance: a historical review, a meta-analysis, and a preliminary feedback intervention theory. *Psychological bulletin*, 119(2), 254-284.

32. Lee, I. (2021). The development of feedback literacy for writing teachers. *TESOL Quarterly*, 55(3), 1048-1059.

33. Linacre, J. M. (2002). Optimizing rating scale category effectiveness. *Journal of Applied Measurement*, 3(1), 85-106.

34. Linacre, J. M. (2005). A user's guide to Winsteps/Ministeps Rasch-Model programs.

35. Linderbaum, B. A., & Levy, P. E. (2010). The development and validation of the Feedback Orientation Scale (FOS). *Journal of Management*, 36(6), 1372-1405.

36. London, M., & Smither, J. W. (2002). Feedback orientation, feedback culture, and the longitudinal performance management process. *Human Resource Management Review*, 12(1), 81-100.

37. Lui, A. M., & Andrade, H. L. (2022, March). Inside the Next Black Box: Examining Students' Responses to Teacher Feedback in a Formative Assessment Context. In *Frontiers in Education* (Vol. 7, p. 751549). Frontiers Media SA.

38. McCarthy, J. (2017). Enhancing feedback in higher education: Students' attitudes towards online and in-class formative assessment feedback models. *Active Learning in Higher Education*, *18*(2), 127-141. https://doi.org/10.1177/1469787417707615

39. McNamara, T. F. (1996). *Measuring second language performance*. Longman.

40. Narciss, S. (2008). Feedback strategies for interactive learning tasks. In J. M. Spector, M. D. Merrill, J. J. G. Van Merriënboer, & M. P. Driscoll (Eds.), *Handbook of research on educational communications and technology* (125-143). Mahwah, NJ: Erlbaum.

41. Nicol, D. J., & Macfarlane-Dick, D. (2006). Formative assessment and self-regulated learning: A model and seven principles of good feedback practice. *Studies in Higher Education*, *31*(2), 199-218.

42. Pekrun, R. (2006). The control-value theory of achievement emotions: Assumptions, corollaries, and implications for educational research and practice. *Educational psychology review*, *18*(4), 315-341.

43. Pekrun, R., Goetz, T., Frenzel, A. C., Barchfeld, P., & Perry, R. P. (2011). Measuring emotions in students' learning and performance: The Achievement Emotions Questionnaire (AEQ). *Contemporary educational psychology*, *36*(1), 36-48.

44. Phillipson, S. N. (2008). The optimal achievement model and underachievement in Hong Kong: An application of the Rasch model. *Psychology Science*, *50*(2), 147.

45. Pintrich, P. R., Smith, D. A., Garcia, T., & McKeachie, W. J. (1993). Reliability and Predictive Validity of the Motivated Strategies for Learning Questionnaire (MSLQ). *Educational and psychological measurement*, *53*(3), 801-813.

46. Rattray, J., & Jones, M. C. (2007). Essential elements of questionnaire design and development. *Journal of Clinical Nursing*, *16*(2), 234-243.

47. Robitzsch A, Kiefer T, & Wu, M. (2020). TAM: Test Analysis Modules. *R package version* 3.5-19, https://CRAN.R-project.org/package=TAM.

48. Schwarz, G. (1978). Estimating the Dimension of a Model. *The Annals of Statistics, 6*(2), 461-464. http://www.jstor.org/stable/2958889.

49. Shute, V. J. (2008). Focus on formative feedback. *Review of Educational Research*, *78*(1), 153-189.

50. Smith, R. M. (2000). Fit analysis in latent trait measurement models. *Journal of Applied Measurement*, *1*(2), 199-218.

51. Strijbos, J. W., Pat-El, R., & Narciss, S. (2021). Structural validity and invariance of the feedback perceptions questionnaire. *Studies in Educational Evaluation*, *68*, 100980.

52. Van der Kleij, F. M., & Lipnevich, A. A. (2021). Student perceptions of assessment feedback: A critical scoping review and call for research. *Educational Assessment, Evaluation and Accountability*, *33*(2), 345-373.

53. Wiliam, D. (2018). Feedback: At the Heart of – But Definitely Not All of – Formative Assessment. In A. A. Lipnevich & J. K. Smith (Eds.), *The Cambridge Handbook of Instructional Feedback* (pp. 3-28). Cambridge University Press.

54. Winstone, N. E., Balloo, K., & Carless, D. (2022). Discipline-specific feedback literacies: A framework for curriculum design. *Higher Education*, *83*(1), 57-77. https://doi.org/10.1007/s10734-020-00632-0

55. Wisniewski, B., Zierer, K., & Hattie, J. (2020). The power of feedback revisited: A meta-analysis of educational feedback research. *Frontiers in Psychology*, *10*. https://www.frontiersin.org/article/10.3389/fpsyg.2019.03087

56. Yan, Z., & Brown, G. T. L. (2021). Assessment for learning in the Hong Kong assessment reform: A case of policy borrowing. *Studies in Educational Evaluation*, *68*, 100985. https://doi.org/10.1016/j.stueduc.2021.100985

57. Yan, Z., Li, Z., Panadero, E., Yang, M., Yang, L., & Lao, H. (2021). A systematic review on factors influencing teachers' intentions and implementations regarding formative assessment. *Assessment in Education: Principles, Policy*

& *Practice*, *28*(3), 228-260. https://doi.org/10.1080/0969594X.2021.1884042

58. Yang, L. (2018, 11). *The power of teacher feedback in education: A perspective of testing the links between Chinese students' feedback beliefs and achievement emotions.* Poster presented at ERAS-APERA International Conference 2018, Singapore.

59. Yang, L. (2019, 6). *Inside out: Assessing English teachers' perceptions of feedback utility, self-efficacy and responsibility.* Paper presented at Inaugural Conference on Language Teaching and Learning: Cognition and Identity, 28-29 June 2019, The Education University of Hong Kong, Hong Kong.

60. Yang, L. (2021a). The role of feedback orientation in converting external feedback to learning opportunities for implementing assessment-as-learning in the context of feedback. In Z. Yan & L. Yang (Eds.), *Assessment as learning: Maximising opportunities for student learning and achievement* (53-76). Routledge. https://doi.org/10.4324/9781003052081.

61. Yang, L. (2021b). *Testing the Psychometric Properties of the Short-Form (12 Items) of Feedback Orientation Scale in Assessing Chinese Students' Multidimensional Perceptions of Feedback From Teachers.* Paper presented The Global Conference on Education and Research (GLOCER2021, Online), June 8-10, University of Florida, USA.

62. Yang, L., & Watkins, D. A. (2013). The effectiveness of two treatments to enhance academic self-concept among low-achieving secondary school students in China. In Y. Kashima, E. S. Kashima & R. Beatson (Eds.), *Steering the Cultural Dynamics* (160-166). IACCP: International Association for Cross-Cultural Psychology.

63. Yang, L., & Yang, M. (2018). Exploring the power of teacher feedback in Chinese students: Testing the relationships between students' feedback beliefs and student engagement. In G. A. D. Liem & S. H. Tan (Eds.), *Asian education miracles: In search of sociocultural and psychological explanations* (pp. 155-173). Routledge.

64. Yang, L., Chiu, M. M., & Yan, Z. (2021). The power of teacher feedback in affecting student learning and achievement: Insights from students' perspective. *Educational Psychology*, *41*(7), 821-824. https://doi.org/10.1080/01443410.2021.1964855

65. Yang, L., Sin, K. F., Li, X., Guo, J., & Lui, M. (2014). Understanding the power of feedback in education: A Validation study of the Feedback Orientation Scale (FOS) in classrooms. *The International Journal of Psychological and Educational Assessment*, *16*(2), 20-46.

66. Zimmerman, B. J., & Schunk, D. H. (2011). Self-regulated learning and performance: An introduction and an overview. In B. J. Zimmerman & D. H. Schunk (Eds.), *Handbook of self-regulation of learning and performance* (pp. 15-26). New York: Routledge.

Assessing the Psychometric Properties of the Feedback Orientation Scale among Chinese Education Students in Higher Education

YANG, Lan   LIANG, Yuan   GAO, Fengzhan   YANG, Ruoxiao

Abstract

Despite the power of feedback in affecting achievement, the effects of feedback have also been argued to be variable and even negative sometimes based on synthesis studies with big data (e.g., Hattie, 2009; Hattie & Clarke, 2018). Recently, an increasing number of studies have recognized the crucial role of students' feedback perceptions in unravelling the power of teacher feedback in affecting learning and achievement. To assess students' feedback perceptions, the research team initially validated the educational version of Feedback Orientation Scale (FOS) in Chinese secondary school students (Yang et al., 2014) based on Linderbaum and Levy's (2010) work. Conceptually, feedback orientation in education consists of four critical perceptions of feedback: (1) feedback utility (perceived usefulness of teacher feedback); (2) feedback self-efficacy (perceived capability to use teacher feedback); (3) feedback social awareness (perceived social value of maintaining and enhancing the student-teacher relationship by using teacher feedback), and (4) feedback accountability (perceived responsibility for using teacher feedback). The four feedback perceptions work together to determine students' overall receptivity to teacher feedback in changing performance and achievement. Despite preliminary findings of good psychometric properties of the FOS in secondary education, its appropriateness in higher education remains to be examined. In this exploratory study, we invited a sample of over 70 university students studying in programs of Chinese language education in the Education University of Hong Kong. For assessing the psychosomatic properties of the FOS, we analysed the data by using a Rasch analysis that is rigorous in evaluating educational measures. Specifically, we analysed the one-factor and four-factor models through the unidimensional and multidimensional rating scale models by using ConQuest. The research findings indicate that the four-factor model had a better fit to the data, thus confirming the applicability of feedback orientation in Chinese education students at the university level. As the impact of teacher feedback on student performance might not be simply linear, the results of this study inspire us to consider individual differences in students' feedback orientation and develop targeted learning and teaching activities in future instruction, while also strengthening professional development in feedback literacy for teachers.

Keywords: *formative assessment, feedback orientation, Rasch analysis, higher education*

YANG, Lan, Department of Curriculum and Instruction,
The Education University of Hong Kong, HK. (corresponding author)
LIANG, Yuan, Department of Chinese Language Studies, The Education University of Hong Kong, HK.
GAO, Fengzhan, Department of Special Education and Counselling,
The Education University of Hong Kong, HK.
YANG, Ruoxiao, Department of Chinese Language Studies, The Education University of Hong Kong, HK.

主題式漢語教學應用研究
——以啟歷學校為例

肖文利　　張連航　　廖先

摘要

　　主題式漢語教學就是讓語言學習圍繞相關主題進行的一種語言教學，以功能、技能和生活中會遇到的場景來設計主題單元和規劃課程（白建華，2013）。本文首先通過介紹主題教學的三種分類，即基於內容教學中的主題教學法（Snow & Brinton, 2017; Miller, Klassen & Hardy, 2021）、單元教學法（袁頂國，2008）、整合型主題教學（孫勁瀟，2018；高臘梅，2020），分別闡述他們的不同特點。然後説明來自于交際功能法的主題式教學為任務教學法和概念教學提供教學框架。最後以啟歷國際學校為例，簡介主題教學模式的具體實施情況，包括主題設置、資源與內容、主題任務、主題評價、過渡的實施。

關鍵字：主題式教學　香港國際學校　二語　內容教學法

一、主題式教學法不同的含義和觀點

　　目前對於主題式教學有三種不同的含義，針對其產生和發展的過程我們將其分為三種類型。

肖文利，香港啟歷學校中學部，聯絡電郵：wlixiao@kellettschool.com。（本文通訊作者）
張連航，香港教育大學中國語言學系，聯絡電郵：linhong@eduhk.hk。
廖先，香港教育大學中國語言學系，聯絡電郵：xliao@eduhk.hk。

（一）主題教學來自於內容教學法

主題式教學法（Theme-Based Instruction，簡稱 TBI）是內容教學法（Content-Based Instruction，簡稱 CBI）的一個分支（文秋芳，2008）。CBI 認為語言是學習內容的媒介，而內容是學習語言的資源（Stoller & Grabe, 1997）。內容教學法的核心是將語言學習建立在有意義的內容基礎上，其中著名的 CBI 方法來自於對北美大學學術英語（English for Academic Purposes，簡稱 EAP）教學的討論（Brinton, Snow & Wesche, 1989; Snow, Met & Genesee, 1989; Stoller & Grabe, 1997）。其主要觀點來自於 Brinton, Snow & Wesche（1989）所著的 Content-Based Second Language instruction。

Brinton 等人（1989）提出，基於內容的模型課程（Content-Based Teaching-Models）有三種形式，而基於主題的教學是其中的一種。Brinton、Snow 和 Wesche（2017）將三種形式擴展為五種形式（圖 1）。因此，所有的 CBI 從根本上都是基於主題的（Brinton et al., 1989; Stoller & Grabe, 1997）[1]，所以要理解主題式教學就要先瞭解什麼是 CBI。

圖 1　基於內容的五種教學模式

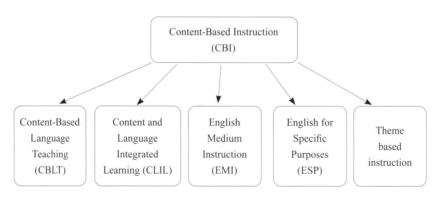

資料來源：Snow, M. A. & Brinton, D. M (2017). The Content-Based Classroom: New Perspectives on Integrating Language and Content. Greene Street Ann Arbor, USA: University of Michigan Press (as cited in Miller, Klassen, & Hardy, 2021, pp. 216).

---

[1] 英文原文：Stoller & Grabe (1997, p. 3): A further commonality (at least implicitly) among many of the approaches discussed above, and a central curricular notion in the Six-T's Approach, is that all CBI is fundamentally theme-based (cf. Brinton, Snow, & Wesche, 1989).

CBI 理念核心觀點是將特定的主題或學術內容與語言教學目的相結合，學科知識教學和語言教學同時進行，使學生通過第二語言獲取資訊並在此過程中發展語言技能（周玉玲，2015）。

Brinton 等人（1989）提出，內容教學法的核心是：（1）內容是有意義的、可以理解的，不只是注重語法、讀音等的形式；（2）使用真實的材料和任務，情景化的形式；（3）使用的材料是為了滿足學生的需求。

以此角度看，主題式漢語教學是指，在「漢語作為第二語言教學」中讓語言學習圍繞相關主題進行的一種語言教學，以功能、技能和生活中會遇到的場景來設計主題單元和規劃課程（白建華，2013）。

二語教學應注重交際的目的，語言學習在理解內容的基礎上，可理解的輸入可以降低焦慮，正如我們當初學習母語一樣。真實的材料、真實的情景和與之配合的活動都有助於學生對二語的運用。而且選材都與學生的興趣或生活相關，大大提升了他們的學習積極性。所以作為內容教學上的主題教學模式是適合二語教學的。

（二）單元教學法 Unit Teaching

部分學者認為，主題教學從源頭上實際要追溯到 1931 年美國芝加哥大學莫里遜宣導的「莫里遜單元教學法」（袁頂國，2008，頁 10；孫勁瀟，2018；王彬，2013；高臘梅，2020）。

莫里遜提出了單元教材精習制（教學法）：他認為教師有兩個基本任務：（1）選擇並且組織學習單元的內容；（2）確定適宜於學生能力和興趣的教學程式，以便使學生易於掌握教學內容。比如教授「民主」這個主題（玲如，1985）。

人們一般認為單元教學（unit teaching）是聚焦於對某一具有社會意義的課題的理解而展開的有目的的學習體驗（肖平引用，2006，Lavone, Gladys & Neva, 1955）。例如林遊嵐教授[2] 對家庭單元的闡釋：通常，主題教學的主題是一個具有長久價值的觀念，比如教家庭的單元時，我們可以把華人對家庭觀

---

[2] 林遊嵐曾是全美中小學中文教師協會執行主任，是較早在美國推行主題式中文教學的前輩，在 2009 年應新英格蘭中文學校協會之邀，講談時力勸僑校老師以「主題式教學法」發揮創意，製造語境，加強學生的學習效果。參見於：https://www.bostonorange.com/2009/02/blog-post_24.html。

念的重視當作這單元的核心（范琳琳，2018，頁 37）。林教授的解釋與最早提出主題教學法的解釋基本相同。

竇桂梅（2015，頁 22）指出主題單元教學，在小學語文教學中即以主題型語文教科書的主題單元為依託，整合教科書內容，進行全盤考慮的單元整體備課教學，形成相對完整的學習領域。主題單元可以是教科書本身呈現的某一單元，也可以是某個統整的專題。竇老師提到的統整專題可以看作是一個大 theme，而單元就是 theme 下的話題。

游家政（2000）則持有不同的看法，他提出：主題作為一種認知結構，目標是協助認識各種觀念、理論和事物間的相互關係。其形式可以表現為一個概念，如健康、團結、合作等；也可以表現為社會議題，如社會事件、環保教育、兩性平等等；還可以是生活事件，比如人際關係、自我瞭解等。

正如以上幾位學者的定義，所謂的主題是一種思想，一個社會的議題，從更高的層次是精神的出發點，從低處也可以看作是一個話題。

從莫里遜的單元主題「民主」、Lavone 等人（1955）提到的有社會意義的議題、林遊嵐的「價值觀念」，到後來竇桂梅（2015）指出的小學語文單元的整合，可以認為單元教學法從議題的深度和廣度來看較適用於母語的教學。主題的涵義有一定的深度，不但適用於語文也適用於歷史、科學中的主題式教學。

Stoller 和 Grabe（1997）把單元教學法也歸類為 CBI 的一種類型，在大學非語言課程（如哲學、歷史、人類學、政治學）的教學中，我們可以看到單元教學法與內容教學法的教學方式有相似的地方。

（三）整合型主題教學 Thematic Approach

主題式教學指的是所有學科整合教學按主題而不是按學校科目組織教學（Collins Dictionary）[3]，教師在計劃和教學方面進行合作，從而使各學科的學習有一個主題性的方法，可解釋為多學科和跨學科的內容整合教學模式。

美國教育家 Susan Kovalik 的《整合型主題教學模式》（Kovalik & Olsen,

---

[3] Thematic Approach: teaching organized by theme rather than by school subject. 根據字典 Collins Dictionary 翻譯，Retrieved from: https://www.collinsdictionary.com/dictionary/english/thematic-approach 。

1993）[4] 在美國誕生（孫勁瀟，2018；高臘梅，2020）。該模式強調圍繞主題整合、組織課程，引領了整合課程研究的熱潮。跨學科的主題式教學，即以主題為中心，打破學科間限制，通過主題串聯各學科知識（孫勁瀟，2018）。Stoller 和 Grabe（1997, p.3）把 CBI 分為八種形式，和單元教學法一樣，整合式主題教學也被他們歸類為 CBI 的一種。

（四）主題教學分類小結

經過以上的分析我們發現主題教學的三種不同的形式，他們從內容架構、教學方式、教學內容，特別是針對的學習對象都略有區別：CBI 中的主題式教學法適用於二語學習，單元教學法較適合單一學科的母語教學或者大學的文化課（Stoller & Grabe, 1997）。多科整合教學適用於不同學科的同一主題教學。因此，不少學者都認為主題式教學應分為單學科和整合性學科（黃永和，1999；蔣曦、曾曉潔，2005；林曉群，2010）。

在單學科的界定中，我們可把主題式母語教學（包括語文和科學等）和語言（外語、二語）主題式教學再分開。

縱觀上述的研究理論，我們討論的第二語言主題式教學的相關研究成果和理論大多來自大學的二語課程（Brinton et al., 1989, 2003; Snow & Brinton, 2017）或是以英語為第二語言的學習者為研究對象。對於初級階段的特別是中學的漢語學習者的主題式教學研究較少，所以我以此展開我的研究。

Bragger 和 Rice（1999）認為主題式教學的核心就是語言圍繞著主題和專題進行，專題構成了課程設置的主幹。主題教學的四個顯著特徵：（1）教師作為總的指導者以主題為核心設定功能或情境（subject matter core）；（2）使學習者接觸到本族人使用的最真實的文本和語言材料（use of authentic texts）；（3）接觸有意義、符合職業以及個人愛好需要的材料，以此為二語習得提供了最佳的基礎；（4）學生積極參與運用自己已擁有的知識來進行學習和對新的資訊—發展進行評估。[5]

綜上所述，外語或二語的主題式教學作為 CBI 的其中一種模式，其課程

---

[4] Kovalik, S. J., & Olsen, K. 的原著：ITI: The Model, Integrated Thematic Instruction (1993).

[5] 主題教學的四個特徵是根據幾位專家分析總結，Bragger 和 Rice (1999) 解釋 Brinton、Snow 和 Wesche (1989)；張旭（2015）分析了 Brinton、Snow 和 Wesche (2003)；蔡堅（2002）解釋 Leaver、Stryker (1989)。

設置特徵、架構等就是主題教學核心思想。

二、不同的教學法

（一）概念型教學與學習（Concept-Based Teaching and Learning）

文秋芳（2013）就教學方式而言，概念型（concept-based curriculum）教學法主張採用顯性方式教授科學概念。也就是說，教學要從概念出發，直接讓學生學習概念的科學解釋，再轉向概念的理解與運用。概念教學法不重視翻譯和聽說法，認為聽說讀寫和任務型教學法缺乏理論依據。Huang（2017）基於概念的課程包含三個層面：事實、技能和概念。國際文憑組織的 MYP 為學校提供了一個基於概念的課程框架，並希望各學校的相關課程保持一致。吉華、馮薇薇（2019，頁 8）指出，概念教學與學習是 IB 的 ATL 教學法中非常注重的理念之一。這一教學理念強調概念在教學中的重要地位，並注重對所學知識的概念性理解，概念有高度概括性。比如 2018 年的 B 語言大綱中有五大主題（教育、健康、全球化、身份認同、遷移與平等）、29 個推薦性的話題。吉華、馮薇薇（2019，頁 9—12）總結為五個概念：受眾、情境、目的、意義和變異。我們可以這樣理解概念，它是在主題（事實）的基礎上，把各個話題之間聯繫起來的紐帶，它同時具有概括性和歸納性。我們可以把主題當作地基，而概念是蓋起房子。毫無疑問，IBO 是概念型教學法的宣導者之一，同時與主題教學法有緊密的聯繫。

（二）交際功能法、任務教學法、主題式和概念教學的區別

功能法又稱交際法（communicative approach，本文統稱為交際功能法），主張語言最基本的功能是社會交際功能，認為語言是完成各種交際功能的工具，關注的是語言的交際意義而不是形式特徵（姬建國、蔣楠，2007，頁 33；文秋芳，2013；Richards & Rodgers, 2008, p.159）。Halliday 提出了關於語言使用的功能論，Hymes（1972）創造了「交際能力」這個詞（武和平、武海霞，2014，頁 90），Wilkins（1976）出版了意念大綱（notional syllabus）（文秋芳，2013；Richards & Rodgers, 2008, p.159），他們都對理論的創建和發展有重

要的影響。其後，美國人發展了功能法，將交際能力作為語言教學的目標；制定四種語言技能的教學程式，承認語言和交流的相互依存關係（Richards & Rodgers, 2008，p.159）。

任務教學法（Task-Based Language Teaching）強調教學以達成任務為目標，它屬於交際法（功能法）的家族（文秋芳，2008，導讀）。可以看作是一種教學手段和方法，在主題式教學大綱下，可以用任務教學法完成一個有意義的活動。比如在針對主題的活動中收集資料，學生再以完成任務的形式通過報告、討論展示出來。主題式教學法和交際功能法有很多共同點，可以說這兩種教學方法是一脈相承的。只不過主題式教學法的核心是根據主題來教學，而後者按語言的基本功能分類，如請求、拒絕、提議、抱怨等。主題式、交際功能法、任務教學法的共同點是都強調學習活動和學習材料的真實性，鼓勵學生創造性地使用語言。主題式教學法在教學的過程中可以單獨採用，還可以跟任務和交際教學方法聯合使用（裴春梅，2013）。《語言教學的流派》這本書把交際功能法、自然法、合作學習語言法、內容型教學法、任務教學法和後方法時代，歸納為當前的交際流派（文秋芳，2008，導讀）。因為交際功能法的出現具有里程碑意義，20 世紀 90 年代後的重要語言教學法流派在一定程度上都是對交際教學思想的繼承和發展（武和平、武海霞，2014，頁 83）。

陳冰梅（2021，頁 11）引用 Erickson 和 Lanning（2013）的對概念的理解課程，從注重事實和主題的二維教學發展成不但注重事實和主題，而且注重對概念性理解的三維教學。主題鎖定在特定的時間、地點和情景中，而概念跨越了時間、文化及情景。主題是基礎、微觀的，概念較為宏觀，主題式教學與概念教學法有著緊密的聯繫。下圖可以幫助我們更好地理解這幾種教學法：

圖 2　交際功能法、任務教學法、主題式和概念教學法的關係圖

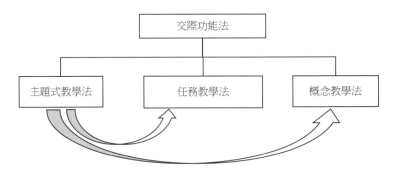

　　這個圖表說明後面的三種教學法都歸屬于交際功能法中的交際理論，是以培養語言的交際能力為最終的目的，而主題式教學法為任務和概念教學法提供了框架，任務的完成為了更好地學習這個主題的內容，而概念是來自於對各個主題的綜合概括。

三、我校漢語主題式課程實施的模式

　　這項研究是在香港一間國際學校進行的。這是一所英國制學校，以英語為教學語言，中學生人數六百二十人。學生背景：有 80% 的學生是外國人[6]，多數為英國人，大部分學生的母語都是英語。英國的中學學制把中學分為三個階段：七、八、九年級（Kstage 3）[7] 十和十一年級（Kstage 4），十二和十三年級（Kstage 5）。七、八、九年級這一階段的學生可以選修兩門外語（中文、法語、西班牙語、拉丁語），根據學校 2020 年和 2021 年的資料，每一年都有70%—80% 的學生選擇中文為其中一門外語。中文外語班按程度從高到低分為三個班，另外有一個中文近母語班。學校除近母語班單獨使用適合母語學習的教材外，所有外語班學生都根據教學大綱學習同一主題。七到九年級學中文的課時為每星期兩節，每節 50 分鐘。十年級和十一年級每星期四節，每節 50 分鐘，十一年級外語班學生參加英國 AQA 考試局 GCSE[8] 考試，十二和

[6]　根據 2021 年學生入學情況。

[7]　英國的教育制度，七、八、九年級是 Kstage 3；十和十一年級是 Kstage 4；十二和十三年級是 Kstage5。

[8]　General Certificate of Secondary Education：英國學校中等教育普通證書，學生完成兩年的課程，在十一年級參加 GCSE 考試。

十三年級每星期六節課，每節課 50 分鐘，參加英國 EDXCEL 考試局 A-Level[9]
考試。

（一）主題式教學的模式

「教學模式是構成課程（持續較長時間的學習）、選擇教材、指導在教室
和其他環境中教學活動的一種計劃或範型，是一種標準化的範式，一種比較
固定的教學活動框架和程式，並經過多次試驗而形成，包括課程設置、教學方
法、教材等，目的是為了有效地開展教學活動」（Joyce, Weil & Calhoun, 2003；
谷陵，2013，頁 14—15；馬箭飛，2004；李泉，2006）。在中文主題式教學
中，Soderman、李筠 、賈浦江（2016，頁 59）指出，主題式教學分為以下幾
個步驟：確定的主題（切入的內容相關詞語、知識點、概念）、提供網路圖、
組織教學活動（簡化版、擴展版、評量）展示成果、評估。

王彬（2013，頁 159）認為完整的主題式漢語教學共包括五個要素：漢語
主題、主題資源、主題活動、主題評價和知識回歸。

蔡堅（2002）引用 Stoller 和 Grabe（1997），提出「六 - T」框架，分別
代表（1）主題（themes）；（2）課文（texts），廣義上課文就是內容（content
resources）；（3）話題（topics），話題是基於內容之上對主題更深層次的探討；
（4）線索（threads），線索把一個以上的主題有機地串聯起來以增加課程設置
的相關性；（5）任務（tasks），任務的設置和設計應考慮課堂的實施性，並發
動學生運用內容資訊發展語言技能；（6）過渡（transitions），過渡的作用是把
一個主題之中的若干話題自然地轉換連接。

綜合上述觀念和理論，研究者所在的學校以主題式教學為基礎設置中學
漢語教學課程，從主題的選取、教材的編製到教學活動的實施和評估，經過
多年的磨合，並參照 Stoller 和 Grabe（1997）的「六 - T」模式，王彬（2013，
頁 159）和 Soderman、李筠、賈浦江（2016）的主題式教學模式，改進並形成
了一套本校的模式。在設置主題、主題或話題之間的連接（過渡）上善用概
念教學法中的概念進行概括，在主題任務中加入交際教學法和任務教學法並

---

[9] General Certificate of Education Advanced Level：英國高中課程，學生在完成 GCSE 考試后，繼續升讀十二
　　年級，並在十三年級參加 A-level 考試。

擬定出自己的模式：主題設置、主題資源（教材、選取概念性的話題）、主題任務、主題評價（評估）、過渡（與其他的主題連接）。

（二）教學目標

中文作為第二語言，它教學的目標是鼓勵學生發展與母語人士進行語言和寫作交流的能力。學習漢語（普通話）拓寬學習者的視野，鼓勵學生超越熟悉的文化界限，發展看待世界的新方法（AQA, 2017, p.42）。在十一年級學生完成 GCSE 課程時，能夠自信連貫地與母語者進行語言和寫作的交流，擁有一定的詞彙能夠理解各種情況下的語言，強調理解和回應真實的口語和書面材料（包括文學作品）的能力，培養對使用漢語（普通話）的國家和社區的文化和特性的認識和理解，認識語言的運作方式，培養語言學習技能以便進行雙語和更深入的學習，使語言成為構建和應用知識的媒介。總的來說中學的中文教育的目標是培養二語學習者自發和流暢地表達和發展思想和觀點的溝通能力，認識漢語言和華人社會的文化，培養將來繼續獨立學習的能力。為了讓學生達此目標，運用主題式教學方式的第一步就是根據課程大綱的內容選取適合的主題。

（三）主題設置

在主題式教學中，主題的選取是整個教學活動開展的基礎和主要依據，教師後續的教學活動都受主題的影響。因此，成功地選取主題是主題式教學成功的第一步（馮亞萍，2016）。由於選擇「可用」的主題對課程的成功至關重要（Brinton, et al., 1989），選取主題的標準要考慮學生在其一般教育課程中會遇到的主題類型，還應考慮到兒童邏輯思想的發展的階段。除了與考試局的主題匹配，還要考慮選擇該主題是因為它的語言適當性、及時性以及符合學生的興趣，要有相對的新穎性（Brinton, et al., 1989）。我校漢語主題設置：由老師根據 AQA 考試局為 GCSE 設的三個主題：身份和文化（identity and culture），地方、國家、國際和全球關注領域（local, national, international and global areas of interest），當前和未來的學習和就業（current and future study and employment）和它們下設分主題（見附件一）。

在選取教學主題時做好總體設計，從七年級到十一年級五年中要掌握的

主題內容設好規劃。除了可用、適合語言學習、有新意、引起學生的興趣等原則，還要根據我校學生的中文程度和教學內容的難易、認知水準等設置七年級到九年級教學大綱，十年級和十一年級由於是考試班也會跟隨上述原則以三大主題再細分小主題授課。要求學生在初中階段學習的基礎上，能理解並提供有關這些主題的資訊和意見，他們自己能講解使用中文的國家或中文社區的生活經驗和理解其他人使用中文的一些經驗。（AQA, 2017, p. 9），固然高年級的學生對主題的理解和學習會更深入。

三大主題的範圍非常廣，幾乎涵蓋了學生生活中遇到的絕大部分的話題，滿足中學階段學生日常學習生活及瞭解當地時事和溝通的基本需要。

- 七年級剛升入中學，主要集中在第一個主題：身份和文化，個人資訊，描述家人及與家人的關係、日常生活、興趣愛好等，大致設置四個大主題，每個大主題下設幾個話題，每個話題教六到八週。

- 八年級，繼續第一主題的部分內容：主要集中在衣、食、住、行幾方面，隨著年齡的增長拓展語言學習對知識的要求。

- 九年級第二主題中社區、社會問題和健康生活，第三個主題學習和就業，包括學校、職業等。

在初級中學階段，學生基本掌握了自我身份、學校生活、將來的工作，以及對世界的關注這幾方面的內容。

（四）主題資源和內容

主題式教學的核心價值在於其主題選取於教材又能超越教材本身，拓展教材的文化、情感、品格和思維等意蘊。教材的設計首先要考慮學習者的需要，主題教學把語言教學和內容結合起來，教師需要根據實際的教學選用適合的材料教授，並時時調整教材，所以我校沒有固定的一本教材。Brinton 等人（1989）提出整合資源的的四條原則：（1）主題和內容以交流為目的至關重要；（2）語言練習來源於課文而不是置於課文之上；（3）文本是真實的——它們是說母語的人製作的，不是為了教學目的；（4）使用的文本包括所有媒體（即印刷、音訊和視頻記錄，以及幻燈片／磁帶演示），並且儘可能保持原始檔的特徵。教學內容以主題（themes）下的小主題（topic）為主，基本的語法點和詞彙由老師統一製作，並根據小主題的內容和相關性設置。以七年級

到九年級為例，教材主要選擇 *Chinese Made Easy* 1-4 second and third edition（Ma & Li, 2001-2015）[10]，*Easy Steps to Chinese* 1-4（Ma & Li, 2006, 2007），《漢語 A+》上下（陳琦，2008）。抽取這些教材中與主題相關的單元課文和練習，程度較好的學生會選用小學《漢語》3—6 冊（暨南大學，2007）作為補充材料，教師也會根據所學的主題選取網絡、報刊雜誌上的相關內容為教材，好的建議和材料都隨時放在共用檔案中分享。這樣設置教材與教學活動配合更靈活，但也為前線教師帶來製作教材的壓力，為了減輕教師的負擔，本校像其他很多學校一樣採取協同製作的方式，在擬定了總規劃後，一個老師負責一個年級的教學大綱、主要教材和學期評核。每學期開始和學期結束時老師們再進行整理和更新，這樣教學內容就越來越豐富。這並不意味著教材固定不變，相反教師可以根據學生的情況隨時調整。

（五）主題任務

與交際型或任務型語言教學方法不同，「六 - T」教學法認為內容（實質上是由主題、文本和話題定義的）是所有課程決策的驅動力（Stoller & Grabe, 1997）。比如在指定身份文化的大主題下，下設與家人朋友的關係、日常生活等小話題，收集適當的、豐富的內容資源（文本）為相關的語言學習活動提供機會。之後為完成任務或學習目標提供一系列的活動，達到有意義的交流。主題教學對教師要求較高，教師要對話題有一定的瞭解和充分的準備，要將主題基本的詞彙（core vocabulary）和語法點教給學生。活動設計能切合學生的興趣和語言程度，說明學生理解內容並掌握或學習到技能。老師協同合作設計活動任務，也積極鼓勵學生參與的輔助資源的製作。

（六）主題評價

完成一個主題或話題的學習通常需要一個半到兩個月的時間，評估的方式有很多種，比如展示學生的學習成果，以小組的形式選出本組最好的作品，也可以完成活動後學生自我評估，老師課堂觀察，以個人彙報、小組討

---

[10] *Chinese Made Easy 1* second edition First published in 2001, and *Chinese Made Easy 4* third edition First published in 2015.

論的形式同學總結活動內容，階段性評估以單元為基礎，完成一個單元評估一次。

（七）主題的過渡（連接）

老師要安排一個過渡，學生可以順利地感受從一個主題到下一個主題、從一個任務到下一個任務的邏輯發展。比如七年級學期末學生以中國文化為主題並以小組的形式做一個 project。這個 project 既是今年的課程總結也是下一年課程的連接。例如介紹一個名人，不但有對個人的描述，還有興趣愛好，包括他／她的穿著或喜愛的食物等等並與八年級的主題銜接。

經過幾年的努力我們學校的主題式漢語教學漸漸形成了一套的模式，主題教學有許多優點，但對主題內容的設計要求較高，需要大家協同合作，首先制定三年甚至五年的主題框架，才能順利設置各個年級的主題、話題和內容。老師的教學經驗也很重要，主題雖然定了，但內容還要根據學生的程度、興趣、時代的改變進行相應的調整。這種教學方式是否真正提高了教學的效果，學生、家長和前線教師對主題教學的看法，以及這種教學方式在我校實行的情況將是本人今後的研究方向。

四、主題教學的優點

主題式教學開始在大學的語言課程中使用，特別是英語作為二語的語言教學（Brinton, et al., 1989），它也是國內大學英語普遍採用的方法（王焰，2006）。進入二十一世紀，主題式教學逐漸成為美國主流漢語教學的一大趨勢，在許多美國大學漢語項目、課程中都得到了廣泛的重視與推廣（姚瑤，2011）。縱觀目前的國際考試 IBO（吉華、馮薇薇，2019，頁 6—7）、GCSE（AQA, 2017）、A-Level（Edexcel, 2017）、AP[11] 和美國大學的中文大綱（白建華，2013），包括這些考試範圍的中文學習都是圍繞「主題」進行的。主題式教學得到普遍認同有幾個方面的原因：首先，主題教學讓學生接觸真實的

---

[11] Advanced Placement：美國大學先修課程，母語為非漢語的高中學生，考試成績可作為申請美國大學的材料之一。

情景，學習起來學生覺得更有趣，內容不僅有意義，同時可以運用到實際情景中提升學生的學習興趣。其次，主題的選擇不單為了考試，考慮到學生年齡和認知發展，更重要的是與學生的生活息息相關，這也是他們感興趣的話題。在學生積極參與的活動中活躍課堂氣氛，大家都努力完成學習目標，然後自信地展示成果或順利地完成評估。Eskey（1997）曾指出，「在運用主題式教學模式的課堂上，學習者可以發揮主觀能動性去對某些主題進行瞭解，瞭解的過程中還需要用所學的語言進行溝通，這樣就達到了學習語言和運用語言的目的，學習過程更能獲得最佳的學習效果。」姚瑤（2011）、張旭（2015）也都指出主題式教學，圍繞著學生感興趣的一些寬泛的學科、社會或生活主題將技術言語技能以工具的形式納入到學習過程之中，讓學生通過資料的搜集整理、解決問題、主動探究等途徑實現對主題的深入理解，實現對學科知識語言、社會的以及學生自身學習的整合，培養學生的高級思維能力、問題解決能力，促進學習的遷移。主題教學方式能夠提升學生的學習主動性，增強他們的自我效能（self-efficacy）感，這無疑可以鼓勵更多的十年級或更高年級學生修讀 GCSE 或 A level 中文。Richard（2008）也表示，「採用主題式教學模式的語言課程在教授語言知識和語言技巧的同時也訓練了學生的邏輯思考能力。」主題教學的優點還包括此模式在學校設置和對學生適應方面的靈活性，以及通過主題將不同技能領域聯繫在一起的特點。這種教學方法不僅適用於單項技能課程（例如聽力課程），也適用於聽、說、讀、寫四項基本技能融於一體的語言課程，更適合高級別的工作語言技能（例如，整合閱讀和寫作技能）。所以主題式的課程在美國小學、中學和英語為第二語言課程中廣受歡迎，並且適用於從初級到高級學生的各個程度（Brinton et al., 1989）。

　　總的來說，主題式教學對於學生來說，在課堂中引入真實的情景，將學生感興趣的主題內容與語言學習結合起來，對學習內容更理解，強調有意義地學習，學習的主題與日常生活相關，學以致用，調動學習語言的積極性和參與度，達到運用語言的目的同時訓練了學生的思維和邏輯能力。主題設置的靈活性方便老師根據學生的程度和授課進度隨時調整主題內容。此外，對於教師和學校，這種將聽、說、讀、寫四項技能融於一體的教學法特別適合香港的國際學校漢語課時少的實際情況。

附件一

AQA GCSE 考試局主題內容

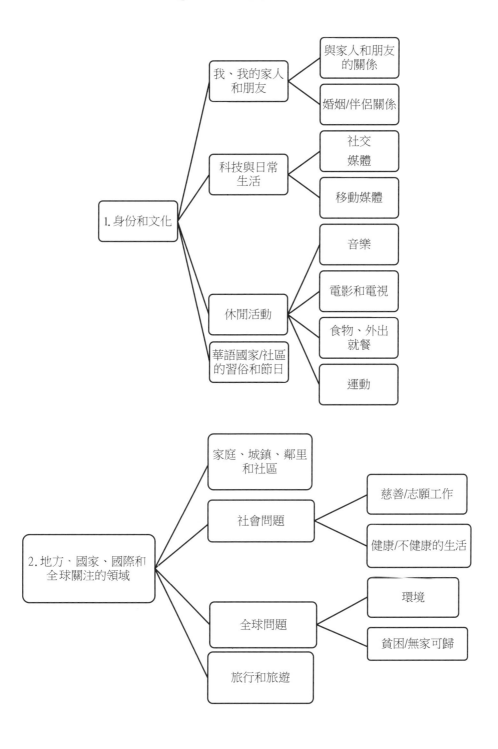

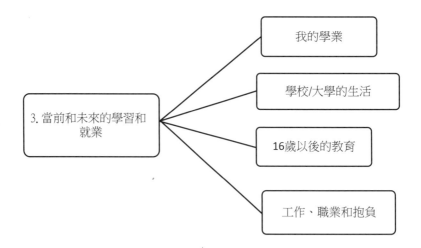

資料來源：AQA (2017). *GCSE Chinese (Spoken Mandarin) Specification for Teaching from September 2017*, p.11-12, Retrieved from: https://filestore.aqa.org.uk/resources/chinese/specifications/AQA-8673-SP-2017.PDF
作者將英文 AQA (2017). Specification 中的大主題（Theme）和小主題（Topic）翻譯成中文。

參考文獻

1. 白建華（2013）：主題式教學在對外漢語課程設置中的應用，《對外漢語教學與研究》，（00）：頁 1—11，檢自 http://:www.cnki.net. doi:CNKI:SUN:DWHJ.0.2013-00-001。

2. 蔡堅（2002）：第二語言習得與 CBI 教學模式的研究，《北京第二外國語學院院學報》，3，頁 13—15。

3. 陳冰梅編著（2021）:《MYP 語言與文學課程概念驅動的教學指導》，香港，三聯書店（香港）有限公司。

4. 陳琦編著（2008）:《漢語 A+》，北京，北京語言大學出版社。

5. 竇桂梅（2015）:《小學語文主題教學研究》，北京，人民教育出版社。

6. 范琳琳（2018）:《菲律賓地區幼兒華語主題式教材的編寫與教學研究》，台灣中國文化大學碩士論文。

7. 馮亞萍（2016）:《主題式教學在對外漢語初級階段聽說教學中的應用》，上海外國語大學碩士論文，檢自 http://www.wanfangdata.com.cn。

8. 高臘梅（2020）:《主題式教學模式在初級漢語教學中的應用研究 —— 以釜山鼎冠中學課後課教學為例》，西北師範大學碩士論文，檢自 http://www.cnki.net。

9. 谷陵（2013）：美國名校在華漢語強化教學模式研究 —— 兼談國際漢語教學模式研究理論與方法，中央民族大學博士論文。

10. 郭力方（2007）：英國風行「主題」教學，刊授黨校·學習特刊，（08）39。

11. 黃永和（1999）：課程統整的理論與方式之探討，《新竹師院學報》，（12），頁 231—260。

12. 姬建國、蔣楠（主編）（2007）:《應用語言學》，北京，中國人民大學出版社。

13. 吉華、馮薇薇（2019）:《IBDP 中文 B 大主題單元創作》，香港，三聯書店（香港）有限公司。

14. 蔣曦、曾曉潔（2005）：多元智力理論與主題教學，《比較教育研究》，4，51—57。

15. 井茁（2013）：從中介語發展分析到高級漢語課程設置 —— 內容依託型教學研究的啟示，《世界漢語教學》，27，（1），頁 105—116，檢自：http://www.cnki.net。

16. 李泉主編（2006）:《對外漢語教學課程、大綱與教學模式研究》，北京，商務印書館。

17. 林曉群（2010）：美國公立小學中文課程主題式教學設計與研究，中山大學碩士論文。

18. 林遊嵐（2009）：主題式教學對中文學習的影響，英格蘭國際中文會議。

19. 玲如（1985）：莫里遜單元教學法，《上海教育科研》，（5），頁 41+28，檢自：DOI: 10. 16194 / j.cnki.31-1059/g4. 1985. 05. 029。

20. 陸彤（2012）：「內容依託教學」在我國大學外語教學中的實踐與研究，《教育與職業》，（30），頁 107—108，檢自 http://www.cnki.net。

21. 馬箭飛（2004）：漢語教學的模式化研究初論，《語言教學與研究》，（1），頁 17—22。

22. 裴春梅（2013）：《「主題式教學法」運用於越南短期漢語培訓班的教學實驗報告—以海防外語中心為例》，廣西大學碩士論文。

23. 彭俊主編，北京華文學院編（2007）：《漢語》，廣州，暨南大學出版社，檢自 : http://www.hwjyw.com。

24. 喬伊斯（Joyce, B.）、韋爾（Weil, M.）、卡爾霍恩（Calhoun, E.）著，荊建華，宋富鋼，花清亮譯（2002）：《教學模式》，北京，中國輕工業出版社。

25. 孫勁瀟（2018）：《主題式教學在海外華裔學生漢語課堂中的應用》，上海交通大學碩士論文。

26. 王彬（2013）：主題式漢語教學模式初探，《海外華文教育》，（2），頁 158—164，檢自 http:// :www.cnki.net。

27. 王焰（2006）：主題式的任務型教學模式探析，《西南交通大學學報社會科學版》，7（3），頁 12—15。

28. 王彥潤（2013）：林遊嵐 2009 年在英格蘭國際中文會議發表《主題式教學對中文學習的影響》，頁 5。

29. 王彥潤（2013）：論對外漢語教學中的主題式教學，中央民族大學碩士論文，頁 1，檢自：萬方數據。

30. 文秋芳 第二版導讀 Richards, J. C. & Rodgers T. S. (2008): Approaches and Methods in Language Teaching (Second Edition). Beijing: Foreign Language Teaching and Research press, Cambridge University Press.

31. 文秋芳（2013）：評析「概念型教學法」的理論與實踐，《外語教學理論與實踐》，2，頁 1—6，檢自：http://webcache.googleusercontent.com/search?q=cache:6wKaUK2crx0J:202.120.85.34/Jweb_wyjx/CN/article/downloadArticleFile.do%3FattachType%3DPDF%26id%3D8489+&cd=15&hl=zh-TW&ct=clnk&gl=hk。

32. 吳繼峰（2016）：基於對外漢語教師視角的二語習得研究和語言教學關係考察，《華文教學與研究》，63（3），頁 27—35，檢自：http://www.cnki。

33. 吳應輝（2013）：《漢語國際傳播研究理論與方法》：北京，中央民族大學出版社，頁 144。

34. 武和平、武海霞編著，程曉堂主編（2014）：《外語教學方法與流派》，北京，外語教學與研究出版社，（2021 年 8 月重印）。

35. 肖平（2006）：《基於主題教學的教學設計應用研究》，華東師範大學碩士論文。

36. 姚瑤（2011）：《主題式教學在美國大學生高級漢語綜合課上對學習焦慮的影響及分析》，華東師範大學碩士論文。

37. 游家政（2000）：學校課程的統整及其教學，《課程與教學》，3（1），頁 19—37+140，檢自：DOI：10.6384/CIQ.200001.0019。

38. 袁頂國（2008）：《從兩極取向到有機整合：主題式教學研究》，西南大學博士學位論文，檢自：https://tra oversea.cnki.net/KCMS/detail/detail.aspx?dbname=CDFD9908&filename=2008094048.nh。

39. 袁頂國、朱德全（2006）：論主題式教學設計的內涵、外延與特徵，26（12），《課程‧教材 教法》，頁 19—2，檢自：http://www.cnki.net。

40. 張旭（2015）：《對外漢語主題式教學模式研究》，黑龍江大學碩士論文，檢自：http://www.wanfangdata.com.cn。

41. 中國社會科學院（1980）：現代漢語詞典，頁 1497，北京，商務印書館。

42. 周玉玲（2015）：《CBI 大學英語教學模式的基本構架—基於「通」與「專」、「語言驅動」與「內容驅動」》，高教論壇，2，頁 76—80。

43. AQA (2017). *GCSE Chinese (Spoken Mandarin) Specification for Teaching from September 2017*. Retrieved from: https://filestore.aqa.org.uk/resources/chinese/specifications/AQA-8673-SP-2017.PDF

44. Bragger, J. D., & Rice, D. B. (1999) The Message Is the Medium: A New Paradigm for Content-Oriented Instruction. *Foreign Language Annals,32*(3), 373-391

45. Brinton, D. M., Snow, M. A., & Wesche, M. B. (1989). *Content-Based Second Language Instruction*, USA: Newbury House Publishers.

46. Brinton, D. M., Snow, M. A., & Wesche, M. B. (2003). *Content-based second language instruction* (Michigan classics ed.). Ann Arbor, Mich.: University of Michigan Press.

47. Cambridge Assessment International Education (2017). *Syllabus Cambridge IGCSE® Chinese as a Second Language 0523 For examination in June 2020, 2021 and 2022.* Retrieved from: https://www.cambridgeinternational.org/Images/414337-2020-2022-syllabus.pdf

48. Collins English Dictionary, Harper Collins Publishers, Retrieved from: https://www.collinsdictionary.com/dictionary/english/thematic-approach

49. Cook, G. E., & Martinello, M. L. (1994). Topics and Themes in Interdisciplinary Curriculum, *Middle School Journal, 25*(3), 40-44, DOI: 10.1080/00940771.1994.11494547

50. Edexcel (2017). *Specification GCE A level L3 in Chinese First teaching 2017.* Pearson Education Limited. Retrieved from: https://qualifications.pearson.com/en/qualifications/edexcel-a-levels/chinese-2017.html

51. Erickson, H. L., Lanning, L. A. (2013). *Transitioning to Concept-Based Curriculum and Instruction: How to Bring Content and Process Together (Concept-Based Curriculum and Instruction Series).* U.S.A: Corwin a Sage Company.

52. Eskey, D. E. (1997). *Syllabus design in content-based instruction.* New York：Long Man，131-141.

53. Gamberg, R., Kwak, W., Hutchings, M., and Altheim, J (1988). *Learning and loving it: Theme studies in the classroom.* Portsmouth NH: Heinemann.

54. Halliday, M. A. K. (1973). Explorations in the functions of language. London: Edward Arnold.

55. Hanna, L. A., Potter, G. L., & Hagaman, N. (1955). *Unit teaching in the elementary school.* New York: Rinehart and Company, Inc.

56. Huang, J. (2017): *The Implementation of Concept-based Curriculum in Mandarin Language Classes at the International Baccalaureate Middle Years Programme* (Doctoral dissertation, The University of Hong Kong).

57. Hymes, D. H. (1972): On communicative competence. In Pride, J.B. & J. Holmes (Eds.). *sociolinguistics: Selected Readings, Harmondsworth: Penguin,* 269-293.

58. Joyce, B., Weil, M., & Calhoun,E. (2003). *Models of Teaching.* U.S.A: Pearson Education, Inc.

59. Kovalik, S. J., & Olsen, K. (1993). *ITI: The Model Integrated Thematic Instruction.*USA: Kovalik & Associates, Sussan.

60. Leaver, B. L., & Stryker, S. B. (1989). Content-based instruction for foreign language classrooms. *Foreign language annals, 22*(3), 269-275.

61. Ma, Y., & Li, X. (2001-2015): *Chinese Made Easy1-4, second and third edition*, Joint Publishing (H.K.) Co., Ltd.

62. Ma, Y., & Li, X. (2006-2007): *Easy steps to Chinese1-4*, Beijing Language & Culture University Press.

63. Miller, L. R., Klassen, K., & Hardy J. W. (2021). Curriculum design from theory to practice: preparing Japanese students to study abroad using content-based language teaching. *The Curriculum Journal, Volume 32*(2), 215–246, DOI: 10.1002/curj.68

64. Mills, N. (2014). Self-Efficacy in Second Language Acquisition, in *Multiple Perspectives on the Self in SLA*, edited by Sarah Mercer and Marion Williams, Bristol, Blue Ridge Summit: Multilingual Matters, 2014, (Chapter 2, pp. 6-22) https://doi.org/10.21832/9781783091362-003

65. Morrison, H. C. (1926) *The practice of teaching in the secondary school.* USA: The University of Chicago press.

66. Richards, J. C. (2008). Curriculum Development in Language Teaching 語言教學中的課程設計，北京，外語教學與研究出版社．

67. Rixon, S. (2013). *British Council Survey of Policy and Practice in Primary English* Language Teaching Worldwide,

British Council.Retrieved from https://www.teachingenglish.org.uk/sites/teacheng/files/D120%20Survey%20 of%20Teachers%20to%20YLs_FINAL_Med_res_online.pdf

68. Snow, M. A., & Brinton, D. M (2017) *The Content-Based Classroom: New Perspectives on Integrating Language and Content.* Greene Street Ann Arbor, USA: University of Michigan Press.

69. Snow, M. A., Met, M., & Genesee, F. (1989). A Conceptual Framework for the Integration of Language and Content in Second/Foreign Language Instruction. *TESOL quarterly, 23*(2), 201-217.

70. Soderman A. K. 、李筠 、賈浦江（2016）:《主題式教學：中小學漢語課堂教學設計》，北京，外語教學與研究出版社。

71. Stoller, F. L., & Grabe, W. (1997). *Chapter 6: A Six-T's Approach to Content-Based Instruction.* Retrieved from https://carla.umn.edu/cobaltt/modules/curriculum/stoller_grabe1997/6ts.pdf , Longman.

72. Valeo, A. (2013). Language awareness in a content-based language programme. *Language Awareness, 22*(2), 126-145.

73. Wilkins, D. (1976). *Notional syllabuses: theory into practice. Bulletin CILA (Commission interuniversitaire suisse de linguistique appliquée)(«Bulletin VALS-ASLA» depuis 1994), 24,* 5-17.

Theme-based Chinese Language Pedagogy—Demonstrated in Kellett School

<hr/>

XIAO, Wenli   CHEUNG, Lin Hong   LIAO, Xian

Abstract

Theme-based Chinese Pedagogy is a Chinese teaching technique revolving around theme-centred language learning. The topics and the course are designed according to function, skills and daily living environment (Bai, 2013). This article will first introduce the three categories of Theme-based Instruction (Snow & Brinton, 2017; Miller, Klassen & Hardy, 2021): namely, Theme-based Instruction based on Content-based Instruction (CBI), Unit Teaching (Yuan, 2008), and Thematic Approach (Sun, 2018; Gao, 2020), with their different characteristics and advantages explored. Moreover, the article will explain how Theme-based Instruction under the Communicative Approach can help provide teaching framework for Task-based Language Teaching and Concept-based Teaching. By demonstrating Theme-based Instruction in Kellett School, including: Implementing Themes, Text, Task, as well as the process of Evaluation and Transition, the effectiveness of different teaching methods can therefore be measured.

Keywords: *Theme-based Instruction, Hong Kong international schools, second language, Content-based Instruction*

XIAO, Wenli (Moneer), Kellett School. (corresponding author)

CHEUNG, Lin Hong, Department of Chinese Language Studies,

The Education University of Hong Kong, HK.

LIAO, Xian, Department of Chinese Language Studies, The Education University of Hong Kong, HK.

巴拿馬中文教學資源發展研究 [*]

范笛

摘要

本文通過對巴拿馬中文教學資源的收集與梳理，發現巴拿馬中文教學資源有以下特點：(1) 中文進入巴拿馬國民教育體系時間雖早但普及率較低；(2) 民眾接觸中文機會不均衡，首都巴拿馬城機會較多，其他地區較少；(3) 高等教育建立起「孔子學院中文教學全覆蓋」模式，保障高校中文教育順利進行。(4) 中文基礎教育和高等教育均缺乏本土教學資源。為了適應國際中文教育發展新形勢，優化巴拿馬中文教學環境，應做到以下幾項：首先，提高中文在國民教育體系中的普及率，制定不同層次的中文教學標準。其次，積極開發本土中文教學資源，培養高素質本土漢語教師。第三，依託中資企業優勢，細化人才培養模式。最後，發揮當地華裔作用，拓寬漢語傳播渠道，塑造和完善巴拿馬民眾對中國國家形象的認知。

關鍵詞：巴拿馬　中文　教學資源　文化傳播

一、巴拿馬中文教育發展概況

2017 年 6 月 12 日，當時擔任巴拿馬總統的胡安·卡洛斯·巴雷拉（Juan Carlos Varela Rodriguez）通過 CCTV 新聞聯播向全世界宣佈：巴拿馬共和國正

---

* 本項目得到了山東省高等教育本科教學改革研究項目「漢語國際教育專業中國現當代文學課混合式教學模式創新研究（M2021126）」的資助，特此鳴謝。感謝山東師範大學張琴鳳教授和澳門科技大學張靜助理教授提供的幫助。感謝匿名評審專家的中肯建議，本文在此基礎上進行了修訂。如有疏漏之處，皆為作者之誤，與以上諸位無關。

范笛，澳門科技大學國際學院國際漢語教育專業在讀博士，聯絡電郵：kwb10225@126.com。

式與中華人民共和國建立外交關係，並正式斷絕與台灣「邦交」（賈文婷、劉潔妍，2017）。雙方一致主張，堅持一個中國的原則是國際社會廣泛共識，也是兩國發展關係的根本前提（中華人民共和國中央人民政府，2017）。近年來，在「一帶一路」倡議驅動下，巴拿馬學界望藉助中巴建交之東風，開展雙方教育合作與人文交流。

（一）中巴服務貿易合作諒解備忘錄──巴拿馬中文教育的基礎

巴拿馬同中國建交一年後，兩國代表啟動自貿協定談判，2018 年 12 月 3 日，中國和巴拿馬簽署《中華人民共和國商務部與巴拿馬共和國工商部關於服務貿易合作諒解備忘錄》。雙方專門成立工作組，促進中巴雙方行業協會加強交流，推動兩國企業間對話，為雙邊經貿注入新內容。越來越多的國家與中國建交是大勢所趨，作為發展中國家，中國經濟和對外貿易高速發展，全球許多國家都能從中獲利（中華人民共和國外交部，2017）。巴拿馬是中國在中美洲最大的貿易夥伴，中國是巴拿馬在全球第二大貿易夥伴，也是巴拿馬運河的全球第二大用戶。巴拿馬同中國建交不僅在經濟上有助於發展雙邊自由貿易，也為中華文化傳播奠定了堅實的物質基礎。

（二）中資企業──巴拿馬中文教育發展的驅動力

巴拿馬位於中美洲，聯通北美洲與南美洲，鑒於其地理位置的特殊性，運河、金融和旅遊是其三大支柱產業。目前，在巴拿馬的中資企業有四十餘家（中華人民共和國商務部，2020），涉及金融、建築、通訊等行業。截止到 2020 年 8 月，中巴貿易額達 52.12 億美元，同比增長 4.2%。中國──巴拿馬經濟貿易發展良好，投資合作前景樂觀。2017 年，中國某知名建築企業參與巴拿馬運河擴建工作，負責瑪島港段工程。瑪島港是集裝箱中轉的最佳地點，有著豐富開發經驗的中資企業提出先收購再合力開發，此舉得到巴拿馬政府的大力支持，也為巴拿馬人民帶來了眾多工作機會。

（三）孔子學院──巴拿馬中文教育的先行者

早在 2004 年，巴拿馬與中國還未建交，孔子學院總部 / 國家漢辦與巴拿馬展開合作，希望派遣教師到巴拿馬教授漢語。2016 年 1 月 25 日，巴拿馬

大學與北京第二外國語學院合作，設立了巴拿馬大學孔子學院，這也是迄今為止巴拿馬共和國唯一一所孔子學院，也是本國唯一一所組織 HSK 考試的機構。

在巴拿馬大學孔子學院成立之前，當地人主要通過輔導機構學習漢語，教師多為中國台灣人，以短期課程為主，主要教授漢語普通話，很少涉及中華文化知識。巴拿馬大學孔子學院旨在讓更多的巴拿馬人學習漢語，培養出一支精幹的教師隊伍，目前有教師 2 人，志願者教師 5 人，本土教師 1 人。正式學員有 1000 餘人（北京第二外國語學院官網，2020），以巴拿馬人為主，也有周邊國家的委內瑞拉人、古巴人等。在分班設置上按照漢語水準開設了初級班、中級班、高級班。為幼稚園兒童開設漢語必修課。學員有一部分為酒店管理專業學生，特設旅遊漢語班。課程多以會話課為主，同時開設武術、書法、太極拳等中華文化課。幾年來，適應漢語教學發展的需要，先後與巴拿馬美洲特種大學、巴拿馬國際海事大學簽約，下設多所教學點。巴拿馬大學孔子學院獨具特色，重點突出，除漢語教學外，多次承辦當地文化交流活動，廣受民眾和華人華僑好評，獲得了「2019 全球先進孔子學院」殊榮（孔子學院網站，2022）。

二、國民教育體系與中文教育

隨著「一帶一路」倡議的推進，越來越多的中資企業入駐，巴拿馬對中文語言高水準人才、專業技術人才提出迫切需求。中文教育雖早已進入國民教育體系，但是其普及率較低，據調查，只有首都巴拿馬城的中小學生有機會學習中文，其他地區的小學生能接觸到中文的機會並不多。中小學階段語言課以西班牙語和英語為主，每門每週四課時。學校大都採用雙語教學的模式，例如，Instituto Cultural 學校是一所幼稚園、中小學為一體的西英雙語學校。2018 年，學校引入漢語文化課程，從幼稚園階段設立必修課，並與巴拿馬大學孔子學院簽訂合作協議，正式成為孔子學院下設教學點。當地學校與孔子學院合作讓中文教學的發展更具有國際視野，中文教育發展前景更加廣闊。

高等教育階段，巴拿馬大學、巴拿馬科技大學等多所公立學校設有中文專業。在短短一年時間內，巴拿馬大學孔子學院實現了對本國所有公立大學

全覆蓋。對所有教學點統一規劃與管理。取得了立竿見影的效果，獲得了當地民眾的一致好評。學生參加孔子學院的相關課程，通過 HSK 考試後申請獎學金到中國的大學學習。中國駐巴拿馬大使魏強結合自己學習西班牙語的親身經歷鼓勵同學們當下正是學習漢語的好時機，希望同學們能夠審時度勢積極投身中巴友誼，兩國互利合作，民心相通，做好「一帶一路」中國和拉美國家的「排頭兵」（北京第二外國語學院官網，2019）。

三、中文教學資源發展現狀

巴拿馬大學孔子學院注重培養學生對中華文化的全面認知，多次開設中華文化講座和體驗活動。除以往的文化課以外，2020 年，受全球新冠疫情的影響，巴拿馬大學孔子學院舉辦線上「漢語橋」演講比賽，鼓勵大家以多種形式學習中華文化。

值得關注的是，中文教學在巴拿馬雖起步較早，但有些教學資源較少。中文教學在中小學階段尚未完全普及，目前，只有部分華裔學校開設中文課，如仁愛書院和中山學校兩所私立學校。沒有系統的本土教材，各學段普遍使用中國出版社的教材，詳情見表 1。

表 1　巴拿馬中文教材一覽表

教材名稱	學段	出版社	版本
《快樂漢語》	學前	人民教育出版社	西班牙語版
《中文》	小學（華裔）	暨南大學出版社	英語版
《今日漢語》	初中、高中(華裔)	外語教學與研究出版社	西班牙語版

註：《中文》和《今日漢語》為華裔學校使用教材。

由表 1 可知，基礎教育階段的教材資源嚴重不足，其來源主要依靠中國教育部語言合作交流中心（原孔子學院總部／國家漢辦）贈書，且數目較少，缺乏本土教材和專門性教材，現有教材無論是在數量上還是品質上都無法滿足教學需要，這也是我們需要重點關注的課題。

四、巴拿馬中文教育資源存在的問題與建議

（一）完善國民教育體系，普及中文教育，制定統一中文教學標準。

　　中文教育雖然在 2007 年進入國民教育體系，但是目前還不完善。經調查發現，只有首都巴拿馬城的部分公立學校開設中文課程，私立學校幾乎不涉及中文課。有些華裔學校雖然開設的中文課，但課程以會話為主，注重聽說，較少涉及讀寫，每週只有一次課，時間為 30 分鐘。除此之外，學生很少有機會接觸漢語。巴拿馬與中國建交三年多，雙方多邊合作越來越廣泛，為了讓中文教學更加規範化，首先，在全國普及中文教育，實現中文真正進入巴拿馬中小學課堂。其次，雙方的專家學者積極參與，參照當地政策法規，共同制定符合巴拿馬國情的統一的中文教學大綱、考試大綱等，更有利於開展中文教育。巴拿馬是宗教國家，國民信仰天主教和基督教，從小學開始到高中，每週都有一節聖經課，這為中文教學提供了很好的示範。

（二）加大人才引入力度，培養高素質本土教師

　　上文提到，巴拿馬大學孔子學院實現了全國所有公立大學的中文教學的全覆蓋，而其師資力量較為匱乏，除了一名公派教師和一名漢語國際教師志願者專業對口外，其他的教師大多來自西班牙語和體育專業。本土教師只有一人，這無法滿足當前需求，需要更多的專業人士承擔高級階段的教學和中華文化推廣等工作。真正實現漢語教學本土化的前提是要實現漢語教師的本土化。本土教師可能會在發音、語法等方面存在些許錯誤，但他們更懂得當地學生學習的特點，能夠針對學生學習重難點，幫助學生提高學習效率。隨著巴拿馬中文教學需求量日益上升，對漢語教師也提出了新要求，初級階段的漢語教學由本土教師承擔，有助於建立良好的基礎。除此之外，專家學者與本土教師參與研發對口本土教材、配套教輔、多媒體等電子化資源，有利於保證中文教育的適用性。

（三）因地制宜，發揮中資企業優勢，轉變人才培養模式

　　中國與巴拿馬經貿關係一直保持著良好發展勢頭，中資機構入駐為當地

民眾帶來諸多就業機會，除了傳統中資企業以外，科隆自由區中國貿易商會和中資機構有六十多家民營企業，如此多的中資企業急需高水準漢語人才支持，這是學校、國家的責任，也是中文教學的任務。人才培養實現從「漢語＋」到「＋漢語」的轉變，在巴拿馬的中資企業主要涉及商業、金融、運輸、建築、機械製造等行業，在漢語本體知識教學基礎上，融入相關專業漢語，我們需要的人才不僅精通漢語聽說讀寫，更能熟練地使用漢語工作。

（四）發揮華人重要作用，拓寬華語傳播渠道

語言傳播，通常指語言使用範圍變大（郭熙，2007）。漢語傳播就是在世界各國使用漢語需求增加的基礎上，讓漢語走向世界（吳應輝，2010）。語言是文化的基礎，民族的象徵和「軟國力」（李宇明，2004）。2004 年，全球第一所孔子學院成立，漢語在世界上的地位逐步提升，現在越來越多的人開始重視漢語學習，甚至有許多國家把漢語當作第二語言來學習。中國和巴拿馬雙方還未建交時，巴方希望中方派遣專業漢語教師到巴拿馬教授漢語。2017 年 6 月 12 日，巴拿馬與中國建交，雙方秉持一個中國的原則，開展友好交流合作。在「一帶一路」倡議驅動下，巴拿馬學界希望藉助中巴建交之東風，開展雙方教育合作與人文交流。中資企業入駐，巴拿馬跨國企業急需高素質漢語人才支持，未來幾年，漢語學習人數不斷增長，漢語傳播已經具備許多有利條件。

到 2021 年 7 月，巴拿馬人口為 436 萬，其中，華裔佔 7%，約 30.5 萬（中華人民共和國外交部，2023）。第一批華人從廣東來到巴拿馬參與鐵路與運河建設，從此以後有不少華人選擇在巴拿馬定居，並形中美洲最大的華人僑團之一。現居巴拿馬的華人已到華四代，甚至五代，華人的語言就是華語，它從漢語母語演變成祖語，其中經歷了一個複雜的過程。而祖語作為一種特殊的語言資源，對其進行研究是語言服務的需要。由上文可知，華裔學校使用的漢語教材數目較少，而且比較單一，所以，如何加快華語教學資源開發尤為重要。海外華人是中華文化在國外傳播的使者，正是因為華人朋友的支持，才使得中華文化在異國他鄉發放異彩。

（五）樹立良好的中國國家形象，提供華語傳播保障

關於國家形象，外國學者提出了許多類似概念，如：「國家認知」

（perception of nation）、「國家威望」（national prestige）（漢斯・摩根索，2006）、「國家文化表述」（劉康，2008）等，以上這些概念與形象有關，但並不能完全涵蓋「國家形象」，定義不夠清晰，並未觸及本質。Boulding, K. E.（1959）提出的"national image"一詞與「國家形象」最為接近，普遍指一個國家在國際上的形象。

國家形象的主體是誰？學界普遍贊同公眾是國家形象的主體，包括國內和國外公眾。如：「國家形象是綜合體，它是公眾對國家本身、國家行為及一切活動的評定」（管文虎，1999）；國家形象是國家體現在公眾心目中的形象，它是在長期發展過程中，公眾對資訊偏好選擇後形成的主觀印象（王珏，2007）。國外公眾對於國家形象的認知就是國際形象。國家形象傳播的主要受眾是國際民眾，當中國的國家形象產生較大分歧時，關鍵在於國際社會對中國的看法。

國家形象由哪幾部分構成的，關於這點學界也是眾說紛紜。大多數學者認為國家形象由多個維度組成。如，肯尼斯・博爾丁提出國家形象三個維度是領土大小、敵對或友好、實力強大或弱小；從資產是否可見角度看，有形的物質資產和無形的精神資產是國家形象兩大組成部分（黃斌，2003；Helop & Cray, 2008；關世傑，2013）。更多的學者將國家形象細化，分為政治、經濟、文化、軍事、產品、外交等多方面的形象（劉豔房、張驥，2008；姚夢妮、吳遠寧，2020）。綜上觀點，政治形象、經濟形象、文化形象、國民形象幾個維度屬於國家形象中不可或缺的部分。根據如上觀點，本文認為國家形象是民眾在長時間內對一個國家的政治形象、經濟形象、文化形象、國民形象等方面形成的較為穩定的認知。它有幾個特點：第一，主觀性。不同民眾對異國的認知千差萬別，民眾的認知從背後反映了他們的價值觀、思維方式、情感態度等價值判斷。第二，導向性。當代社會，大眾傳播媒介日新月異，這直接影響民眾對國家形象的看法，國家形象認知形成過程是動態建構過程。第三，穩定性，雖然國家形象認知不是一蹴而就，但是一旦形成後，在短時間內會比較穩定，不易發生變化。

漢語傳播與國家形象關係密切，研究者應從這兩個大方面入手分析其相關性，不宜割裂兩者。在新的歷史時期，構建全新的中國國家形象，讓國際社會認識中國顯得尤為重要，從國家利益的角度看，我國的各方面的實力和

發展前景決定能否與世界各國開展更廣泛的國際合作。國家實情是國家形象的物質本源，它通過媒體傳達給公眾，公眾對此加以評判（趙啟正，2017）。傳播媒介主要包括政府外交、媒體外交和公共外交。公共外交可以更加直接去面對外國公眾，其中最有效的方法是漢語國際傳播。如果能夠有效利用這一資源，對新時期塑造新的中國形象必將有所作為。

（六）注重發揮孔子學院優勢，建立海外中國名片

孔子學院作為中國的海外名片，一經問世便成為學界關注的焦點。世界上第一所孔子學院在韓國首爾（原名漢城）成立，截止到 2021 年 12 月，全球一共有 548 所孔子學院和 1193 個孔子課堂。關於孔院的研究涉及傳播學、經濟學、社會學、語言學等領域，研究數量較為可觀。其中關於孔子學院職能、任務、建設的研究佔大多數，這些研究都達成了共識：孔子學院，作為中國特有的「品牌」，它具有非常重要的公共外交價值（吳勇毅，2012；馬曉樂、寧繼鳴，2015；張雲、寧繼鳴，2017）。

在全球突發公共衛生事件的背景下，許多國家的孔子學院正處於轉型期，孔子學院建設機遇與挑戰並存（高玉娟等，2020）。近幾年，有關孔子學院的實證研究受到許多關注，跨學科研究趨勢日漸明顯。這方面的研究，陳武元等（2020），李青等（2020），孟夏韻（2019），吳瑛、葛起超（2011）分別從經濟學、管理學、跨文化交際和傳播學角度論證了孔子學院在海外文化傳播和跨界合作中扮演重要角色。近三年受疫情影響，中文課主要通過線上平台進行，難免受到網絡的影響，學生暫時無法來到中國親身感受中華文化，針對這種情況，孔子學院應積極應對，發揮其職能，聯合相關機構，如孔子基金會、中文聯盟等搭建網絡漢語平台，參加線上中文夏令營、冬令營、經典詩歌誦讀、漢語橋等活動，保持學生漢語學習的熱情，培養知華、友華人士，為塑造客觀、公正的國家形象打開一扇窗口。

五、結語

漢語如何才能走向世界，首先在於國家經濟實力的強大（張西平，2013；李泉、張海濤，2014；馬曉樂，2018；陸儉明，2019）。其次，有賴於穩定國

內環境和優良的國民素質。國民經濟作為一種「硬實力」具有決定性作用，而「軟實力」等因素在推動語言傳播過程中可以轉化為「硬實力」（吳應輝，2013）。華語傳播可以分為自然傳播和有意傳播，目前華語傳播方式複雜，包括經濟利益、祖語傳承、個人追求等方面（郭熙，2013），這些都在不同程度上推動了「大華語」傳播。

一種語言走向世界主要有兩個條件，第一是這種語言有用，第二是語言本身的魅力（李宇明，2018），漢語正在走向世界，但又不會自己走向世界（陸儉明，2019），應該把「讓漢語成為一門全球語言」作為漢語傳播的遠景目標（吳應輝，2014）。漢語真正傳播成功的要素之一就是能夠將漢語納入對象國基礎教育體系中。由此可見，漢語傳播的終極目標是讓漢語成為世界性通用語言。在傳播任務上，學界普遍認為語言與文化傳播無法分離，二者具有「雙向性」「互動性」。

總的來看，巴拿馬的中文教育發展目前仍然處於初級階段，孔子學院和各類中文教育機構數量較少，師資匱乏，嚴重缺乏本土教師。本土教材開發目前尚處於空白狀態，現代教育技術應用有限，中文教育體系建設處於國際中文教育發展體系最薄弱的區域，亟需全方位，多領域提升。雖然種種不利條件限制了巴拿馬中文教育的發展，但拉丁美洲各國在政治經濟上有著聯動作用，其語言文化上也有共同性，若能發揮各國之力，彙聚高質量中文教師，充分利用已有的中文教學資源，聯合開發滿足專門用途的中文教學資源平台，互通有無，我們堅信，隨著中巴建交與合作，巴拿馬中文教育將會迎來新時機，未來會成為全球國際中文教育發展的熱點之一。

參考文獻

1. 北京第二外國語學院官網（2019）：巴拿馬駐華使館大使訪問二外，檢自 https://www.bisu.edu.cn/art/2019/12/17/art_18951_281624.html，檢索日期：2021.12.12。

2. 北京第二外國語學院官網（2020）：巴拿馬大學孔子學院，檢自 http://kzxy.bisu.edu.cn/col/col18859/index.html，檢索日期：2022.7.16。

3. 陳武元、徐振鋒、蔡慶豐（2020）：教育國際交流對中國「一帶一路」海外併購的影響——基於孔子學院和來華留學教育的實證研究，《教育發展研究》，21，37—46。

4. 高玉娟、莊瑤瑤、李寶貴（2020）：孔子學院建設的理念演進，實踐成效與發展路向，《遼寧師範大學

　　學報》（社會科學版），3，101—109。

5. 關世傑（2013）：美、德、俄、印民眾眼中的中國國家形象問卷調查分析（下），《對外傳播》，1，42—43。

6. 管文虎主編（1999）：《國家形象論》，成都，電子科技大學出版社。

7. 郭熙（2007）：漢語的國際地位與國際傳播，《渤海大學學報（哲學社會科學版）》，1，54—59。

8. 郭熙（2013）：對海外華文教學的多樣性及其對策的新思考，《語言教學與研究》，3，1—6。

9. 郭熙（2017）：論祖語與祖語傳承，《語言戰略研究》，3，10—19。

10. 漢斯・摩根索（2006）：《國家間政治》，北京，北京大學出版社。

11. 黃斌（2003）：《論大眾媒體與中國國家形象的塑造》，廣州，暨南大學碩士論文。

12. 賈文婷、劉潔妍（2017）：國台辦：中巴建交是人心所向，大勢所趨，《人民日報》檢自 http://tw.people.com.cn/n1/2017/0613/c14657-29336626.html，檢索日期：2022.11.7。

13. 孔子學院網站（2022）：檢自 http://www.ci.cn/#/Home，檢索日期：2022.4.16。

14. 李青、韓永輝、韋東明（2020）：文化交流與企業海外併購——基於「一帶一路」孔子學院的經驗研究，《國際經貿探索》，8，81—96。

15. 李泉、張海濤（2014）：漢語國際化的內涵、趨勢與對策，《語言文字應用》，2，107—117。

16. 李宇明（2004.07.28）：強國的語言與語言強國，《光明日報》，檢自 https://epaper.gmw.cn/gmrb/html，檢索日期：2022.2.24。

17. 李宇明（2018）：《李宇明語言傳播與規劃論文集》後記，《遼寧師範大學學報（社會科學版）》，1，5—7。

18. 劉康（2008）：如何打造豐富多彩的中國國家形象？，《新聞大學》，3，1—6。

19. 劉豔房、張驥（2008）：國家形象及中國國家形象戰略研究綜述，《探索》，2，69—73。

20. 陸儉明（2019）：漢語國際傳播方略之我見，《漢語應用語言學研究》，0，1—11。

21. 馬曉樂（2018）：語言與文化傳播的國家意義和時代特徵，《東嶽論叢》，2，133—141。

22. 馬曉樂、寧繼鳴（2015）：孔子學院的文化功能與社會價值，《山東社會科學》，8，173—178。

23. 孟夏韻（2019）：「一帶一路」倡議下中國文化在拉美的傳播路徑及其改善，《江蘇大學學報（社會科學版）》，6，27—35。

24. 王珏（2007）：東亞地區中國國家形象解析——兼論東亞金融合作中的中國國家形象問題，《世界經濟與政治論壇》，05，68—72。

25. 吳瑛、葛起超（2011）：中國文化對外傳播效果調查——以日本、黎巴嫩孔子學院為例，《雲南師範大學學報（對外漢語教學與研究版）》，1，82—87。

26. 吳應輝（2010）：國際漢語教學學科建設及漢語國際傳播研究探討，《語言文字應用》，3，35—42。

27. 吳應輝（2013）：《漢語國際傳播研究理論與方法》，北京，中央民族大學出版社。

28. 吳應輝（2014）：讓漢語成為一門全球性語言——全球性語言特徵探討與漢語國際傳播的遠景目標，《漢語國際傳播研究》，2，1—12。

29. 吳勇毅（2012）：孔子學院與國際漢語教育的公共外交價值，《新疆師範大學學報（哲學社會科學版）》，4，100—105。

30. 姚夢妮、吳遠寧（2020）：中國國家形象的自塑與他塑——以國慶 70 週年中美報導為例，《公關世界》，22，44—47。

31. 趙啟正（2017）：國家形象的形成和公共外交，《新聞與寫作》，8，61—62。

32. 張西平（2013）：加強漢語國際傳播理論的研究——《漢語國際傳播研究理論與方法》評介，《國際漢語教育》，1，195—196。

33. 張雲、寧繼鳴（2017）：基於扎根理論的孔子學院品牌體驗研究，《山東大學學報（哲學社會科學版）》，2，155—160。

34. 中華人民共和國商務部（2020）：王建參贊就中巴經貿合作接受巴拿馬廣播電台 Wao97 1/2 專訪，檢自

http://panama.mofcom.gov.cn/article/jmxw/202010/20201003006730.shtml，檢索日期：2022.8.20。

35. 中華人民共和國外交部（2017）：王毅談中國同巴拿馬建立外交關係，檢自 https://www.mfa.gov.cn/web/gjhdq_676201/gj_676203/bmz_679954/1206_680080/xgxw_680086/201706/t20170613_9356429.shtml，檢索日期：2021.4.1。

36. 中華人民共和國外交部（2023）：巴拿馬國家概況，檢自 https://www.fmprc.gov.cn/web/gjhdq_676201/gj_676203/bmz_679954/1206_680080/1206x0_680082/，檢索日期：2023.2.15。

37. 中華人民共和國中央人民政府（2017）：《中華人民共和國和巴拿馬共和國聯合聲明》（2017），檢自 http://www.gov.cn/xinwen/2017-11/17/content5240619.htm，檢索日期：2022.7.12。

38. Boulding, K. E. (1959). National Image and International Systems. *Journal of Conflict Resolution June, 3*(2), 120-131.

39. Heslop, L. A., Lu, I. R., & Cray, D. (2008). Modeling Country Image Effects Through an International Crisis. *International Marketing Review, 25*(4), 354-378.

A Study of the Development of Teaching Resources in Panama

FAN, Di

Abstract

Through the collection and combing of the teaching resources of the Panamanian Chinese, this paper finds that the teaching resources of the Panamanian Chinese have the following characteristics: (1) although the Chinese entered the Panamanian national education system earlier, the penetration rate is low; (2) The opportunities for people to reach Chinese are uneven, with more opportunities in the capital Panama City and fewer opportunities in other regions; (3) Higher education has established a model of "full coverage of Confucius Institute Chinese teaching" to ensure the smooth progress of Chinese education in colleges and universities; (4) Chinese basic education and higher education lack local teaching resources. In order to adapt to the new situation of international Chinese education development and optimize the teaching environment of Panama Chinese, the following should be done: First, increase the penetration rate of Chinese in the national education system, and formulate Chinese teaching standards at different levels. Second, actively develop local Chinese teaching resources, and cultivate high-quality local Chinese teachers. Third, relying on the advantages of Chinese-funded enterprises, refine the talent training model. Finally, give full play to the role of local Chinese, broaden the channels of Chinese language dissemination, and shape and improve the Panamanian people's perception of China's national image.

Key words: *Panama, Chinese, teaching resources, cultural communication*

FAN, Di, Ph.D Candidate of University International College, Macau University of Science and Technology, Macau.

不同母語的教師對自媒體國際中文教學視頻的影響研究初探

袁方

摘要

隨著疫情的發生，自媒體二語教學視頻在國際中文教學中的影響和意義開始被廣泛地意識到。在與國際中文教育相關的自媒體二語教學視頻中，既存在著中國人教外國人中文的教學視頻，也存在著母語為非中文的外國人教外國人中文的教學視頻，關於這兩種不同身份的教師進行的相關教學有什麼異同？各自有怎樣的特點、優勢和不足之處？基於此，本文將選取全球最大的視頻搜索和分享平台 YouTube 上的以這兩種不同教師身份進行的相關教學視頻，對比和分析這些教學視頻，得出相關的結論，希望能夠為國際中文教育領域中教師的培訓和發展提出相關的建議，同時也希望能夠推動自媒體國際中文教學視頻自身的發展。

關鍵詞：自媒體　國際中文教育　教師身份　YouTube

一、引言

隨著時代的進步和科技的發展，在網絡上做「自媒體」[1] 成為了一種潮流。就國際中文教育而言，通過自媒體教漢語或學習漢語也成為了一種不同於傳統的教與學的方式。不僅有以母語為中文的中國教師通過自媒體教授漢

袁方，香港教育大學在讀博士生，聯絡電郵：s1130286@s.eduhk.hk。

[1] 指普羅大眾借由網絡手段，向不特定的大多數人或者特定的單個人傳遞規範性及非規範性信息的新媒體。（https://zh.wikipedia.org/wiki/ 自媒體）

語，還有母語非中文的外國人通過自媒體教中文。以 YouTube 為例，上述兩種身份的教師都有在 YouTube 上發佈相關的國際中文教學視頻、建立個人教學頻道，那麼這兩種不同身份的教師進行的漢語教學有什麼區別呢？有怎樣的特點和優缺點呢？希望通過本文的研究可以對國際中文教育中教師自身的發展和自媒體國際中文教學視頻帶來相關的啟示和建議。

二、文獻回顧

在國際中文教育領域裏，對國際漢語教師的研究分為了兩類，一類是指對國際漢語教師應該具備哪些條件，包括知識、能力和素養等，以及應該成為什麼樣的人進行探討，另一類是關於「教師為本體」的研究，關注的是教師自己具有什麼樣的教學理念，具備哪些知識，他們的教學行為是如何表現出來的，他們自身是怎麼成長或發展起來的，他們的認知是如何建構的，他們的教學為什麼會成功或失敗等（吳勇毅，2015）。但是對於自媒體國際中文教師的研究來說，目前還沒有從上述兩個方面專業且系統地進行分析，只是從不同的角度概括性地得出相關的結論，例如，教師所採取的教學方式要與線下課堂教學有所不同，要更淺顯易懂、更適合大部分學習者的需求（任怡斐，2020）；教師應當利用音頻、動畫、字幕等多媒體手段發揮多模態教學的優勢，提高教學內容的趣味性和精煉度（唐蘭亭，2020）；教師必須具備專業的上鏡能力，能夠在鏡頭前自然地進行相關教學，能利用聲音的強弱來突出教學重點，並且教師的穿衣風格須偏向優雅大方（蔣懿，2020）。但是，這些結論並沒有針對性，只是對自媒體國際中文教師的整體概括，而在國際中文教育自媒體二語教學視頻中，既有母語為中文的中國教師，也有母語非中文的外國教師，以 YouTube 上關於國際中文教育的自媒體二語教學視頻為例，除了有以中文為母語的中國教師製作相關的教學視頻，還有以母語為非中文的外國教師開設教學頻道、製作教學視頻。對於這些母語非中文的外國教師，目前為止還沒有針對性的研究成果，但是在相關的自媒體國際中文教學視頻的研究中，已有研究者們開始涉及到了這方面的分析，例如，娜娜（2021）在研究韓國個人自媒體漢語教學頻道時指出，母語非中文的韓國教師偏向於選取聽力、詞彙、語法、口語和文化作為教學內容，會選擇通過不同的網站或

評論區向學習者提供各視頻中不足的學習資料等，一定程度上彌補了互動性的問題；蔡夢琳（2021）在研究泰國 YouTube 漢語教學頻道時指出，母語非中文的泰國教師在教學過程中首選泰語作為教學語言，在課程設置上除了語法課和 HSK 的課程，還有專門的旅行漢語課程，內容豐富不單一，以學習者的需求和興趣為主。

教師身份的多樣性是國際中文教育自媒體教學視頻的特點之一，針對自媒體國際中文教師的研究，除了要遵循教師研究的專業性，還要從自媒體本身的特性出發，不僅要關注母語為中文的中國教師，還需要關注母語為非中文的外國教師。兩種不同身份的教師在教學過程中是否會遇到相同的教學問題？教師身份的不同是否會影響教學的效果呢？因此，本文的研究問題是母語為中文的中國人教外國人中文，與母語為非中文的外國人教外國人中文，關於這兩種不同身份的教師進行的相關教學有什麼異同？各自有怎樣的特點、優勢和不足之處？

三、研究方法和理論

本文將通過全球最大的視頻搜索和分享平台 YouTube，分別選取出教師母語為中文和母語為非中文的相關教學視頻，採用非參與式課堂觀察和對比分析的方法，得出結論，提出建議。

本文依據的理論為 Kumaravadivelu（1994）提出的「後教學法」理論，教學法不是指某個具體的教學方法，而是一個廣義的概念，包括教學策略、教材、師資教育、大綱目標、評估方法和歷史、政治以及社會經歷對外語教學和學習的影響。同時，並不存在某個最好的教學方法，教師需要根據不同的具體情況採用合適的教學方法。後方法理論是一個以教師自主性為核心，以特定性、實踐性和可行性為特徵的體系，幫助實現教師個人教學理論和實踐的突破（卞福英，2013）。

四、結果與討論

根據自媒體的性質，筆者選擇以 YouTube 上的 "view count" 為標準，輸

入 "Chinese language; learning; vocabulary; words; Chinese characters; Mandarin" 等
關鍵詞,在搜索出的結果中從高到低選擇出排名前 50 的關於國際中文教學視
頻中母語為中文的中國人進行教學的視頻,以及排名前 50 的關於國際中文教
學視頻中母語為非中文的外國人進行教學的視頻,從教學內容、教學方法、
教學形式、視頻製作這些角度進行相關的分析和討論。

(一) 教學內容

首先,將這 50 個關於國際中文教學視頻中母語為中文的中國人進行教學
的視頻進行了教學內容的整理,整理結果如下表:

表 1

內容分類	視頻個數	佔比
日常基本的交際用語	16	32%
語音	9	18%
漢字	8	16%
詞彙	13	26%
語法	4	8%

由上表可以看出,母語為中文的中國人進行的教學內容分為日常交際用
語、語音、漢字、詞彙以及語法這五個部分。教學內容為日常交際用語的視
頻個數佔比最多,佔比為 32%,有 16 個相關教學視頻。佔比第二多的是關於
詞彙的教學,詞彙教學視頻的個數到達 13 個,佔比 26%。語法教學的視頻佔
比最少,只有 8%,即只有 4 個教學視頻是關於語法的教學。

在日常交際用語的教學視頻中,老師所講解的日常用語多為自我介紹、
問候語等最基本的交際用語,例如,「你好,我叫……」,這些交際用語是
漢語學習中初級階段的學習內容,一般出現在 HSK 等國際中文教育教材中的
第一、二冊。語音部分的教學視頻中包含了拼音和聲調兩個部分,有的視頻
是單獨教拼音或聲調,有的視頻是既有拼音的教學也有聲調的教學。漢字部
分的教學視頻中會講解漢字的一些筆畫、筆順、漢字的含義以及漢字組成的
某個詞彙的意思。詞彙的教學視頻中講解的詞彙包含了名詞、量詞、副詞、
動詞等多種詞性的詞彙,選用了日常生活中常用到的詞彙,例如,數字、水

果的名字、身體部位的詞彙、方位詞等等。語法部分的教學視頻包含了兩個內容，一個是關於某個詞語的相關語法點，另一個是關於一些簡單句子的語法講解。另外，在這 50 個教學視頻中，有 6 個視頻的知識點是與 HSK 相關的，即講解了 HSK 中部分的詞彙和句型等。

關於 50 個國際中文教學視頻中母語為非中文的外國人進行教學的視頻也進行了教學內容的整理，整理結果如下表：

表 2

內容分類	視頻個數	佔比
日常基本的交際用語	8	16%
語音	5	10%
漢字	2	4%
詞彙	6	12%
語法	1	2%
對比不同國家的語言	5	10%
介紹中國文化和中文	2	4%
如何通過鍵盤打字	3	6%
介紹自己如何學習中文	18	36%

通過表 2 可以看出，在這 50 個國際中文教學視頻中母語為非中文的外國人進行教學的視頻裏，介紹自己如何學習中文的教學視頻有 18 個，佔比最多，佔比為 36%。其次是日常交際用語，有 8 個相關的教學視頻，佔比為 16%。接下來是詞彙部分的教學內容，有 6 個教學視頻，佔比 12%。語法的教學視頻最少，只有 1 個語法教學，佔比 2%。

日常交際用語、語音、漢字、詞彙和語法這 5 個部分的具體教學內容與母語為中文的中國人進行的這 5 個部分的具體教學內容相似，都是關於初級階段的教學內容。在對比不同國家的語言的教學視頻中，主要是針對某一個語言知識點或某些語言知識點在中文以及其他國家的語言當中有什麼相似點和不同點，通過這些對比來進行中文的教學，例如，在這 50 個教學視頻中，其中有一個教學視頻講解了「手紙」一詞，視頻中解釋了該詞分別在中文、日語和韓語中應當如何發音和表達、含義上有什麼差別、該詞的由來和演變

等等，通過這樣對比的方式幫助學生理解相關的文化和記憶相關的知識點。在介紹中國文化和中文的教學視頻中，介紹和講解了漢字的演變、繁簡體字的由來、聲調、語法中的基本句式以及相關的歷史和文化等，例如，有一個教學視頻中分析了中國現在同時存在著繁簡體字的使用、這些繁簡體字如何演變以及這種現象存在的背後的歷史和文化的原因等。在如何通過鍵盤打字的教學視頻中，教師講解了漢語拼音的相關知識、通過鍵盤打字的幾種方法、這些方法的由來以及相關的歷史和文化。在介紹自己如何學習中文的 18 個教學視頻中，包含了介紹自己學習中文的方法、分享自己學習中文用到的 APP、書籍和網站等以及記錄自己學習中文的日常這三個方面的內容。

綜上所述，通過對比表 1 和表 2，這兩種不同身份教師的教學內容有相同點也有不同點。相同點是教學內容裏都涉及到了日常交際用語、語音、漢字、詞彙和語法五個部分，不同點是母語非中文的外國人進行的教學視頻中教學內容還涉及到了對比不同國家的語言、介紹中國文化和中文、如何通過鍵盤打字以及介紹自己如何學習中文這 4 個部分。通過這些不同點的對比可以看出，第一，母語為中文的中國教師更傾向於傳統教材中的教學內容，即語音、漢字、詞彙和語法這些教材中固定的教學內容，偏向理論和專業性，而母語非中文的外國人不受傳統教材的限制，教學內容更傾向於實用性，即日常生活中需要什麼就教學什麼，比如在其中的一個教學視頻中出現的「如何通過鍵盤打字」的教學內容，尤其是對於來華的留學生來說，在日常學習和生活中，用手機和電腦打字是每天都會用到的，如果需要用到漢字來交流的話，那麼如何用手機或者電腦打出漢字就是必須要學會的事情。第二，母語為非中文的外國人更重視文化和歷史的教學，在這些相關的教學視頻中，教師要麼是專門介紹中國文化和歷史的教學視頻，要麼是講解某個知識點時會介紹背後的文化和歷史由來，而這一點是母語為中文的中國教師所缺失的。第三，母語為非中文的外國教師常用對比的方式來進行教學，通過對比幾種語言來教中文，讓學習者在對比中更透徹的理解相關的知識點，並且還能學習到其他的語言知識。而母語為中文的中國教師教學內容更加專注和集中，更有效率和針對性。第四，母語為非中文的外國教師傾向於向學習者分享自己如何學習中文以及分享自己學習中文的日常，這樣的教學特點更能站在學習者的心理角度幫助學習者更好的學習中文，而母語為中文的中國教師則更

能提供教學上的直接幫助。

（二）教學方法

通過整理和對比這些教學視頻，在語音、漢字和詞彙的教學方法上更有對比性，因此接下來將從語音、漢字和詞彙的教學方法上進行詳細的對比和分析。

1. 語音的教學

在語音的教學方法上，母語為中文的中國教師和母語為非中文的外國教師進行的教學有相同點也有不同點。相同點是在這些視頻中，兩種身份的老師都會先介紹一遍關於語音的知識點，告訴學習者語音包含了聲母、韻母和聲調這三個需要學習的部分，並且整體介紹這三個部分，接下來就是具體講解語音部分的知識，最後進行正確發音的示範以及領讀。不同點是母語為非中文的外國教師還會通過對比其他語言來教語音部分的知識，例如，在其中的一個教學視頻中，教師將有聲調的中文與沒有聲調的英語進行類似聲調部分的對比，突出了中文裏聲調的特性，同時也強化了中文裏聲調的發音，讓學習者在對比中更強烈的感受到應該如何準確地找到並發出正確的聲調。除此之外，在講解發音的時候，母語為中文的中國教師常利用母語的正遷移來講解該如何發音，而母語非中文的外國教師常用母語負遷移的知識來講解，例如，在其中兩個講解發音的教學視頻中，母語為中文的中國教師在講解漢語拼音中「e」的發音時，會將它與英語中的“ago”放在一起類比，而母語為非中文的外國教師在講解「我」的發音時，會告訴學習者要區分它與英語中「well」的讀音，以防學習者錯誤地發成了“well”的音。

2. 漢字的教學

在教學漢字的方法上，視頻中母語為中文的中國教師一般先講解漢字的書寫，介紹漢字的筆畫和筆順，接著再講解漢字本身的意思，同時也會給出漢字可以組成的一些常用詞彙以及這些詞彙的意思。在這 8 個母語為中文的中國教師的漢字教學視頻中，有 5 個視頻的老師在具體講解漢字的時候用到了「聯想法」，即將某個漢字的字形或其含義與其他的事物聯想起來，讓學習者通過這樣的方式記憶漢字是如何書寫的以及漢字的意思。但是，這 5 個視頻中有 3 個教學視頻的老師出現了錯誤的聯想方式，例如，其中的一個視頻

講解「道」一字，它的部首被教師聯想成是「一條蛇的樣子」，除部首以外的部分被聯想成是「一個菠蘿的樣子」，這完全曲解了「道」的含義。站在教師的角度，幫助學習者快速理解和記憶漢字是正確的出發點，但是老師需要用對方法，一味的追求「速度和方便」是不可取的，反而讓學習者錯誤地理解了漢字的書寫和含義。

在母語為非中文的外國人教漢字的 2 個教學視頻中，他們並沒有具體教學某個或某些漢字，而是對中國的漢字及其背後的歷史和文化進行整體的講解和介紹。他們會通過介紹中國的歷史和文化來講解漢字的演變、繁簡體字的由來等等，同時介紹漢字的筆畫、筆順以及相關的文化知識，在這個過程中會例舉一些具體的漢字的例子。

由此可見，對於漢字的教學，母語為中文的中國教師更注重實際的教學內容，即通過教學視頻讓學習者學會某些漢字的書寫、含義、可以組成的詞彙及其意思，幫助學生掌握漢字的具體使用。而母語為非中文的外國人教學漢字更偏向於對中國漢字的整體介紹和理解以及注重漢字背後的文化和歷史，在給出了文化和歷史的大背景下，講解中國漢字的由來、演變、含義等、幫助學生更生動形象地瞭解漢字和理解相關的文化與歷史。

3. 詞彙的教學

在這些詞彙教學的視頻中，母語為中文的中國教師在教詞彙的時候，一般會選擇某一類、某個場景或某一主題下的詞彙進行教學，並且在具體教學的時候，先將生詞和例句用中文讀幾遍，再解釋生詞和例句的意思。

在母語為非中文的外國人進行詞彙教學的視頻中，教師會選用日常交際中的基礎詞彙和常用詞彙，在具體講解詞彙時，會結合自己母語的實際情況將母語中相對應的內容與所學詞彙進行更具體更細緻的對比與講解。除此之外，母語為非中文的外國教師還會通過對比幾種不同的語言的方法來進行詞彙教學，即將中文裏的某一詞彙與其他幾種語言裏相對應的內容進行對比，並且講解和分析相關的文化和歷史知識。

通過兩種身份教師的詞彙教學可以看出，母語為中文的中國教師更注重所學詞彙本身的發音、含義和用法，更專注在所學詞彙的相關知識點上，對於初級階段的學習者來說，更簡單明瞭。而母語為非中文的外國人更偏向將中文裏的詞彙和自己的母語或者是其他語言中相關的內容進行對比，在

YouTube 上觀看教學視頻學習中文的學習者來自全世界，學習者的母語也是多種多樣，有些學習者甚至同時會説幾種語言，因而對於喜歡通過對比幾種語言學習詞彙的學習者來説，母語非中文的外國教師會更有優勢，

（三）教學形式

通過對視頻的整理和分析，有以下三種形式是母語為中文的中國人和母語為非中文的外國人都會採用的教學形式。第一種教學形式是教師出鏡，輔以白板進行教學，這種教學形式和傳統線下課堂相似，教師在白板上進行板書輔助講解。第二種教學形式是教師出鏡，根據教師的講解，在畫面上呈現對應的內容，包括字幕、圖片、動畫等。這種教學形式是整個畫面以教師的鏡頭為主體，根據教師講解的內容，如果有需要，就在畫面中配上對應的字幕、圖片、音樂、視頻和動畫等。第三種教學形式是教師不出鏡，整個視頻的畫面類似 PPT 的形式，根據教師的講解呈現對應的內容。

除了上述三種教學形式以外，還有兩種教學形式是母語為非中文的外國人使用的。第一種是教師出鏡，類似訪談和聊天的形式。在這種教學形式中，不止一位教師出現在鏡頭前，最多同時出現三位教師，他們分別來自不同的國家，通過類似聊天的方式來對比和講解相關的知識點。第二種教學形式是類似紀錄片的形式，通過視頻、圖片和教師的旁白來講解相關的內容，教師更像是解説員的身份，並且這種形式多用在有講解中國文化和歷史的教學視頻中。

通過對比可以看出，母語為中文的中國人採用的教學形式更遵守嚴謹、更符合課堂教學的要求，而母語為非中文的外國人採用的教學形式較為多樣，不受嚴格意義上對課堂要求的限制，發揮空間更多。

（四）視頻製作

在視頻封面的製作上，母語為中文的中國人和母語為非中文的外國人在製作視頻封面的時候是相同的兩種情況。第一種情況，教學的主題寫在封面上，例如下圖 1：

圖 1

來源：https://www.youtube.com/watch?v=9XbQJPF817I&t=264s

　　學習者看到這個封面就會立馬瞭解到這是關於漢語拼音的教學視頻。第二種情況，把教學的具體內容寫在封面上，例如下圖 2：

圖 2

Important Words

zhè ge	zhè xiē	zhè li	zhèr
這個	這些	這裏	這兒
nà ge	nà xiē	nà li	nàr
那個	那些	那裏	那兒
nǎ ge	nǎ xiē	nǎ li	nǎr
哪個	哪些	哪裏	哪兒

來源：https://www.youtube.com/watch?v=ctTK7lC60ps

學習者通過這個封面就會得知封面上的這些詞彙就是這個教學視頻中的教學內容。在視頻標題的製作上，母語為中文的中國人和母語為非中文的外國人在這些視頻的標題中都涉及到了 Learn Chinese、Beginner、Everyday Life、Mandarin、Chinese characters、Pinyin、Chinese Phrases 等詞，這些標題製作的目的性和針對性強，並且這些視頻的完整的標題字數都很多，沒有出現標題是由兩三個單詞組成的情況。

由此可見，母語為中文的中國人和母語為非中文的外國人在視頻的封面和標題的製作上是相同的，沒有明顯的差異性。視頻的封面是給學習者留下的第一印象，想要讓學習者在眾多教學的視頻中點開自己製作的視頻進行觀看和學習，那麼視頻封面的吸引力就變得尤為重要了，而標題的製作也在某種程度上決定了學習者能否在輸入關鍵字以後出現自己製作的視頻，當學習者輸入關鍵字和關鍵詞的時候，視頻的標題與關鍵字詞對應的越多、越有關聯，視頻被搜索出來的概率也越大，母語為中文的中國人和母語為非中文的外國人在視頻的封面和標題的製作上都遵循了上述這些自媒體的特點，因此兩種身份的老師在製作視頻的封面和標題時只存在這些相同點而沒有明顯的不同之處。

五、建議

　　根據上述內容的討論與分析，對進行自媒體二語教學視頻的國際中文老師提出一些建議。

（一）對教師教學的建議

　　首先，在教學內容上，通過結合相關的大背景，可以幫助學習者更好地理解所學習的語言知識點，知道如何在自己現實的生活環境中使用，同時滿足了學習者的語言需求和社會需求（陳力，2009），因此，教師除了講解課堂上需要教學的語言知識點以外，還可以講解與語言知識點相關的政治、經濟、文化和歷史等背景部分的知識。

　　第二，教師可以增加實用性和交際性更強的學習內容。通過上述相關的視頻對比分析可以看出，自媒體的二語教學視頻相對於傳統的線下課堂教學而言，對教材、課程大綱等沒有完全統一的硬性要求，因此，除了傳統教材中學習的內容可以教授，自媒體二語教學視頻的老師還可以選擇合適的具有實用性的教學內容來進行授課。

　　第三，教學形式和教學方法可以多樣化、多元化。在這些教學視頻中，教師採用的教學形式和教學方法多種多用，沒有單一或者固定的形式，因此，自媒體二語教學視頻給了教師更多的發揮空間，在合理的範圍內，教師

可以選擇前人使用過的或者教師自己創造性地進行一些教學形式和教學方法來進行教學。

第四，在這些母語為非中文的教師進行的教學中，通過表 2 可以看出介紹自己如何學習中文的教學視頻個數佔據了最多的比重，達到了 36%，且受學習者的歡迎，因此，教師可以引導學習者學習中文，向學習者傳授和分享相關的學習經驗、學習工具、學習方法和學習手段等，針對學習者的學習心理和學習需求正確地引導學習者學習中文，給學習者帶來積極、正面的影響。

第五，教學視頻的封面和標題的製作要符合自媒體的特性。視頻封面要凸顯教學的內容或者主題，使學習者在最短的時間內瞭解視頻的內容。其次，視頻的標題字數不要太少，應儘量全面地把教學的內容、主題覆蓋到，這樣在學習者輸入關鍵字詞的時候，才能儘可能的提高被搜索到的概率。

（二）對教師自身的要求

第一，教師需要不斷地學習，提高自己的專業知識儲備、專業技能和素養。教師是一個不斷成長和進步的角色，只有保持不斷的學習和進步，才能跟上知識的發展和教育的發展。以加強專業知識儲備為例，對於自媒體教學視頻來說，它本身就有傳播性的特點，如果教師在教學過程中出現了錯誤，那將帶來巨大的消極影響，就像上文中提到的對「道」字的解釋一樣，老師使用錯誤的解釋會曲解學習者對「道」字的理解，所以教師必須要具備過硬的專業知識，並不斷地提高自己的專業知識儲備。

第二，教師需要提高文化素養。國際中文教師的身份和定位並不是單一的，不僅僅是作為傳授語言知識點的教師，也是跨文化交際的實踐者，同時也肩負了傳播中國文化的使命。尤其是對於不能來華的學習者來說，通過自媒體二語教學視頻瞭解中國的文化是一種比較準確和合適的途徑，自媒體二語教學視頻的老師應該利用好這一途徑和機會有效地傳播中國文化等相關內容。

第三，教師需要掌握好至少一門外語，如果教師會說小語種的話將更有優勢。來自世界各地的學習者都可以通過 YouTube 上的自媒體二語教學視頻學習中文，如果掌握學習者的母語，教師可以有效、深入地進行對比和分析相關的知識點。另外，到目前為止國際中文教育主要是通過英語和中文進行授

課，但是通過對視頻的整理之後發現，在自媒體上的二語教學視頻除了有英語和中文授課的視頻，還有用其他語言授課的教學視頻，比如泰語，對於這些母語不是英語的學習者，使用他們國家的母語進行授課會更有針對性、學習者理解的準確率也會更高。

第四，教師需要提升 IT 技能和素養。在自媒體上製作二語教學視頻，必須要掌握與製作視頻方面有關的技能和素養，讓學習者在學習到知識點的同時，也不會因為缺少像傳統教學課堂那樣的互動性而覺得教學視頻枯燥無味，因此，就視頻製作層面來說，教師如何製作出吸引學習者的視頻、受學習者歡迎的視頻，是每一位自媒體二語教學視頻的教師必須要面對的問題。

六、結語

通過對比母語為中文的中國教師和母語為非中文的外國教師的 YouTube 國際中文教學視頻，分析了這兩種身份教師教學視頻的特點、相同點與差異性以及各自的優缺點，希望自媒體二語教師能夠利用好自媒體的空間以及自媒體傳播性的特點，在合理的範圍內嘗試不同的教學方法和教學形式，瞭解觀看教學視頻的學習者的需求，多一些實用性和交際性的教學內容，可以適當地將語言知識點與背後的文化等內容相結合，同時也希望教師要注重自身的角色定位、技能需求與自身不斷的進步與成長，希望自媒體國際中文教學視頻也能夠發展得越來越好。

參考文獻

1. 卞福英（2013）：「後方法」理論對外語教學的啟示，《中國校外教育》，33，頁 61。
2. 蔡夢琳（2021）：《泰國 YouTube 漢語教學頻道調查分析——以 Everyday Chinese 和 Poppy Yang 為例》，四川外國語大學碩士學位論文。
3. 陳力（2009）：外語教學法的「後方法」時代，《山東師範大學外國語學院學報（基礎英語教育）》，11（3），頁 3—8 +13。
4. 蔣懿（2020）：《視頻分享網站中漢語學習微視頻的分析及改進》，上海師範大學碩士學位論文。
5. LEENAYOON（娜娜）（2021）：《韓國 YouTube 個人漢語教學頻道現狀分析》，華中師範大學碩士學位論文。

6. 任怡斐（2020）:《基於無縫學習理論的漢語教學視頻研究——以 YouTube 漢語教學視頻為例》，福建師範大學碩士學位論文。

7. 唐蘭亭（2020）:《多媒態視角下的漢語在線課程研究》，上海外國語大學碩士學位論文。

8. 吳勇毅（2015）：關於教師與教師發展研究，《國際漢語教學研究》，03，（頁 04—08）。

9. Kumaravadivelu, B. (1994). The postmethod condition: (E) merging strategies for second/foreign language teaching. *TESOL Quarterly, 28*(1), 27-48.

The Influence of Teachers with Different Native Language on Self-media Videos on Teaching Chinese as the Second Language: A Primary Study

YUAN, Fang

Abstract

With the onset of the epidemic, the impact and significance of Self-Media second language teaching videos in teaching Chinese as a second language are beginning to be widely realized. Among teachers who appear in the videos, there are both Chinese teachers whose native language is Chinese and foreign teachers whose mother tongue is not Chinese. What are the similarities and differences in their teaching? What are the strengths and weaknesses of their teaching? In this paper, I will select relevant teaching videos uploaded to YouTube to compare and analyze data and get related results. I hope this paper can give teachers some suggestions and promote the development of Self-Media Videos on Teaching Chinese as a Second Language.

Keywords: *Self-Media, teaching Chinese as a second language, teachers, YouTube*

YUAN, Fang, The Education University of Hong Kong (postgraduate student), HK.